丛书主编　李良玉

NONGYE SHENGCHAN ZERENZHI DE YANBIAN

农业生产责任制的演变

■ 贾艳敏　著

江苏大学出版社

图书在版编目(CIP)数据

农业生产责任制的演变/贾艳敏著.—镇江:江苏大学
出版社,2009.8
(新中国农村发展60年丛书/李良玉主编)
ISBN 978-7-81130-103-8

Ⅰ.农… Ⅱ.贾… Ⅲ.农业生产－生产责任制－研究－
中国 Ⅳ.F321.41

中国版本图书馆CIP数据核字(2009)第129841号

农业生产责任制的演变

著　者/贾艳敏
策　划/吴明新
责任编辑/芮月英　张　平
出版发行/江苏大学出版社
地　址/江苏省镇江市梦溪园巷30号(邮编:212003)
电　话/0511-84446464
排　版/镇江文苑制版印刷有限责任公司
印　刷/丹阳市兴华印刷厂
经　销/江苏省新华书店
开　本/700 mm×960 mm　1/16
印　张/23
字　数/330千字
版　次/2009年8月第1版　2009年8月第1次印刷
书　号/ISBN 978-7-81130-103-8
定　价/40.00元

本书如有印装错误请与本社发行部联系调换

　　去年 8 月,江苏大学出版社邀我主持编写一套新中国农村发展 60 年的丛书,力求体现新中国成立以来农村发展的整体面貌,希望我尽快拿出总体设想和具体的编写计划。经过陆续的几次洽谈和商榷,编写与出版计划均顺利地落实了下来。

　　中国是具有悠久农业文明的人口大国,农民是中国人口的主体,农业是国民经济的基础,农村稳定是全社会稳定的关键,应该说这是人们理解中国社会和历史的三个正确的视点。也许,今天这三个视点仍然具有相当的正确性。新中国农村的发展,虽然至今才 60 年的时间,但却是自古以来的一个非常重要的历史阶段。它的重要性,体现在以下 4 个方面:

　　第一,农村的土地关系,在这个阶段发生过,并且将继续发生深刻的变化。在一个以农立国的国度里,土地关系是所有社会关系的主轴。自春秋时期土地私有化以来,地主土地所有制逐渐成为中国沿袭不变的基本的土地形态,直到 20 世纪 20 年代末期才开始动摇。1950 年前后的短短 7 年中(包括 1949 年前的 3 年多时间),全国范围内进行了土地改革,2 000 多年的地主阶级土地所有制被摧毁。这个变革,其深刻的社会意义,至今还有解读的空间。20 世纪 50 年代先后形成的农业合作社和人民公社土地集体所有制,才是中国历史上真正牢固的土

1

地公有制。相应地,它的解体,在保持土地集体所有形式下的"大包干",即土地所有权与使用权分离政策的推行,其积极意义、历史价值和未来走向,也许又是一个需要长时间实践才能充分认识的问题。

第二,农民与国家的关系,在这个阶段发生过,并且将继续发生深刻的变化。在农业经济的条件下,所谓土地关系,并不仅仅是封建领主与农民、地主与农民的关系,而且包括土地所有者、农民与国家的关系。在封建时代(暂时沿用这个说法),农民除了直接面对与地主的土地租赁关系以外,还间接面对着与国家的赋税关系。所以,每当封建帝王头脑清醒,实行轻徭薄赋政策,并且能适当抑制土地兼并和地主阶级剥削的时候,常常就是生产力发展,社会相对稳定繁荣的时候。中国的民主革命,把废除地主土地所有制作为社会解放的主要目标之一,有其合理性。但是,如何在废除了农民与地主的土地租赁关系之后,建立恰当的农民与国家的关系,却是一个新的历史课题。在农业集体化时代,理论上有"正确处理国家、集体、个人三者关系"的原则,而实际上,由于国家综合经济能力、农业生产力、城乡关系、工农关系的局限,由于全国区域经济的不平衡,特别是由于社会积累与消费之间的巨大矛盾,要根本改善这个关系,难度依然很大。21 世纪以来,农业税的免征和一系列惠农政策的实行,开辟了农民与国家关系的新阶段,也揭开了现代农业的新篇章。

第三,农业作为一个社会经济行业,其社会价值在这个阶段发生过,并且将继续发生深刻的变化。所谓农业的社会价值,有三个含义:一是它的产品对于社会的重要性;二是农民生活的幸福指数在社会各界生活幸福指数排序中的位置;三是农民的自我社会评价。从生产力的角度研究夏、商、周三代以来的中国农业史,我倾向于把它划分为传统农业、现代农业和发达农业三种类型。所谓传统农业,是指农业的种植技术、生产工具和产出水平大致处于传统时代。所谓现代农业,是指由于现代科学技术的采用,农业的种植技术和生产工具与传统时代相比有了大幅度的改良,从而使农业的产出水平有了大幅度的提高。所谓发达农业,是指农业充分现代化,达到了世界先进水平。

从局部地区来看,中国现代农业的开端是在民国时期。但是,正规地进入现代农业的阶段,应该是在1949年之后,特别是在1978年之后。直到20世纪50年代初,即使高产的苏南地区,粮食亩产年平均也只有500斤左右的水平。就全国大部分地区来说,化肥、农药的广泛使用,农业机械化的迅速发展,粮食产量的大幅度提高,完全是在20世纪50年代之后,特别是20世纪80年代之后的事情。直到今天,对于农业的重要性,或者说,对于粮食问题的重要性,从来没有人提出过疑问。经常有人自豪地说,我们以占世界7%的土地,养活了世界20%以上的人口,就是一个有力的证明。但是,农民生活的幸福指数和农民的自我社会认同这两个指标,无疑至今仍然处在很低的水平上。根本的出路在哪里呢?我认为,在于农业的继续进步,从现代农业向发达农业转化。

根据目前的实际状况,发达农业的具体指标,应该包含科技农业、生态农业、集约化农业和幸福农业4项内容。所谓科技农业,是指农业的总体科技含量、科技普及程度和前沿科技、尖端科技的应用率,达到一定的水平,并且发挥着相当的经济拉动效应;所谓生态农业,是指应用于农作物生长促进环节的诸种物质成分充分参与自然循环,充分实现了无害化、有机化,从而最大限度地提高了农业的绿色程度;所谓集约化农业,是指农业直接连接国内外市场,实现了经济产出的专业性、批量性和收益性,具有相当高的规模经济的特点;所谓幸福农业,是指由于前三者的综合影响,导致农业生产的轻松度、农民物质生活与精神生活的丰富性、农民作为一个生产者阶层的生活幸福指数和自我社会评价指数的大幅度提高,与其他社会阶层没有明显差异,甚至优越于其他社会阶层。经过几十年的努力,现在中国农村中的极个别富裕村庄,已经开始进入幸福农业的阶段。但是,绝大多数的农村,目前还是处于现代农业甚至传统农业的阶段。我估计,再经过半个世纪左右的努力,将会有相当地区的相当数量的农村能够接近幸福农业阶段。

第四,农民的社会角色,在这个阶段发生过,并且将继续发生深刻的变化。尽管中国是个以农立国的国家,尽管中国传统时代始终实行重本抑末的政策,尽管中国传统时代从来维护士农工商的社会阶级结构,甚至,尽管当代中国长期坚持工农联盟的政治路线,但是,农民的社会角色却变化不大。从根本上说来,这是由国家的整体生产力水平和农业的生产力水平所决定的。20世纪70年代末以来的改革开放,经济结构的极大变化,经济的强劲发展和城市化运动的提速,才使农民的社会角色开始发生转换。最显著的变化，是千百万农民不断加入城市建设者、现代产业和城市移民的行列，短期地、长期地、永久地脱离了农村，以新的身份出现在社会生活的舞台上。随着现代化事业的继续推进，农民阶级不断被消解的时代必将到来；而随着幸福农业时代的必将到来，一个与国民经济需求相适应的、需要保持必要数量的农场主阶层和农业蓝领阶层，将成为充满现代气息的新的社会阶层。尽管距离这一天还有十分漫长的道路要走，但是，认定改革开放是这个过程的真实起点，是不应该有疑问的。

新中国成立以来，中国农村已经有了 60 年的发展经历。道路是曲折的，前途是光明的。其间，憧憬过美好的理想，也体验过严峻的现实；获得过成功的喜悦，也付出过失败的代价；收获过巨大的荣誉，也品尝过沉重的挫折。现在，面对历史，特别需要冷静和理智，"真实、比较、全面、辩证" 8 个字，是我们必须贯彻始终的科学方针。

今年，正值新中国 60 周年华诞。用一种学术性大众读物的形式，客观地总结当代农村 60 年来的政治变革、经济变革、社会变迁及其历史脉络，叙述党和国家一系列发展农村的思想、理论、路线和政策，反映农村政治、经济、文化、科技、教育和各项社会事业的面貌，考察广大农民的境况、愿望以及当前现代化、城市化浪潮中的状态和未来动向，无论对于决策者、各级农业主管部门、关注"三农"问题的专家学者，乃至广大的农民朋友，都是十分必要和非常及时的。

社会效益和经济效益的一致，是我们始终考虑的问题。受读者欢迎,受市场欢迎,受同行研究人员欢迎,是衡量这套丛书的三条根本标准。必须坚持严肃的学术立场和面向大众的写作方针,坚持学术性与可读性的统一,坚持贯彻实事求是的严谨态度,全面收集资料,科学分析归纳,力求做到思想平实、思路开阔、内容丰富、文字生动。

本丛书付印前,我还要感谢全体编委:苏州大学王玉贵教授、江苏大学出版社社长吴明新先生、美国北卡罗莱那大学威尔明顿校区历史系陈意新教授、徐州师范大学周棉教授、安徽师范大学房列曙教授、江西财经大学温锐教授、江苏大学董德福教授;感谢江苏省哲学社会科学界联合会廖进研究员、陈晓明先生、程彩霞女士给予本人项目资助,本丛书已列为"江苏社科学术文萃"。

是为序。

李良玉
2009 年 8 月于南京大学港龙园

目 录

第一章

新中国农业集体化运动的制度渊源

第一节 马克思、恩格斯关于农业集体化的理论

中国共产党是马克思主义的政党,马克思、恩格斯等无产阶级经典作家的理论是共产党的指导方针。党在民主革命期间就以"耕者有其田"为其基本奋斗目标,以实现人人平等、没有剥削、没有压迫的共产主义社会为其最终目标。共产主义的重要标志之一是消灭财产私有、实行财产公有。因而,在农村则要引导分散的农民走合作化的道路。对此,马克思、恩格斯有比较系统的理论表述。

1869 年,马克思在关于土地所有制的发言中说:"社会权利和社会必然性决定着取得生活资料的方式。由于社会的必然性,在合作制成为势在必行的地方就出现了工厂。由于谁也不能单独生产出任何东西,于是就使得合作制成为一种社会必然性。"[1]

1871 年,马克思在《法兰西内战》一文中写道:"如果合作制生产不是作为一句空话或一种骗局,如果它要排除资本主义制度,如果联合起来的合作社按照总的计划组织全国生产,从而控制全国生产,制止资本主义生产下不可避免的经常的无政府状态和周期的痉挛现象,那么,请问诸位先生,这不就是共产主义,'可能的'共产主义吗?"[2]

1872 年,马克思在《论土地国有化》一文中写道:

社会的经济发展、人口的增加和集中——这些情况迫使资本主义农场主在农业中采用集体的和有组织的劳动并使用机器和其他发明——将使土地国有化愈来愈成为一种"社会必然性",抗拒这种必然性是任何拥护所有权的言论都无能为力的。社会的迫切需要必须而且一定会得到满足,社会必然性所要求的变化一定会给自己开辟道路,并且迟早总会使立法适应这些变化。

---

[1] 马克思:《卡尔·马克思关于土地所有制的发言记录》,《马克思恩格斯全集》第 16 卷,人民出版社,1964 年,第 648—649 页。

[2] 马克思:《法兰西内战》,《马克思恩格斯全集》第 17 卷,人民出版社,1963 年,第 362 页。

我们所需要的,是每日不断增长的生产,而当一小撮人按照他们的任性要求和私人利益来调节生产,或者无知地消耗地力的时候,生产的需要是不能得到满足的。一切现代方法,如灌溉、排水、蒸汽犁、化学产品等等,都应当广泛地用于农业。但是,我们所具有的科学知识,我们所拥有的进行耕作的技术手段,如机器等,只有在大规模耕种土地时才能有效地加以利用。

既然从经济观点来看,大规模地耕种土地(即使在目前这种使生产者本身沦为牛马的资本主义方式下),比在小块的和分散的土地上经营农业优越得多,那末(么)全国规模地经营农业,难道不会给生产的发展以更大的推动吗?

一方面居民的需要不断增长,另一方面农产品价格不断上涨,这些都不容争辩地证明,土地国有化已成为一种社会必然性。

一旦土地的耕种是在国家的监督下并为了国家的利益进行,由于个人任意经营而引起的农产品减少的现象,自然就不可能发生了。

……

人们常常援引法国的例子,但是法国的农民所有制,比英国的大地主所有制离土地国有化要远得多。的确,在法国凡是买得起土地的人都可以获得土地,但是,正是这种情况使土地分成许多小块,由于资金很少、而且主要依靠自己劳动和自己家属劳动的人来耕种。土地所有制的这种形式以及由此造成的把土地分成小块耕种的方式,排斥了采用现代农业改良措施的任何可能性,同时还把耕种者本身变成任何社会进步尤其是土地国有化的最坚决的反对者。他被束缚在土地上,为了获得相当少的一点收入,他必须把他的全部精力投在土地上,他不得不把大部分产品以赋税的形式交给国家,以诉讼费的形式交给诉棍,以利息的形式交给高利贷者;他对于自己小天地之外的社会运动一无所知,尽管如此,他仍然痴情地迷恋着他那一小块土地和他对这块土地的纯粹有名无实的所有权。于是法国农民就陷入了同产业工人阶级相对立的极其不幸的境地。

我认为,社会运动将作出决定:土地只能是国家的财产。把土地交给联合起来的农业劳动者,就等于使社会仅仅听从一个生产者阶级的支配。

土地国有化将使劳动和资本之间的关系彻底改变,归根到底将完全消灭工业和农业中的资本主义生产方式。那时,阶级差别和特权将与他们赖以存在的经济基础一同消失。靠他人的劳动而生活将成为往事。同社会相对立的政府或国家将不复存在!农业、矿业、工业,总之,一切生产部门都将逐渐地用最合理的方式组织起来。生产资料的全国性的集中将成为自由平等的生产者的联合体所构成的社会的全国性的基础,这些生产者将按照共同的合理的计划自觉地从事社会劳动。这就是十九世纪的伟大经济运动所引向的人道的目标。①

1874年—1875年间,马克思在《巴枯宁〈国家制度和无政府状态〉一书摘要》中说:“无产阶级将以政府的身份采取措施,直接改善农民的状况,从而把他们吸引到革命方面来;这些措施,一开始就应当促进土地私有制向集体所有制过渡,让农民自己通过经济的道路来实现这种过渡;但是不能采取得罪农民的措施,例如宣布废除继承权或废除农民所有权;只有租佃资本家排挤了农民,而真正的农民变成了同城市工人一样的无产者、雇佣工人,因而直接地而不是间接地和城市工人有了共同利益的时候,才能够废除继承权或废除农民所有制;尤其不能像巴枯宁的革命进军那样用简单地把大地产转交给农民以扩大小块土地的办法来巩固小块土地所有制。”②

恩格斯关于农业合作的理论,主要反映在他1894年完成的《法德农民问题》一文里。

恩格斯在分析法国农民状况、资本主义发展趋势后得出结论:农民的小私有在资本主义发展的席卷之下必将灭亡。社会主义则“保护小农财产免于在资本主义生产方式下遭到灭亡”,“社会主义的同样迫切的职责就在于保护自食其力的农民的小块土地,而反对国库、高利贷者以及来自新起的大土地所有者方面的侵犯”。③ 而无产阶级保护农民小块土地的有力

① 马克思:《论土地国有化》,《马克思恩格斯全集》第18卷,人民出版社,1965年,第64-67页。
② 马克思:《巴枯宁〈国家制度和无政府状态〉一书摘要》,《马克思恩格斯全集》第18卷,人民出版社,1965年,第695页。
③ 恩格斯:《法德农民问题》,《马克思恩格斯全集》第22卷,人民出版社,1965年,第571页。

措施就是"生产资料的公共占有","社会主义的利益决不在于维护个人占有,而是在于排除它,因为凡是个人占有还存在的地方,公共占有就成为不可能"。①

但怎样由土地的小私有实现"公共占有"呢？恩格斯认为"违反小农的意志,任何稳固的变革在法国都是不可能的"。② 无产阶级夺取国家权力以后"预见到小农必然灭亡,但我们无论如何不要以自己的干预去加速其灭亡"。"当我们掌握了国家权力的时候,我们根本不能设想用强制的办法剥夺小农(无论有无报偿,都是一样),像我们将不得不如此对待大土地占有者那样。我们对于小农的任务,首先是把他们的私人生产和私人占有变为合作社的生产和占有,但不是用强制的办法,而是通过示范和为此提供社会帮助。"③

丹麦社会党人在 19 世纪 70 年代也提出过类似的计划："一个村庄或教区的农民——在丹麦有许多大的个体农户——应当把自己的土地结合为一个大田庄,共同出力耕种,并按入股土地、预付资金和所出劳力的比例分配收入。"④ 在合作的过程中"我们要挽救和保全他们(农民)的房屋和土地"。⑤

如何来挽救和保全农民的房屋和土地呢？恩格斯认为,"只有把它们变成合作社的占有和合作社的生产才能做到"。农民走向合作生产的方式只能是自愿,"我们不会违反他们的意志而用强力干预他们的财产关系"。农民什么时候实行合作,也要随其自然,"如果他们下决心的话,就使他们易于过渡到合作社,如果他们还不能下决心,那就甚至给他们一些时间,让他们在自己的小块土地上考虑考虑这个问题"。⑥

---

① 恩格斯：《法德农民问题》,《马克思恩格斯全集》第 22 卷,人民出版社,1965 年,第 572 页。
② 同①,第 579 页。
③ 同①,第 580 页。
④ 同①,第 581 页。
⑤ 同①,第 581-582 页。
⑥ 同①,第 582 页。

第二节　前苏联关于农业集体化的理论和实践

马克思、恩格斯并没有将关于土地国有化和农业合作的理论应用于实践,他们的贡献还停留在理论层面。将农业合作理论加以发展并用于实践的是世界上第一个社会主义国家的创始人列宁。

1917 年 11 月 7 日(俄历 10 月 25 日)俄国无产阶级社会革命成功,世界上第一个社会主义国家——苏维埃共和国建立了。11 月 8 日,列宁颁布了《土地法令》。《土地法令》规定:"立即废除地主土地所有制,不付任何赎金。""地主的田庄以及一切皇族、寺院和教会的土地,连同所有耕畜、农具、农用建筑和一切附属物,一律交给乡土地委员会和县农民代表苏维埃支配,直到召开立宪会议时为止。""永远废除土地私有权;禁止买卖、出租、典押或以任何其他方式转让土地。""一切土地……成为全民财产并交给一切耕种土地的劳动者使用。"①

1919 年 12 月 4 日,列宁在农业公社和农业劳动组合第一次代表大会上的演说中,再次申明苏维埃政府的农业合作政策。"大家从苏维埃政权的全部工作中知道,我们非常重视农业公社、劳动组合,以及一切能够把个体小农经济转变为公共的、协作的或劳动组合的经济的组织,一切能够逐渐促进这个转变过程的组织。你们知道,苏维埃政权早已拨出十亿卢布基金来帮助创办这种事业。在《关于社会主义土地规划的条例》上特别指出了公社、劳动组合以及一切共耕企业的意义,苏维埃政权也用全力来使这个法令不致成为一纸空文,使它真正能够收到应有的效果。"② 因为"只有用协作的、劳动组合的经济帮助了农民,才能真正向农民证明自己正确,才

---

① 列宁:《土地法令》,《列宁全集》第 33 卷,人民出版社,1957 年,第 18—19 页。

② 列宁:《在农业公社和农业劳动组合第一次代表大会上的演说》,《列宁选集》第 4 卷,人民出版社,1972 年,第 106 页。

能可靠地把千百万农民群众吸引到自己方面来"。① 列宁认为把分散的农民组织起来不能使用快速的方法强迫命令,只能采取渐进的方法:"我国有千百万个体农户,分散在偏僻的农村。要想用某种快速的办法,下个命令从外面、从旁边去强迫它改造,是完全荒谬的。""只能采取谨慎的逐步的办法,只能靠成功的实际例子,因为农民非常实际,固守老一套的经营方法,要使他们采取某种重大的改变,单靠忠告和书本知识是不行的。这样做达不到目的,而且也荒谬。"②

其实,列宁也曾经想以政治、军事的方式进行经济建设,虽然列宁没有明确说明是进行农村的合作化,但其中包括农村的合作化。"我们为热情的浪潮所激励,我们首先激发了人民的普遍政治热情,然后又激发了他们的军事热情,我们曾打算用这种热情直接实现与一般政治任务以及军事任务同样伟大的经济任务。我们原来打算(或许更确切些说,我们是没有充分根据地假定)直接用无产阶级国家的法令,在一个小农国家里按共产主义原则来调整国家的生产和产品分配。现实生活说明我们犯了错误。准备向共产主义过渡(要经过多年的准备工作),需要经过国家资本主义和社会主义一系列过渡阶段。不是直接依靠热情,而是借助于伟大革命所产生的热情,依靠个人兴趣、依靠从个人利益上的关心、依靠经济核算,在这个小农国家里先建立起牢固的桥梁,通过国家资本主义走向社会主义;否则,你们就不能到达共产主义,否则,你们就不能把千百万人引向共产主义。"③

列宁的合作化思想集中表现在他 1923 年 1 月写的《论合作制》一文中。他说:"自十月革命以来,不管新经济政策如何,合作制在我国具有非常重大的意义。""在我国,既然国家政权操在工人阶级手中,既然全部生产资料又属于这个国家政权,我们要解决的任务的确就只有居民的合作化了。""但并不是所有的同志都明了,使俄国居民合作化现在对我们

① 列宁:《在农业公社和农业劳动组合第一次代表大会上的演说》,《列宁选集》第 4 卷,人民出版社,1972 年,第 106 页。

② 同①,第 106-107 页。

③ 列宁:《十月革命四周年》,《列宁选集》第 4 卷,人民出版社,1972 年,第 571-572 页。

有多么巨大的、不可限量的意义。""目前我们应该特别加以支持的社会制度就是合作制度,这一点我们现在应该认识到并使它实现。"但是实现合作的时间不能太着急,"为了通过新经济政策使全体居民个个参加合作社,还须经过整整一个历史时代,在最好的情况下,我们度过这个时代也要一二十年"。[①] "如果某个共产党人,空想在三年内可以把小农业的经济基础和经济根源改造过来,那他当然是一个幻想家。""改造小农,改造他们的整个心理和习惯,是需要经过几代的事情。只有有了物质基础,只有有了技术,只有在农业中大规模地使用拖拉机和机器,只有大规模地实行电气化,才能解决这个关于小农的问题,才能使他们的可以说是全部心理健全起来。只有这样才能根本地和非常迅速地改造小农。我说需要经过几代,倒不是说需要经过几百年……获得拖拉机和机器以及把一个巨大的国家电气化,这无论如何是要有几十年的时间才能办到的。"[②]

列宁关于农业合作化的理论是经得起实践检验的。但列宁于1924年去世,他并没有亲眼看到苏联农业合作化的实现。

列宁去世之后的几年里,苏联的农业合作化基本上是按照马克思、恩格斯、列宁的理论在逐步地、健康地发展着。然而,1927年12月2日召开的联共(布)第十五次代表大会,作出了尽快发展农业集体化的决议。1929年11月,联共(布)中央决定加快农业集体化的速度,向各州提出了全盘集体化的任务。随后,联共(布)中央规定了各类地区完成集体化的期限:主要产粮地区(北高加索、伏尔加河中下游),在1931年春季基本完成;其他产粮区(乌克兰、中央黑土区、西伯利亚、乌拉尔、哈萨克斯坦),在1932年春季基本完成;其他地区(中央非黑土地带、白俄罗斯、中亚、南高加索),则在1933年末基本完成。于是集体化速度大大加快了。1929年10月,参加集体农庄的农户占农户总数的7.6%,1930年为23.6%,1931年为52.7%,1932年为61.5%,1933年为65.6%,1934年达71.4%。

---

① 列宁:《论合作制》,《列宁选集》第4卷,人民出版社,1972年,第681—684页。

② 列宁:《关于以实物税代替余粮收集制的报告》,《列宁全集》第32卷,人民出版社,1958年,第205页。

1934 年,苏联宣布农业集体化基本实现。

1927 年 12 月 3 日,斯大林在联共(布)第十五次代表大会上代表中央委员会作了政治报告。报告的第二部分是"苏联的社会主义建设成就和内部状况"。斯大林在列举了工业、农业、贸易等方面两年来的增长数据后,得出了"我国国民经济正以很快的速度发展着"的结论。[①] 接下来,斯大林分析了国民经济中工业发展状况,认为:苏联正在变成工业国,工业发展的公营经济比重逐渐增大,私人商品经济和资本主义经济的比重在减小;私人资本在大工业中的比重不仅在相对降低,而且在绝对降低。

苏联国有大工业的发展速度是空前的,然而,相比之下,苏联的农业发展速度是缓慢的。"农村中的情形却与此相反,产值的增加比较缓慢。""全部工业产值到一九三一至一九三二年度将超过战前水平约百分之七十,而农业产值到那时候将仅仅超过战前农业产值的百分之二十八到百分之三十,也就是说不到三分之一。"[②] 在分析农业发展缓慢的原因时,斯大林认为,农业技术落后和农村文化水平低是原因之一,但不是主要原因,主要原因是农业的分散经营。"特别是因为我们的分散的农业生产没有我们国有化的联合经营的大工业所具有的那种优越性。首先,农业生产不是国有化的,不是联合经营的,而是分散的,分成许多零星小块的。它不按照计划经营,大部分暂时还受着小生产自发势力的支配。它还没有按照集体化路线联合起来和合并起来,所以它还是一个便于富农分子进行剥削的场所。"[③] 那么怎样才能加快农业发展的速度呢?"出路就在于把分散的小农户转变为以公共耕种制为基础的联合起来的大农庄,就在于转变到以高度的新技术为基础的集体耕种制。出路就在于逐步地然而一往直前地不用强迫手段而用示范和说服的方法把小的以至最小的农户联合为以公共的互助的集体的耕种制为基础、利用农业机器和拖拉机、采用集约耕作的

---

① 斯大林:《联共(布)第十五次代表大会中央委员会的政治报告》,《斯大林全集》第 10 卷,人民出版社,1954 年,第 252 页。

② 同①,第 259-260 页。

③ 同①,第 261 页。

科学方法的大农庄。"① 但当时的情况是:"集体农庄和国营农场现在的产值在全部农业产值中总共只占百分之二强,在农业商品产值中只占百分之七强。"② 为此,斯大林提出了党的任务是:"逐渐使分散的农户转上联合的大农庄的轨道,转上以集约耕作和农业机械化为基础的公共集体耕种制的轨道,因为这条发展道路是加快农业发展速度和克服农村中资本主义成分的最重要的手段。"③

斯大林的讲话实际上是发出了加快农业集体化的号召。从此,苏联的农业集体化偏离了列宁时期的路线,走上了快速化、行政命令化的轨道,违背了马克思、恩格斯、列宁的理论原则,使苏联的农业遭受了巨大挫折。同时,也给中国的农业集体化提供了一个"左"倾快速发展的样板。

1927 年底,苏联出现了严重的缺粮和粮食收购困难,一些富农惜售或将粮食囤积起来等待高价。为此,斯大林于 1928 年 1 月专程到粮食收购困难的西伯利亚督促收购工作,要求动用法律手段将惜售粮食的富农交给法庭审判,用没收他们余粮的办法搞到粮食,甚至不惜将心慈手软的检察机关和审判机关的干部一律撤职。为了彻底解决粮食问题,"必须不惜人力和物力,大力展开集体农庄和国营农场的建设。这是可以做到的,并且是我们必须做到的"。④ 斯大林认为,富农的存在是粮食收购困难的原因,"只要富农存在,对于粮食收购的怠工就一定会存在"。⑤ 这就为农业集体化中消灭富农埋下了伏笔。

随着工业化的发展,需要的粮食越来越多,因而对农业集体化的要求也愈益急迫,"必须在最近三四年内做到使集体农庄和国营农场这些粮食缴纳者至少能够供给国家所需粮食的三分之一"。⑥ 如果仅仅是解决粮食

① 斯大林:《联共(布)第十五次代表大会中央委员会的政治报告》,《斯大林全集》第 10 卷,人民出版社,1954 年,第 261 页。
② 同①,第 262 页。
③ 同①,第 264-265 页。
④ 斯大林:《论粮食收购和农业发展的前途》,《斯大林全集》第 11 卷,人民出版社,1955 年,第 6 页。
⑤ 同④。
⑥ 同④。

问题,农业局部集体化就够了,但农业的集体化还有更深层的政治意义,即为了避免因个体农民存在而产生资本主义复辟的危险,所以,必须使农业全盘集体化,"铲除一切产生资本家和资本主义的根源并消除资本主义复辟的可能性"。① 不仅如此,农业全盘集体化也"是农民不会遭到破产、劳动也不会受到剥削的道路"。②

1929 年夏,农业集体化的规模和速度达到了空前的程度,农民整村、整乡、整区地加入集体农庄,"目前集体农庄运动中具有决定意义的新现象,就是农民已经不像从前那样一批一批地加入集体农庄,而是整村、整乡、整区甚至整个专区地加入了"。③ "集体农庄运动已经由劳动农民个别集团和个别阶层的运动变成几百万几千万基本农民群众的运动了。""具有强大的日益增长的反富农的巨浪性质的集体农庄运动,正在自己的道路上扫除富农的反抗,击破富农,为农村中大规模的社会主义建设开辟道路。"④ 农业集体化在实践中的快速发展,远远超出了理论所达到的水平。斯大林批判了滞后于实践的几种理论,如平衡论、社会主义建设自流论、小农经济稳固论,等等。

1929 年 12 月,随着全盘集体化的快速发展,对待富农的政策也由限制富农剥削发展到消灭富农了。"现在我们有可能向富农举行坚决进攻,击破富农的反抗,消灭富农阶级,用集体农庄和国营农场的生产代替富农的生产。"⑤"向富农进攻,这就是击破富农并消灭富农阶级。""向富农进攻,这就是准备实际行动,打击富农,而且把他们打得再也站不起来。"⑥ 苏联的消灭富农政策不是停留在剥夺富农财产的而产生的身份上的消灭层面,而是极端的肉体消灭。因为被剥夺了财产的富农是不允

---

① 斯大林:《论粮食收购和农业发展的前途》,《斯大林全集》第 11 卷,人民出版社,1955 年,第 8 页。

② 同①。

③ 斯大林:《大转变的一年》,《斯大林全集》第 12 卷,人民出版社,1955 年,第 118 页。

④ 斯大林:《论苏联土地政策的几个问题》,《斯大林全集》第 12 卷,人民出版社,1955 年,第 126 页。

⑤ 同④,第 149 页。

⑥ 同④,第 148 页。

许加入集体农庄的,"因为他们是集体农庄运动的死敌"。① 那么,富农没有任何出路,只有死路一条。消灭富农政策更加速了农业全盘集体化的步伐,到1930年初,"全盘集体化的范围不是逐日扩大而是逐时扩大的"。②

1930年2月,农村的贫农和中农则被确认为要被消灭身份的两个阶级。"至于集体农庄里的中农和贫农,那末(么)随着集体农庄的机械化和拖拉机化,他们将融合为集体化农村的工作人员的统一队伍。因此,将来在我们的口号中就不会再有'中农'和'贫农'的概念了。"③

短时间内快速的集体化,造成了很多问题。1930年4月,一系列的问题暴露出来。

(1)暴力对待中农的问题。中农是集体化的团结力量,但是急风暴雨式的集体化运动展开以后,由于追求集体化的速度和数字,对中农也采取了暴力的手段。"当和中农结成统一战线向富农进攻的时候,一切都进行得很好。可是当我们的某些陶醉于胜利的同志不知不觉地从进攻富农的道路滚到反对中农的道路的时候,当他们因为追求集体化的高的百分数而对中农采取暴力,褫夺中农的选举权,像剥夺富农那样剥夺中农财产的时候,进攻就被歪曲,和中农的统一战线就被破坏。"④

(2)违背自愿原则的问题。"表现出过分急躁,并且因为追求集体化的高的百分数而开始用强迫手段建立集体农庄。"⑤

为了迅速完成全盘集体化,苏共中央于1930年1月6日在《关于集体化的速度》的决议中,按照集体化的速度把苏联各地区分成三类,"其中北高加索、伏尔加河中游和伏尔加河下游基本上可以在一九三一年春季完成集体化;其他产粮区(乌克兰、中央黑土区、西伯利亚、乌拉尔、哈萨克斯坦

---

① 同④,第150页。
② 斯大林:《论消灭富农阶级的政策问题》,《斯大林全集》第12卷,人民出版社,1955年,第159页。
③ 斯大林:《答斯维尔德洛夫大学学生同志们》,《斯大林全集》第12卷,人民出版社,1955年,第163-164页。
④ 斯大林:《答集体农庄庄员同志们》,《斯大林全集》第12卷,人民出版社,1955年,第178页。
⑤ 同③,第180页。

等等)基本上可以在一九三二年春季完成集体化;其余地区可以把集体化的完成延到五年计划末期,即延到一九三三年"。① 这本来就是一个非常急进的计划,但各地在执行计划时又过分追求速度,你追我赶,不甘落后,出现了不顾当地情况和条件,更加急迫完成集体化指标的情况。"个别全盘集体化地区的集体化已经达到百分之八十至九十。产粮区的集体化达到百分之四十——这就是说,到一九三〇年春季我们就完成了原定集体化五年计划的一倍。"②

这违背了列宁的在进行集体农庄建设时必须估计到苏联各个不同地区的各种不同条件的原则。"莫斯科省因为拼命追求集体化的虚夸数字竟责成其工作人员在一九三〇年春季就完成集体化,虽然该省拥有不下三年的时间(到一九三二年底)。中央黑土区因为不愿意'落后于他人',竟责成其工作人员到一九三〇年上半年就完成集体化,虽然该区拥有不下两年的时间(到一九三一年底)。而南高加索人和土尔克斯坦人因为热心于'赶上并超过'各先进地区,竟采取了在'最短期间'完成集体化的方针,虽然他们拥有整整四年的时间(到一九三三年底)。"③ 这样,必然出现强迫命令、以政治运动的方式完成集体化的指标,这便超出了群众的接受能力和要求。有些地方不仅追求高速度,还追求集体化组织的大规模,不经过农业劳动组合阶段,直接成立公社,"不去巩固运动的劳动组合形式,却用强迫手段使小牲畜、家禽、自用产乳牲畜和住宅'公有化'"。④

各地出现了混乱的现象,从而导致一部分农民退出集体农庄。斯大林虽然承认速度过快,规模过大,强迫命令是各地工作的失误,但对于部分农民退出集体农庄的情况,斯大林认为退出集体农庄的是"不坚定的分子"和"所谓死魂灵"、"公开敌视我们事业的异己分子"和"那些动摇

---

① 同③,第 183 页。
② 斯大林:《答集体农庄庄员同志们》,《斯大林全集》第 12 卷,人民出版社,1955 年,第 192-193 页。
③ 同①,第 183 页。
④ 同①,第 185 页。

分子",这些人的退出"并不仅仅是一种坏现象",还可以"使集体农庄清除了死魂灵和公开异己分子","使集体农庄健全和巩固的一种有益过程"。①

1934 年,苏联宣布完成了农业全盘集体化。

① 同①,第191-192页。

第二章

新中国农业集体化的实践

第一节 新中国农业集体化的理论依据

中国是一个传统的农业国家,农业在国民经济中占有重要地位。革命战争年代,中国共产党正是走了一条农村包围城市的道路,解决了根据地的土地问题,以暴力手段没收地主的土地无偿分给无地或少地的农民,得到了农民的支持,才使革命一步步走向胜利,最终建立了全国政权。新中国成立后,新解放区很快进行了土地改革,到1952年底,新解放区的土地改革基本完成,全国有3亿多无地或少地的农民无偿获得了7亿多亩土地和大量的生产资料。这时,农业集体化的号角吹响了。

当时的情况是,一方面得到土地的农民投入无限的热情要在属于自己的土地上大有一番作为,另一方面共产党人要建立一个以消灭私有制、建立公有制为核心的社会主义国家,这也是马克思、恩格斯、列宁等人关于社会主义理论的要求以及苏联迅速实现农业集体化的示范引导。

毛泽东是伟大的马列主义者,是中国革命的领导者。他以在中国建立没有剥削、没有压迫、消灭生产资料的私有制、实现公有制的社会主义、共产主义社会为终身奋斗目标。1949年10月1日,中华人民共和国的成立为这一目标的实现奠定了基础。对农业进行社会主义改造即集体化是实现这一目标的第一步。毛泽东的农业集体化理论吸收了马克思、恩格斯、列宁的合作化理论,并参照了苏联的集体化经验教训,更重要的是结合了中国的具体情况,形成了自己的理论体系。中国的农业集体化就是在毛泽东的理论指导下进行的。

毛泽东的农业集体化理论主要有以下几个方面:

(一) 集体化是消除农民贫困的方法,其方向是苏联集体农庄

早在1943年的延安时期,毛泽东就认为:"在农民群众方面,几千年来

都是个体经济,一家一户就是一个生产单位,这种分散的个体生产,就是封建统治的经济基础,而使农民自己陷于永远的穷苦。克服这种状况的唯一办法,就是逐渐地集体化;而达到集体化的唯一道路,依据列宁所说,就是经过合作社。在边区,我们现在已经组织了许多的农民合作社,不过这些在目前还是一种初级形式的合作社,还要经过若干发展阶段,才会在将来发展为苏联式的被称为集体农庄的那种合作社。"①

全国解放前夕,毛泽东再次强调,分散的个体农民必须走集体化的道路,而集体化的途径就是合作化。1949 年 3 月 5 日至 13 日,中国共产党第七届中央委员会第二次全体会议在西柏坡召开。这是新中国成立前的一次重要会议。毛泽东在报告中说:"占国民经济总产值百分之九十的分散的个体的农业经济和手工业经济,是可能和必须谨慎地、逐步地而又积极地引导它们向着现代化和集体化的方向发展的,任其自流的观点是错误的。必须组织生产的、消费的和信用的合作社,和中央、省、市、县、区的合作社的领导机关。""单有国营经济而没有合作社经济,我们就不可能领导劳动人民的个体经济逐步地走向集体化,就不可能由新民主主义社会发展到将来的社会主义社会,就不可能巩固无产阶级在国家政权中的领导权。谁要是忽视或轻视了这一点,谁也就要犯绝大的错误。"②

(二)农业合作化与工业化同时并举

中国是个传统的农业国家,农业在国民经济中占有相当大的比重,全国人口中 80% 以上是农民。而实现工业化是近代以来几代中国人的梦想。中华人民共和国建立以后,国内结束了长期的战乱,国际上也有了一个相对和平的环境,中国实现工业化的渴望更加强烈了。然而,工业化离不开农业的发展。中国的农业依然是传统的小农业,小农经济占绝对优势。农业合作化与国家工业化的关系如何处理,是摆在共产党人面前的一个重大选择。毛泽东力排众议,坚持农业合作化和工业化同时并举的发展原则。

---

① 毛泽东:《组织起来》,《毛泽东选集》第 3 卷,人民出版社,1966 年,第 885 页。
② 毛泽东:《在中国共产党第七届中央委员会第二次全体会议上的报告》,《毛泽东选集》第 4 卷,人民出版社,1966 年,第 1370-1371 页。

　　1953年2月提出的社会主义过渡时期总路线的中心内容是"一化三改",即工业化和对农业、手工业和资本主义工商业的社会主义改造同时并举。同年12月发布的《关于党在过渡时期总路线的学习和宣传提纲》对总路线作了权威解释:"小农经济是分散的和落后的,一家一户就是一个生产单位,土地是分成小块经营的,农具还是古老的,耕耘靠人力和畜力,无力采用农业机器和新的耕作制度,收获量低,不能很快扩大耕地面积和提高产量。""这种建立在劳动农民的生产资料私有制上面的小农经济,限制着农业生产力的发展,不能满足人民和工业化事业对粮食和原料作物日益增长的需要,它的小商品生产的分散性和国家有计划的经济建设不相适应,因而这种小农经济和社会主义工业化事业之间的矛盾,已随着工业化的进展而日益显露出来。""必须按照社会主义的原则来逐步改造我国的农业,使我国农业由规模狭小的落后的个体农业进到规模巨大的先进的集体农业。""对农业实行社会主义改造,必须经过合作化的道路。"①

　　此后,毛泽东对这种工业化和农业合作化同时并举的思想又作了多次表述,而且越来越清晰,越来越坚定。"社会主义工业化是不能离开农业合作化而孤立地去进行的。首先,大家知道,我国的商品粮食和工业原料的生产水平,现在是很低的,而国家对于这些物资的需要却是一年一年地增大,这是一个尖锐的矛盾。如果我们不能在大约三个五年计划的时期内基本上解决农业合作化的问题,即农业由使用畜力农具的小规模的经营跃进到使用机器的大规模的经营,包括由国家组织的使用机器的大规模的移民垦荒在内,我们就不能解决年年增长的商品粮食和工业原料的需要同现时主要农作物一般产量很低之间的矛盾,我们的社会主义工业化事业就会遇到绝大的困难,我们就不可能完成社会主义工业化。""社会主义工业化的一个最重要的部门——重工业,它的拖拉机的生产,它的其他农业机器的生产,它的化学肥料的生产,它的供农业使用的现代运输工具的生产,它的供农

---

　　① 《为动员一切力量把我国建设成为一个伟大的社会主义国家而斗争——关于党在过渡时期总路线的学习和宣传提纲》(中共中央宣传部1953年12月制发,经中共中央批准),《建国以来重要文献选编》第4册,中央文献出版社,1993年,第713—715页。

业使用的煤油和电力的生产等等,所有这些,只有在农业已经形成了合作化的大规模经营的基础上才有使用的可能,或者才能大量地使用。""在农业方面,在我国的条件下,则必须先有合作化,然后才能使用大机器。"①

不仅重工业需要农业的合作化,轻工业同样需要农业的合作化。"因为大规模的轻工业的发展,不是在小农经济的基础上所能实现的,它有待于大规模的农业,而在我国就是社会主义的合作化的农业。因为只有这种农业,才能够使农民有比较现在不知大到多少倍的购买力。"②

所以,毛泽东认为,离开农业合作化的工业化是不可想象的,同样,农业合作化也离不开工业化。中国所要采取的步骤是二者同时并举。

(三)农业合作化与机械化的关系

一般来说,大农业需要以机械化为基础,即必须先机械化,才能实现农业的合作化;要实现机械化,又需要在大农业的基础上发展大工业,即必须先合作化,才能机械化。这是一对矛盾,究竟该怎样走?先合作化,还是先机械化,或者仍然是二者同时并举?这在党内曾引发过争论。刘少奇主张先机械化,再集体化。毛泽东主张先集体化,然后机械化。随后,刘少奇改变了观点并作了自我批评。从而,毛泽东的先集体化、后机械化的思想成为指导农业合作化的思想,中国的农业合作化在没有机械化的情况下,大规模地发展起来。

1951年4月17日,中共山西省委给华北局呈递了一份《把老区互助组织提高一步》的报告。报告说,只有提高山西老区互助组织,才能防止农民自发的富农化发展趋势,而提高的措施是"征集公积金,增加公共积累"和"逐步地加大按劳分配的比重",这样可以动摇、削弱私有制的基础,直至消灭私有制。③ 山西省委将报告报送中共中央。刘少奇和华北局均否

---

① 毛泽东:《关于农业合作化问题》,《毛泽东选集》第5卷,人民出版社,1977年,第181-182页。
② 同①,第183页。
③ 《把老区互助组织提高一步》,《农业集体化重要文件汇编》(上册),中共中央党校出版社,1981年,第35-36页。

定了报告的主张与措施。5 月 4 日,华北局在批复意见中强调:"用积累公积金和按劳分配办法来逐渐动摇、削弱私有基础直至否定私有基础是和党的新民主主义时期的政策及共同纲领的精神不相符合的,因而是错误的。""提高与巩固互助组的主要问题,是如何充实互助组的生产内容,以满足农民进一步发展生产的要求,而不是逐渐动摇私有的问题。这一点必须从原则上彻底搞清楚。"① 刘少奇也认为"逐步动摇、削弱直至否定私有基础,把农业生产互助组织提高到农业生产合作社,以此作为新因素,去'战胜农民的自发因素'","是一种错误的、危险的、空想的农业社会主义思想"。② 刘少奇当时对农村发展的设想是,"先让农村个体经济再发展一段时间,富农也让他发展,这样有利于整个农村经济的发展,等到国家工业化建设能够提供大批农业机器的时候,可以依靠政权力量,下个命令剥夺它,一举实现集体化"。③ 也就是说,刘少奇认为要先实现机械化,然后再实现集体化。6 月 3 日,刘少奇在对华北局和山西省委的谈话中非常明确地强调:"农业集体化要等机器,不要机器不妥当。农业集体化必须以国家工业化使农业能用机器耕种和土地国有为条件。"④

　　毛泽东得知这件事之后,明确表示不赞成刘少奇和华北局的意见,而赞成山西省委的报告。他找刘少奇和主持华北局工作的薄一波、刘澜涛谈话,把自己的态度告诉他们。⑤ 谈话之后,全党的思想统一到先集体化,再机械化的思路上来了。1951 年 9 月,全国第一次互助合作会议召开;同年底,正式发出农业合作化运动的第一个指导性文件——《中共中央关于农业生产互助合作的决议(草案)》。决议认为,要先实现互助合作,然后才能实现机械化,同时还把不积极对待合作化运动作为一种错误倾向提出,认为有这种倾向的人是看不出互助合作运动是"我党引导广大农民群众从

---

① 《华北局复山西省委〈把老区互助组织提高一步〉的意见》,《农业集体化重要文件汇编》(上册),中共中央党校出版社,1981 年,第 34 页。
② 《刘少奇同志对山西省委〈把老区互助组织提高一步〉的批语》,《农业集体化重要文件汇编》(上册),中共中央党校出版社,1981 年,第 33 页。
③ 逄先知、金冲及:《毛泽东传(1949—1976)》,中央文献出版社,2003 年,第 346 页。
④ 陶鲁笳:《毛主席教我们当省委书记》,中央文献出版社,1996 年,第 142 页。
⑤ 同③,第 346 页。

小生产个体经济逐渐走向大规模的使用机器耕种和收割的集体经济所必经的道路"。[①] 先集体化，再机械化，成为农业合作化的指导方针之一。

（四）农业合作化的时机和规模

关于农业合作化的时机问题，毛泽东认为要"趁热打铁"，土改之后立即实行。

合作化的规模尽量求大是当时的原则之一，毛泽东认为："互助组还不能阻止农民卖地，要合作社，要大合作社才行……合作社不能搞大的，搞中的；不能搞中的，搞小的；但能搞中的就应当搞中的，能搞大的就应当搞大的，不要看见大的就不高兴。一二百户的社算大的了，甚至也可以是三四百户。在大社之下设几个分社，这也是一种创造，不一定去解散大社。"[②]

第二节　新中国农业集体化的历程

在毛泽东实行合作化要"趁热打铁"的思想指导下，中国在全国土地改革还没有全部完成的 1951 年即开始了农业合作化进程。

1951 年 9 月的全国第一次互助合作会议，通过了农业互助合作运动的第一个指导性文件——《中共中央关于农业生产互助合作的决议（草案）》。10 月，《决议（草案）》下发，之后又经过多次修改，于 12 月再次发出。为此，毛泽东写了一个通知，要求"印发到县委和区委"，"在党内外进行解释，并组织实行"，"在一切已经完成了土地改革的地区都要解释和实

[①] 《中共中央关于农业生产互助合作的决议（草案）》，《农业集体化重要文件汇编》（上册），中共中央党校出版社，1981 年，第 40 页。

[②] 毛泽东：《关于农业互助合作的两次谈话》，《毛泽东选集》第 5 卷，人民出版社，1977 年，第 117-118 页。

行的",并且要求各地把农业生产互助合作"当作一件大事去做"。①《决议(草案)》的广泛宣传,极大地推动了农业生产互助合作运动的发展。

1952 年 2 月 15 日,政务院第 124 次政务会议通过了《中央人民政府政务院关于一九五二年农业生产的决定》。《决定》在关于农业互助合作方面,要求"在全国范围内,应普遍大量发展简单的、季节性的劳动互助组;在互助运动有基础的地区,应推广常年定型的、农副业结合的互助组;在群众互助经验丰富而又有较强骨干的地区,应当有领导、有重点地发展土地入股的农业生产合作社"。"老解放区要在今、明两年把农村百分之八九十的劳动力组织起来,新区要争取三年左右完成这一任务。"②

之后,全国各地的农业互助合作运动发展起来。1952 年上半年,组织起来的劳动力西北区为 60%,华北区为 65%,内蒙古为 70%;组织起来的农户东北区 80% 以上,华东区 33%,全国组织起来的农户占总农户的 40% 左右,比 1951 年增加 40%。③ 1952 年上半年不仅组织起来的农户数量比 1951 年有显著增加,而且比互助组形式更高的农业生产合作社(即以土地入股的初级社)也得到发展。到 1952 年底,组织起来的农户,老解放区占 65% 以上,新解放区占 25% 左右,全国创办的农业生产合作社有 4 000 多个,还出现了几十个更高级的组织形式——集体农庄(高级社)。

1952 年互助合作的发展基本健康,但各地也出现了一些过急的现象和行政命令强迫单干农民入社等倾向,以致影响了农业生产。1953 年 3 月,中央开始纠正农业互助合作运动的偏向。

1953 年 2 月,中共中央成立农村工作部,作为领导农村互助合作的专门机构;3 月 8 日,中共中央发出《关于缩减农业增产和互助合作发展的五年计划数字的指示》;3 月 16 日,中共中央发出《关于春耕生产给各级党委的指示》;3 月 17 日,毛泽东批发了《中央关于布置农村工作应照顾小农经

① 《中共中央关于农业生产互助合作的决议(草案)的通知》,《建国以来毛泽东文稿》第 2 册,中央文献出版社,1988 年,第 578 页。
② 《中央人民政府政务院关于一九五二年农业生产的决定》,《建国以来重要文献选编》第 3 册,中央文献出版社,1992 年,第 76 页。
③ 《一九五二年上半年农业互助合作运动发展情况》,史敬棠、张凛、周清和,等:《中国农业合作运动史料》(下册),生活·读书·新知三联书店,1959 年,第 304 页。

济特点的指示》;3 月 19 日,中共中央发出由毛泽东起草的《关于解决区乡工作中五多问题的指示》;3 月 26 日,《中共中央关于农业生产互助合作的决议(草案)》经毛泽东修改和补充作为正式文件在《人民日报》上发表。毛泽东在修改中强调:"在农村中压倒一切的工作是农业生产工作,其他都是围绕农业生产工作而为它服务的。任何妨碍农业生产的所谓工作任务和工作方法,必须避免。""要充分地满腔热情地没有隔阂地去照顾、帮助和耐心地教育单干农民,必须承认他们的单干是合法的(为共同纲领和土地改革法所规定),不要讥笑他们,不要骂他们落后,更不允许采用威胁和限制的方法打击他们。"① 同一天,《人民日报》还发表了《中共中央关于春耕生产给各级党委的指示》和中共中央农村工作部秘书长杜润生撰写的题为《领导农业生产的关键所在》的社论。为了扩大宣传,进一步纠正急躁冒进的倾向,4 月 1 日,中共中央将《关于农业生产互助合作的决议》、《关于春耕生产给各级党委的指示》、《领导农业生产的关键所在》汇编成《当前农村工作指南》,由人民出版社出版单行本,毛泽东写了按语。

　　专门领导农业互助合作化的机构的建立和一系列指示的发出,对于整顿 1952 年以来农业互助合作中的急躁冒进偏向有很大作用。

　　1953 年下半年过渡时期总路线提出以后,为了尽快实现工业化,必须加快农业社会主义改造的速度,也就是说,农业互助合作要更快地发展。同时,1953 年是"一五"计划的第一年,即大规模的经济建设开始的一年。"一五"计划的方针是优先发展重工业,而重工业的发展需要大量的资金。对于一个农业国家来说,资金主要来源于农业,而分散落后的小农生产难以满足工业化的需要,这就要求农业的合作化快速发展。

　　1953 年 10 月 26 日至 11 月 5 日,中共中央农村工作部召开了全国第三次互助合作会议。会前和会议期间,毛泽东两次与中央农村工作部负责人谈话。从谈话的内容看,毛泽东一改稳步发展、农民自愿、逐步由互助组过渡到

---

　　① 毛泽东:《对〈中共中央关于农业生产互助合作决议〉的批语和修改》,《建国以来毛泽东文稿》第 4 册,中央文献出版社,1990 年,第 151-152 页。

合作社的思想,要求各地快办、多办、必须办,甚至要求直接办大的合作社。

"要控制数字,摊派下去。""直接搞社,也可允许试一试。""个体农民增产有限,必须发展互助合作。""互助组还不能阻止农民卖地,要合作社,要大合作社才行。""合作社不能搞大的,搞中的;不能搞中的,搞小的;但能搞中的就应当搞中的,能搞大的就应当搞大的,不要看见大的就不高兴。"① 鼓励新解放区发展快一些,"可能一下子较快发展起来"。② 毛泽东还批评了 1953 年上半年纠正急躁冒进时一些地方解散部分合作社的做法:"有条件成立的合作社,强迫解散,那就不对了,不管那(哪)一年,都是错误的。'纠正急躁冒进',总是一股风吧,吹下去了,吹倒了一些不应当吹倒的农业生产合作社。"③"冒进是错误的,可办的不办也是错误的,强迫解散更是错误的。""这大半年,缩了一下,稳步而不前进,这不大妥当。""这次会议要积极一些。"④ 为此,毛泽东在谈话中还提出了发展合作社的计划:"今冬明春,到明年秋收前,发展三万二千多个,一九五七年可以发展到七十万个。但是要估计到有时候可能突然发展一下,可能发展到一百万个,也许不止一百万个。"⑤

毛泽东的这两次谈话成为指导农业合作运动的理论、方针和政策。根据毛泽东的谈话,会议形成了《中共中央关于发展农业生产合作社的决议(草案)》,后又经毛泽东修改于 12 月 16 日被中共中央正式通过。这是中共中央关于农业互助合作运动的第二个指导性文件。《决议(草案)》的一个显著特点是,将互助合作运动的重点由办互助组转向了办农业生产合作社,并且提出了 1953 年冬到 1954 年秋收前的合作社发展计划:"从一九五三年冬季到一九五四年秋收以前,全国农业生产合作社应由现有的一万四千多个发展到三万五千八百多个……到一九五七年,全国农业生产合作社应争取发展到八十万个左右,参加的农户应争取达到农村总农户数的百分

---

① 毛泽东:《关于农业互助合作的两次谈话》,《农业集体化重要文件汇编》(上册),中共中央党校出版社,1981 年,第 197-198 页。
② 同①,第 198 页。
③ 同①,第 199 页。
④ 同①,第 201 页。
⑤ 同①,第 202 页。

之二十左右。"① 这个计划又比毛泽东与中央农村工作部负责人谈话时提出的数字有所增加。

随后，农业合作化运动进入一个快速发展、以建立半社会主义的农业合作社为主要形式的阶段。各地你追我赶，出现了办社热潮，且竞相修改中央的数字计划，追加合作社的数目，全国追加的数字达到 45 000 多个，超过原计划 10 000 多个。② 而在实施过程中，实际成立的合作社又远远超过追加的计划数字。1954 年 3 月，已经建立和正在建立的农业生产合作社共达 70 000 多个，超出最初拟定计划 35 000 个的一倍。③ 合作社如此快速的发展，出现了一些问题，如贪大贪多、强迫命令、不顾实际情况，以致一些社规模过大而不巩固，忽视了互助组，"办了农业生产合作社，垮了互助组"。④ 3 月底，中央决定放慢发展速度，指示各地收缩农业生产合作社的发展，但是收效不大。"一九五三年冬及一九五四年春互助合作运动有了大的发展，农业生产合作社由一万四千多个发展到九万多个，增加了六倍以上。"⑤

1954 年 4 月召开的第二次全国农村工作会议拟定的农业生产合作社计划是一个更高的指标："农业生产合作社一九五五年计划发展到三十万或五十万个。一九五七年计划发展到一百三十万个或一百五十万个，参加合作社的农户发展到占全国总农户的百分之三十五左右，合作化的耕地发展到占全国总耕地的百分之四十以上……在第二个五年计划时期中（大约在一九六〇年前后），在全国基本地区争取实现基本上合作化。"⑥ 中共中

---

① 《中国共产党中央委员会关于发展农业生产合作社的决议》，《农业集体化重要文件汇编》（上册），中共中央党校出版社，1981 年，第 225 页。

② 《中央批转中央农村工作部关于目前各地建立农业生产合作社情况与问题向中央的报告》，《农业集体化重要文件汇编》（上册），中共中央党校出版社，1981 年，第 231 页。

③ 《中共中央农村工作部关于收缩农业生产合作社的发展转入生产的指示》，《农业集体化重要文件汇编》（上册），中共中央党校出版社，1981 年，第 235 页。

④ 同②，第 233 页。

⑤ 《中央批转中央农村工作部关于第二次全国农村工作会议的报告》，《农业集体化重要文件汇编》（上册），中共中央党校出版社，1981 年，第 246 页。

⑥ 《中央农村工作部关于第二次全国农村工作会议的报告》，《农业集体化重要文件汇编》（上册），中共中央党校出版社，1981 年，第 249 页。

央于 6 月 3 日批转了这个报告。8 月以后,已经将农业合作化运动的重点转入发展半社会主义性质的农业生产合作社,并开始逐渐向完全社会主义性质的农业生产合作社(即集体农庄)过渡。8 月 10 日,中央农村工作部电告各地:今后几年,应首先集中力量普遍发展部分集体所有制的农业生产合作社,使其成为农业生产的主要形式,并且逐步废除入股土地的报酬,彻底改变土地私有制为公有制。不仅是土地,其他如耕畜、农具等生产资料也将走向公有化。有些地方的农业生产合作社要求 1954 年就转为完全社会主义的合作社(集体农庄)。①

时隔两个月,10 月 10 日,全国第四次互助合作会议召开,中央农村工作又将原本已经很高的合作社的计划指标再次提高并报请中央,12 月中央批准了这个计划。"各地计划在一九五五年春耕以前将农业合作社发展到六十万个……一九五七年组织百分之五十以上的农户加入合作社,使现有形式的农业生产合作社在全国主要农业区成为主要的生产形式。"② 计划在不断变化,指标越来越高,各地在实施过程中又竞相加码。1955 年 1 月 4 日,中央农村工作部部长邓子恢以工作简报的形式向周恩来和中共中央汇报:"去年 10 月间中央批准全国各省共办 60 万个合作社,下边积极性很高,将计划提到 70 多万个。"③

由于计划指标一高再高,各地再次出现急躁冒进,一哄而起,发展过快,强迫命令,违反了自愿的原则,以致农村出现紧张局面。许多地方的农民大量杀猪、宰牛、砍树,由于生产合作社管理不善,农具被破坏,牲畜饲养不当,肥的养瘦、瘦的养死的现象以及牲畜冻饿而病而死的现象相当普遍。合作社减产,再加上粮食征购任务重,基层干部工作方法生硬,导致农村干群关系紧张,农民对合作化产生抵制情绪。鉴于此,中央决定于 1955 年初调整政策,毛泽东提出"停、缩、发"的三字方针,农业合作化运动转入"控

---

① 《中央农村工作部关于半社会主义性质的农业生产合作社如何逐渐社会主义化问题复东北并告各地电》,《农业集体化重要文件汇编》(上册),中共中央党校出版社,1981 年,第 255~258 页。

② 《中共中央批发中央农村工作部关于全国第四次互助合作会议的报告》,《农业集体化重要文件汇编》(上册),中共中央党校出版社,1981 年,第 260 页。

③ 转引自高化民:《农业合作化运动始末》,中国青年出版社,1999 年,第 159 页。

制发展、重点巩固"阶段。中共中央和农村工作部接连发出指示、通知,开始了农业生产合作社的大整顿:《中共中央关于整顿和巩固农业生产合作社的通知》(1955 年 1 月 10 日)、《中共中央关于大力保护耕畜的紧急指示》(1955 年 1 月 15 日)、《中共中央关于在少数民族地区进行农业社会主义改造问题的指示》(1955 年 2 月 25 日)、《中央批复华南分局关于目前农村紧张情况与措施的报告》(1955 年 3 月 1 日)、《中共中央、国务院关于迅速布置粮食购销工作,安定农民生产情绪的紧急指示》(1955 年 3 月 3 日)、《中央农村工作部关于巩固现有合作社的通知》(1955 年 3 月 22 日)、《中央农村工作部对浙江省目前合作化工作的意见》(1955 年 3 月 25 日)。此外,中央农村工作部还派调查组到问题严重的地区进行实地调查,对一些存在严重错误的地区给予批评和通报,如 1955 年 3 月 25 日,批评了浙江省,① 4 月 13 日通报了山东省曹县。② 然而,一直支持调整政策并亲自签发一些调整、整顿合作社通知和指示的毛泽东,到 5 月份思想发生了大的转折,这一转折导致合作化运动再次走上快车道,仍然坚持继续调整巩固合作社的中央其他领导人如邓子恢、刘少奇等受到严厉批判。

5 月 1 日,在天安门城楼上,毛泽东对谭震林说,合作化还可以快一些。毛泽东还认为,农村存在紧张、农民不满征购、合作化有强迫现象等说法,一概是"发摇风",并进一步强调反保守倾向。③ 这是毛泽东的思想开始转向的标志。

1955 年 4 月 21 日至 5 月 7 日,第三次全国农村工作会议在北京举行。会议的基本精神是毛泽东、刘少奇多次谈到的"停、缩、发"。然而 5 月 5 日晚,邓子恢向毛泽东汇报会议情况时,毛泽东却改变了态度,并且警告邓子恢不要重犯 1953 年的错误,否则又要作检讨。但毛泽东的警告并没有引起邓子恢的重视,在第二天作会议总结报告时,邓子恢仍然按原定的会议

---

① 《中央农村工作部对浙江省目前合作化工作的意见》,《农业集体化重要文件汇编》(上册),中共中央党校出版社,1981 年,第 317—318 页。

② 《中央农村工作部关于曹县合作化运动情况的通报》,《农业集体化重要文件汇编》(上册),中共中央党校出版社,1981 年,第 311—316 页。

③ 杜润生:《忆 50 年代初期我与毛泽东主席的几次会面》,《缅怀毛泽东》(下),中央文献出版社,1993 年,第 383 页。

精神,讲了停止、整顿、巩固合作社的问题。

这之后,毛泽东便按照快速发展的思路看待农业合作化问题了。5月9日晚,毛泽东召集李先念、邓子恢、廖鲁言、陈国栋开会,研究粮食和合作化问题。毛泽东问邓子恢:"到一九五七年化个百分之四十,可不可以?"邓子恢仍坚持3月间毛泽东同他商定的数字,说:"上次说三分之一,还是三分之一左右为好。"毛泽东对于前一段时间反映的农村紧张、农民生产消极的情况很不以为然:"说农民生产情绪消极,那只是少部分的。我沿路看见,麦子长得半人深,生产消极吗?!"①

5月17日,毛泽东在颐年堂主持召开华东、中南、华北15省、市委书记会议。在谈到农业合作化问题时,他认为,农业合作化发展大体是好的,1955年初以来的整顿、停发、巩固是消极情绪,必须改变,"再不改变,就会犯大错误","片面的缩,势必损伤干部群众的积极性"。②总的政策由3月份的"停、缩、发"三字方针而转向强调"发"。"后解放区就是要发,不是停,不是缩,基本是发;有的地方也要停,但一般是发。华北、东北等老解放区里面,也有要发的。"③随后,中央农村工作部根据毛泽东的讲话精神,修改了今后一年里的合作社数目,由65万个增加到100万个,翻半番。但毛泽东仍然觉得少了,应该翻一番,即135万个。而邓子恢坚持认为只能发展100万个。毛泽东对邓子恢的固执己见很生气,从而导致了其在7月31日全国省、市、自治区党委书记会议上作的题为《关于农业合作化问题》的报告中,公开批判邓子恢为"小脚女人",是在农业合作化问题上的"右倾机会主义","邓子恢的思想很顽固,要用大炮轰"。毛泽东还在报告中驳斥了大半年以来在"停、缩、发"方针指导下的合作化运动:"'坚决收缩'的方针,是在一种惊慌失措的情绪支配下决定出来的。"④同时他认为,半年来的整

---

① 毛泽东同邓子恢等谈话记录,1955年5月9日。转引自逄先知、金冲及:《毛泽东传(1949—1976)》(上),中央文献出版社,2003年,第375页。
② 毛泽东:《关于农业合作化问题的讲话(节录)》,《农业集体化重要文件汇编》(上册),中共中央党校出版社,1981年,第331页。
③ 同②。
④ 毛泽东:《关于农业合作化问题》,《农业集体化重要文件汇编》(上册),中共中央党校出版社,1981年,第365页。

顿、巩固方针中央没有同意,是中央农村工作部搞的,"这样一件大事不得中央同意就去做,也是不妥当的";① 主张坚决收缩的是被胜利吓昏了头脑,犯了右的错误。除批评"收缩"思想外,毛泽东还系统阐述了自己的合作化观点,认为合作化的高潮有些地方已经到来,全国也即将到来;合作社能不能发展、能不能巩固是根本不需要怀疑的;合作化的快速发展是可能的,现在不是批评冒进的问题,而是应该大力发展的问题。不过,毛泽东预计中国要用 18 年的时间完成合作化。

这次会议之后,各省召开会议,批判本省在合作化问题上的"小脚女人"和"右倾保守思想",大张旗鼓地宣传毛泽东的《关于农业合作化问题》的报告,由此掀起了农业合作化的高潮,导致农业合作化进入迅猛发展的阶段。许多省份竞相提出了提前完成合作化的规划,毛泽东给这些高指标的规划报告写了更加激烈的批语,② 使合作化运动陷入了越发狂热的状态。尤其是 10 月 4 日至 11 日召开了七届六中全会之后,关于农业合作化的速度问题,在中央高层形成了一边倒的局面,提出了比毛泽东的《关于农业合作化问题》报告更高的目标:在合作化运动比较先进的地方,合作化程度在 1955 年夏季已经达到当地总农户的 30% ~ 40% ,大体上可以在 1957年春季以前先后发展到当地总农户的 70% ~ 80% ,即基本上实现半社会主义的合作化。在全国多数地方,合作化程度在 1955 年夏季已经达到当地总农户的 10% 左右或者 20% 左右,大体可以在 1958 年春季以前先后基本上实现半社会主义的合作化。③

据《人民日报》报道:到 1955 年底,河北、山西、辽宁、黑龙江、吉林、热河、安徽、河南、湖南、湖北、青海、甘肃等省和北京、上海、天津、武汉、西安等市的郊区已经基本上实现了农业合作化。全国还有些省、区已经接近合作化,入社农户占全国农户总数 60% 左右,预计到 1956 年春季全国大多数

---

① 毛泽东:《关于农业合作化问题》,《农业集体化重要文件汇编》(上册),中共中央党校出版社,1981 年,第 365 页。

② 据《农业集体化重要文件汇编》(上册)载,中央批转合作化部署报告的省份有湖北、辽宁、安徽、山西、河南、浙江、甘肃、福建、云南、山东等。

③ 《中国共产党第七届中央委员会第六次全体会议(扩大)关于农业合作化问题的决议》,《农业集体化重要文件汇编》(上册),中共中央党校出版社,1981 年,第 461 页。

地区可以基本上实现农业合作化。① 面对各地农业合作化出乎意料的发展速度,毛泽东于 12 月重新为《中国农村的社会主义高潮》一书写了序言和按语。毛泽东的序言和按语不仅给了已经处在高速发展中的合作化运动又一推动力,还催生了高级社发展的提前降临。书中选了一些高级社的材料,如《大社的优越性》一文,其小标题为:社越大,优越性越大。毛泽东在按语中肯定文章写得很好,值得一阅。② 1956 年 1 月,高级社进入大发展阶段,全国各地竞相办高级社,争先恐后地宣布进入了社会主义。1 月 15 日,北京郊区率先实现了高级社化,接着上海、重庆宣布进入社会主义;浙江计划 1956 年春耕前完成高级形式的农业合作化,加入高级社的农户达到农户总数的 90% 以上;湖北预计秋收前完成高级社化;江苏争取 1957 年在全省基本上实现高级社化。到 3 月底,加入农业合作社的农户占全国总农户的 90%,参加高级社的农户已占全国总农户的 55%,河北、山西、辽宁等 10 个省、市高级社农户已超过了 85%。③ 6 月 30 日,高级社示范章程公布,9 月底全国基本实现了高级社化。

① 《一九五五年——一九五六年三月全国农村基本上实现了初级形式的农业合作化》,《人民日报》,1956 年 4 月 30 日。

② 《〈中国农村的社会主义高潮〉的按语》,《毛泽东选集》第 5 卷,人民出版社,1977 年,第 257 页。

③ 同①。

第三章

农业合作化时期的包工包产和包产到户

古代中国，一家一户的小农经济在国民经济中占主要地位。长期以来，农民习惯了一家一户的生产方式。共产革命的兴起及其在全国取得政权，以及在土地改革的基础上很快进行的农业合作化，彻底改变了农民的这种生产方式。对于经济文化落后、思想保守的农民来说，接受一种全新的生产方式是需要一个较长过程的，特别是新中国成立后农业合作化的迅速完成造成了一些问题，使农民接受起来更加困难。而农业合作化又是以强大的政治力量，即几乎是以政治运动的方式完成的，因而更增加了农民对新的生产方式的抵制和不满。在合作化强劲的潮流之下，还涌动着一股与农业合作化方式不同的潜流——包干制。这股潜流时强时弱，不同时期以不同的面目出现，并最终于20世纪70年代末80年代初演变为席卷全国的大洪流，从而导致了合作制的最高形式——人民公社解体。

第一节　初级社时期的包工包产责任制

一家一户的小农生产是自己管自己，基本不存在生产管理的问题，但随着合作化运动的发展、农业生产合作社的建立，生产组织形式发生了变化，合作社少则十几户，多则几十户，生产的经营管理问题也随之出现。如果经营管理不善，合作社不能增产，入社农民不能增收，合作社的好处则无从谈起。

所以在农业合作化运动中，初级生产合作社建立时，中央曾认可了一些地方的包工包产责任制的做法。如黑龙江省在成立农业生产合作社时，对劳动日的计算有三种形式：一是根据劳动力强弱、技术高低，评分固定，按分记工，每十分为一劳动日；二是根据劳动力强弱、技术高低，评出预定分数，再按实际工作质量数量民主评出确定分数，以分数计算劳动日，叫做"死订活评"；三是实行定质定量定工的负责包工制，根据土地数量、劳动性质，民主评定需工数量，由社员包种，不论其实际用工多少，都以评定需工数量计算劳动日。[①]　山西长治地区在试办合作社时也把责任制作为经验推广:工作日的计算,应以劳动态度、劳动强度、劳动技术、劳动量4方面为依据评定,采用按季定地、定工、定质、定量、定时的方法。[②]　1952年,华北行政委员会农林水利局农政处在《关于农业生产合作社若干问题的商榷》中认为,"劳力的合理评工、计工,是具体体现等价互利和奖励劳动政策、巩固发展合作社的基本环节"。当时华北地区的评工计工办法中就有"定工、定质、定时、定产的包工包产制"。其具体做法是:"把土地划分为若干耕作区,并确定每个耕作区所需要的工数(定工)、工作质量的标准(定质)、完成工作的时间(定时)及本年的产量(定产)。再把全社劳动力适当地分为若干小组或小队。然后把一定的耕作区包给一定的小组或小队经营。各小组或小队内部再实行分工。各种作物的产量标准,是根据原来的地力情况,土地投资情况和提高技术的要求而规定的。秋后总结时,超过规定产量的给予奖励,未完成任务的给予处分。奖励和处分的办法由社员大会民主议定。"[③]　黑龙江省第一届农业生产合作社代表会议的报告中,也是将建立管理、生产的责任制作为一个好的经验来总结的:"严密劳动组织,建立与贯彻管理、生产责任制,包工计件,劳动日的计算按劳取酬,实行计划生产,这是农业生产合作社建立后,发挥与提高劳动生产效率的根本方法,而劳动生产效率的不断提高,又是巩固农业生产合作社的中心环节,它是解决个体农民落后的生产习惯与集体经营共同劳动之间矛盾的主要方法。许多社创造和实行了上述办法,就相当地克服了春耕时期普遍的旷工、窝工、无计划的紊乱现象,生产、管理方面的无人负责现象,以及浪费与不爱护社内公共财物现象。从而体现了农业合作经济的先进性,大大地发挥了劳动生产效率,同时,也具体体现了按劳取酬、奖勤罚懒的政策,它把合作的集体利益与社员个人利益的一致性,从生产上组织上制度上固

---

① 《中共中央同意李林朴等关于农业互助合作运动的调查报告(节录)》,《农业集体化重要文件汇编》(上册),中共中央党校出版社,1981年,第75页。

② 《山西省长治专区一九五一年试办是个农业生产合作社的成绩与经验》,《农业集体化重要文件汇编》(上册),中共中央党校出版社,1981年,第94页。

③ 华北行政委员会农林水利局农政处:《关于农业生产合作社若干问题的商榷》,史敬棠、张凛、周清和,等《中国农业合作化运动史料》(下册),生活·读书·新知三联书店,1959年,第495页。

定起来了。"①

　　山西省是合作化实行较早也是发展较好的地区,在农业生产合作社的经营管理上建立了责任制,推行了包工包产制。1953 年建立的 2 243 个农业社中,实行包工包产制的占 80% 左右。作为经验总结,山西省委农村工作部认为,必须逐步建立生产责任制,实行劳动定额管理,以提高劳动效率。山西省的具体做法是:贯彻劳动定额管理,基本改变了农业生产合作社开始时的临时拨派制,加强了社员的责任心。少数基础好的社实行常年包工包产制,一般的社实行短期的按活按件的包工或季节性的包工。包工制的基础是定工、定质、定时。② 其中,平顺县的郭玉恩社是实行包工制效果比较好的合作社,成为推广的典型。1951 年 4 月 10 日,郭玉恩办起了川底村农业生产合作社,大家选他当社长。1952 年,川底村农业合作社由原来的 18 户扩大到 46 户,开始实行季节包工制,粮食产量比上年提高了21.8%,超过当地平均产量 60.3%。郭玉恩获得了中央农业部颁发的"爱国丰产金星奖章",郭玉恩社的经验被推广。河北遵化县的一些社在初办时管理上出现了很多问题,如干活窝工的现象既严重又普遍,区委书记学习了山西平顺县郭玉恩农业生产合作社实行包工包产的经验来指导合作运动,基本上克服了社里的窝工现象。③ 1952 年陈永贵在大寨初办合作社时,管理混乱,社员出工不出力,劳动热情逐渐衰退,生产下降。陈永贵也是学习了郭玉恩社的包工包产,才带领合作社走出困境的。

　　福建省永安县西洋镇三村农业生产合作社采取了小段包工的方法来加强经营管理。首先是劳动力分组,土地划片,确定土地耕作质量标准和土地评底分,然后根据不同的农活采用不同的包工形式。包工形式主要有

---

① 《黑龙江省试办农业生产合作社的基本总结及今后方针——中共黑龙江省委副书记冯纪新同志在全省第一届农业生产合作社代表会议上的报告》,史敬棠、张凛、周清和,等《中国农业合作化运动史料》(下册),生活·读书·新知三联书店,1959 年,第 518 页。
② 中共山西省委农村工作部:《山西省一九五三年二千二百四十个农业生产合作社的基本总结》,史敬棠、张凛、周清和,等:《中国农业合作化运动史料》(下册),生活·读书·新知三联书店,1959 年,第 530 页。
③ 《书记动手,全党办社》,中共中央办公厅《中国农村的社会主义高潮》(选本),人民出版社,1956 年,第 12 页。

三种:一是集体包工,对于较大的固定农活,如挖稻根、犁田、插秧等,都以小队为单位集体包工,由小队长领导排工,以"死分活评"的办法评定社员当天劳动应得的工分;二是个人包工,按件记工;三是突击工,如抗旱、修水利等,由社统一掌握,临时调配操作,采用"死分活评"的办法。①

1953 年 10 月,华北局农村工作部报告了华北各地实行包工包产的情况。农业合作社是社员凭着一股热情建立起来的,建立初期缺乏管理经验,劳动效率低。初期的热情过去之后,因为生产没有计划、劳力没有组织,一切农活都靠社长每天直接分派,因而造成了严重的窝工现象;再加上评工记工不合理,"磨洋工"、"熬日头"、"等地头"、"歇大畔"等现象也十分严重。为了克服这种混乱现象,各地采用了包工办法。包工办法主要有两种形式:一是临时包工,即将一定的农活定出用工的数量、质量、施工的时间,作为标准包给生产小组或个人。完成后,合乎原定标准者,规定的工数即算做他们共同的或个人的"劳动日"。二是常年包工,根据土地质量、远近、种植的作物种类,计算出每亩土地的全年需工数量,并规定耕作时间和质量,由社包给生产小队,作为各小队分酬时全队的固定劳动日。这个办法的前提是四定,即定工、定时、定量、定质。包工包产的办法在各地逐步开始推广:长治专区 80% 以上的社包了工,还有 20% 左右的社包了产;榆次专区 70% 的社包了工。包工包产的实行改变了生产混乱现象,"过去人等活,现在活等人",增强了社员的责任心,改变了上忙下闲的现象,提高了劳动效率。②

吉林省安广县实行的"四固定、包工包产、超产奖励"(固定生产队、固定土地、固定耕畜、固定农具,常年包产、分段包工,超产奖励)的办法,改变了合作社扩大时的管理混乱、窝工、毁坏农具等现象。其具体做法是:将全队劳力分为两个生产队,每队由一名主任负责,主任之下由两名队长、三名小组长层层负责;同时建立农具的使用、保管责任制;合理分配土地,固定

---

① 《永安县西洋镇三村农业生产合作社推行小段包工的经验》,《中国农村的社会主义高潮》(中册),人民出版社,1956 年,第 721—725 页。

② 《华北局农村工作部关于农业合作社的经营管理情况与问题的报告》,《农村工作通讯》,1954 年第 9 期。

作业区,固定产量,包给各队,超产奖励。①

  各地为解决农业生产合作化在经营管理方面的问题所实行的不同形式的责任制,也得到了中共中央的重视。1953年1月5日,中共中央批准了东北局提出的《东北区农业生产合作社试行章程》。《章程》明确提出了生产管理包工包产、超产奖励的责任制:"农业生产合作社应按负责制的原则组织劳动和社内各种生产事业,可以采用按活计或按季节的包工制,逐渐提高到常年的包工和产量定额制,即按固定的地块,把水田、旱田、特种作物等划分给一定的小组,可能时,连马与农具亦得按组分配,规定一定的生产计划和任务,使之从备耕到春耕、夏锄、秋收以及第二年的生产准备,进行连续性的作业,从使用车马农具到保管车马农具,实行常年负责制。在小组内,有些工作可采取个人负责制,如管理农作物,赶车、喂马、管理和使用一定的农具等。在副业生产上,也应如此。""初办的农业生产合作社采取评工记分,'死定活评'的办法是可以的。在有适当条件时,可进一步地推行小组及个人的包工办法,逐步地采取按劳取酬制。""农业生产合作社必须实行超额奖励制度,凡农业、副业超过生产计划,可从超额部分当中,抽出一定数量,奖给从事该生产的社员或小组。也可按生产计划预算某种工作所需劳动日数进行包工,社员和小组人员因为生产努力或创造了先进的生产方法而超额完成任务者……其少用的劳动日数作为奖励。"②

  同年5月,中共中央批转的《华北局关于农业生产合作社若干问题的解决办法》中,也将包工包产责任制作为整顿规模较大的合作社管理的方法:"社的生产管理上,应逐步推行包工制,并在包工制基础上有条件地实行包产制"。其具体办法是:"在有基础的社内应逐步实行临时的按季节的包工制,然后根据社员觉悟和耕作经验,实行常年包工制,并在此基础上试行包产制……先逐步实行临时包工……然后在较多的各个农事活动上实行包工制后,即可进一步按生产季节包工,即将某一个生产季节内每亩

---

  ① 《安广县四一生产合作社固定生产队和实行包工包产的经验》,《中国农村的社会主义高潮》(上册),人民出版社,1956年,第419-425页。
  ② 《东北区农业生产合作社试行章程》,史敬棠、张凛、周清和,等:《中国农业合作化运动史料》(下册),生活·读书·新知三联书店,1959年,第139-140页。

所需各项工作分别规定标准,然后将全社土地分给各生产组,按标准完成各项任务。在分别按各个生产季节包工已有了经验以后,可逐步实行常年包工,即把全年每亩地的各项工作分别规定统一的标准,再按各生产组劳力、技术等情况,将全社土地分配给各生产组完成全年任务。"① 中央认为华北局的办法"是好的,是可行的",② 并将此件转发给各中央局、分局和各省委,让各地作为参考。

1953 年 12 月 16 日通过的《中国共产党中央委员会关于发展农业生产合作社的决议》,肯定了各地不同形式的包工包产责任制:"合理使用劳动力,按照合作社的大小、生产的需要、劳动力的多少和发展的情况,去决定组织劳动的形式,例如首先实行生产小组的临时分工制,而后根据群众的经验,逐渐推行常年固定的生产组或生产队的按季节包耕制。至于有些合作社所试行的常年包耕包产制,如为群众所乐意的,也应该帮助他们不断地总结经验,使这种劳动组织能够逐步趋于完善。"③

在中央高层领导中,对包工包产责任制极力提倡、系统论述的是中央农村工作部部长邓子恢。1954 年 4 月 2 日至 18 日,全国第二次农村工作会议在北京召开,邓子恢在总结报告中正式将包工包产生产责任制作为一项确保合作社增产增收、巩固合作社经济、增加农民收入的重要制度提出,希望各地积极推行:"要把劳动组织好,分工分业,分组分队,并实行按件计工、小包耕、大包耕,以至包耕包产等制度,来充分发挥劳动效能,这是搞好集体经济的重要制度,不能仍照个体经济那样由社长临时就地派工,致产生窝工浪费现象。"④

为了纠正农业生产合作化中的偏差,加强和完善对农业生产合作社的

---

① 《华北局关于农业生产合作社若干问题的解决办法》,《农业集体化重要文件汇编》(上册),中共中央党校出版社,1981 年,第 161-162 页。

② 《中共中央转发华北局关于农业生产合作社若干问题的解决办法》,《农业集体化重要文件汇编》(上册),中共中央党校出版社,1981 年,第 157 页。

③ 《中国共产党中央委员会关于发展农业生产合作社的决议》,《农业集体化重要文件汇编》(上册),中共中央党校出版社,1981 年,第 220 页。

④ 邓子恢:《在全国第二次农村工作会议上的总结报告》(1954 年 4 月 18 日),转引自蒋伯英《邓子恢与中国农村变革》,福建人民出版社,2004 年,第 417 页。

管理,从 1954 年初,邓子恢就组织力量起草和制定《农业生产合作社示范章程》。经过多次讨论修改,《章程》对农业生产合作社的经营管理工作作了较为系统的规定:"农业生产合作社为了进行有组织的共同劳动,必须按照生产的需要和社员的条件,实行劳动分工,并且建立一定的劳动组织,逐步地实行生产中的责任制。合作社为了实行农业生产中的责任制,应该把社员编成几个生产队,把生产队作为劳动组织的基本形式,让各个生产队在全社的生产计划的指导下,自行安排一个时期的和每天的生产。"[1]小的合作社可以分成生产组。生产队设队长,生产组设组长,生产队长或者生产组长应该注意正确地分配本单位每个人的劳动任务,充分地发挥有组织的共同劳动的优越性,使生产效率提高;并且尽量使每个人都能够发挥力量,都能够从劳动中得到一定的收入。在可能的范围内,生产队长或者生产组长应该给每个人指定负责专管的地段或者工作,彻底实现生产中的责任制。[2]

生产中责任制实行的好坏要和劳动报酬挂钩才能发挥效果。《章程》规定:"农业生产合作社对于社员劳动的报酬,应根据'按劳计酬,多劳多得'的原则,逐步地实行按件计酬制……为了实行按件计酬制,必须规定各种工作的不同的定额和不同的报酬标准。对于每一种工作,在一定的土地、耕畜、农具、天时等条件下,一个中等的劳动力做了一天所能够达到的数量和质量,就是这一工作的定额……完成每一种工作的定额所应得的报酬,用劳动日作计算单位……合作社必须正确地评定完成每一种工作定额所应得的劳动日。完成各种工作定额所得的劳动日必须有适当的差别……一个劳动日能够分到多少东西,根据全社全年收入多少东西来决定。一般的说,全社全年在生产中得到的实物和现金,在扣除生产费、公积金、公益金和土地报酬以后,用全社全年劳动日的总数来除,除出来的就是每个劳动日所应该分到的。"[3]

---

① 《农业生产合作社示范章程草案》(1955 年 11 月 9 日),《农业集体化重要文件汇编》(上册),中共中央党校出版社,1981 年,第 491 页。

② 同①,第 492 页。

③ 同①,第 493—494 页。

《章程》还规定:"为了把劳动报酬上的按件制同劳动组织上的责任制结合起来,农业生产合作社应该推行包工制,就是把一定的生产任务,按照工作定额预先计算出一定数目的劳动日,包给生产队限期完成……实行包工制的生产队所得的劳动日,应该按照各个队员实际上完成工作定额的多少分配给队员……农业生产合作社应该尽可能从实行耕作段落的和季节的包工制(小包工),逐步地过渡到实行常年的包工制(大包工)。"①

同时,包工包产还与奖惩制结合了起来,为此《章程》规定:"在实行常年包工制的时候,应该规定生产队所必须完成的农作物的产量计划和合作社管理委员会所必须负责执行的生产资料的供应计划,并且实行超产奖励制。对于超额完成了产量计划的生产队,应该酌量地多给劳动日,作为奖励;对于经营不好、产量不到计划数的百分之九十的生产队,也可以酌量地扣减劳动日,作为处罚。"②

由于1955年上半年之前中国的农业合作化是稳步发展的,是发展、巩固、管理兼顾的,因此,包工包产、超产奖励的责任制及时纠正了经营管理中出现的混乱、窝工等问题,使这一时期的合作化运动基本保持了健康的发展趋势。然而,1955年5月以后,毛泽东的思想发生了变化,认为农业合作化可以更快一些。通过批判右倾保守、"小脚女人"等措施,农业合作化运动走上了快速发展的轨道,使原计划10至15年或更多一点时间完成的农业社会主义改造(即完成完全社会主义的高级农业合作社化),只用了4年的时间。尤其是1955年5月以后的快速发展,造成了很多问题,使各地实行的卓有成效的包工包产、超产奖励的农业生产责任制受到巨大冲击,迅速建立的高级农业生产合作社在经营管理中的问题更加严重地暴露出来。

①　《农业生产合作社示范章程草案》(1955年11月9日),《农业集体化重要文件汇编》(上册),中共中央党校出版社,1981年,第494-495页。

②　同①,第495页。

第二节 高级社时期生产管理上的严重
问题

高级社的建立是以急风暴雨式的方式迅速完成的,以致造成了很多很重大的问题。《关于建国以来党的若干历史问题的决议》中指出:1955年夏季以后,农业合作化以及对手工业和个体商业的改造要求过急,工作过快,形式过于单一,以致在较长期间内遗留了一些问题。[①] 其实在合作化完成的当时,邓子恢已经指出了存在的问题:一是盲目铺张浪费的现象。过早过急地举办许多非生产性设备,购买了许多贵重的文化娱乐用品。在生产性的开支方面也缺乏精打细算,过早过急地兴建了许多当时生产上并不急需的基本设施,有些本来还可以利用的旧的生产设备却闲置不用,而另行购置,浪费了许多人力、物力和财力。二是对生产缺乏全面规划,重视农业生产,忽视副业生产。三是违反自愿互利的原则,强迫投资,生产资料折价低或无代价归社,侵害中农的利益。四是经营管理混乱。制订生产计划不客观,影响包工包产不能推行,生产责任制不能实现。劳动组织不健全,有的合作社还未建立固定的生产队和耕作区,牲畜、农具也未建立起固定管理、固定使用的制度,因而责任不明,生产上仍然存在着无人负责、窝工、旷工以及牲畜瘦弱死亡等现象。劳动定额和劳动报酬也规定得不尽合理。[②]

生产的组织形式要和生产力发展水平以及人们的思想觉悟水平相适应,才能促进生产的发展。完全社会主义的高级社的迅速实现,与当时低下的生产力发展水平和人们管理大社的能力不相适应。

农业合作化的迅速完成改变了新中国成立前夕“三年准备,十年建设”(新民主主义的过渡时期)的计划。10~20年的规划在4年内完成,人

---

① 《关于建国以来党的若干历史问题的决议》,人民出版社,1983年,第18页。

② 邓子恢:《一年来农业合作化运动的情况和今后工作》,《农业集体化重要文件汇编》(上册),中共中央党校出版社,1981年,第557-558页。

为地造成农村社会组织完全社会主义性质的高级社公有化程度过高、规模过大、过分集中，统得过死、生产管理混乱、分配上吃大锅饭、不公平合理等问题，[1]严重挫伤了农民的生产积极性。

建立和扩大公有制、消灭私有制，是1949年新中国成立以后各个领域的奋斗目标和发展趋势。农业合作化的完成标志着农村小农私有制的灭亡和社会主义公有制的确立。但公有制确立的速度太快，再加上管理不善，从而损害了农民利益，引起了农民的不满。虽然高级农业生产合作社示范章程规定："社员私有的生活资料和零星的树木、家禽、家畜、小农具、经营家庭副业所需要的工具，仍属于社员私有"，[2]但高级社仍取消了农民土地、大型农具、耕畜等生产资料的私有，甚至果树、零星林木等也归了公。各地在执行过程中将社员生活生产资料以低价抵归或无偿收归集体所用。有的地方为了解决合作社的困难，甚至强迫农民将更多的实物归入合作社。如山东省有的社就规定要社员进行"五投"（即投砖头、投现金、投木料、投粮、投草等），后来甚至发展成"有什么，投什么"，由自愿投现金、投砖料，逐渐发展到投衣物、棺木、猪、羊、首饰、锡、铜、铁器等；由搜集零散砖、石，发展到扒房檐、房顶，拆锅台、门楼、炕沿等，有的甚至拆房子、扒坟墓。有的社发展到按户摊派数目，采取"大会举手通过"、"熬鹰"、"整资本主义思想"、"轮翻动员"、"封门"等方式，有的社组织了"扒砖队"、"挖潜力组"，到各户挖掘搜查，翻箱倒柜，实际上是乱抢乱拿。[3]新疆有的地方在建社时，耕畜、水磨等折价偏低，果园、树木、自留地等处理过严，冬麦工本费评定偏低，生产费股份基金征集过多等，损害了中农的利益。[4]福建省曾专门就农民的果树归公问题向上级请示，主要问题是"折价偏低，甚至有无代价归社的"，"影响果农生产积极性，阻碍果树生产的发展，直接影

---

① 高化民：《农业合作化运动始末》，中国青年出版社，1999年，第308-318页。

② 《高级农业生产合作社示范章程》（1956年6月30日），《农业集体化重要文件汇编》（上册），中共中央党校出版社，1981年，第567页。

③ 《中共中央批转山东省委关于停止不适当地动员社员向社内投实物的通报》，《农业集体化重要文件汇编》（上册），中共中央党校出版社，1981年，第605页。

④ 《中央转发新疆区党委〈关于迅速正确处理社的集体利益与社员个人利益的矛盾等问题的指示〉》，《农业集体化重要文件汇编》（上册），中共中央党校出版社，1981年，第623页。

响社内增产增收和合作社的巩固"。①

1955年夏之后农业合作化运动的加速还表现在办社规模越来越大上,高级社不仅公有化程度高,而且规模也大。因为人们普遍认为合作社的规模越大越具有优越性。在《中国农村的社会主义高潮》一书的按语中,毛泽东就称赞了新海连市一个578户(占全乡可组织农户93%)的大社。② 有的地方还出现了一两千户,甚至五六千户的联村、联乡的高级社。1956年底,甘肃省平均每社130户左右,户数最多的社有1 600多户;③1956年3月,四川省高级社平均每社268户,千户以上的大社31个,最大的社1 800多户;④ 安徽省3 500户以上的社16个。⑤ 针对这种情况,邓子恢批评说:"有些地方合作社太大,地跨好几个乡,人达好几千户,这样大的社不仅地区太广,经济复杂,在管理上产生许多困难,有些事情因计划不周,措施不当,一时纠正不易,往往引起大损失,而且有些乡村之间,因为土地肥瘠悬殊太大,往往容易发生穷乡和富乡社员之间的纠纷,增加了办社困难。"⑥

社的规模过大,又是快速匆忙建立起来的,且领导干部缺乏管理大社的经验,因而劳动管理秩序混乱,同时对社员又管理过死,因此在奖惩方面出现了过于随意等现象。

劳动管理秩序混乱表现为:(1)干部派工没有周到的计划,造成干活"大轰隆",有的地方"上工一条线,干活一大片,肩靠肩,担靠担,干的干,站的站";⑦ (2)干部吹三遍上工哨还不见社员上工,且更多的是出工不出力、磨

① 《中共中央转发福建省委农村工作部关于解决果树入社的意见的报告及福建省委的批语》,《农业集体化重要文件汇编》(上册),中共中央党校出版社,1981年,第631页。
② 《大社的优越性》,《中国农村的社会主义高潮》(选本),人民出版社,1956年,第391页。
③ 史敬棠、张凛、周清和,等:《中国农业合作化运动史料》(下册),生活·读书·新知三联书店,1959年,第966页。
④ 高化民:《农业合作化运动始末》,中国青年出版社,1999年,第308页。
⑤ 《关于退社和大社问题》,《农业集体化重要文件汇编》(上册),中共中央党校出版社,1981年,第657页。
⑥ 邓子恢:《一年来农业合作化运动的情况和今后工作》,《农业集体化重要文件汇编》(上册),中共中央党校出版社,1981年,第558页。
⑦ 转引自叶扬兵:《中国农业合作化运动研究》,知识产权出版社,2006年,第512-513页。

洋工、窝工等。其他方面的管理也问题重重,如工分不平衡、定额不合理、财务开支大、开支乱、账目不清、贪污盗窃、农具丢失、牲畜饲养管理不善等。

生产管理混乱且对社员管理过死。有的社对社员串亲赶集、经营副业等都有严格的规定;还有的社规定秋收时社员夜间不准私自外出,违者以偷窃论处。①

管理的随意性表现为干部对社员处罚主观随意。任意克扣社员工分,罚劳动日,停止劳动,冻结存款,不发给救济款和购粮证等。河北省南皮县一个乡规定:社员偷一个玉米,罚 10 个工分(一个劳动日),有一个社员偷了 180 个玉米,全年的 1 700 个工分被罚完后还倒欠社里 100 个工分。有的地方对给社里干部提意见的人罚工分,还有的以不给派活作为惩罚。②

一哄而起的高级社存在这样那样的问题,从而导致了广东、河南、江苏、浙江、江西等省发生农民闹社退社的风潮。③ 面对这种情况,中央决定整顿高级社。在整顿高级社过程中,各地乘机搞起了包工包产责任制。

第三节　包工包产和包产到户的兴起

一、整顿高级社,包工包产兴起

中央农村工作部部长邓子恢虽然因在合作化的速度问题上与毛泽东有分歧而被骂为"小脚女人",因坚持自己的意见而被指为顽固的脑袋要用"大炮轰",但还是艰难地领导着中国的农业合作化运动。对于 1955 年

---

① 《中共中央批转河北省委关于农村工作干部强迫命令作风的报告》,《农业集体化重要文件汇编》(上册),中共中央党校出版社,1981 年,第 641 页。

② 同①,第 641-642 页。

③ 据叶扬兵《中国农业合作化运动研究》一书,1956 年从年初到年底,闹社退社的现象在全国普遍发生,计有:江苏泰县,浙江仙居、宁波,河南临汝、永城、夏邑、虞城,河北邯郸、永清、霸县、安次、任丘、大城、文安、静海、青县,广东湛江、中山、南海、顺德、海丰、惠阳、龙川、紫金、龙门、钦县、郁南,天津专区,通县、保定、唐山等地。

冬到 1956 年春一哄而起的高级社存在的生产管理混乱等严重问题,邓子恢有清醒的认识,1956 年 4 月在全国农村工作部部长会议上的讲话中,他再一次提出农业合作社一定要有包工包产的责任制、没有责任制不行的呼吁。

"编好劳动组织。三固定也好,四固定也好,要把它固定下来,劳动组织编好,规定一些制度,编好劳动定额,包工包产,这个东西不搞好,集体经营没有好的结果,没有希望搞好的。现在已经搞起来了的,就应该检查,使之做得更好;没有搞的赶快搞,队没有编的赶快编,耕作区没有划的赶快划,应该调整的赶快调整。"邓子恢还把包工包产作为搞好生产的条件之一:"把劳动定额包工包产搞好,包工包产势在必行,高级社没有包工包产不行,无论如何不行,我想南方北方都要搞包工包产。"①

1956 年 6 月,邓子恢在第一届全国人民代表大会第三次会议上的发言中,再次讲到合作社的经营管理问题。"要做好合作社的经营管理工作。从个体经济变为集体经济,从小生产变为大生产,是一个巨大的革命;大生产的集体经济,没有全面的计划管理,没有具体的劳动分工,没有适当的定额管理制度,是不可能办好的。管理不善,分工不明,定额偏高偏低,都会造成生产上的损失。为此,不断地提高合作社的经营管理水平,就成为发展集体经济的重要任务。目前各地合作社,一般的都建立了一套经营管理制度,建立了一定的生产秩序,但是管理水平一般还是不高的,必须随着生产的发展随时改进。还有少数合作社,没有建立起必要的劳动组织和财务管理制度,还存在着窝工、浪费、财务混乱等现象,对于这样的社必须及时地进行整顿,帮助他们迅速编好固定的生产队,划分耕作区和副业组,制定劳动定额,实行按件计酬,包工包产,超产奖励和牲畜的饲养管理使用等制度,以免造成更大的损失。"②

6 月 30 日,第一届全国人民代表大会第三次会议通过了由邓子恢主持拟定的《高级生产合作社示范章程》。《章程》规定了生产责任制的范

---

① 邓子恢:《在全国农村工作部长会议上的讲话》,《农业集体化重要文件汇编》(上册),中共中央党校出版社,1981 年,第 550 页。

② 邓子恢:《一年来农业合作化运动的情况和今后工作》,《农业集体化重要文件汇编》(上册),中共中央党校出版社,1981 年,第 561 页。

围:"农业生产合作社应该根据生产经营的范围、生产上分工分业的需要和社员的情况,把社员编成若干个田间生产队和副业生产小组或者副业生产队,指定专人担任会计、技术管理、牲畜的喂养、公共财物的保管等专业工作,以便实行生产当中的责任制。""农业生产合作社要正确地规定各种工作的定额和报酬标准,实行按件计酬。""工作定额的报酬标准,用劳动日作为计算单位。""农业生产合作社可以实行包产和超产奖励。各个田间生产队和副业生产小组或者副业生产队,必须保证完成规定的产量计划,还必须保证某些副业产品达到一定的质量。对于超额完成了生产计划的,应当斟酌情形多给劳动日,作为奖励。对于经营不好,产量或者产品质量达不到计划的,应该斟酌情形扣减劳动日,作为处罚。"①

高级社出现的问题也引起了中共中央的重视。中共八大召开前夕,中共中央开始了对高级社的整顿,重新强调初级社时行之有效的不同形式的包工包产。

1956年9月12日,中共中央、国务院发出的《中共中央、国务院关于加强农业生产合作社的生产领导和组织建设的指示》中指出:"必须经常重视按照生产的需要,不断保持劳动计划的平衡。在制定与修改劳动计划的时候,不仅要保证全年一般的平衡,还要保证每个生产季节的平衡。要做到农忙季节劳力够用,农闲季节剩余劳力也有出路。做到农业与副业、当前生产与基本建设各方面的劳力需要都得到妥善安排。"②合理调整劳动组织,生产队、生产组过大的,应根据生产技术条件和田间作业的需要加以调整。队以二三十到三四十户为宜,组以七八户为宜。加强定额管理,各社规定的定额标准要根据情况加以调整,并且应该使生产队在基本不变动包工工分总数的前提下,作必要的机动调整,逐步完善定额管理。③ 对于合作社规模过大的问题,指示说:合作社的规模,山区100户左右,丘陵

---

① 《高级农业生产合作社示范章程》(1956年6月30日),《农业集体化重要文件汇编》(上册),中共中央党校出版社,1981年,第571-572页。

② 《中共中央、国务院关于加强农业生产合作社的生产领导和组织建设的指示》,《农业集体化重要文件汇编》(上册),中共中央党校出版社,1981年,第612页。

③ 同②。

区 200 户左右,平原区 300 户左右为适宜,超过 300 户以上的大村也可以一村一社。今后建社并社的时候,应该按照这种规模进行。①

1956 年 9 月 29 日,中央转发了新疆区党委《关于迅速正确处理社的集体利益与社员个人利益的矛盾等问题的指示》。新疆维吾尔自治区党委在 9 月 1 日的请示报告中列举了建社中存在的侵害社员个人利益、对社员控制过死、分配中扣除过多等问题:耕畜、水磨等折价偏低,果园、树木、自留地等处理过严,冬麦工本费评定偏低,生产费股份基金征集过多等;限制社员经营家庭副业和自由处理自留地上的农副业产品,甚至将社员外出做短工、干零星活的收入也被社收去统一分配;有些社在夏收预分配中扣除项目过多、数量大,不能保证社员的收入。自治区党委指示各地要解决这些问题,纠正执行中的偏差:不损害社员的利益,保证社员增加收入;除搞好生产外,发展多种经营;管理制度不合理的地方,应该民主修订,如评记劳动工分,必须公平合理,车马农具的使用应给社员以方便。②

1956 年高级社还在发展之中,有些问题还没有暴露,有些问题还没有显现出严重程度,中央对高级社的全面整顿主要是在完成高级社化之后的 1957 年。

合作社或生产队规模过大、合作社管理委员会与生产队分工不明确,是造成合作社生产管理混乱的重要原因。邓子恢于 1957 年 8 月 20 日提出,要以"统一经营、分级管理"各负其责的方式解决生产管理混乱的问题。在生产队具体执行生产管理任务时,可以包到组,甚至可以包到户,这是中央领导人中较早提出实行包工到户的经营管理模式的。

"社规模大,生产队有的也太大,社管委会与生产队没有明确分工,没有建立责任制,包工包产制没有搞好,结果生产队无权处理生产中所发生的问题……生产队长和队员积极性不高,生产也搞得不好,这与管理制度

---

① 《中共中央、国务院关于加强农业生产合作社的生产领导和组织建设的指示》,《农业集体化重要文件汇编》(上册),中共中央党校出版社,1981 年,第 615 页。

② 中央转发新疆区党委:《关于迅速正确处理社的集体利益与社员个人利益的矛盾等问题的指示》,《农业集体化重要文件汇编》(上册),中共中央党校出版社,1981 年,第 623~625 页。

没有建立好有很大关系。"①"建立和健全合作社从上到下的经营管理制度,这就是要'统一经营、分级管理、明确分工、个人负责'。""合作社的生产计划、生产资料使用、技术措施、基本建设、劳动调配、工分标准、资金筹划、分配方案、财务工作、全社的工作督导、检查等都应该由社管委会负责。""但这些计划、方案定下来了,靠谁去执行管理呢? 主要就是交给生产队和副业组来管理生产,在生产过程中,生产队又要按季节把某些地片的农活包给生产小组去做,有些田间管理的零活还可以包给户去做。副业组也要按各人所长,明确分工,按件计工,实行个人负责制。"②

邓子恢肯定了各地创造的形式不同的责任制,如"三包制"、"两个指标"、"产包到队、包工到组、田间管理包到户"、"组包片、户包块,大活集体干,小活分开干"等被称为是"统一经营、分级管理、明确分工、个人负责制"的新创造。③

1957 年 9 月 2 日,邓子恢在全国第四次农村工作会议上的报告中再次强调改善生产管理:"农业社优越性的集中表现是增加生产。增加生产的关键之一在于做好生产管理工作……合作社和生产队的规模不能过大。过大了就不适合农业生产的分散性的特点,容易造成劳动力的窝工浪费。"④ 三包制度是把合作社的集体利益和社员个人利益统一结合的最好形式之一,应该总结各地推行的"产包到队,工包到组,田间管理包到户"等责任制的经验,以改进劳动管理工作。

9 月 14 日一天里,中共中央连发了三个关于农业生产合作社的指示。⑤ 邓子恢关于农业合作社生产管理整顿的措施大部分被中央采纳,并以中央指示的形式下发各地,合作社的生产管理成为中央整顿的主要内容。

---

① 邓子恢:《论正确处理农村人民内部矛盾和正确处理矛盾的方针办法》,《邓子恢文集》,人民出版社,1996 年,第 478 页。

② 同①,第 476-477 页。

③ 同①。

④ 邓子恢:《关于发展农业生产的几个问题》,《邓子恢文集》,人民出版社,1996 年,第 498-499 页。

⑤ 这三个指示分别是:《中共中央关于整顿农业生产合作社的指示》、《中共中央关于做好农业生产合作社生产管理工作的指示》、《中共中央关于在农业生产合作社内部贯彻执行互利政策的指示》。

中央整顿合作社的指示中对社队规模的大小没有作硬性的规定："组织规模大小,应该照顾地区条件、经济条件、居住条件和历史条件,容许有各种差别,而不应该千篇一律……在多数情况下,一村一社是比较适当的。有些大村可以一村数社,有些距离较近的小村也可以数村一社。"①

邓子恢在8、9月间关于合作社生产管理的讲话,成了9月14日中央下发的关于做好农业合作社生产管理工作的指示的主要内容。如"统一经营、分级管理","包工、包产、包财务的三包制度","包工到组","田间零活包到户"的集体和个人的生产责任,"大活集体干,小活分开干"等。②

9月15日,邓子恢在全国第四次农村工作会议上的总结报告中,对合作社改进生产管理进行了系统的论述。总的来说是"统一经营、分级管理、明确分工、个人负责制",具体来说各地有所不同,主要有"三包制",即生产队包工、包产、包财务,合作社将土地、耕畜、农具、肥料、种子等交给生产队负责管理,在报酬上实行包工制、收获上实行包产制、开支上包财务。偏远山区三五户的小村庄也可以包产到组,个别不适宜集体包产和零散的农作物也可以包产到户。"两个指标",即超产提成、减产扣分制度。计划指标略高于常年实际产量,包产指标略低于计划指标,从而使包产的队有产可超、有成可提;减产则适当处罚。"包工到组","组包片"生产队把某一片地的某一季节的农活交给组去经营,按片按季节包工给组;"田间零活包到户",一般田间零活工分都事先按地块评定好,包给户去做,这样明确分工、个人负责,可以避免耕作粗糙的现象。此外,包给户以后,全劳力、半劳力、辅助劳力都可以用上,早晚做、白天做都可以;"大活集体干,小活分开干",可以克服"敲钟集合、等齐下地"、"干活一窝蜂"、"班排进攻"等窝工、浪费人力的弊端。集体干的活,也要分块、分地段、划清界限,贯彻个人责任制。③

① 《中共中央关于整顿农业生产合作社的指示》,《农业集体化重要文件汇编》(上册),中共中央党校出版社,1981年,第724页。
② 《中共中央关于做好农业合作社生产管理工作的指示》,《农业集体化重要文件汇编》(上册),中共中央党校出版社,1981年,726-727页。
③ 邓子恢:《在全国第四次农村工作会议上的总结报告》,《农业集体化重要文件汇编》(上册),中共中央党校出版社,1981年,第733-735页。

中央整顿高级社主要强调的是集体制下的责任制。各地责任制虽然形式不同,但目的都是在不改变合作社的集体所有制的前提下,实现生产的公平、效率,这在一定程度上提高了合作社的生产劳动效率。

1956年3月初,四川省共有20.7万个社,实行包工包产制度的有20.2万多个。为了解决干部不足等问题和迅速传播包工包产经验,有的地方举办了包工包产训练班,如简阳县举办了两期。训练班一面讲解包工包产的原则和方法,一面组织学员联系实际讨论,根据学员讨论的意见和本地具体情况,最后把定产、定质、定工、定时、定成本和制订短期作业计划、劳动定额的具体做法印出来,并且附有各种表格,交给学员带回去参考执行。还有的地方组织包工包产辅导队。辅导队的成员大半是从老社抽调的有包工包产经验的社长、社务管理委员和生产队长。泸州专区各县采取分片包干办法进行辅导,发挥了以老社带新社、以点带面的作用,说与做相结合,具体传授包工包产的经验;并且召开田地丈量和计算等技术的专业会议,帮助各新社迅速建立包工包产制度。还有的地方是县委或乡支部在个别农业社进行包工包产的试点,组织周围农业社的干部和社员前去参观。通过包工包产和其他方面的整顿以后,四川全省绝大部分社都建立了正常的生产秩序,迅速克服了建社初期生产上的混乱现象,社员的劳动积极性提高了。[1]

浙江诸暨县的经济作物和其他副业,如茶叶、蚕桑、果树、用材林和竹林等,在没有采取责任制之前,果树1956年比1955年减产一成。如果没有责任制,则还会继续减产二成;竹园在二三年后将变成白地。诸暨县采取了包定1年、2年或4年的办法(因为经济作物和一年生的作物性质不同),实行包值或包产包值的责任制付酬法,[2] 收到了良好的效果,增加了果树的收成和竹林、用材林的成活率。

更多的包产是不同的集体形式的包产,责任到户到人的不多,只是有的地方把"田间零活包到户"或"个别不适宜于集体包产和零散的农

---

① 《中华人民共和国经济档案资料选编(1953—1957)》(农业卷),中国物价出版社,1998年,第313-317页。

② 宋俊芝:《关于农业社分级分权问题的意见》,《浙江日报》,1957年1月16日。

作物包产到户",因而,社员的积极性没有充分发挥,记工评分以及分配还不能够做到公平。为了更好地体现公平原则和调动社员的生产积极性,各地试行了不同形式的责任制,一些地方更是大胆地试行了"包产到户"责任制。

二、包产到户的萌芽与夭折

合作社集体经营的效率低、管理混乱、生产没有秩序等问题,是从高级社化一开始就存在的。为了克服合作化的弊端,各地试行了不同形式的包工包产。各地的"包工包产"甚至"包产到户"在反右之前是和中央整顿高级社的措施一致的,有些地方的包工包产还被公开肯定,但是,随着反右派斗争的展开,"包工包产"尤其是"包产到户"遭到严厉批判而停止。

安徽芜湖地区和四川江津地区的包工包产到户曾被作为正面典型而宣传。1956年4月29日,《人民日报》发表了署名何成的文章——《生产组和社员都应该"包工包产"》。文章说,安徽芜湖地区有的农业生产合作社实现了"生产队向管委会包工包产,生产组向生产队包工包产"的办法。但这种办法只是生产队向管委会包工包产而生产组只包工不包产,不能适应生产发展的需要。有的生产组按照包工的规定完成了工作,就什么都不管了,牲口糟蹋庄稼不管,青苗长得不好不管,庄稼收多收少不管。有个生产队长说,光是生产队包工包产,生产组不包产,他这个队长就成了一条光杆,抓不住人,全队不能一条心;这样,生产队就是包了产也没办法真正实现。

文章作者认为:"把一定产量的任务包给生产组和每个社员,是完全对的。有些农业生产合作社(主要是高级社)只有生产队包工包产,生产组和社员只顾赚工分,不关心社里的生产。这是目前许多农业生产合作社建立了劳动组织,实行了包工包产,生产仍然混乱的一个重要原因。"为了消除"包产到户"不符合农业社集体化精神的说法,文章还分析了"包产到户"与集体化的统一关系:"既要加强社员的生产责任心,又要充分发挥集体劳动的优越性,需要各地各社的领导人员根据具体情况想出许多灵活的办法。这两个方面处理的好就不会发生矛盾。"①

这样一包到底的包到户责任制虽然在中央整顿高级社的范围之内,但又比中央的包工包产前进了一步,效果良好,因而各地纷纷采纳,尤其是中共中央机关报《人民日报》这样正面的典型宣传,更给了各地一个可以"包工包产到户"的信息。

江苏省农村工作部要求各地在生产队集体包工的基础上,进行包工到组、户、人等多种包工形式,把集体劳动和个人作业活动密切结合起来,以彻底建立生产责任制。浙江省也普遍推行"包工到组、到户、到个人,定额到丘,划分地段,专人管理"的生产责任制。②

湖北麻城县实行了和"三包"(包工、包产、包财务)、"四到田"(作物产量到田、肥料规划到田、技术措施到田、工分定额到田)相适应的"包工到户"的责任制。其具体做法是:以作物为单位,先把全部活路分类排队,确定小组集体操作、分户操作和专人(专业组)操作三种范围。火色性较强、技术一般、分户操作有利的活路,就采取常年或临时这两种形式包工到户,实行分户操作。③

四川江津地区许多农业生产合作社把包工包产包到了每户社员。生产组承包了一定的土地、一定的产量和一定的成本,并把它分给组里各户社员负责。这样,可以把生产责任制贯彻执行到底,使全社生产计划的完成更有保证。④ 江津县龙门区刁家乡的六村二社和十村一社、二社,在1957年小春生产开始时,在中共区委副书记刁有宽的主持下,把合作社的田土按各户劳力、人口情况分到了户,肥料、种子也分了;耕牛不好分,就各户按人口多少轮流喂、轮流使用。经营办法和分配办法是:生产收获都由各户自己负责,各家收的各家得,根据生产计划制订的产量按比例缴纳公粮、统购粮和一部分公积金。刁有宽认为,如果合作社仅仅包工包产,不包

① 何成:《生产组和社员都应该"包工包产"》,《人民日报》,1956年4月29日。
② 转引自叶扬兵:《中国农业合作化运动研究》,知识产权出版社,2006年,第582页。
③ 《中华人民共和国经济档案资料选编(1953—1957)》(农业卷),中国物价出版社,1998年,第321-323页。
④ 同①。

产到户,就搞不好生产。农业社要搞好生产,就要将田土分别划给每户社员,以户为单位经营,秋后按比例分摊公粮、统购粮,只有这样才能发挥社员的生产积极性,"合作社要搞好,非包产到户不可"。在刁有宽的积极推动下,刁家乡全乡除一两个社没有实行外,其他各社都实行了包产到户,而且还承诺 1958 年全部这样干,试图在全区推广。① 刁家乡的包产到户取消了合作社的按工分分配的分配体制,这实际是对完全社会主义公有化的高级社管理体制,尤其是分配体制不足的一种补救,是一种一竿子插到底的责任制,或者说是一种彻底的责任制,也是一种最有效的责任制。这是 20 世纪 70 年代末 80 年代初在广大农村实行的联产承包责任制的先声。

广东省顺德县勒竹农业社实行了"三包到户"的责任制,即包工、包产、包成本,土地抽签归户使用。这样做有五大好处:一是出勤自由,早晚听便,小孩也可帮忙干田里的活;二是家肥归自己支配,爱在哪里施就在哪里施,又可以随意搞副业;三是自己安排出勤能紧凑,不浪费工分;四是增产部分可以全归自己;五是省掉队长排工的麻烦。② 广东省中山县古镇乡镇南第一农业生产合作社于 1957 年春,由"三包到队,划耕作区"转而实行"三包到户,地跟人走"的办法。1957 年春天,古镇乡许多农民闹退社,有的社员在自己入社前的土地上种自己的作物;有些社员为了退社并要回自己的土地,包围乡人民委员会并动手打干部;还有的社员要求实行"三包到人",否则就坚决退社。在社员的强烈要求下,古镇乡实行了"三包到户,地跟人走"的办法。具体做法是:各人耕种入社前自己的土地,少地的则由多地的拨出调剂。除禾田一项仍分成 74 个组实行"三包"到组外,社内大部分土地——经济作物地都由原耕者耕种。"三包"中的包工,是以实产量计工分,达不到定产的则扣工分,超产的全部作奖励。已经入社的农具、小艇、水车、桑罗、蚕箔等,也一律跟原主人走。③

广西环江县地处山区,全县 109 个乡,基本上是一乡一社,社员居住十分分散,有的社多到一百多个自然屯,头尾距离 120 多里,面积最小的社纵

① 《借推行包工包产变相解散农业社》,《四川日报》,1957 年 11 月 4 日。
② 《勒竹社社员坚决不走回头路》,《人民日报》,1957 年 10 月 16 日。
③ 《包产到户是一种资本主义主张》,《南方日报》,1957 年 11 月 10 日。

横也有 30 多里,社员集中生产、开会都不方便,也不好领导,社的经营管理很难搞好。县委在 1956 年整社时决定,对居住过于分散的户试行"包产到户"的办法。[①] 1956 年 9 月,经全县三级会议讨论,大多数人同意试行。10 月间,环江县委就此事向宜山地委写了报告,地委批复可以试行,并转发各县参考。1957 年 1 月 16 日《广西日报》以《环江采取三种办法将大社分小》为题作了报道。至 1957 年春,环江全县 1 124 个生产队中,有 208 个实行了"包产到户"。[②]

江苏盐城专区的农业社,在 1956 年大都实行了"三包一奖",由于是不同程度的集体责任制,生产秩序仍然混乱,窝工、抢工、拣工、做活质量不高等问题仍然存在。1957 年中共盐城地委和各县县委在"三包"的基础上搞"包产到户"的试点,激发了社员的劳动积极性。陕西省城固县和武功县的一些农业社为彻底解决队和社员之间责任不清的问题,实行了"责任地"、"包工到户"、"三包到户"和"按件计工"等责任制的办法。1956 年这些办法在一些农业社中试行,1957 年推广到更多的社。[③]

"包产到户"影响最大的,也是后来受到严厉批判的,是浙江省永嘉县。1951 年,浙江省永嘉县开始组织互助组;1953 年 8 月,试办初级社;1955 年 10 月,开始办高级社;1956 年 3 月,实现高级社化。永嘉县的高级社化是在不到半年的时间内匆忙完成的,高级社的问题很快暴露出来。

永嘉县在初级社时期实行过小段包工。初级社初办时,为了提高生产效率,永嘉县就实行了全年包工制。但这种包工制既没有小段计划和小段包工,又没有合理的评工记分制度,因此不能够发挥社员的劳动积极性。劳动时,有的社员在劳动,有的在嬉戏,效率极低,以致插秧延误了农时,夏种时连作晚稻一直插到立秋。平时社员干活拣轻避重,队长也没办法。因为没有责任制,竟出现以下现象:白露时施肥将一担粪桶丢在田里,直到晚稻时才发现;18 个劳动力蜂拥在一丘田里种油菜,原定 110 工分完成,结

① 《环江采取三种办法将大社分小》,《广西日报》,1957 年 1 月 16 日。
② 杜润生:《当代中国的农业合作制》(上册),当代中国出版社,2002 年,第 480 页。
③ 高化民:《农业合作化始末》,中国青年出版社,1999 年,第 355 页。

果花了180分;等等。于是,永嘉县对全年包工制进一步加以改进。先从小段包工开始,按生产内容与季节计划要求,制订好小段计划进行小段包工。其具体做法是:将土地划片,社员按户分组,健全小组领导;社、组对小段计划时间、劳动内容和质量进行确定;计算劳动力,落实小组包工;小组包工任务具体落实到人,对于个人则要求确定承包农活的工分与标准,社员自报出勤率,然后订出分级定额,实行按件计酬制;最后进行田间检查,奖优罚劣,总结经验教训,制订下阶段生产计划和包工内容。[①]

永嘉县在高级社时实行了包产到户。[②] 1956年3月,永嘉县完成了高级社化。1956年春耕前建立了责任制,采取二级包工包产制,即先包给耕作区,再包给生产队。包产到队后,生产依然混乱。包产到户的试点社燎原社,出现干活"一窝蜂"、评分"满堂红"的"人海战术",造成管理困难、生产不便,使得劳动质量下降、劳力浪费。不少社员干活挑肥拣瘦,讲量不讲质;公共财物任凭风吹雨打,肥料任意乱施;赚得工分,就算达到要求,不管肥分利用与成本高低如何。1956春,永嘉县委研究决定抽调县委农工部干部戴浩天等组成工作组,在燎原社进行农业生产合作社经营管理的试点。通过调查,工作组将经营管理方面的问题归结为:"队长乱派工,社员磨洋工,出工一条龙,干活一窝蜂,评工计分满堂红……出工鹭鸶探穴,收工流星赶月,干活李逵叹苦,挣工分武松打虎。"针对这种情况,县委主管农业的副书记李云河认为,这是由高级社生产关系中的所有制体制与当前生产力落后的矛盾所致。高级社虽然是集体所有制,是先进的生产关系,是未来的发展方向,但现在生产力水平太低,生产力的要素生产工具被形象地比喻为落后的"1007部队"(1指扁担,00指两只粪桶,7指锄头)。5月,在征得地委同意后,县委决定在三溪区燎原社进行生产队以下单位的包产即包产到户的试验。9月6日,县委召开千人大会,介绍了燎原社经验,并决定在全县进行多点试验,逐步予以推广。会后,"燎原经验"迅速推广,

---

① 《仰义乡文武、文庄二社贯彻小段包工经验的报告》,戴浩天:《燎原火种——1956年永嘉包产到户始末》,新华出版社,2002年,第53-57页。

② 《中共永嘉县委关于燎原社在三包到队基础上试行生产责任制到户的报告》,戴浩天:《燎原火种——1956年永嘉包产到户始末》,新华出版社,2002年,第94页。

全县有 255 个高级社(占全县高级社总数的 39%)推广了包产到户责任制,温州专区其他各县也纷纷仿效,1 000 多个高级社实行了这种办法。[①]接着,工作组写出了《燎原社包产到户总结》。在实行生产队包工包产责任制的基础上,在生产队的统一领导下,个人专管地段的劳动质量责任制建立了。每个社员固定负责几丘土地,劳动时仍听队长统一分工;分丘管理的人的主要任务是担任田间管理工作。农忙收种时,季节性强、队的单位又过大过笨、难于指挥应变、个人负责又无法应付多样性农活时,就在队统一指挥下与个人专管基础上划分小组活动,即"产量到队,工分到丘,责任到组到户"。[②] 或者说是"生产队为劳动组织基本形式,劳动定额与劳动报酬按季逐件计算到丘,然后农忙时包工到组,平时包工到户"。[③] 这样,包工包产的责任制和按件计酬的政策就把劳动组织形式与生产中的责任制区别开了,克服了平均主义和各种不合理的现象,提高了社员的劳动积极性和生产效率。

但个人专管地段负责制还不能完满地解决矛盾,应该把生产责任制贯彻到底,以"产"来鉴定工的价值。如果生产责任制只贯彻到队,实现增产的可靠性不大。因此,为适应小规模生产特点,结合过渡时期的生产方式,应该把生产责任制贯彻到每个社员身上。个人专管制是社员负有一定地段上工作量的责任,却对产量不负任何责任。该社把生产责任制也深化到了每个社员身上,这样不仅"工"和个人息息相关,"产"也和个人休戚与共,增产指标可靠,能够发挥广大社员的创造潜力,发挥他们劳动的主动性。这样彻底的包产到户的责任制的好处有:(1) 六高,即产量高;学习技术热情高;勤劳社员威信高;增产增收水平高;人人负责觉悟高;男女社员出勤率高。(2) 六好,即生产质量好;大家动脑好;增产可靠好;干群关系好;计工方便好;责任分清好。(3) 六快,即抢收快;耘田快;积肥快;计工快;冬种快;分配快。(4) 三省,即工作量省;灯油省;社务开支省。(5) 六

---

① 周天孝:《史林一叶》,当代中国出版社,1994 年,第 116 页。

② 《燎原社包产到户总结》(1956 年 9 月),戴浩天:《燎原火种——1956 年永嘉包产到户始末》,新华出版社,2002 年,第 81 页。

③ 同②。

少,即偷懒少;装病少;工夫浪费少;损失少;矛盾少;误工少。①

1957年1月4日,燎原社试点工作组组长戴浩天在浙江省委调研会上,以《燎原社包产到户具体做法》为题作了汇报。戴浩天在汇报中将燎原社的包工包产情况更加条理化和具体化。更重要的是,他还强调了包工包产到户的责任制与合作社集体所有制以及集体经营的关系,以消除包工包产到户是倒退回单干、个人只顾个人的疑虑。

"包产到队,责任到户"不仅没有影响集体经营,反而补充了集体经营的不足。除土地以外的生产资料的使用并没有受到影响。燎原社将耕牛、河船、双铧犁、打稻机等主要生产资料,由原来包到队,改为成立半机耕辅导委员会来直接掌握,每村设立操作组。牛力不足的问题解决了,17部双铧犁全部使用起来。缺乏或丧失劳动力的社员,仍然按原来的政策享受五保待遇或照顾,他们参加轻微的劳动不再折算。对于劳动力较弱的困难户,可以一样专管土地,不要过分少管土地,以免影响平时管理工分的收入。需要照顾的户分配时仍按原来政策办事。②

1月17日,永嘉县委将燎原社试行生产责任制的情况整理成文上报浙江省委农村工作会议,作为会议的典型材料。③ 永嘉县在燎原社的包产到户试验受到主管农业的省委副书记林乎加的肯定。在浙江省农村工作调研座谈会上,林乎加认为用"包产到户"一句话概括永嘉县的做法太简单了,"统一经营,三包到队,定额到丘,责任到户"这4句话更能体现永嘉的做法。

得到省委的肯定之后,永嘉县委决定在全县大力推广燎原社的做法。2月13日,永嘉县委发出《关于大力推广"统一经营,三包到队,定额到丘,责任到户"的初步意见》。《意见》认为,燎原社的"统一经营,三包到队,定额到丘,责任到户"的责任制不仅是成功的,而且是先进的、能最大限度地

① 《燎原社包产到户总结》(1956年9月),戴浩天:《燎原火种——1956年永嘉包产到户始末》,新华出版社,2002年,第82-85页。
② 同①,第89-90页。
③ 《中共永嘉县委关于燎原社在三包到队基础上试行生产责任制到户的报告》,戴浩天:《燎原火种——1956年永嘉包产到户始末》,新华出版社,2002年,第93页。

提高生产率的管理方式,同时也符合中央的指示精神:提高劳动生产率是提高合作社最重要的条件,是保证社员增加收入的根本源泉,合理地组织社员集体劳动,又是提高劳动生产率的一个中心环节。因为这是一个推广意见,因而对于这种责任制的好处和具体实施方法作了详细的说明,便于其他各地操作实施。另外,《意见》还提醒各地在实施中要掌握以下问题:责任制不影响统一经营,只是为了增强社员的管理责任心,责任制将集体劳动的优越性与社员的主动性结合起来,在保证统一经营的原则下充分调动每个社员的积极性与责任心,而不是分散经营,因而必须加强领导;再则还要将副业、山林及经济特产责任到户,才不至于引起只顾农业、不顾副业的偏向,才能全面发展,搞好生产。①

《意见》下发后,包产到户迅速在永嘉县推广。随后,温州专区的其他县也竞相包产到户,约有1 000多个农业社实行了这一责任制。一种适合生产力发展水平的、行之有效的管理方式一旦被社员认识,便有了无穷的生命力。即使在浙江省委和温州地委相继批评这种"错误"做法、永嘉县委也作出停止推广的决议之后,直到1957年夏天,温州专区各县仍然有1 000多个农业社、178 000多名社员坚持包产到户。②

燎原社的包产到户责任制在永嘉县和温州专区的推广,在社会上影响很大,有叫好声,也有叫"糟"声。1956年11月19日,温州地委机关报《浙南大众报》发表了题为《包产到户做法究竟好不好?》的文章。文章先是简单介绍了永嘉县燎原社包产到户的做法以及劳动力强弱的社员的不同反映,然后以社员偷留社内肥料施在个人田里、贷款买农具和修茅坑的越来越多以及一位79岁的老人还要承包土地等三件事情为例,来说明包产到户"使计划生产受到阻碍;农具潜在力不能充分发挥;使劳动力弱的人担心减产,许多生产上的矛盾不能解决"。文章最后的结论认为,包产到户没有优越性:"这,还有什么优越性可说呢?"③ 同时,还配发了一篇题为《不能

① 《关于大力推广"统一经营,三包到队,定额到丘,责任到户"的初步意见》,戴浩天:《燎原火种——1956年永嘉包产到户始末》,新华出版社,2002年,第104—109页。
② 《温州专区纠正"包产到户"的错误》,《人民日报》,1957年10月13日。
③ 《包产到户做法究竟好不好》,《浙南大众报》,1956年11月19日。

采取倒退的做法》的评论文章,以此拉开了对永嘉县包产到户争论的序幕。评论说,农业生产合作社是个新东西,它的发展会遇到新问题,解决问题的办法应该是积极的。应该是在不影响集体生产的原则下,改进劳动管理,提高社员的劳动积极性,提高劳动效率和生产技术。而燎原社却没有做好集体劳动的管理工作,认为集体劳动统一经营制度不好,不去解决集体经营中所存在的问题,而是打退堂鼓,避开集体经营,把全部已经入社的成片土地重新划为小块,分给社员……这样,他们在生产方式上就从集体经营退到了分散经营。包产到户的做法调动的是社员个体生产的积极性……包产到户、分散经营的燎原社,没有力量进行大规模的农业技术改革和基本建设,没有力量逐步由采用新式农具到使用大机器生产,而且,过去互助组的各种矛盾将重新出现。文章预言:包产到户在生产上带给各户社员越来越大的困难,因此这种积极性不能持久。文章最后的结论是:包产到户根本不像某些干部所说的,是先进制度,而是一种倒退的做法。①

为了回应《浙南大众报》的批评,11 月 26 日,主持包产到户试验的永嘉县委副书记李云河写了一份《"专管制"和"包产到户"是解决社内主要矛盾的好办法》的调查报告,用事实回应对包产到户指责。在这份调查报告中,李云河从以下三个方面回应了对"个人专管制"和"包产到户"的非议。

第一,实行"专管制"和"包产到户"是为了补充集体劳动的不足。李云河首先肯定了集体生产的好处,即"可以增加战胜自然灾害的力量,可以发挥人尽其才、地尽其力的优越性"。同时,李云河对当时生产力条件下集体生产的缺点也有清醒的认识:"天天集体"、"事事集体",把整个时间和整个精力经常"集体"在一个地方,容易造成窝工浪费现象,会影响劳动效率的充分发挥与新的生产关系日趋巩固和完善。而采取"专管地段责任制"(或再加产量责任制到户)就可以作为"集体劳动"的很好"补充",就可以成为弥补"集体生产可能发生的缺陷的重要方向"。这样搞不但不会损害社员的社会主义生产积极性,而且能够提高劳动生产率和劳动利用

---

① 《不能采取倒退的做法》,《浙南大众报》,1956 年 11 月 19 日。

率,能够使原来的个体经济阶段时劳动的主动性、细致性和现在集体劳动的优越性很好结合起来,为合作社的生产服务,使集体劳动完满。这种"专管制"和"包产到户"的做法,当然是在统一领导、统一计划之下进行的。因此,也就应该认为这是社会主义集体劳动的一个组成部分,它和单干有本质上的不同。

李云河还具体分析了个体生产和集体生产的优劣:小农经济的个体生产从大范围来讲,一无是处,但个体农民有"精打细算"、"干活主动"的长处。集体生产从大范围来讲是完全正确的、先进的,但如果管理不好,社员容易滋长等待观望、粗枝大叶、缺乏精打细算、主动考虑等缺点。"专管制"和"包产到户"就是将个体劳动和集体管理的长处结合起来,充分发挥生产的积极主动性,提高生产效率,符合党中央和毛主席"调动一切积极因素为建设社会主义服务"的精神。

第二,不能说"专管制"和"包产到户"是"拉倒车"。李云河主要从6个方面说明包产到户不是倒退到"单干"。(1)"个人专管制"和"包产到户"是在生产资料社会主义改造之后集体所有制下实行的,并没有改变所有制形式,因此生产关系不会变质。(2)"个人专管制"和"包产到户"在整个经营方式上占从属、次要的地位,"统一经营"、"集体劳动"占主要地位,起决定作用。实行"专管制"和"包产到户"后,社员和社员之间仍是互相合作关系,"专管制"和"包产到户"作为一个"补充"服务于整个农副业生产。(3)"专管制"和"包产到户"以后的农事活动,是在社和队的统一领导下进行的,哪些活统一干,哪些活自己管,社和队有具体安排,社员的大部分活动受到社的计划影响而不是盲目自由的发展。(4)"包产到户"后,争工分、不顾质量的偏向可以有效地避免,生产队隐瞒产量的问题可以有效地防止。(5)"包产到户"可以调动社员的积极性,而这种积极性是在生产资料集体所有制下的积极性,其实也属于互助合作的积极性。因为每个社员都是为了实现队里分给他的产量责任而积极劳动,生产的粮食也上交合作社。(6)生产规模大小的问题。包产到户的小规模经营符合目前手工劳动、畜力耕种的生产力发展水平,有了机器自然会改变规模以适应机械化,而目前在没有机械化时,包产到户的小规模经营就是最有效的生产经营方式。

第三,以燎原社的实践效果来驳斥对"包产到户"的责难。"包产到户"推行后,效果是良好的,主要表现为社员干活主动、生产进度迅速、社员干活细致、户户增强了责任心等。可以用六好(责任清除好、劳动质量好、大家动脑筋好、增产可靠好、干群关系好、计工方便好)、六高(农活质量高、粮食产量高、学技术热情高、劳动模范威信高、生活水平一定会高)、八多(增积肥多、养猪多、学技术的多、千斤田会增多、勤力的人会多、关心生产的人会多、和睦团结多、勤往田头的人多)、五少(偷工减料的少了、懒的少了、装病的少了、放掉农业出去找副业的人少了等)来概括。①

李云河的调查报告上报了温州地委、浙江省委、华东局和中央农村工作部。

关于永嘉县包产到户试验的争论,林乎加持支持态度。1956 年 11 月 26 日,林乎加在全省报刊工作会议上说:"现在合作社要研究体制问题,要从生产出发,集体(所)有制就集体,个体(所)有制就个体,如何有利就如何办。如包产到户问题,有的产量包到队,队包给组或户、社员,这本来是先进的,但有的办社干部大叫大喊这是'倒退'。这是主观主义。现在要放权,'各人有权',不能控制过死,每一个做工作的人都有权有责任,要发挥积极性创造性,这是方向,但如何搞好这个方向,还是要摸索的。"②

1957 年 1 月 4 日,浙江省委专门召开调研会,李云河、戴浩天汇报了永嘉县实行包产到户的情况。会议主持人林乎加对永嘉的包产到户给予了充分肯定,他在 1 月 6 日的讲话中说:"永嘉提的'包产到队,责任到户,定额到丘,统一经营',就是加上了一条产量责任到户,其他 3 句是早已肯定的经验。加上这一条,好处是有的,同时争论的道理也是对的。责任到户是好的。怎样解决责任制,很重要。永嘉提的四句话基本上是对的……有人讲永嘉的办法是'倒退',是'小农经济',这是不对的,是站不住脚的理

---

① 李云河:《"专管制"和"包产到户"是解决社内主要矛盾的好办法》,《浙江日报》,1957年 1 月 27 日。

② 《浙江省委副书记林乎加两次关于包产到户的讲话》,《中国农村改革的源头——浙江永嘉县包产到户的实践》,当代中国出版社,1994 年,第 142 页。

论。社队都保存下来,怎么会成单干呢?"①

林乎加在两次会议上肯定永嘉的包产到户,并指示《浙江日报》发表李云河的调查报告。1957 年 1 月 27 日,《浙江日报》在"怎样改进农业社的经营管理"专栏中,全文刊登了李云河的调查报告,并加了编者按。编者按说:"这篇文章中提出的问题是农业社经营管理中的一个新问题。这个问题在温州地区的农村工作干部中曾经有过很多的争论,现在这个争论还没有结束,希望各地农村工作同志读了这篇文章后,本着百家争鸣的精神发表一些意见,把这个问题解决得更好些。"②《浙江日报》的编者按是希望就此问题引起平等的争论。但是,引来的却不是平等争论,而是来自上级的严厉批判和强制要求"纠正"。

浙江省委副书记林乎加的支持和《浙江日报》全文发表李云河的文章,使首先向永嘉包产到户发难的《浙南大众报》处于相当尴尬的境地。《浙南大众报》对此很不服气,决心向更高一级的机关和媒体反映永嘉的问题,并把当时温州地区农村出现闹社、散社等不安定现象,统统归罪于永嘉的包产到户,直接向《人民日报》投诉,希望通过中央级媒体引起高层领导的关注。果然,不久之后,风云突变,上面批评永嘉的"包产到户"是"方向性、路线性"的错误。③ 1957 年 3 月 7 日,永嘉县委常委会议根据省、地委的指示决定:包产到户,除燎原社暂时继续试验,搞清情况,再作决定外,其他社一律扭转过来,否则作无组织无纪律论处。④ 3 月 8 日以前搞包产到户试验由组织负责,3 月 8 日以后,谁搞谁坚持谁负责。⑤ 后来,人们把这个日子称为"三八线"。但是,在实际处理这桩公案时,对"三八"以前的

---

① 《浙江省委副书记林乎加两次关于包产到户的讲话》,《中国农村改革的源头——浙江永嘉县包产到户的实践》,当代中国出版社,1994 年,第 143 页。

② 李云河:《"专管制"和"包产到户"是解决社内主要矛盾的好办法》,《浙江日报》,1957 年 1 月 27 日。

③ 戴浩天:《燎原旧事》,《燎原火种——1956 年永嘉包产到户始末》,新华出版社,2002 年,第 46 页。

④ 《永嘉县三级干部会贯彻县委决议和当前几个问题的综合报告——1957 年 3 月 8 日李桂茂在大会上的报告》,《中国农村改革的源头——浙江省永嘉县包产到户的实践》,当代中国出版社,1994 年,第 189 页。

⑤ 高化民:《农业合作化运动始末》,中国青年出版社,1999 年,第 380 页。

事情也没有放过。① 3 月 18 日，永嘉县委发出《关于转发〈塘下乡二社纠正包产到户的报告〉的通知》。《通知》说："县委认为包产到户是错误的，因为'户'不是'三包'的单位，不是生产的基本单位，如果'三包'到了'户'，它就会离开社会主义集体经营的原则，就会影响合作社优越性的充分发挥，就会带来很多困难不能解决"，《通知》再次严肃提出，"要绝对禁止推行这种错误做法"。② 3 月 25 日，永嘉县委召开扩大会议，又一次强调"三包"只能到队，绝不能到组到户，否则，就改变了合作社的性质。凡是"三包"到户的（即包产到户）都一律坚决纠正过来。4 月 2 日，永嘉县委再次召开扩大会议，传达地委召开的县委书记会议精神，认为："包产到户实际上是鼓励单干，对富裕农民有利，办法的实质是资本主义思想的支持。"③

1957 年 5 月 15 日，中国共产党发动的整风运动转向反右派斗争。在这个大背景下，农村展开了资本主义和社会主义两条道路的"大辩论"。同时，以两条道路的辩论为中心，进行了农村的社会主义教育运动（简称社教运动）。社教运动中，合作化运动中出现的闹社、退社、各种形式的包产到户都被认为是自发的资本主义倾向，是走资本主义道路，受到严厉的批判。

当永嘉县委领导对包产到户试验意见不一时，支持包产到户的县委书记李桂茂迫于压力，主持纠正包产到户的"错误"。李云河仍然坚持认为包产到户的做法没错，试图收集包产到户"究竟对谁有利"的数据来为之辩护，并表示："邓老（邓子恢）的办法不收回，我的办法就要坚持。"④ 但坚实的数据材料和"邓老"也抵挡不住强大的政治压力，全县、全地区掀起了声势浩大的批判包产到户的运动，如要求永嘉县委机关每个同志要写十张大字报揭发批判。一夜之间，大字报铺天盖地，省委领导还亲临现场看

① 周天孝：《史林一叶》，当代中国出版社，1994 年，第 118 页。

② 《中共永嘉县委关于转发〈塘下乡二社纠正包产到户的报告〉的通知》，《中国农村改革的源头——浙江省永嘉县包产到户的实践》，当代中国出版社，1994 年，第 189 页。

③ 《关于包产到户材料收集之三》，《中国农村改革的源头——浙江省永嘉县包产到户的实践》，当代中国出版社，1994 年，第 215—216 页。

④ 《永嘉县委办公会议记录》（1957 年 9 月 13 日），转引自周天孝《史林一叶》，当代中国出版社，1994 年，第 118 页。

大字报,表示要从严处理。

在与包产到户的斗争中,《浙南大众报》显然大获全胜,但并没有就此罢手,而是乘胜追击,在随后的批判运动中进一步发挥了宣传鼓动作用。1957年7月31日,《浙南大众报》发表了题为《打倒包产到户,保卫合作化!》的评论文章。文章彻底否定了包产到户,认为包产到户一无是处,是合作化的对立物,是社会主义的对立物,必须彻底清除:按劳分田,包产到户,从表面上看好像是合作社内生产管理工作上的"改革",而实际上是取消合作社内的统一经营和集体劳动,从而动摇了合作社统一分配的原则,使合作化成为一块空招牌;包产到户的本质是"挂羊头卖狗肉"、"挂着社会主义的牌子,走资本主义的道路",那么坚持包产到户还没有纠正的人即是"抱着狐狸精当美女";包产到户有导致贫富分化,影响团结,影响生产,收入减少,破坏粮食"三定"政策,彻底破坏合作化,破坏社会主义制度等十大祸害。文章最后说:按劳分田、包产到户是右派分子用来射击农业合作化的一支毒箭,是包着糖霜的砒霜。①

8月8日,中共温州地委召开扩大会议,严肃批判了李云河。会议认为:"按劳分田、包产到户"是原则性、路线性的错误,是右倾机会主义性质的错误,是富裕中农资本主义思想的反映。"实行包产到户的结果,就是要使合作社完全变质和解体。""目前还有一部分'包产到户'的合作社尚未纠正过来,今后要严肃批判,打垮它的思想基础,并坚决加以纠正。"② 8月23日,李云河被迫在报纸上公开进行检讨,《浙南大众报》为李云河的检讨加了编者按:"李云河一再坚持推广包产到户,曾一度为某些干部所接受,在我区合作化事业上造成了严重不良后果。这个错误的做法,在8日召开的地委扩大会上受到了严肃批判,李云河本人也作了初步检讨,希望各地农村干部、社员,对照本地具体情况,加以讨论,欢迎把讨论的情况,写成稿子交给本报。"③ 说是展开讨论,实际上是在媒体上对李云河进行公开批

---

① 《打倒包产到户,保卫合作化!》,《浙南大众报》,1957年7月31日。

② 《温州地委扩大会议批判李云河一再支持包产到户的右倾机会主义错误》,《浙南大众报》,1957年8月15日。

③ 高化民:《农业合作化始末》,中国青年出版社,1999年,第382页。

判,而且号召各地干部群众批判永嘉的包产到户,并结合各地的情况,将批判落到实处,批判当地的包产到户。

9月14日,在中共永嘉县委常委会议上,县委书记李桂茂及其他常委都检讨了自己在包产到户问题上所犯的"错误"。常委们一致认为,主管农业的副书记李云河应该负主要责任,尤其是县委作出决议后仍然坚持继续搞包产到户,责任是严重的。李云河检讨了自己的"错误":永嘉县包产到户发展到40%,我应该负严重的主要责任,也可以讲应全部由我负责任。一方面我是分管农村工作的副书记与委员,另一方面我是积极支持推广宣扬包产到户的。错误是右倾机会主义原则性路线错误,破坏了合作社的性质,是修正主义的错误,是引导富裕农民走资本主义,是富裕农民对抗社会主义改造的武器。①

9月20日召开的永嘉县党代会上,声讨"包产到户"成为会议的主要议题。中共永嘉县委在向第一届第二次代表大会的工作报告中,主要检讨了包产到户的"错误":代表了富裕农民的利益,损害了贫苦农民的利益,挂着社会主义的招牌,走上了资本主义方向,推翻了集体所有制的经济基础,破坏了合作社经济统一经营、统一分配的原则,打乱了粮食"三定"基础,破坏了粮食统购统销政策,恢复单干,生产自发,离开了国家计划的指导。这是路线上的错误。发生这种错误的首要原因是县委领导的右倾思想。② 报告进一步指出,在这一严重错误中,李云河同志是有其重大责任的。他不仅积极提倡"包产到户"与"按劳分粮",而且一再坚持推广,直到上级党委提出批评、县委作出禁止推广"包产到户"决议后,他仍然顽固地坚持错误。他的思想完全迎合了富裕农民的要求,代表了富裕农民的利益,不管主观愿望如何,在客观上、实际上已起到了助长资本主义发展、对抗社会主义改造的作用。李云河同志的错误之所以会发展到如此严重的地步,绝不是偶然的,这和他的小资产阶级的立场观点、教条主义的思想方法、骄傲自满的情绪、组织观念、纪

---

① 《中共永嘉县委常委会议记录》,《中国农村改革的源头——浙江省永嘉县包产到户的实践》,当代中国出版社,1994年,第225-226页。

② 《中共永嘉县委向第一届第二次代表大会的工作报告》,《中国农村改革的源头——浙江省永嘉县包产到户的实践》,当代中国出版社,1994年,第230页。

律观念薄弱是分不开的。① 报告认为,之所以犯这样严重的错误,根本问题是立场问题,离开阶级观点与阶级路线,离开社会主义方向去寻求合作社的管理方法,是不能给合作化事业做出任何好事的。②

李云河既然被认为对"包产到户"负有重大责任,他所能做的就是多次检讨,但仍然没能逃脱反右派运动的冲击,被划为右派,下放工厂监督劳动;李桂茂虽然作了纠正"包产到户"的种种努力,但还是被划为中右分子,被撤销党内外一切职务;燎原社工作组组长戴浩天被开除公职,开除团籍,押送农村管制劳动。③

对永嘉包产到户的批判斗争很快波及全国其他地区,形成全国性的围剿包产到户的潮流。批判包产到户的文章可分为两类:一类属于"破"的,即直接批判包产到户是单干,是走资本主义道路;另一类属于"立"的,即从正面宣传合作社集体生产的好处,以及退社闹社的单干农民重新加入合作社的事例。

1957 年 10 月 13 日,《人民日报》发表了新华社记者伊心恬《巩固合作化事业抛弃资本主义道路——温州专区纠正"包产到户"的错误》的报道。报道说,"李云河错误地认为'包产到户'能调动农民的积极性,是解决社内主要矛盾的好办法",包产到户的试验"受到了富裕中农的欢迎和拥护"。浙江省委、温州地委指出了包产到户的错误,中共永嘉县委决定停止推广,"但由于对'包产到户'的资本主义本质和严重的危害性认识不足,没有坚决纠正",不仅如此,"温州专区各县曾出现一股搞'包产到户'的歪风,共约有一千个农业社,包括十七万八千多户社员实行了这个错误的做法"。报道还说,"包产到户"的危害性很大,凡是搞"包产到户"的社,实际上由统一经营、集体劳动倒退为分散经营、个人单干,成为"戴着合作社帽子的合法单干"。"不少乡村又出现了当田、租田、雇工、高利贷、卖青苗等

---

① 《中共永嘉县委向第一届第二次代表大会的工作报告》,《中国农村改革的源头——浙江省永嘉县包产到户的实践》,当代中国出版社,1999 年,第 231 页。

② 同①。

③ 戴浩天:《燎原旧事》,《燎原火种——1956 年永嘉包产到户始末》,新华出版社,2002 年,第 46 页。

各种剥削现象";"互助组的矛盾重新出现,最明显是在农忙季节争牛、争农具";"永嘉、瑞安、平阳等县实行'包产到户'的社,今年早稻大多数减产";实行包产到户的社很难正确处理国家、农业社和社员三者之间的关系……在执行国家粮食政策上,不能以社为单位计征计购计销,破坏了粮食"三定"政策;少数富裕农民便隐瞒产量,偷窃粮食,对抗统购统销,不交公粮,不卖余粮,把粮食在黑市上高价出售。浙江省委农工部、温州地委认为,包产到户是原则性路线性的错误,是引导农民离开社会主义道路,使合作化事业和贫农、下中农的利益受到了很大的损害,助长了农村资本主义势力的发展。

当天的《人民日报》还发表了《不是贫沾富光而是贫受富害——顺德东宁社经过三场大争彻底辩赢富裕中农》的文章。文章说,广东顺德县羊额乡东宁社因为 1956 年生产没有搞好,全社减产,一些富裕中农带头闹起退社风潮,煽动社员到县里申请退社。经过教育,退社风潮虽然平息下去了,但思想问题还没有彻底解决。1957 年农村两条道路"大辩论"时,一部分富裕中农再次攻击合作社减产,说合作社是"三衰"(社员减少了收入,限制了社员的自由,辛苦还收入的少)。经过辩论,富裕中农关于合作社"三衰"的论点被驳倒。不少社员认识到,包产到户必然带来四大害处:一是重新出现两极分化的现象,缺农具、缺劳力的社员就会破产,只对小部分富裕中农有利,但也不保险;二是增加经营管理上的混乱,社无法检查监督生产;三是更加助长了富裕中农走资本主义道路;四是不利于社内团结。关于贫沾富光的问题,经过辩论也被驳倒,贫不仅没有沾富光,相反,是富沾了贫光。①

《人民日报》还为这两篇批判文章配发了署名南成的《调动农民甚(仕)么样的积极性?》的评论员文章。文章认为,"包产到户"是想"摆脱社会主义的轨道,重新再走过去的回头路";包产到户适合部分富裕中农的资本主义思想,得到他们的积极拥护和支持。在农业社的生产还没有赶上富

---

① 《不是贫沾富光而是贫受富害——顺德东宁社经过三场大争彻底辩赢富裕中农》,《人民日报》,1957 年 10 月 13 日。

裕中农的生产水平,还没有完全巩固起来的时期,一部分劳力强、农本足而资本主义思想严重的富裕中农,对合作社始终是离心离德的。他们怀念单干,寻找退社的机会,在社内劳动不积极,闹事生非。为了达到单干的目的,他们明里暗里宣传单干的优越性,甚至企图搞垮合作社。合作社实行包产到户,变相单干,使他们的单干目的合法地达到了,他们怎么会不积极欢迎、坚决支持呢?

文章认为,贫农下中农对"包产到户"是不欢迎的,只是随声附和而已。贫农下中农坚持集体生产,富裕中农要求包产到户,这正是农村两条道路斗争的表现。在这场斗争中,温州专区的个别县委领导错误地认为"包产到户"可以调动农民的积极性。而事实证明,他们所调动起来的只是少数富裕中农个体经济的积极性,而广大贫农、下中农的社会主义积极性却遭受了挫折。"温州专区发生的'包产到户'的错误,就是一个教训。"①

10 月 16 日,《人民日报》刊登了广东省顺德县勒竹社社员与"包产到户"单干思想作斗争并最终胜利的报道。报道认为,"实行'包产到户'就是变相单干"。广东省顺德县勒竹农业社一部分富裕中农要求"三包到户",而贫农坚决反对,经过辩论,大多数社员坚持集体生产。②

10 月 21 日,《人民日报》以《单干毫无出路,入社大有前途》为题,报道了广东、山东、湖南等地合作社战胜单干、退社户重新入社等事例,从正反两个方面打击单干,树立合作化集体生产优越于单干的思想。报道说,广东省潮阳县 12 980 户退社的单干农民,经过两条道路的大辩论,重新报名要求入社。山东定陶县经过社会主义教育后,农民们认识到资本主义的道路是走不通的,只有合作化才是光明大道,有 2 620 余户单干农民正式向合作社提出入社要求。湖南省 80 多万农村青年经过社会主义大辩论的教育以后,认清了单干是走资本主义,是条黑路,合作社的集体生产才是社会主义的光明大道。全县 1 452 个想退社的共青团员一致表示不退社,决不

---

① 南成:《调动农民甚(什)么样的积极性?》,《人民日报》,1957 年 10 月 13 日。
② 《实行"包产到户"就是变相单干——勒竹社社员坚决不走回头路》,《人民日报》,1957 年 10 月 16 日。

走资本主义道路。①

11月4日,《四川日报》批判了江津县的"包产到户"。文章列举了主持四川省江津县龙门区"包产到户"的区委副书记刁有宽的一系列错误:一贯站在富裕中农立场上,否定农业生产合作化的优越性;对于他父亲带头闹社不制止,还认为父亲是因为在社里吃了亏,应该闹;经常散布高级社不如初级社,初级社不如互助组、不如单干的论调;否认农业连年增产,攻击污蔑统购统销政策;偏袒地主等。②

同一天,《四川日报》还发表了题为《决不允许这样办!》的评论员文章,批判江津县龙门区委副书记刁有宽推行包产到户的做法。文章上纲上线,以大批判的架势来围剿"包产到户"。文章开头说,农业生产合作社是社会主义的经济组织,必须保持统一经营和集中领导,而刁有宽推行的所谓"包产到户"的办法,正是违背了合作社统一经营、集中领导这一根本原则。龙门区的合作社推行了"包产到户"办法后,除了一个合作社的空名而外,与单干还有什么区别呢?

文章接着分析说,这个错误从表面上看来似乎是一个工作方法问题,是在推行包工包产中尝试着运用一种新的形式,但对这个问题还要从目的上来看,看看这样做是为了促进合作化事业前进呢,还是为了促退。经过分析,文章认为,刁有宽的错误不是工作方法上的错误,而是立场错误,是原则性的路线上的错误。刁有宽是站在富裕农民的立场上,对党和国家的政策表示怀疑和不满的干部,他利用职权,变相解散农业社,把农民引导到倒退的路上去。这样的行为是绝对不能允许的。

文章还进一步分析了刁有宽作为一个共产党员、区委副书记为什么会站在富裕农民的立场上反对党的合作化政策、变相解散农业社的问题。文章认为,这涉及农村共产党员应当用什么样的思想来领导农民和领导农村各项工作的问题。农村共产党员必须用工人阶级的思想来武装自己,用工人阶级的观点、立场、方法来观察和处理问题。农民是小私有者,有资本主

① 《单干毫无出路,入社大有前途》,《人民日报》,1957年10月21日。
② 《中共江津县龙门区委副书记刁有宽借推行包工包产变相解散农业社》,《四川日报》,1957年11月4日。

义的自发倾向,这是和社会主义不相容的。有些农民出身的党员,虽然在组织上入了党,但在思想上还没有入党,没有用工人阶级的思想改造自己,还是站在农民的立场上。刁有宽的错误根源就是没有站在工人阶级的立场、党的立场上来对待合作化事业。①

11月13日,《人民日报》发表了题为《广东农村转入大争——驳倒富裕中农的各种谬论》的文章。文章说,广东农村的社会主义教育,已由大鸣大放转到了大争大辩。通过鸣放和争辩,农民认清了资本主义危害,确立了社会主义信念。文章列举了争辩的一些焦点,如土改后、合作化前是否是农民的"黄金时代"的争论;合作化后绝大部分富裕中农的收入是否减少的争辩;富裕中农和贫农在合作化中谁揩谁的油的争论等。但是,通过辩论,在这些大的问题上思想通了的社员,在讨论具体问题如包工包产时,很多人还是回到了资本主义的老路上,提出"包产到户、自负盈亏"的口号。假如答应他们可以考虑或者可以讨论,他们就会进一步提出"完璧归赵,原地跟原人",或者"自由组合,包产到组"……这实际上还是想"社内单干",走所谓集体资本主义的道路。

在社会主义大辩论中,山西省洪赵县雄火社仍然有人主张包产到户。"凭个人本事来实现增产指标",不愿意包产到户的就是还想干活不顾质量,光混工分。这些都被认为是资本主义思想,因而遭到批判。②

1957年上半年,天津静海县也发生了闹退社和要求单干的情况,甚至有的社被闹垮了。在社会主义教育运动大辩论中,闹退社、单干的思想被认为是被资本主义毒水浸透了,单干、做生意是搞投机买卖。③

由于浙江温州地区永嘉县搞包产到户在全国影响最大,所以浙江省委机关报《浙江日报》在围剿包产到户的批判斗争中,发表了比较多的批判文章。

1957年9月3日,《浙江日报》报道了广东陆丰县炎龙乡农民退社单干后经过教育重走合作化道路的事。1957年6、7月间,炎龙乡有些农

① 《决不允许这样办!》,《四川日报》,1957年11月4日。
② 吕建中:《雄火社的生产大辩论解决了些什么问题》,《人民日报》,1957年11月20日。
③ 燕凌:《思想的丰收》,《人民日报》,1957年10月20日—21日。

民认为合作社不好,不如各顾各自由自在,便闹退社。结果,不少合作社散了伙,70%多的农民退社单干了。报道说,这些退社单干的农民在生产中遇到了巨大的困难,出现了高利贷盘剥、卖青苗、无力耕种土地而转交他人、借债、卖耕牛、卖树木、外出乞讨等现象,甚至还有被迫卖儿子还高利贷的。而另一方面,坚持走合作化的20%多的农民没有一户借债、典田、卖东西的。经过事实教育对比,退社单干的农民重新回到了社里,走合作化道路。同时,《浙江日报》还转摘了《南方日报》为此报道而发表的题为《两条道路走那一条?》的社论。社论说,从广东陆丰县炎龙乡的事实看,农村存在着要求发展资本主义自由的倾向,但共产党的基本政策就是要限制发展资本主义的自由,因为有了发展资本主义的自由,就没有发展社会主义的自由。发展资本主义自由的结果就是富裕农民放高利贷、剥削别人,贫苦农民只能够卖青苗、典田、卖田。合作化就是使资本主义自发势力受到限制,使存在资本主义思想的人失掉发展资本主义的自由。

9月28日,《浙江日报》报道了杭县双林乡胜利农业社关于"包产到户究竟好不好"的大辩论情况。报道说,杭县从1956年冬实行"包产到户",全社41个小队、180户社员中有28个小队、127户社员实行了"包产到户",胜利社处于瓦解状态。"包产到户"对国家、对合作社、对社员自己只有坏处,没有好处:(1)经不起天灾人祸;(2)不能按照国家计划生产;(3)资本主义思想重新抬头,阶级又要开始分化;(4)劳动力不能统一使用,土肥积不多。"包产到户"是富裕中农的主张,他们的目的就是个人发财,拉大家回到资本主义的老路上去。①

10月12日,《浙江日报》发表了以《坚持统一经营反对走资本主义老路——温州专区彻底纠正"包产到户"》为题的报道。报道说,在农业社里实行"包产到户",这是离开社会主义道路的原则性、路线性的错误,在浙江温州专区农村中已经彻底纠正了。报道认为,浙江温州的包产到

---

① 《杭县胜利农业社辩论结果证明"包产到户"就是走资本主义老路》,《浙江日报》,1957年9月8日。

户受到多数干部和县委、地委和省委的批评，"但由于对'包产到户'的资本主义本质和严重的危害性认识不足，没有坚决地纠正，同时在全专区部分农村中蔓延开来"。包产到户的"严重危害性使合作化事业和贫农、下中农利益受到了很大损害，助长了农村自发资本主义势力的发展"。①

同一天，《浙江日报》还刊登了《新昌农民辩论"包产到户"问题》的报道。据报道，新昌县有134个合作社实行了全部农作物或部分农作物包产到户。在社会主义教育运动中，新昌县就包产到户好不好展开了辩论。通过辩论，农民认识到：包产到户是少数资本主义思想行为严重的富裕中农企图搞垮合作社、重走资本主义道路放出的一支毒箭，是引导农民向资本主义方向发展，必须坚决纠正。②

对包产到户的批判使许多地方的包产到户都被纠正了过来，但还有一些地方的包产到户仍然如巨石夹缝中柔弱的小草在顽强地生存着。浙江省的一些地方不敢将水稻包产到户了，却仍然将春花包产到户，因此受到了批判。

10月18日，《浙江日报》的"合作化半月"专栏里刊登了《春花也不能"包产到户"》的文章。文章说，社会主义大辩论证明，"包产到户"就是走资本主义老路，凡是推行了"包产到户"的合作社，就破坏了合作社的社会主义性质，开始向资本主义发展，因而使广大贫农利益和合作化事业都遭到严重的损失。现在绝大部分推行了"包产到户"的合作社已经纠正过来。但最近有些地方的合作社在安排冬季生产、研究春花包工包产的时候，仍旧提出要将春花"包产到户"，而且有些社队已经这样做了。他们说"只有把春花'包产到户'，才能保证春花增产"；他们还说水稻不能实行包产到户，春花却可以包产到户，因为"培育春花不一定要统一经营，可以分散生产"。对于这种情况，文章明确指出：春花不能"包产到户"，应该统一经营。春花包产到户和水稻包产到户一样，都代表了少数富裕农民的利益,都是走回头路。凡是已经实行春花"包产到户"的合作社,要迅速纠正过来。①

　　1956 年下半年到 1957 年上半年,高级社时期各地实行的包工包产到户在万箭齐发的围剿中偃旗息鼓,在社会主义大辩论中被定性为"走资本主义道路"、"变相单干"、"倒退"等,成了批倒批臭、不可触碰的禁区。

---

① 《春花也不能"包产到户"》,《浙江日报》,1957 年 10 月 18 日。

第四章

『大跃进』和人民公社化运动时期的包工包产到户

第一节 人民公社体制在生产管理上的缺陷

1957 年,在农村两条道路的辩论中,"包产到户"受到严厉批判而被打压下去。同年 9 月至 10 月召开的中共八届三中全会上,毛泽东关于"反冒进"的讲话改变了中共八大会议制定的"综合平衡、稳步发展"的路线。从 1956 年以来在经济建设指导方针上的冒进、反冒进等不同观点的争论基本划了一个句号,更大的冒进成为经济建设的指导方针。八届三中全会通过的《1956 年到 1967 年全国农业发展纲要(修正草案)》于 10 月 26 日在《人民日报》上正式公布。10 月 27 日,《人民日报》发表了题为《建设社会主义农村的伟大纲领》的社论。社论批判了"右倾保守思想",要求"有关农业和农村的各方面的工作在十二年内都按照必要和可能,实现一个巨大的跃进"。这是中共中央在正式场合第一次使用"跃进"一词。此后,经过 1958 年初中共中央召开的一系列会议,如杭州会议、南宁会议、成都会议、汉口会议,直至 5 月 5 日至 23 日的中共八大二次会议上正式提出"鼓足干劲、力争上游、多快好省地建设社会主义"的总路线,1956 年以来的"反冒进"彻底失败,"大跃进"运动正式发动起来。

"大跃进"运动是从农业开始的,企图使农业生产力在短时期内急速提高;同时,还人为地改变生产关系,通过人民公社化运动建立起"农村人民公社"来改变农村所有制体制和管理体制。

所有制体制的高度公有化一直是共产党人追求的目标。农业合作化迅速完成,合作化时期萌发的"包产到户"被打压下去之后,进一步扩大公有制的范围、提高公有化的程度就成了被关注的焦点。

在农业合作化时期,农业社的规模和数量一直是毛泽东与中央其他领导人如邓子恢等人的分歧点。毛泽东不仅偏爱合作社的数量比例,更是对规模大的合作社情有独钟。为了推动农业合作化的发展,1955 年底,毛泽东为《中国农村的社会主义高潮》一书写了 104 篇按语,其中在《大社的优越性》一则按语中写道:"小社人少地少资金少,不能进行大规模的经营,不能使用机器。这种小社仍然束缚生产力的发展,不能停留太久,应当逐步合并。有些地方可以一乡为一个社,少数地方可以几乡为一个社,当然会有很多地方一乡有几个社的。不但平原地区可以办大社,山区也可以办大社。安徽佛子岭水库所在的一个乡,全是山地,纵横几十里,就办成了一个大规模的农林牧综合经营的合作社。"① 1958 年 3 月 20 日的成都会议正式提出并大社,通过了《中共中央关于把小型的农业合作社适当地合并为大社的意见》,4 月 8 日中央政治局会议批准了该意见。《意见》认为:我国农业正在迅速地实现农田水利化,并将在几年内逐步实现耕作机械化,在这种情况下,农业生产合作社如果规模过小,在生产的组织和发展方面势将发生许多不便。为了适应农业生产和文化革命的需要,在有条件的地方,把小型的农业合作社有计划地适当地合并为大型的合作社是必要的。② 随后,各地开始了并大社的热潮。各地合并的大社名称不一,有的叫"国营农场",有的叫"集体农庄",有的叫"某某公社",还有的叫"共产主义公社"。虽然名称不同,但有一点是相同的,就是规模大、公有化程度高。

1871 年的巴黎公社一直是代表无产阶级利益的共产党人所追求的理想社会模式。在中国的领导人中,不仅毛泽东,刘少奇、周恩来、薄一波等人也都对"公社"体制心怀向往。1958 年 11 月 7 日,刘少奇在第一次郑州会议期间回忆:"公社这个名词,我记得,在这里(郑州火车站),跟吴芝圃同志谈过。在广州开会(少奇等同志去广州向毛主席汇报八大二次会议准备情况,时间估计可能是 1958 年 4 月底——一波注),在火车上,有我、恩来、定一、邓力群,我们四个人吹半工半读,吹教育如何普及,另外就吹公社,吹乌托邦,吹过渡到共产主义……还吹空想社会主义,还吹托儿所,集

---

① 《大社的优越性》,中共中央办公厅《中国农村的社会主义高潮》(选本),人民出版社,1956 年,第 391 页。
② 《中共中央关于把小型的农业社适当地合并为大社的意见》,《农业集体化重要文件汇编》(下册),中共中央党校出版社,1987 年,第 15 页。

体化,生活集体化,还吹工厂办学校,学校办工厂,半工半读。"①

河南省信阳专区遂平县嵖岈山卫星集体农庄是河南省最早合并的大社,于1958年5月初改为嵖岈山卫星人民公社。后来毛泽东在河南、山东考察时针对各地大社的不同名称说:"还是人民公社好。"从此,人民公社成为新的社会组织的名称。

1958年8月17日至30日,中共中央政治局在北戴河召开扩大会议,会议通过了《中共中央关于在农村建立人民公社问题的决议》。《决议》认为"人民公社是形势发展的必然趋势";社的组织规模"两千户左右较为合适";社的管理要"实行政社合一";人民公社目前还是集体所有制,但已经包含有若干全民所有制的成分了,这种全民所有制将在不断发展中继续增长,逐步地代替集体所有制……人民公社将是建成社会主义和逐步向共产主义过渡的最好的组织形式,将发展成为未来共产主义社会的基层单位。② 随后,全国各地掀起了人民公社化运动的高潮,仅用了一个月的时间,到1958年9月底,全国基本实现了人民公社化。③ 从此,人民公社成为中国农村的基本组织形式。

人民公社的特点是"一大二公","大"是指规模大,"公"是指公有化程度高。人民公社的规模超过了高级社,如全国第一个人民公社河南省嵖岈山卫星人民公社由27个高级农业社合并而成。河南省建立的人民公社"平均每社七千户左右,平原地区一般万户左右,山区一般两三千户。全省最大的固始'七一'公社四万六千八百户。修武全县十三万人口试办了一个以县为单位的人民公社"。④ 到1958年9月底,河南全省建立了一批46个以县为单位的公社和联社。⑤ "(全国范围内建立的人民公社)每社平均

① 薄一波:《若干重大决策与事件的回顾》(下册),中共党史出版社,2008年,第514页。
② 《中共中央关于在农村建立人民公社问题的决议》,《农业集体化重要文件汇编》(下册),中共中央党校出版社,1981年,第69—72页。
③ 《全国基本实现了农村人民公社化》,《农业集体化重要文件汇编》(下册),中共中央党校出版社,1981年,第84—87页。
④ 《中共河南省委关于建立人民公社情况的报告》,《农业集体化重要文件汇编》(下册),中共中央党校出版社,1981年,第89页。
⑤ 《河南已试办一批县公社和联社》(1958年9月29日),黄道霞:《建国以来农业集体化史料汇编》,中共党史出版社,1992年,第502页。

四千七百九十七户(据十一省、市、区七千五百八十九个公社统计,五千户以下的五千二百八十七个;五千户至一万户的一千七百一十八个;一万至二万户的五百三十三个;二万户以上的五十一个)。河南、吉林等十三个省,已有九十四个县以县为单位,建立了县人民公社或县联社。"① 这样大规模的人民公社,在生产管理上出现了比高级社时期窝工、"大呼隆"等更加严重的现象。

在管理体制上,人民公社是政社合一、集中领导、分级管理。公社划分为若干生产大队,生产大队下分为生产队。生产大队是管理生产、进行经济核算的单位,盈亏由公社统一负责。生产队是组织劳动的基本单位。人民公社既是一种经济组织,也是一级政权机构,不但负责全社的农业生产,而且还对工、商、学、兵等进行统一管理。在所有制上,公社成立之初推行的单一的公社所有制,把若干发展水平和经济状况不同的合作社强行合并在一起,生产资料全部归公社所有,统一支配和使用。债务转由公社负责偿还,全社统一核算,统一分配,富社和穷社拉平了。《中共中央关于在农村建立人民公社问题的决议》中也赞成这种贫富拉平的做法,对于贫富经济状况不同的社,并社过程中"不要采取算细账、找平补齐的办法,不要去斤斤计较小事"。② 这样便导致了社与社之间严重的平均主义,挫伤了富社社员的生产积极性,出现了瞒产私分、抵抗无偿调拨农产品,甚至砍伐林木、宰杀牲畜等现象。③

劳动组织上实行"组织军事化"、"行动战斗化",搞"大兵团作战";生活集体化,大搞公共食堂、幼儿园、托儿所、幸福园等公共事业。公社将劳动力按照军队编制,组成班、排、连、营、团,由公社统一领导、调配和指挥,生产责任制被抛弃。生产上"大呼隆"、磨洋工现象相当普遍。政社合一的管理体制,公社领导往往用行政手段直接管理经济,违反经济规律和自

① 《全国基本实现了农村人民公社化》,《农业集体化重要文件汇编》(下册),中共中央党校出版社,1981年,第84页。
② 《中共中央关于在农村建立人民公社问题的决议》,《农业集体化重要文件汇编》(下册),中共中央党校出版社,1981年,第71页。
③ 杜润生:《当代中国的农业合作制》,当代中国出版社,2002年,第527页。

然规律,侵犯生产单位应有的自主权利,在生产经营等方面瞎指挥,分级管理,所有权、经营权、分配权等分离,也容易产生"一平二调"的错误。①

公有化程度高,表现为不顾条件地追求更高形式的所有制——公社所有制的成分,将所属农业社的所有生产资料归公社所有,供销社、信用社并入公社,银行商店和某些企业也下放到公社。不仅如此,还将农民的各种私有财物"共产",即将农业社和农民的财产无代价地归公社所有,由公社统一经营,统一核算。尽管北戴河会议通过的《中共中央关于在农村建立人民公社问题的决议》中规定:"人民公社建成以后,不要忙于改集体所有制为全民所有制。""人民公社的集体所有制中,就已经包含有若干全民所有制的成分了。这种全民所有制,将在不断发展中继续增长,逐步地代替集体所有制。由集体所有制向全民所有制过渡。"② 但各地在办人民公社的过程中,均追求公有化的程度和速度,并将农民的一切私有财产都归公。被当做农村人民公社办社"宪法"的《嵖岈山卫星人民公社试行简章(草案)》规定:在已经基本上实现了生产资料公有化的基础上,社员转入公社,应该交出全部自留地,并且将私有的房基、牲畜、林木等生产资料转为全社所有,但可以留下小量的家畜和家禽,仍归个人私有。社员私有的牲畜和林木转为全社公有,应该折价作为本人的投资。单干户加入公社,除了留下小量的家畜和家禽以外,应该将全部土地、牲畜、林木、大农具等生产资料转归公社所有。③ 而实际上,农民的一切私有财产,包括少量的家畜、家禽甚至私人用品也被归公。④ 有的地方的农民,公社化后只剩下一只碗和一双筷子属于自己了。归公的私人财物由于管理不善,丢失、损坏无数。社员各家各户养的家畜家禽收归公办的"万猪场"、"万鸡山"后,由于缺乏管理,致使肥的养瘦、瘦的养死。这些都严重影响了农民对于人民公社的信心。

---

① 谢春涛:《大跃进狂澜》,河南人民出版社,1990 年,第103-104 页。
② 《中共中央关于在农村建立人民公社问题的决议》,《农业集体化重要文件汇编》(下册),中共中央党校出版社,1981 年,第71 页。
③ 《嵖岈山卫星人民公社试行简章(草案)》(1958 年8 月7 日),《农业集体化重要文件汇编》(下册),中共中央党校出版社,1981 年,第95 页。
④ 同③,第98 页。

分配上实行供给制和工资制相结合的方式。公社大力推行吃饭不要钱、不限量,实行把社员生活全部或部分包下来的供给制。《嵖岈山卫星人民公社试行简章(草案)》规定:"公社在收入稳定、资金充足、社员能够自觉地巩固劳动纪律的情况下实行工资制……在粮食生产高度发展、全体社员一致同意的条件下,实行粮食供给制。全体社员,不论家中劳动力多少,都可以按照国家规定的粮食供应标准,按家庭人口得到免费的粮食供应。"有的地方对社员实行七包、十包,还有的地方实行十五包,即对社员的吃、住、生、养、教、婚、丧、病、烤火、理发、看戏看电影等所有生活、娱乐等全部包下来的供给制。河南省的先进典型公社——新乡七里营人民公社实行衣、食、住、行、生、老、病、死、学习、生育、嫁娶、文娱、理发、洗澡、缝补、照明电费十六包。供给制在总收入中占的比例较大,因而社员工资收入非常低,不利于调动社员的积极性。如广东省新会县人民公社在发放第一次工资后出勤率、劳动效率普遍下降,就是因为分配比例不合理;劳动组织和责任制不健全。一般社员认为多劳不能多得,干多干少都一样。窝工浪费和消极怠工现象严重,许多群众说:"干不干,三餐饭……做多做少,一样吃饱。"有人把人民公社的"组织军事化"、"行动战斗化"、"生活集体化"的"三化"更改为"出工自由化、吃饭战斗化、收工集体化"。①

人民公社这种生产、生活、管理及分配体制由于不适应生产力的发展水平,极大地阻碍了生产的发展。公共食堂的供给制造成了巨大的浪费,以社为单位的高度公有化造成对农业社和农民财物的任意平调,即当时盛行的"一平二调三收款"。军事化的组织对农民管理过死,农民没有自由,从而使得公社干部在生产上瞎指挥。不顾农业生产的规律和农活的特点,胡乱派工的现象在人民公社化初期相当普遍。

人民生活困难,在1958年秋后某些地方即发生了饥荒和人口非正常死亡。

---

① 《毛泽东同志对〈新会县人民公社在发放第一次工资后出勤率、劳动效率为什么普遍下降〉一文的批示》,《农业集体化重要文件汇编》(下册),中共中央党校出版社,1981年,第127-128页。

第二节 人民公社体制调整中包工包产 到户的再次萌发

人民公社体制存在的问题很快暴露出来。从 1958 年 11 月到 1959 年 7 月,中共中央召开了一系列的会议,对人民公社的所有制结构、管理体制、分配制度进行调整。此时,各地趁中央调整人民公社各项政策之机,生产上的包工包产到户再次萌发。

人民公社体制的初步调整,主要从 5 个方面进行。

一是在理论上划清社会主义和共产主义、全民所有制和集体所有制的界限,肯定商品生产和商品交换存在的历史必然性。为此,毛泽东建议中央、省市自治区、地、县 4 级党委委员读斯大林的《苏联社会主义经济问题》和《马恩列斯论共产主义社会》两本书。《政治经济学教科书》也可以读,乡级同志也可以读。[①] 明确按劳分配是社会主义的分配原则;人民公社工资制和供给制相结合的分配方式中,基本性质还是社会主义的,各尽所能,按劳分配;承认生活资料的私人所有。"社员个人所有的生活资料(包括房屋、衣被、家具等)和在银行、信用社的存款,在公社化以后,仍然归社员所有,而且永远归社员所有。社员多余的房屋,公社在必要时可以征得社员同意借用,但是所有权仍归原主。社员可以保留宅旁的零星树木、小农具、小工具、小家畜和家禽等;也可以在不妨碍参加集体劳动的条件下,继续经营一些家庭小副业。"[②]

二是调整所有制体制。1959 年 2 月 27 日,中共中央政治局扩大会议在郑州召开,会议规定了以下 14 句话作为整顿和建设人民公社的方针:"统一领导,队为基础;分级管理,权力下放;三级核算,各计盈亏;分配计

---

① 毛泽东:《关于读书的建议》,《建国以来毛泽东文稿》第 7 册,中央文献出版社,1998 年,第 510–511 页。

② 《关于人民公社若干问题的决议》(1958 年 12 月 10 日),《农业集体化重要文件汇编》(下册),中共中央党校出版社,1981 年,第 119–120 页。

划,由社决定;适当积累,合理调剂;物资劳动,等价交换;按劳分配,承认差别。"①即改变规模过大的人民公社或联社的所有制和管理体制。1959年4月在上海举行的中央政治局会议,确定了以生产大队(相当于原来的高级社)所有为基础的人民公社、生产大队、生产队三级管理、三级核算,以生产大队为基本核算单位。生产大队下面的生产小队为包产单位,具有部分所有制和一定的管理权限。"生产小队向生产队包产、包工、包成本,超产的部分,按照过去高级社实行的办法,上缴一定的比例给生产队,其余部分归小队所有;节约下来的生产费用,全部归小队支配。""作为包产单位的生产小队,对于土地、耕畜、农具和劳动力有固定的使用权。"② 通过调整,所有制规模过大、管理混乱的人民公社将所有制体制退回到队(生产大队),管理层次分为三级,强调了生产队(生产小队)的管理权限,它符合当时生产力发展水平和干部的管理水平,更能调动农民的生产积极性。

三是算账退赔。"过去的账都要结算",县联社、公社从生产大队或者生产队调用的财物,公社、生产大队、生产队无偿调用的社员的私有生产资料、生活用品,要如数归还或折价归还。社与社之间,队与队之间,互相调拨的劳动力也要清算,采用换工或其他方式补偿。无法弄清和无法处理的财物,向群众解释清楚。

四是完善工资制,分配中减少供给制比例,体现社会主义按劳分配、多劳多得、不劳动不得食的分配原则。

五是建立生产责任制,改善劳动管理。"县联社和人民公社的各级组织,都必须学会在生产各部门之间,在经常性生产任务、突击性生产任务、服务性任务之间,合理地分配和调度劳动力,避免这里有事无人做、那里有人无事做的现象。必须不断地改进劳动组织工作,在生产任务和其他任务中继续执行和巩固分层包干的责任制,健全劳动检查和评奖的制度,切实

---

① 《郑州会议记录》,《农业集体化重要文件汇编》(下册),中共中央党校出版社,1981年,第139页。

② 《关于人民公社的十八个问题》,《农业集体化重要文件汇编》(下册),中共中央党校出版社,1981年,第191页。

保证提高劳动效率和工作质量。"①

经过调整人民公社体制和政策,纠正了人民公社初期的许多弊端,尤其是再次明确了人民公社也要建立生产责任制,也要包产。1958 年 11 月到 1959 年 7 月,8 个月的人民公社整顿中,中央很重视包工包产责任制的问题。

1958 年 11 月的武昌会议上,曾提出人民公社要不断改进劳动组织工作,建立责任制。在 1958 年冬开始的整社工作中,各地把加强生产责任制、搞好公社的经营管理工作作为重要的一环。许多公社采取了公社对生产队实行"三定"(定产、定员、定资)和超产奖励,生产队内部又实行田间管理责任制到组等办法,力图改变公社化以后在劳动组织和管理方面存在的混乱现象。②

1959 年 1 月召开的全国农村工作部长会议,重点讨论了人民公社的经营管理问题,提出"改善劳动管理,加强生产秩序和生产责任制"。按照"三定一奖",即定产、定劳力、定投资和超产奖励的办法,迅速地把生产任务包下去。同时,强调必须大力加强生产责任制。首先是田间管理到组的责任制必须普遍地严格执行;其次合理分配劳动力;再次是提高劳动定额管理,广泛推行农业社时期按劳动操作为标准的定额管理。针对公社化初期过多地采取大兵团作战的方式进行劳动力的调配,导致窝工、缺工现象,造成极大的浪费这一问题,会议认为,公社、生产大队、生产队要做好周密的年度劳动计划和按月按季度的计划。大规模范围内调动劳动力、大兵团作战的突击方式,在十分必要时才采用。采用时还要对经常性的生产组织留下足够的劳动力。③ 中共中央原则上同意并于 2 月 6 日将中央农村工作部关于人民公社经营管理问题的报告批转各省、市、自治区党委,请各地研究执行。

---

① 《关于人民公社若干问题的决议》(1958 年 12 月 10 日),《农业集体化重要文件汇编》(下册),中共中央党校出版社,1981 年,第 123 页。
② 杜润生:《当代中国的农业合作制》,当代中国出版社,2002 年,第 554 页。
③ 《中共中央批转中央农村工作部关于全国农村工作部长会议的报告》,《农业集体化重要文件汇编》(下册),中共中央党校出版社,1981 年,第 134-135 页。

为了加强和扩大对农村人民公社建立生产责任制的宣传,1959年2月17日,《人民日报》发表了《人民公社要建立和健全生产责任制》的社论。社论认为,大兵团作战与建立生产责任制并不矛盾,前者只能是临时的、突击性的,而多数农事活动是经常性的和专业性的,需要有明确的责任制。"建立了责任制,每个生产队、每个社员就有了明确的工作范围、工作职责,就可以避免或者减少'窝工'现象,提高劳动效率。"对于建立什么样的责任制的问题,社论认为,应该建立"任务到队,管理到组,措施到田,责任到人,检查验收"的集体责任制和个人责任制。公社对管理区(大队)和生产队,根据情况可以推行"四定一奖"、"三定一奖"、"六定一奖"或"三包"制度。社论最后强调:"目前各地正在整顿公社,怎样健全生产责任制度是一个急迫需要解决的问题。"①

1959年4月2日至5日,中共八届七中全会在上海举行。会议再次讨论了生产责任制的问题。"生产小队向生产队包产、包工、包成本,超产的部分,按照过去高级社实行的办法,上缴一定的比例给生产队,其余部分归本小队所有;节约下来的生产费用,全部归本小队支配。在保证完成生产队布置的农业和副业的生产任务、服从国家市场管理的条件下,生产小队可以经营各种小型副业生产;在不影响包产任务完成的条件下,生产小队对于自己管辖范围内可以利用的零星土地,应当尽量利用:所有这些经营的收入,都归本小队所有。"②

4月中旬,邓子恢在全国夏收分配会议上再次讲到"三包一奖"必须坚持兑现,队与队的口粮可以不一致,社员可以多劳多吃。③

1959年4月29日,毛泽东在写给省、地、县、社、队和生产小队的党内通信中,谈到关于农业的6个方面的问题。其中,第一个问题就是包产问题。毛泽东在信中说:"包产一定要落实。根本不要管上级规定的那一套指标。不管这些,只管现实可能性。""包产能包多少,就讲能包多少,不讲

---

① 《人民公社要建立和健全生产责任制》,《人民日报》,1959年2月17日。

② 《关于人民公社的十八个问题》,《农业集体化重要文件汇编》(下册),中共中央党校出版社,1981年,第191页。

③ 《邓子恢传》编辑委员会:《邓子恢传》,人民出版社,2006年,第525页。

经过努力实在做不到而又勉强做得到的假话。"①

　　各地实行了不同形式的生产责任制。如河南睢县红星人民公社实行了"四定一奖"（定生产指标、定投资、定上交任务、定增产措施、超产奖励）。② 在贯彻生产责任制和包工包产等"三包"或"四包"时，很多地方又一次突破了生产小队为包产单位的界限，从初级社时期就在各地不断实施的"包工包产到户"又一次萌发，大有推广之势。

　　1956 年至 1957 年上半年的"包工包产到户"虽然受到反右派运动的冲击和随后农村两条道路大辩论的斗争而遭到严厉批判，但直至 1958 年初，包工到户的形式在一些地方依然存在。湖北省潜江县三江乡心合社就是一个典型的例子。

　　湖北省潜江县三江乡心合农业社是一个有 580 户的合作社，包括 19 个生产队，1958 年春节后推行了"三包"、"四到田"和田间管理分到户的制度。不仅如此，心合社还推行了部分农活包工到户连续操作的生产责任制，具体做法是农活、劳力给予排队。农活排队，即确定哪些农活适合包工到户，哪些不适合包工到户。排队的结果是：适合包工到户的农活有棉花的间苗、定苗、除草、整枝、检花、扯梗；包到生产小组的有中耕；包到专人或专业小组的有杀虫。黄豆包到户的有除草、收割；包到生产小组的有耕种、打晒、送肥。芝麻包到户的有撒改条、除草、扯草、插芝麻、捆芝麻；包到专人或专业组的有耕种。劳力排队，即根据劳动强弱、技术特长和工作需要，因人制宜地把工分好。农活和劳力排好队后，按基本劳动日分田，以户为单位划块，根据不同户、不同人的特长，搞好作物搭配。另外设有机动工和机动组，作为包工到户以后的调剂。包工到户还与田间的责任管理紧密结合起来，本着谁管理谁操作、谁操作谁管理的原则划分田块，缺余不大的不动，极不平衡的调整。对无单独生产能力、无法安排其他农活的劳力较弱的户，不单独划块包工，在自愿原则下采取找亲友带的办法解决。

　　① 毛泽东：《党内通信——关于农业方面六个问题的意见》，《农业集体化重要文件汇编》（下册），中共中央党校出版社，1981 年，第 183-184 页。

　　② 《四定一奖生产责任制》，《河南日报》，1959 年 1 月 13 日。

农活、劳力排好队,田地划块以后,即按每块田的定工,把全年的工分一次计算出来,预包到户,并以通知单的形式发给社员。做活的先后次序和完成的时间,以及每项农活的质量要求和工分定额等,不可能一次就包得很准确,因而还要根据每一生产环节的具体条件,细致合理地修改劳动定额,做好小段包工。部分农活常年包工到户进行连续操作和小段包工相结合,保证了有计划和有秩序的生产。另外,还要做好的是检查验收工作。集体干的活由田间管理户验收,分户操作的活除了平时社员之间互相检查和干部抽查以及运用参观评比等方法促使社员按期完成任务、讲究生产质量以外,每一小段完了,还要进行一次全队大检查。

心合社在实行包工到户时还注意处理好生产中的三个问题。一是集体劳动和承包到户的活发生矛盾的问题。原则上是先公活后私活,先做要紧活,再做一般活。任何人都必须服从队里的统一调配。生产队在做小段包工的安排时,必须注意到公私兼顾,统筹安排。二是某些社员因病或因事外出不能完成承担的任务额的问题。这一情况可由生产队指派机动小组去做,或自己委托亲友代做,工分报酬均由自己偿付。三是对那些需要几个人协作的农活和必须组织突击的农活如何处理的问题。对此生产队应当将社员加以组织,共同进行操作。农活质量仍由承包户负责检查。①

心合社包工到户的特点:一是突出包工,分工负责;二是统分结合,在人民公社的集体生产之下调动社员个人的积极性;三是照顾到三方面的关系,即劳动与分配的关系,集体利益与个人利益的关系,分田分工与责任的关系。这样既维护了人民公社体制下要求大而公的特点,又能调动社员个人的积极性;既维护了集体所有制的利益,又使社员个人利益不受损。因而,心合社受到了湖北省委的肯定。②

江苏省的一些地方把全部农活都包到户,有的地方在把全部农活包到户的同时,还实行了全部或部分农作物(如山芋等)包产到户的办法;有的

① 羊角:《心合社是如何推行培育包工到户连续操作生产责任制的》,《湖北日报》,1958年6月25日。

② 徐勇:《包产到户沉浮录》,珠海出版社,1998年,第59—60页。

地方虽然没有公开提包产到户,但采取了"定田到户,超产奖励",实际上也是包产到户的做法;还有的地方甚至提出"土地分到户,耕牛农具回老家"① 的更彻底的包产到户的要求。

湖南省有些地方的农民对于"大跃进"的"大呼隆"和人民公社的吃大锅饭不能调动社员的积极性甚为不满,认为"共产党好吹牛皮,讲大话,年年喊增产,年年减产;就是增了一点产,劳力、成本花得多,得不偿失,劳民伤财";"搞大跃进是白天白干,黑夜黑干,好比婆婆磨媳妇,结果是政府背了时,农民造了孽,两败俱伤";"公社化搞快了,搞糟了,搞穷了";"人民公社不如高级社,高级社不如初级社,初级社不如互助组,互助组不如单干,解放后不如解放前,好像一个倒宝塔,一节比一节差"。因此,他们要求把土地、耕牛、农具和粮食下放到户,把产量、产值包到户。取消供给制,搞"清一色的按劳分配"。②

陕西省的一些地方实行了田间管理包工到户,即把农作物全部或大部田间管理农活,诸如间苗、除草、松土、浇水、追肥、防治自然灾害等,都按田块确定分工,包给社员个人负责。这样可以调动社员生产的积极性,健全责任制。③ 如渭南县潼关人民公社西北村生产队推行了棉花、玉米、谷子、薯类、瓜类等作物的田间管理包工到户、到人的个人生产责任制。西北村生产队共有9个小队,除一小部分坡地和离村特别远的田地的作物暂时仍由生产小队派人管理外,棉花、玉米、谷子、薯类、瓜类等作物的田间管理,实行定任务、定地块、定措施、定时间、定工分的"五定"责任制,包工到户或到人。陕西省农林厅认为,这一制度克服了过去大家都在一起做、大家却不负责的现象;克服了上地叫人、等人的现象;贯彻了劳动定额,避免了每晚评工记分;提高了劳动的质量和效率,刺激了社员的劳动积极性等。

---

① 《中共中央批转江苏省委〈关于立即纠正把全部农活包到户和包产到户的通知〉》,《农业集体化重要文件汇编》(下册),中共中央党校出版社,1981年,第251页。
② 《中共湖南省委农村工作部关于整社试点座谈会的报告》,《农业集体化重要文件汇编》(下册),中共中央党校出版社,1981年,第262-263页。
③ 陈立人、白玉峰,等:《田间管理包工包产到户是什么性质的问题》,《陕西日报》,1959年12月9日。

因此,包工到户作为好经验的典型被宣传。①

甘肃省武都县隆兴公社红石生产队搞包产到户,把土地、车马、农具按劳动力固定到户;还有的队把全部农活或者大部分农活包工到户。②

湖北省宣恩县的一些地方实行了"土地下放"、"包产到户"。除了按照规定分给社员饲料地以外,还拨出很多土地"下放"给社员个人经营。③武昌县纸坊公社十月生产队实行把低产田和三类苗包产到户的做法。他们在实行了"四定田"的田间管理责任制以后,为改造低产田和三类田,以相当于(或稍高于)生产队对生产小组所包指标的产量指标,包给社员个人。

在"大跃进"和人民公社化运动中,粮食产量"浮夸风"的重要标志——高产卫星是从河南省放出来的,第一个人民公社和人民公社章程也诞生于河南,首先实现公社化的也是河南。因此,河南省也是遭受"大跃进"灾难性影响最严重的省份之一。当中央调整人民公社体制时,实行包产到户在全国影响最大的同样是河南省。河南省的包工包产到户不仅仅是农民们自己在搞,而且有的地方还得到地区一级干部的支持。

1959 年 3、4 月间,在整顿人民公社经营管理的过程中,农民普遍要求将公社的生产任务和国家征购派购任务以包干的办法确定下来。省委决定以包工包产的形式将具体生产任务直接落实到生产队或作业组。各地在推行包工包产的过程中,结合当地的情况,创造了不同的形式,如荥阳县率先实行了"七定、交底、包干、一年早知道"的办法。七定即"定生产、定征购、定分配、定消费、定投资、定扶植、定劳力",将全年生产任务和征购任务一次性直接定到核算单位,从而使基层单位明白应该向国家、公社上缴多少,生产队能留多少,社员能分多少。新乡县的包工包产办法有 4 种:一

---

① (陕西)省农林厅工作组:《西北村生产队推行田间管理责任制的经验》,《陕西日报》,1959 年 8 月 11 日。

② 《中共中央批转农业部党组关于庐山会议以来农村形势的报告》,《农业集体化重要文件汇编》(下册),中共中央党校出版社,1981 年,第 250 页。

③ 《揭穿"包产到户"的真面目》,《人民日报》,1959 年 11 月 2 日。

是包工包产,超产奖励;二是以产定工;三是定产不定工,超产奖励;四是"五定一奖",即生产大队对生产队实行定作物面积、定产量、定劳力畜力、定投资、定劳动日,超产奖,减产罚。孟津县首先对生产单位实行"五固定",即先把土地、牲畜、生产工具、劳力、领导等固定到生产大队,然后大队对生产队或专业队,生产队再对生产小组进行包工包产。具体办法有"包工包产、超产提产奖励","包工包产、超产归队","包工包产、以产定工、统一分配","包工包产、以产定工、统一分配、超产全奖"等不同的形式。据1959年4月初的统计,河南全省有96.8%的地方实行了这种以生产队或作业组为单位的包工包产责任制。[①]

在各地实行包工包产到生产队或作业组的过程中,豫北的新乡地区和豫西的洛阳地区突破了以包工包产单位为生产队或作业组的界限,将户作为包工包产的单位,推行了包工包产到户。

新乡地区的包工包产到户是在河南省委候补委员、新乡地委第一书记耿起昌的主持下实施的。新乡在"大跃进"和人民公社化运动中是河南省的先进地区,七里营人民公社更是人民公社化初期的典型。公社规模大,由56个高级农业社、6 000户组成,公有化程度高,对社员实行十包。1958年8月,毛泽东到七里营人民公社参观时,给予了其很高的评价。而新乡地委第一书记耿起昌对此有自己的看法,他主张生产和生活组织规模越小越好,越分散越好。他甚至很赞扬"满地人,不成群"的个体单干局面。他认为:社会主义集体生产和集体生活方式对农民卡的过死,剥夺了农民的自由,打乱了生产秩序;没有了生产责任制,农民生产不积极。他说:"农业合作化以后,我们把农民的劳动力拿过来了,不能自由劳动了;公社化以后,把生活吃饭也拿过来了。"所以,当中央要求地方整社算账、实行包工包产责任制时,1959年5月,耿起昌就在新乡实施了"包工到户,定产到田,个人负责,超产奖励(奖70%~90%)"的田间管理措施。他还主张缩小生产队的规模,把50户以上的生产队都分开,重新丈量土地,立界碑,按户包给家长,在家长的指导下干活;并且主张"告诉社员长期固定

---

① 李琳、马光耀:《河南农村经济体制变革史》,中共党史出版社,2000年,第130–131页。

下来,可以今年、明年、几年不变"。新乡地区的具体做法是:组包片、户包段,人人负责。生产小队按小组内劳力级别或底分多少将一定数量的土地固定给生产组,作为小组的责任片。然后小组再按每户的劳力级别或底分的多少,分给每户一定数量的土地,作为各户的责任段。还规定:土地分到各户后,实行"插牌标名,一包到底"的办法。全区有60%以上的生产队实行了上述办法,有的重新丈量土地分配到户,有的出现"父子田"、"夫妻田"、"姐妹田"、"五子登科田"、"独战群英田"等一家一户的单干生产。①

洛阳地区在第二书记王慧智的支持下,也在所属各县推行了包工包产到户。1959年5月,洛阳地委提出了《农村工作若干问题讨论提纲》30条,在各县推行"包工包产到户,以产定工,产工一致,全奖全罚,三年不变"的办法。具体做法是:将土地分散和固定到户,根据土质好坏确定包产指标,依包产指标的高低,再定出所需要的工数。收获后进行评产,超产多少奖励多少,减产多少处罚多少;并规定牲口、农具、土地、劳动力固定到生产小组和户使用,不经小组同意,生产队不得调动。洛阳地区有800个生产组实行了包工包产到户。② 如灵宝县虢镇公社37个大队中,有22个大队的82个生产队实行了包工包产到户。③

规模化的大农业应该是中国农业发展的方向,但是20世纪50年代末的中国,生产力水平低下,生产工具简陋,机械化程度低,主要靠人力手工操作,大规模的协作生产只是个别的、突击性的农活,更多的日常农活如田间管理等还是要靠个体农民来完成。更重要的是,几千年的私有制、一家一户的个体农民小生产是长期的封建社会的主要生产单位,农民习惯于在小块土地上精耕细作,习惯于为自己的土地和家人打算。20世纪50年代,中国虽然强制性地实行了更高级的集体化——人民公社化,但农民的思想还停留在小私有的水平上。所以,无论是生产力发展、思想认识,还是

---

① 《河南省委关于几个典型材料的报告(节录)》,《农业集体化重要文件汇编》(下册),中共中央党校出版社,1981年,第254—255页。
② 同①,第256页。
③ 李琳、马光耀:《河南农村经济体制变革史》,中共党史出版社,2000年,第132页。

农业生产方式,都更适合个体生产,而不是集体生产。然而,社会主义制度要求农民必须走农业集体化的道路,并且由于领导人的急躁冒进等"左"的错误情绪及决策,使农民迅速走上了高度集体化的道路。在这种从客观到主观都不适合生产发展的"一大二公"的人民公社体制下,农民无时不在寻找适合生产发展、能够维护自身利益的生产方式。包产到户就是农民钟情的生产方式。包工包产到户犹如野火烧不尽的原上草,遇到合适的条件就会萌发。

　　1959年上半年的包工包产与高级社时期相比,历时时间短,但波及范围广,得到较高级的干部支持。"一大二公"的人民公社体制不适合当时生产力的发展水平,"大呼隆"式的生产管理模式造成了窝工、费工,包产到户是对这种生产管理模式的抵制和修正,而不是与人民公社体制相抵触,符合人民公社大而公所有制体制原则和多快好省的总路线原则。"包工包产到户,省工、质量好、做活多、合乎多快好省的原则","能体现按劳付酬的政策","包工包产不影响所有制,是方法问题",是"生产管理的新发展","是一种改革",等等。许多干部受到批判时仍然为包产到户辩护,如洛阳地委第二书记王慧智受到批判时并不认为自己错了,还要求留个重点比比看。[①]

　　1958年匆忙建立的人民公社体制,较之高级生产合作社,更加不适合生产力发生水平,同时对农民的利益损害也更严重。作为对人民公社体制缺陷的抵制或弥补,趁中央对人民公社政策进行调整、允许"三包一奖"的包工包产之机,全国在更大范围内突破了"三包"只能包到生产队或生产小组而不能包到个人(户)的界限,兴起包工包产到户运动。当时中央认为,人民公社体制也需要包工包产和责任制,但包工包产的单位最小只能是生产小队或生产小组,而不能是个人。包工包产到生产小队或小组的话,还是社会主义性质的集体生产方式下的责任制,如果包工包产的单位

---

　　① 《中共中央批转河南省委关于右倾机会主义分子的几个典型材料的报告》,《农业集体化重要文件汇编》(下册),中共中央党校出版社,1981年,第256页。

是个人或户的话,就是抛弃合作化,抛弃集体,就是资本主义性质的"单干"了。同样是包工包产,落实的单位不同,性质就截然不同,这就是资本主义与社会主义两条道路的对立。对于农民来说,最有效的也是最能得到实惠的是包工包产到户。所以,包工包产的单位往往会落实到个人或户。1959年的包工包产又一次突破中央的界限实属必然,随着形势的发展受到批判而夭折也是命中注定的。

第三节 庐山会议后对包工包产到户的批判

1959年7月2日至8月16日的庐山会议包括两次会议,即7月2日至8月1日,中共中央为进一步纠正"大跃进"和人民公社化以来的"左"倾错误而召开的政治局扩大会议;8月2日至16日,中共中央八届八中全会。两个会议前后相连,因都是在庐山召开,故统称为庐山会议。

庐山会议本来是1958年11月第一次郑州会议之后一系列纠"左"会议的继续。7月2日至7月16日彭德怀给毛泽东的信印发全会,这一阶段为神仙会,即与会人员畅所欲言,继续揭露"大跃进"和人民公社化的问题,总结经验教训,安排下一步的工作。这一阶段主要讨论的是毛泽东提出的18个问题,其中就有体制问题、公共食堂问题、生产小队为核算单位问题、宣传中浮夸问题、任务即指标问题、综合平衡问题,等等,这些都是前一阶段"大跃进"和人民公社化运动中出乱子的根本问题。7月16日之前,与会者就这18个问题分组讨论,会议进展顺利,基本按照既定日程进行。

1959年5月,彭德怀出访东欧各国,6月中旬回到北京,6月底收到庐山会议通知。由于疲劳,彭德怀本不准备参加,而是让总参谋长黄克诚替他去,但黄克诚拒绝了,说:"中央通知你去,没通知我,我怎能替你去呢?"①彭德怀勉强上了庐山,7 月 14 日给毛泽东写了一封反映"大跃进"和人民公社化运动以来负面情况的信,从而引发了庐山会议的大转向。7月 16 日,中共中央办公厅将彭德怀的信印发会议各小组讨论,至 22 日,各小组就彭德怀的信发言评论,有人同意,有人不同意,还有的人认为其中部分讲的有道理、部分言重了,等等。23 日,毛泽东作了长篇发言,对彭德怀的信进行了严厉的批评。之后,会议方向发生转折,批判彭德怀成了会议的主题。庐山会议也由纠"左"转而反右了。

庐山会议由纠"左"转而反右的原因固然和彭德怀的信有关,但根本原因亦即是持续 8 个月的纠"左"是在肯定总路线、"大跃进"和人民公社这"三面红旗"的前提下,为了鼓足干劲,继续新的跃进。这样的纠"左"程度有限,更重要的是没有制度上的保障。而且,毛泽东对形势的估计一直是乐观的。7 月 10 日,毛泽东在讲话中说:"从全局来讲,是一个指头与九个指头,或三个指头与七个指头,最多是三个指头的问题。成绩还是主要的,没有什么了不起。要找事情,可以找几千几百件不对头的,但从总的形势来说,还是九个指头和一个指头。"②毛泽东讲话的精神是"左"的错误要批评,但不应抓住不放;对热心搞"大跃进"的同志,应该既批评又鼓励,不要挫伤他们的积极性;现在已经批了 9 个月的"左",差不多了;应赶快抓工作,争取 1959 年的跃进。③

对于"大跃进"和人民公社化运动的一些批评,毛泽东采取的是竭力辩解护短并转而批评别人的态度。面对张奚若批评他好大喜功、急功近利、否定过去、迷信将来和陈铭枢说他好大喜功、偏听偏信、轻视古典、喜怒无常,毛泽东辩解说:"我是好大喜功的,好大喜功有什么不好呢?……偏听偏信,就是要偏。资产阶级、小资产阶级、无产阶级、左中右,总有所偏,只能偏听偏信无产阶级的……而不能偏听资产阶级的。再过 10 年到 15 年赶上了英国,那时陈铭枢、张奚若这些人就没有话讲了。这些人

---

① 黄克诚:《黄克诚自述》,人民出版社,1994 年,第 301 页。
② 李锐:《庐山会议实录》,河南人民出版社,1994 年,第 56 页。
③ 薄一波:《若干重大决策与事件的回顾》(下册),中共党史出版社,2008 年,第 597 页。

希望他们长寿,不然,死了后,还会到阎王那里告我们的状。"① 彭德怀在肯定"大跃进"的成绩和人民公社化的伟大意义的前提下,指出了存在的问题,如基建项目"过急过多了一些,分散了一部分资金,推迟了一部分必成项目","所有制问题上,曾有一段混乱,具体工作中出现了一些缺点","浮夸风气比较普遍地滋长起来","小资产阶级狂热性,使我们容易犯左的错误",等等。② 这触怒了毛泽东。在 7 月 23 日的长篇讲话中,毛泽东既有对彭德怀的严厉批评,同时也有对彭德怀所指问题的辩解和回护。

接下来,在 8 月 2 日至 16 日召开的中共中央八届八中全会上,彭德怀被加上了"右倾机会主义、反党、反社会主义"等罪名。

8 月 16 日,全会通过了《中国共产党第八届中央委员会第八次全体会议公报》和《为保卫党的总路线、反对右倾机会主义而斗争》、《关于以彭德怀同志为首的反党集团的错误的决议》两个决议。《公报》一改半年多以来的纠"左"基调,认为"大跃进"以来国民经济各部门都取得了重大成就。《公报》进一步指出,"目前国内外形势对于我国实现国民经济的继续跃进是有利的",同时批评了国内外对"三面红旗"的污蔑和攻击,批评了右倾机会主义思想的错误。③

两个《决议》揭开了批判右倾机会主义和彭、黄、张、周反党集团的序幕。④《决议》认为,在国内外敌对势力攻击"三面红旗"的时候,党内的一些右倾机会主义分子,特别是一些具有政治纲领、政治野心的分子,配合国内外敌对势力,发动对"三面红旗"的猖狂进攻,企图制造思想上和政治上的混乱,他们的矛头针对党中央和毛泽东同志,针对无产阶级和

---

① 李锐:《庐山会议实录》,河南人民出版社,1994 年,第 57-58 页。
② 彭德怀:《彭德怀自述》,人民出版社,1981 年,第 282-285 页。
③ 《中国共产党第八届中央委员会第八次全体会议的公报》,《建国以来重要文献选编》第 12 册,中央文献出版社,1996 年,第 530-535 页。
④ 彭、黄、张、周反党集团是指彭德怀、黄克诚、张闻天、周小舟。当时中央认为他们 4 个人结成了反党联盟、军事俱乐部,此时,彭德怀任国务院副总理兼国防部长、国防委员会副主席,黄克诚任中共中央书记处书记、中央军委秘书长、国防部副部长兼总参谋长,张闻天任外交部副部长,周小舟任湖南省委第一书记。

劳动人民的社会主义事业。"团结全党和全国人民,保卫总路线,击退右倾机会主义的进攻,已经成为党的当前的重要战斗任务。"①《决议》将彭德怀的意见定性为"反党、反人民、反社会主义性质的右倾机会主义路线的错误"。②

庐山会议后,全国各地开展了批判彭德怀、反对右倾机会主义的运动,同时,国民经济各部门重新掀起更大规模的跃进。1958 年 11 月以来的纠"左"不仅中断,而且一些纠"左"的做法被否定、被批判。人民公社生产管理体制上包工包产责任制中的"包工包产到户",被认为是右倾机会主义在农村的重要表现,受到严厉批判,从而致使这种刚刚使农村有点生气的做法再次夭折。

庐山会议的精神是以"跃进"的速度在全国各地传达和执行的,如辽宁省在庐山会议还没有结束就以电话的形式通知省委传达执行。③

8 月 22 日,庐山会议刚刚结束,江苏省就发出了《关于立即纠正把全部农活包到户和包产到户的通知》,并将《通知》上报中央农村工作部。《通知》认为,把全部农活都包到户,就是从根本上取消人民公社集体劳动这一基本的劳动形式,退到个体分散劳动的老路。如果把产量也包到户,就更加错误了,产量包到户,实质上就是从集体退到单干,这样就会使资本主义思想和行为发展起来。这说明,当前农村中两条道路的斗争还是存在的,防止领导上这些方面的右倾思想极为必要。《通知》规定:(1)凡是发现把全部农活包到户或者包产到户的地方,不论形式如何、名目怎样,都应当立即批判,加以纠正。这种做法既不必试行,更不能推广。(2)生产队

---

① 《为保卫党的总路线、反对右倾机会主义而斗争》,《建国以来重要文献选编》第 12 册,中央文献出版社,1996 年,第 509 页。

② 《中国共产党八届八中全会关于以彭德怀同志为首的反党集团的错误的决议》,《中华人民共和国国史通鉴》第 2 卷,红旗出版社,1993 年,第 412-413 页。

③ 参加庐山会议的辽宁省委第一书记黄火青于 1959 年 8 月 9 日前即打电话通知辽宁省委,辽宁省委于 8 月 9 日即形成了《辽宁省委关于执行〈中共中央关于反对右倾思想的指示〉的报告》,上报毛主席和中央,中共中央将报告转发各省、市自治区党委,并中央各部委、国家机关和人民团体各党组、总政、政中央;毛泽东对报告作了批示,认为"这个经验,值得各地注意"。(《中共中央转发辽宁省委关于执行〈中共中央关于反对右倾思想的指示〉的报告和毛泽东同志的批示》,《农业集体化重要文件汇编》(下册),中共中央党校出版社,1981 年,第 233 页。)

组织劳动的基本形式应当是集体劳动,包工到户的办法可以实行,但只能限于田间管理方面部分零星分散、不容易统一安排、包工到户比集体劳动更加有利的农活,这一部分农活只占整个生产用工的一小部分,不可能是大部或全部。究竟哪些农活需要包工到户,必须从有利于生产、有利于巩固集体出发,凡是不应该包到户而已经包到户的农活,都应当纠正过来。为了防止群众对这一问题的误解,今后一律不提田间管理包到户,还是提建立全面的生产责任制和"几定"为好。(3)人民公社的劳动管理是一个重大的原则问题。集体劳动还是分散劳动,"三包"到哪一级,等等,这些都是涉及生产关系的重大问题……特别要注意批判和防止右倾思想。①

10 月 13 日,中共中央将江苏省委的《通知》批转各省、市、区党委和中央各部委、各党组。中央在批语中说,江苏省委的意见是正确的,江苏省把全部或者大部农活包工到户或者包产到户的做法,是在农村中反对社会主义道路而走资本主义道路的做法,凡有这种意见和活动的地方,都必须彻底地加以揭露和批判。②

9 月 29 日,农业部党组的《关于庐山会议以来农村形势的报告》中认为,甘肃武都县隆兴公社红石生产队搞包工包产是"取消了或者基本取消了集体劳动,恢复单干",是"右倾的事例",是"邪气";庐山会议后,红石生产队被批判得已经抬不起头了,但各地必须进一步揭发和批判。③

9 月 30 日,湖南省委农村工作部在关于整社试点座谈会的报告中,将有的地方社员要求"将土地、耕牛、农具和粮食'下放'到户,把产量、产值包到户"的主张,说成是"要求恢复原来的私有制和个体生产方式",是"一股极为有害的逆流",是"'不顾大集体、只搞小自由'的资本

---

① 《中共中央批转江苏省委〈关于立即纠正把全部农活包到户和包产到户的通知〉》,《农业集体化重要文件汇编》(下册),中共中央党校出版社,1981 年,第 252 页。

② 同①,第 251 页。

③ 《中共中央批转农业部党组关于庐山会议以来农村形势的报告》,《农业集体化重要文件汇编》(下册),中共中央党校出版社,1981 年,第 250 页。

主义思想"。整社中要对这种思想进行彻底的揭露和批判,把它在群众中搞臭。① 10 月 4 日,湖南省委批转了这个报告。省委在批语中说,整社的第一步,就是集中对农村中以少数富裕中农为代表的右倾思想极为严重的人展开一场尖锐的政治思想斗争,彻底揭露和批判他们的错误言行。

包工包产到户影响最大的、有地区一级干部竭力支持的河南省,在反右倾运动、批判包产到户中更是大张旗鼓,"成效显著"。

9 月 29 日,河南省委将会议期间批判的所谓"右倾机会主义分子"的几个典型材料上报中央。10 月 12 日,中央批转了河南省委的报告。报告中的典型情况是新乡地委第一书记耿起昌在新乡推行包工包产到户和洛阳地委第二书记王慧智在洛阳推行包工包产。报告说,以耿起昌、王慧智为代表的主张在农村人民公社内实行包工包产到户的部分干部,否认人民公社的优越性。耿起昌反对人民公社,否定集体经济的优越性,宣扬小农经济优越论,他推行的包工包产到户的主张和做法是"极端落后的、倒退的、反动的",是"人民公社化后农村一部分富裕中农反对社会主义的反映",他已经堕落成为一个右倾机会主义分子;王慧智以包工包产为核心提出发展小私有,损害了大集体,也已经成为一个右倾机会主义分子。②

10 月 12 日,中共中央将河南省委的这个报告批转各省、市、区党委、中央各部委、各党组。中央在批语中说,耿起昌、王慧智借整社和实行包工包产的机会,推行所谓"地段责任制",重新丈量土地、立界牌,主张把土地、牲畜、农具、劳力等,按户包给家长,在家长指导下干活。他们赞扬所谓"满地人,不成群"的单干景象,想把"一大二公"的人民公社,倒退为"一小二私"的互助组或者单干户。这明显地暴露出他们右倾机会主义分子反对

---

① 《中共中央转发湖南省委关于在十个公社中选择十个大队结合生产进行整社试点即进行两条道路的斗争的经验》,《农业集体化重要文件汇编》(下册),中共中央党校出版社,1981年,第 263—265 页。

② 《中共中央批转河南省委关于右倾机会主义分子的几个典型材料的报告》,《农业集体化重要文件汇编》(下册),中共中央党校出版社,1981 年,第 254—256 页。

人民公社的本心和实质,是根本反对农业合作化,反对走社会主义道路,要走资本主义道路,是企图使资本主义在农村复辟,实质上是反党、反人民的资产阶级思想在党内的反映。

批语最后要求各地党委找出一批典型材料,进行深入彻底地揭发和批判,把右倾机会主义分子的险恶面目彻底揭露,把他们的市场缩得小而又小,把一切右倾思想、右倾活动彻底搞臭。①

10月18日,《河南日报》发表题为《斥"包工包产到户"的荒谬主张》的社论。社论对"包工包产到户"上纲上线,说"包工包产到户"是和"三包一奖"相对立的,贩卖资产阶级货色,反对人民公社建立集体生产的责任制。包工包产到户的实质,就是要广大农民离开"一大二公"的人民公社,恢复单干,恢复私有制,恢复封建家长制,也就是叫农民脱离社会主义光明大道,回到痛苦的资本主义老路上去。这完全违背党的社会主义建设总路线,违背党在农村的阶级路线,违背贫农、下中农的根本利益和走社会主义道路的强烈愿望。社论再次强调报告中的观点:"他们的主张和做法,是极端落后的、倒退的、反动的。"

社论在批判包工包产到户的同时,还详细论述以生产队为单位的包工包产责任制的好处。社论最后说,"包工包产到队"和"包工包产到户"有本质的区别,不仅仅是生产管理制度上的不同,还涉及所有制问题,是资本主义道路与社会主义道路的斗争,是资本主义所有制与社会主义所有制的斗争。因此社论要求,每一个同志都应该认清"包工包产到户"的实质和危害,在反对右倾机会主义的斗争中,划清界限,提高觉悟,彻底清除右倾机会主义思想影响。②

10月21日,河南省委向全省各地、市、县委和人民公社党委发出通知,要求各地学习中央指示精神,组织全体党员对一切右倾思想、右倾活动进行彻底地揭发和批判,对右倾机会主义分子所推行的"地段责任制"彻

---

① 《中共中央批转河南省委关于右倾机会主义分子的几个典型材料的报告》,《农业集体化重要文件汇编》(下册),中共中央党校出版社,1981年,第253页。

② 《斥"包工包产到户"的荒谬主张》,《河南日报》,1959年10月18日。

底肃清。①

中央报刊参与对"包工包产到户"的批判,扩大了批判的范围和影响。

1959 年 11 月 1 日,《人民日报》发表了题为《右倾机会主义就是企图为资本主义复辟开辟道路》的《红旗》杂志评论员文章。文章说,右倾机会主义分子的基本纲领就是反对党的社会主义建设的总路线,反对"大跃进",反对人民公社。这是一个反对社会主义且为资本主义复辟开辟道路的纲领。有些右倾机会主义分子在农村中两条道路的斗争问题上的真正想法是,人民公社不如高级农业合作社,高级农业合作社不如初级社,而初级社又不如互助组和单干。公有不如私有,集体劳动不如个体劳动,社会主义不如资本主义。所以按照他们的逻辑,农村不应当前进到人民公社,而是应当倒退到资本主义。他们企图用所谓"包产到户"之类的形式来破坏集体所有制,恢复单干,使农村重新走上资本主义的道路。②

11 月 2 日,《人民日报》发表题为《揭穿"包产到户"的真面目》的评论员文章。文章内容主要是对江苏、湖北、河南等地的包工包产到户的批判。文章给包产到户的定性是"极端落后、倒退、反动的做法","只会使一些人对资本主义充满感情;只会破坏人们对社会主义集体主义的崇高感情"。包工包产到户是所有制体制的改变,是由公有制改变为个体所有制,与小队包工包产是性质完全不同的两回事。人民公社的包工包产责任制的包工包产单位是生产小队,是符合分级领导、分级管理的原则的。文章强调,集体经营是集体所有制的人民公社的基本经营方式;集体劳动永远是人民公社的基本的劳动方式。这样的原则决不能有丝毫动摇,决不能有一点违背。文章还将人民公社的劳动管理、包工包产问题提高到了政治和两条道路斗争的高度加以批判,认为"是涉及生产关系的重大政治问题,是两条道路斗争的一个重要战场"。文章最后指出,"包产到户"是毒草,必须连根拔掉,统统烧毁,一个"点"也不许留;"包产到户"是资本主义的阴魂,要制

---

① 李琳、马光耀:《河南农村经济体制变革史》,中共党史出版社,2000 年,第 134 页。
② 《右倾机会主义就是企图为资本主义复辟开辟道路》,《人民日报》,1959 年 11 月 1 日。

服它,"最好的办法是把集体力量发扬得强大而又强大,把集体生产搞得轰轰烈烈、结结实实"。①

12月14日,《光明日报》发表了署名郑庆平的题为《"包工包产到户"是右倾机会主义分子在农村复辟资本主义的纲领》的文章。文章虽然是刊登在"经济学"学术专栏中的,但丝毫没有学术气息,完全是一篇大批判的文章。文章称,那些认为人民公社"办糟了"、"办早了"的对人民公社有不同意见的人是"一小撮逆流而行的右倾机会主义分子"。"包工包产到户"是为了瓦解人们公社制度而放出的一支暗箭,必须把它揭破!"包工包产到户"实质上也就是在把人民公社的"一大二公"化为"一小二私",使人民公社的社会主义集体所有制,从生产到分配,都换盖上小农经营的印章,使我国农村重新回复到资本主义的道路上去。"包工包产到户"是右倾机会主义分子复辟资本主义的纲领,"是极其阴险的",若让其得逞,将对我国农村社会主义生产力和生产关系的发展造成根本的破坏。

接下来,文章用较大的篇幅论述了"包工包产到户"如果实行将对农村生产力和生产关系产生巨大的破坏作用。其中对生产力的破坏表现为两点:

一是将彻底破坏我国农村广大群众建设社会主义的生产积极性。农村存在两种生产积极性,一种是广大群众发展社会主义的积极性,另一种是少数人发展资本主义的生产积极性。二者是相互矛盾的。前一种是主流,后一种是逆流。发展社会主义的生产积极性是带动我国社会生产力不断向前发展的根本动力;而包工包产到户只能是恢复"单干",调动富裕中农反社会主义、复辟资本主义的生产积极性,毁灭最广大社员群众建设社会主义的生产积极性,破坏农村生产力发展的根本动力。

二是将瓦解公社统一经营能够充分利用人力、物力并使其在生产过程中与劳动对象取得正确结合的优越性。农业生产需要合理调配人力物力和资金的使用,集体方式的大生产提供了最有利的条件。"包工包

---

① 《揭穿"包产到户"的真面目》,《人民日报》,1959年11月2日。

产到户"瓦解了公社集体生产劳动方式,分散了生产资料、资金、劳力与技术,使多数农户劳力、资金、技术微弱而完不成生产任务。右倾机会主义分子给集体生产劳动"莫须有"地加上种种罪名,力图通过"包工包产到户"走资本主义的道路。

文章认为,"包工包产到户"对农村已经建立起来的生产关系不仅仅是破坏,而且是毁灭,"它势必使我国农村已建立起来的社会主义生产关系化为泡影"。文章从三个方面来论述了这个问题。一是"包工包产到户"的实质是使人民公社的生产资料社会主义集体所有制倒退成小农私有制。二是"包工包产到户"必然从根本上瓦解人们在生产过程中已经建立起来了的同志的互助合作关系,而使人们重新陷于新的两极分化。三是"包工包产到户"实质上是从分配上根本否定社会主义按劳分配的原则。因为"包工包产到户"使土地、农具等也参加了分配,这不仅不利于实现多劳多得和实现共同富裕,而且是在制造资本主义。

文章最后发出了批判和战斗的号角:"右倾机会主义分子,当前在重贩他们师爷们早在农业合作化时期就已兜售过的资本主义货色,是极其阴险的。这是一个企图,是在农村彻底复辟资本主义的行动纲领,今天我们为了保卫人民公社的巩固和发展,我们必须彻底地揭露它,击毁它。"[1]

中央报刊对"包工包产到户"的批判揭露,再次带动了地方报刊加入批判的行列。

1959 年 12 月 9 日,陕西省委机关报《陕西日报》发表了题为《田间管理包工到户是什么性质的问题》的批判文章。文章认为,陕西省的田间管理包工到户不单纯是农业生产管理方法问题,而是涉及当前农村中资本主义和社会主义两条道路斗争的问题,从根本上和人民公社生产关系的要求不相适应。如果在人民公社实行这种"包工到户"的办法,实际上等于把生产单位缩小到单家独户,其结果就必然破坏人民公社和生产队在经营管

① 郑庆平:《"包工包产到户"是右倾机会主义分子在农村复辟资本主义的纲领》,《光明日报》,1959 年 12 月 14 日。

理上的统一领导,使人民公社的集体所有制向个体所有制倒退,从而把农民重新引上资本主义的道路。①

从 1959 年 4、5 月间到庐山会议前各地试行的包工包产到户,前后不过 3 个多月,却遭到了 4 个月之久的批判。这是因为,首先这次包工包产到户虽然持续的时间短,但波及范围广,江苏、湖北、湖南、甘肃、陕西、河南等省都实行了。更主要的是,这种做法得到了如耿起昌、王慧智这样地区一级领导干部的坚决支持。不仅如此,当包工包产到户初受批判时,他们仍然坚持,并做了些抗争。

虽然抗争是徒劳的,但表明他们对包工包产到户是有自己的理解的,他们知道这是适合农村生产力发展水平的,是"一大二公"的人民公社在生产管理体制上的补充,能够促进生产发展,受到农民欢迎。如耿起昌在新乡全面推行包工包产到户受到省委批评后,并没有退缩,而是据理力争,准备在《红旗》杂志上写文章,在省委召开的三级干部会议上展开辩论,这是为自己,更是为"包工包产到户"辩护。王慧智在洛阳地区推行包工包产到户受到地委的批判后,仍然提出留个重点,和人民公社的大集体的生产方式"比比看"。②

再则,批判包工包产是在批判党内右倾机会主义分子的政治大背景下进行的。

新中国成立以后,政治运动不断,阶级斗争的弦越绷越紧。庐山会议上把彭德怀等人定性为"右倾机会主义反党集团",认为其主要罪行就是"反对党的总路线",这是将阶级斗争引入党内高层的开始,是阶级斗争扩大化、严重化的一个重要信号,比农业合作化时期将邓子恢骂为"小脚女人"要严重得多。因此,在全国上下大规模反右倾机会主义分子的政治背景下,包工包产到户被认为是右倾机会主义分子在农村的严重错误和复辟资本主义的纲领,被批判、被剿灭是在劫难逃的,即如《人民日

---

① 《田间管理包工到户是什么性质的问题》,《陕西日报》,1959 年 12 月 9 日。
② 《中共中央批转河南省委关于右倾机会主义分子的几个典型材料的报告》,《农业集体化重要文件汇编》(下册),中共中央党校出版社,1981 年,第 255-256 页。

报》评论员文章所说的"必须连根拔掉,通统烧毁,一个'点'也不许留"。①

农民为抵制人民公社"一大二公"的体制而创造的、适合农村生产力发展水平的、能调动农民生产积极性的"包工包产到户",第三次夭折了。

---

① 《揭穿"包产到户"的真面目》,《人民日报》,1959 年 11 月 2 日。

第五章

农村人民公社经营管理体制的调整

第一节 "大跃进"和人民公社化运动的灾难性后果

一、庐山会议后农村的继续跃进

庐山会议不仅中断了1958年11月以后8个月的纠"左"进程,而且遗弃了之前的纠"左"成果,陷入更加"左"倾的错误之中,掀起了新一轮的更大规模的"跃进"。

庐山会议前的纠"左"虽然是在肯定总路线、"大跃进"和人民公社这"三面红旗"的前提下进行的,但总还能在具体的政策上做些调整,如压低过高的经济指标,调整人民公社的管理体制为"三级所有,队为基础",通过算账来遏制"一平二调三收款"的共产风,实行包工包产到生产小队或作业组的责任制来弥补集体生产方式的不足等。但庐山会议以后,全党掀起了反右倾运动,纠"左"进程中断,不仅在指导思想上坚持"左"的方向,而且在具体政策上更加"左"倾;不仅不承认"大跃进"和人民公社体制存在任何问题,而且还认为"国家的政治经济情况极为良好",[①] 把生产下降和经济生活的困难说成是"由于右倾思想、右倾活动,特别是右倾机会主义分子的作怪"。[②] 那么,扭转局势、克服困难的办法只能是反右倾、鼓干劲、继续跃进了。

1959年8月26日中共中央八届八中全会的公报中已经定下了1959年的工农业产品指标:"在今年内,在工农业主要产品方面,提前完成原定第二个五年计划最后一年(一九六二年)完成的主要指标是完全可能的。

---

① 《市场形势的回顾和展望》,《人民日报》,1959年9月20日。

② 同①。

应当提前完成第二个五年计划的主要指标作为今年的基本任务。"① 因此，"全会要求各级党委坚决批判和克服某些干部中的这种右倾机会主义的错误思想，坚持政治挂帅，充分发动群众，鼓足干劲，努力完成和超额完成今年的跃进计划"。②

10 月 15 日，中共中央提出："力争在原定的农副业总产值比一九五八年增加百分之十左右的计划之外，再增加三十三亿五千万元以上的产值，使一九五九年的农副业总产值比一九五八年增加百分之十五，使农业在特大的旱涝虫害的侵袭之下，仍能实现大跃进。这是非常重要的一项任务。各地必须立即抓紧布置下去，一直布置到公社和生产队，掀起一个群众性的超产运动的热潮，想尽一切办法来实现农副业总产值增加百分之十五的要求。"③

10 月 25 日至 26 日的全国计划会议，确定了经济计划草案。草案的基本方针是：在 1958 年和 1959 年连续"大跃进"的基础上，争取国民经济的继续跃进。提出 1960 年的工农业总产值要比 1959 年增长 26%（其中工业增长 31%，农业增长 17%）；粮食 6 500 亿斤，要比 1959 年浮夸的产量增长 20%；棉花 6 000 万担，要比 1959 年虚夸的估产增长 24%。④

1960 年 1 月 1 日，《人民日报》发表了题为《展望六十年代》的元旦社论。社论认为："掌握了 1958 年和 1959 年的连续大跃进的经验，不但对于 1960 年的继续跃进和更好的跃进，充满了决心和信心，而且对于整个六十年代的连续跃进，也充满决心和信心。"⑤ 1 月 2 日，《人民日报》发表题为《开门红、满堂红、红到底》的社论，继续为新的跃进宣传鼓气。社论说："我们的奋斗目标不但是开门红，而且还是满堂红、红到底。""不但要做到

---

①　《中国共产党第八届中央委员会第八次全体会议的公报》，《建国以来重要文献选编》第 12 册，中央文献出版社，1996 年，第 531 页。

②　同①，第 535 页。

③　《中共中央批转农业部党组关于庐山会议以来农村形势的报告》，《农业集体化重要文件汇编》（下册），中共中央党校出版社，1981 年，第 248 页。

④　丛进：《曲折发展的岁月》，河南人民出版社，1989 年，第 240 页。

⑤　《展望六十年代》，《人民日报》，1960 年 1 月 1 日。

产量红,而且同时做到质量、品种、成本和安全样样红,全面跃进。"① 社论接着列出了实现 1960 年"满堂红、红到底"的有利的客观条件和主观条件。社论最后说:"1960 年是在过去两年连续大跃进的基础上争取更好更全面跃进的一年,目前的形势也是更好更全面跃进的形势。"②

3 月,二届全国人大二次会议报告的 1960 年农业部分的计划是:农业总产值要在上年增长 16.7% 的基础上再增长 12%;粮食产量从 5 401 亿斤增加到 5 940 亿斤,增长 10%;棉花产量从 4 820 万担增加到 5 300 万担,增长 10%;生猪从 1.8 亿头增加到 2.4 亿头,增长 13%。但由于 1959 年的估产偏高,如同后经核实的 1959 年数字比较,1960 年计划指标的增长,特别是农业部分,幅度更大。农业总产值要增长 77%,其中粮食要增长 74.7%,棉花 55%,生猪要增长两倍多。而实际上,1960 年的农业总产值只完成计划的 51.9%,粮食产量完成 48.3%,棉花产量完成 40.1%,生猪完成 30.2%。③

为了完成农业继续跃进的高指标,因而加紧推行"反右倾、鼓干劲"。由于指标太高、难以完成,而农村基层干部又害怕被戴上右倾保守的帽子(如有些地方是"一手高指标,一手右派帽"),曾经严重的"五风"(强迫命令风、浮夸风、瞎指挥风、共产风、干部特殊化风)又重新刮起来了。

"五风"重新严重地刮起来,不仅和高指标有关,还与更大跃进的急于过渡有密切的关系。急于过渡即急于从基本队有制过渡到基本社有制,再由公社的集体所有制过渡到共产主义的全民所有制。这其中包括两个过渡:从所有制形式上来说,是从集体所有制过渡到全民所有制;从社会性质上来说,是从社会主义过渡到共产主义。1958 年 8 月的北戴河政治局扩大会议认为:"人民公社是加速社会主义建设和过渡到共产主义的一种最好的组织形式,并将发展成为未来的共产主义社会的基层单位。"④ 究竟

---

① 《开门红、满堂红、红到底》,《人民日报》,1960 年 1 月 2 日。

② 同①。

③ 柳随年、吴群敢:《大跃进和调整时期的国民经济(1958—1965)》,黑龙江人民出版社,1984 年,第 64-65 页。

④ 《中共中央在北戴河举行的政治局扩大会议》,《人民日报》,1958 年 9 月 1 日。

何时向全民所有制和共产主义过渡,会议通过的《中共中央关于在农村建立人民公社问题的决议》明确指出:"人民公社建成以后,不要忙于改集体所有制为全民所有制,在目前还是以采用集体所有制为好……由集体所有制向全民所有制过渡,是一个过程,有些地方可能较快,三、四年内就可能完成,有些地方可能较慢,需要五、六年或者更长一些的时间。"[1] 至于向共产主义过渡,就需要更长的时间:"再过多少年,社会产品极大地丰富了,全体人民的共产主义的思想觉悟和道德品质都极大地提高了,全民教育普及并且提高了,社会主义时期还不得不保存的旧社会遗留下来的工农差别、城乡差别、脑力劳动与体力劳动的差别,都逐步地消失了,国家职能只是为了对付外部敌人的侵略,对内已经不起作用了,在这种时候,我国社会就将进入各尽所能、各取所需的共产主义时代。"[2]

庐山会议后,由于"反右倾、鼓干劲"、掀起新的跃进的需要,两个过渡的问题被提上了议事日程。

两个过渡的基本思路来源于毛泽东。可以说,理想主义或者说乌托邦思想伴随毛泽东一生。从青年到老年,毛泽东念念不忘进行乌托邦的试验。[3] 庐山会议期间,毛泽东提出关于读两本书的建议,读书是为了和右倾机会主义分子作战,从思想、政治、经济三个方面打败"反党反马克思主义"的右倾思潮。[4]

1959 年底 1960 年初,毛泽东对过渡的问题有了比较系统的表述。

(1) 关于过渡的客观性。"集体所有过渡到全民所有是不可避免的客观过程,现在我国有的地方已经开始可以明显地看出来。河北省成安县的

---

[1] 《中共中央关于在农村建立人民公社问题的决议》,《农业集体化重要文件汇编》(下册),中共中央党校出版社,1981 年,第 71 页。

[2] 同[1]。

[3] 毛泽东一生追求建立理想的类似于乌托邦的社会模式。大致说来,他为此作过三次试验:1919 年湖南岳麓山下的"新村试验"、1958 年的人民公社试验和"文化大革命"彻底砸烂一切、重建理想社会(见《五·一六通知》和《五·七指示》)的试验。发动"文革"的重要原因之一,是人民公社乌托邦试验的失败更激发了毛泽东从不言败的斗志,决心再次建立一个由能够亦工亦农亦学亦军的社会主义新人组成的新的理想社会。

[4] 毛泽东:《关于读两本书的建议》,《建国以来重要文献选编》第 12 册,中央文献出版社,1996 年,第 502 页。

一个材料,说有些经济作物区的公社现在很富,积累高达百分之四十五,农民的生活水平也很高。这种情况如果发展下去,不使集体所有制改变为全民所有制,工业和农业就会发生新的矛盾。""全民所有制和集体所有制长期并存下去,总有一天不能够适应生产力的发展,不能充分满足人民生活对农业生产越来越增长的需要,不能充分满足工业对农业原料不断增长的需要。而要满足这种需要,就不能不解决两种所有制的矛盾,不能不把集体所有制转变为全民所有制,不能不在全国单一的全民所有制的基础上。来统一计划全国工业和农业的生产和分配。""社会主义国家和社会主义建设不能一直建立在全民所有制和集体所有制两个不同所有制的基础上,全民所有制和集体所有制的矛盾,长期不克服,也有问题……华东协作区会议纪要中关于人民公社的意见,都提出了人民公社如何先从基本队有过渡到基本社有的问题。个别地方甚至已经发生了队所有过渡到国有的问题。"①

(2)关于过渡的步骤。"首先社有化,然后国有化,这是一种必然趋势。当然公社里各个生产队向社有过渡,不是一个早晨全部过渡,而是一个队、一个队,有先有后的过渡。""首先是社会主义集体所有制过渡到社会主义全民所有制,然后是单一的社会主义全民所有制过渡到单一的共产主义全民所有制。前一种过渡,就是把农业生产资料统统变为国有,把农民统统变为国家的农业工人,由国家发工资。要做到这一点,就要高速发展生产,工作要有步骤。没有适当的步骤,又可能刮起'共产风'来。主要的步骤,将是在社有经济大发展的基础上,社有经济占到了全社经济的一半以上,实现由基本队有到基本社有转变。这样,再变为国有就好办多了。"②

(3)关于过渡的条件。"人民公社由基本队有转变到基本社有的一个决定性的条件,是社有经济的收入占全社总收入的一半以上。""将来我们的农村,不只是土地国有化,而是一切国有化。"那时,"全国将出现单一的全民所有制,这会大大促进生产力的发展,再经过一定的时间,才进而转变

---

① 《读苏联〈政治经济学教科书〉下册谈话》,邓力群《毛泽东读社会主义政治经济学批注和谈话》(简本),中华人民共和国国史学会,1998 年,第 300-301,298-299 页。

② 同①,第 296,302 页。

为单一的共产主义全民所有制。"①

　　毛泽东两个过渡的思想很快转变成各地的行动。在行动中,出现了不顾条件的急于过渡和盲目过渡,或者叫"穷过渡"。其实这也是各级干部在"左"的思想和政策之下采取更"左"的行动的惯性,是长期以来"宁左勿右"的思维和行动方式的结果。

　　1959 年 12 月,浙、皖、苏、沪四省市座谈会举行。会议讨论了人民公社的过渡问题。经过讨论,会议明确规定了人民公社从基本队有制过渡到基本社有制的生产总产值的标准和时间表。"分配给社员每人平均二百元左右的过渡条件。"② 根据四省市当时生产总值的情况,要达到人均 200 元的标准,生产总值还需要提高三四倍。所以,会议定出的过渡时间表为:"上海的条件较好,大约要三年到五年的时间,其他各省大约要五年,或者更长一些时间才行。"③ 接下来要做的事情就是发展生产、提高生产总值了。会议认为,要把农副业生产总值再提高三四倍,就必须生产多样化。不仅农业生产要有大的发展,林牧渔副和社办工业也要有更大的跃进。对于具体过渡的先后次序,会议提出:"过渡必须根据各个公社的情况,有先有后。渔业区、林业区、经济作物区可能快一些,粮区可能慢一些……在一个公社来说,各个生产大队的发展情况也不可能是一样的,有些大队的过渡条件可能成熟得早一些,有些大队的过渡条件可能成熟得晚一些。条件成熟了不过渡,就会带来一系列的问题,影响生产发展;条件不成熟,勉强过渡,也不利于生产的发展。因此,一般公社的发展趋势,将是分批过渡,成熟一批过渡一批;有些公社,大队情况基本平衡,同时具备了过渡条件的,也可以一起过渡。"④

　　1960 年 1 月 7 日至 17 日,中共中央在上海召开政治局扩大会议,会议讨论了今后 3 年和 8 年的设想。会议设想,8 年完成人民公社从基本队有

---

　　① 毛泽东:《谈苏联〈政治经济学教科书〉谈话记录的论点汇编》,转引自丛进:《曲折发展的岁月》,河南人民出版社,1989 年,第 244 页。
　　② 《关于人民公社过渡问题——浙、皖、苏、沪四省市座谈会纪要》,《农业集体化重要文件汇编》(下册),中共中央党校出版社,1987 年,第 275 页。
　　③ 同②。
　　④ 同②,第 276 页。

制过渡到基本社有制。会后,各省响应号召,纷纷大办县、社工业,大办水利,大办养猪场,为继续"大跃进"和提前实现过渡创造条件。[①] 很快,全国许多省份都出现了急于过渡的情况。

为了摸索过渡的经验,1960 年 2 月,广东省委在 36 个条件较好的公社进行了由基本队有制向基本社有制的过渡试点。但这些公社过渡之后,全社生产水平没有显著提高,社有经济没有占优势,穷富队生产水平没有趋于平衡。除了这 36 个过渡的试点社之外,还出现了其他社急于过渡的情况:"目前有些地方,不是埋头苦干,积极发展社有经济,创造条件,而是想加快过渡,想赶先。"[②]

1960 年 3 月,在山东省召开的六级干部会上,各地急于过渡的情况也有所反映。山东省也选取了几个公社作为过渡的试点,其中曲阜县陈庄公社是省委、地委选定的试点之一。但其他非试点的公社知道后,认为"普遍过渡的时候快到了",也急于过渡。曲阜县多数公社的领导干部打算"秋后搞过渡",而且认为"核算单位越大越好;并的大,单位少;干部多,好领导,好办事"。其他很多县的干部都有类似的想法,如滕县有干部认为现在可以过渡了,"该实行一级核算了"。惠民县桑洛墅公社胡家大队支书认为:"过渡到基本社有制快啦! 时间不会长了,最多是在秋后,不懂什么是过渡的条件。社员们也是这样反映,看苗头这又要大呼隆起来啦,又要变啦!"胡集公社的一位财贸委员说:"过去认为早晚是过渡,早将生产队合并就好办了,省得落后单位难办事。"惠民县桑洛墅公社副书记认为:"今年小合并,明年来个大合并,走到社有制。"夏津县的一个公社党委书记说:"三级核算太麻烦,公社难领导,包产单位不听话,逐步过渡不如走近路好。"有的地方已经过渡了,还总结出了过渡的五大好处。一些穷队更是急于过渡,以便和富队拉平。[③]

①　马齐彬、陈文斌,等:《中国共产党执政四十年(1949—1989)》(增订本),中共党史出版社,1991,第 176 页。
②　《中共中央批转广东省委〈关于当前人民公社工作中几个问题的指示〉》,《农业集体化重要文件汇编》(下册),中共中央党校出版社,1981 年,第 313 页。
③　《中共中央关于山东六级干部大会情况的批示》,《农业集体化重要文件汇编》(下册),中共中央党校出版社,1981 年,第 320—321 页。

　　山西省的情况也大致如此。1960 年 3 月,山西省召开了六级干部会议。会议反映,在过渡问题上有的地方为了能尽早过渡而争当省委的试点。"各地都想先试,似乎哪个县先试点,哪个县就能首先实现过渡。"①还有的公社干部抢先过渡,认为"迟不如早,越早越有名,越早越有利"。从 1959 年秋收之后,一部分公社干部看到别的公社试验过渡,就急急忙忙搞过渡,"抽调管理区经济为公社所有;合并穷富管理区,消灭差别,以此做法人为地制造过渡条件"。还有的人以经验推算,基本队有制到基本社有制也应该是二年。因为由初级社到高级社二年,高级社到人民公社二年,因此总结出:合作化以来的"二年一升级是规律"。②

　　1959 年 8 月 23 日,河南省委第一届十四次全会和省、地、县三级干部会议在郑州召开。会议除了布置新一轮的"大跃进"规划外,还根据这一规划确定了河南省的过渡问题。会议认为,农业经济的发展必然带来农村经济体制的大变革,人民公社将会有相当大的一部分生产大队或生产队由现在的基本队有制过渡到基本社有制,其中一部分还可能过渡到全民所有制。省委确定,1959 年冬在古荥、嵖岈山、安丰、七里营等 27 个公社进行从队有制向社有制过渡的试点,同时积极鼓励各地市县根据各自情况选择一些公社进行过渡试点。急于过渡的思想迅速蔓延全省。③

　　全国其他省份急于过渡的情况大致相似。

　　高指标和急于过渡发展社有经济,导致了 1959 年下半年到 1960 年上半年"五风"重新在各地刮起来。

　　1960 年 2 月,从对广东省一些人民公社的调查和各地的汇报材料中可以发现,依然存在着严重的"共产风":(1)乱抓乱调或无偿抽调大队的种苗、生产工具、建筑材料及其他物资,过多地占用大队的土地;(2)无偿、无限度地调用大队的劳动力;(3)不根据生产发展的需要和公社的经济力量,过多地将一些大队或小队,转为社办农场,急于过渡;或以此来扩大公

　　① 《中共中央批转山西省委〈关于六级干部会议情况的报告〉》,《建国以来重要文献选编》第 13 册,中央文献出版社,1996 年,第 241 页。
　　② 同①,第 239-240 页。
　　③ 李琳、马光耀:《河南农村经济体制变革史》,中共党史出版社,2000 年,第 136-137 页。

社一级经济比重。①

山东"一平二调"的"共产风"也相当严重。范县新城公社反映:"现在劳力牲畜随便调,土地随便占,树也随便刨。"惠民县姜楼公社反映:"俺社三千六百亩经济林,已宣布归公社所有,公社搞了一万亩林场,也是无偿占用大队的土地。"还有的反映:公社将生产队的一部分羊群收归公社所有,但不给代价;全社 20 多辆马车全部集中公社所有了;公社把队里的马车都集中起来,农民运肥运煤,都得交脚力,大队支不起运费,现在谁也不想买马车了;公社向生产队要劳力,竟占队里劳力的 20%;村里 9 个木匠全部被调走,车子坏了没法修,向公社要也不给;为了抢先过渡,乱抓乱调搞得很多;调大队的东西有劳动力、工具、树苗、砖瓦等十几种,如此等等。浮夸风同样存在。寿张县上报全县养猪 71 万头,而实际不超过 40 万头;聊城地区没有上报死了多少牲口,但收购的牲口皮全省第一;棉花种植上报 390 万亩,省里调查时又说已经种了 450 万亩;平邑县一个管理区向公社报告浇小麦 3 000 亩,实际只浇了 600 亩;海阳县邢村公社一个大队支书反映,浇麦数字虚报 30%。②

对此,中央批评道:"共产风、浮夸风、命令风又都刮起来了。"但中央认为这其中的根源在公社干部:"一些公社工作人员很狂妄,毫无纪律观点,敢于不得上级批准,一平二调……所有这些都是公社一级干的。范围多大,不很大,也不很小。是否有十分之一的社这样胡闹,要查清楚。"③

据湖北省委在沔阳县通海口公社的试点调查,"五风"问题也相当严重。

这个公社的"共产风",年年季季在刮,年年季季在处理,可是边处理边刮,一直刮到工作队进村的时候——1960 年 9 月 4 日,这一天有的生产队还在没收社员的自留地。刮"共产风"的单位,上自省级,下至小队,一

① 《中共中央批转广东省委〈关于当前人民公社工作中几个问题的指示〉》,《农业集体化重要文件汇编》(下册),中共中央党校出版社,1981 年,第 314 页。
② 《中共中央关于山东六级干部大会情况的批示》,《农业集体化重要文件汇编》(下册),中共中央党校出版社,1981 年,第 322-323 页。
③ 同②,第 318 页。

杆到底,根深蒂固。县级直属机关和派出机关刮"共产风"的有41个单位,公社的25个直属企业没有不到生产队刮"共产风"的。刮"共产风"的范围,大自土地、粮食、房屋,小至镰刀、筷子、夜壶,什么都刮。全公社算了一笔账,共乱调劳动力349人、土地8 020亩、房屋1 512栋、资金(包括分配未兑现的)53万元、粮食53万斤、农具35 004件、耕牛84头、木料等84万斤、砖瓦147万块、家具24 906件。

除此之外,县、公社的各企业、各部门和公社所在地通海口镇,也以各种借口刮"共产风"。如公社红专队科所占了红星生产队130亩地,调了2 700斤大米、10万斤柴草、278部各式车辆、438件小型农具、60套楼板、310件家具、6栋房屋。群众称他们为"蝗虫队"。粮食、商业、税收部门,也乘机大敲竹杠,连学校也要求学生带鸡入学。

生产队以下的"共产风"尤其严重。干一件什么事情,搞一个什么运动,就刮一次,也就是一次大破坏。搞木轨化,就拆房子、献木料;搞五有化,也是拆房子、盖猪圈;盖了猪圈没有猪,又得拉社员的猪;搞车子化,就砍光社员的树;搞大协作,就乱调人、乱吃饭、乱拿工具……粮食上普遍的问题,是购过头粮。在粮食供应不上的时候,就没收社员的小杂粮、蔬菜,刮别队的"共产风"。①

开始,只有县、公社、生产队刮,到后来,省、专两级也刮,社员和社员之间也刮。开始刮大的,如土地、房屋、资金、粮食等,后来,就像群众所说的,"见钱就要,见物就调,见屋就拆,见粮就挑"。队为基础的三级所有制打乱了,生产队的土地被圈占,物资、资金、劳力被调走,加上干部瞎指挥,底子越搞越空,群众说生产队变成了"一口破锅"、"一个烂摊子"。②

"共产风"给生产队造成了重大损失。仅就所拆毁的房屋、死亡的耕牛、损坏的农具、家具这几项,每人要损失50元左右,多的达到100多元,

---

① 《中共中央关于转发湖北省委和福建省委两个文件的重要指示》,《农业集体化重要文件汇编》(下册),中共中央党校出版社,1987年,第364-365页。
② 《中共中央对省、市、区党委的指示》,《农业集体化重要文件汇编》(下册),中共中央党校出版社,1981年,第393页。

相当于社员一两年的分配收入。①

　　从 1960 年 4 月山西省委六级干部会议上披露的情况看,全省的"共产风"也相当严重。1959 年各个公社制定的 1960 年发展社营经济的计划中,有 70%的公社打算靠"一平二调"来发展社营经济。平调的方法多种多样:(1) 无偿抽调;(2) 低价收买,不等价交换;(3) 不付现金,有价无款;(4) 摊派发展社办经济基金;(5) 随意占用管理区的土地;(6) 随意抽调管理区的劳动力。如忻定县红专公社党委书记看见管理区的什么东西好,就调什么。稷山县里望公社 1960 年春搞发展社办经济开门红,要各个管理区敲锣打鼓把所有的好马、来亨鸡、咖啡兔、大母猪,一律送交公社。有的还想出各种平调的花样,如调一带四、调一口猪带一个喂猪盆、一个猪圈门扇、700 斤谷糠、200 斤麦秸。有的调母畜时,专挑已受胎的;有的把管理区办公室的马蹄表也调走了。②

　　河南全省有大约 80%的社队重新刮起了严重的"共产风"。有相当一部分干部认为,队有制向社有制过渡、发展社有经济,就是无偿调拨各基本核算单位的生产资料归大集体所有。有的甚至认为,搞"一平二调"就是为了搞共产主义,因而采取所谓"挖根接梢"(即削弱大队经济,将大队拥有的经济能力直接嫁接到公社经济上来)的方法来发展社有经济。有的还将大协作与等价交换相对立,无偿调拨已经固定到各生产队的人力、畜力。各地平调的范围非常广,包括人、财、物等各个方面。公社的平调遇到困难或抵制时,往往就以任务的形式派给社队,社队为了完成"平调"任务,采取追、逼、捆、打、斗等错误做法。③ 其中,省委过渡的试点社,如遂平县嵖岈山卫星人民公社的"五风"尤其严重。④

　　生产上的瞎指挥在湖北沔阳县通海口镇严重到了令人难以置信的地

　　① 《中共中央关于转发湖北省委和福建省委两个文件的重要指示》,《农业集体化重要文件汇编》(下册),中共中央党校出版社,1981 年,第 365 页。
　　② 《中共中央批转山西省委〈关于六级干部会议情况的报告〉》,《建国以来重要文献选编》第 13 册,中央文献出版社,1996 年,第 242 页。
　　③ 李琳、马光耀:《河南农村经济体制变革史》,中共党史出版社,2000 年,第 138 页。
　　④ 贾艳敏:《大跃进时期乡村政治的典型——河南嵖岈山卫星人民公社研究》,知识产权出版社,2006 年,第 206-217 页。

步。公社干部将全公社的生产通过电话进行统一指挥。公社统一排活,一道命令,全公社社员都得服从调动,不管正在干的事干完没有,都要转去干新的。公社的统一指挥,造成在同一块田里,往往有半截苗高一尺,有半截苗低三寸,有半截插上秧了,有半截是光板。有时公社一天得开几次电话会。晚上,见天欲下雨,电话会上布置明天插秧。清早起来,天却晴了,紧急电话会又布置打麦子,社员丢下秧苗,来到场上,却又接到第三次调动的命令:"土晒干了,应该除草灭茬。"对此,群众称之为"孙猴子"的领导方法。有时活儿干完了,新的命令没有下来,社员催干部,干部打电话问,有时电话打不通,社员就要等半天,造成严重的窝工、劳动力浪费。除此之外,还搞各种主观主义的新花样,如"一夜化"、"一样化"、"驴推磨"等。1959 年的秋种,为了追求小麦播种"一样化",竟不惜种了又翻,翻了再种,直到第三次种下去,已经是腊月二十八了。①

刮"共产风"、生产瞎指挥等"左"倾错误做法,对农业生产造成了严重的影响。如湖北省沔阳县通海口镇全公社各个管理区和绝大多数的生产队,生产年年下降,收入年年减少。和 1957 年或 1958 年相比,1959 年的总收入、粮食总产和社员收入,一般都减少 20% ~ 30%,严重的达到 50% 以上,有些富队变成了穷队。全公社的粮食单产,1958 年 352 斤,1959 年 311 斤,1960 年预计 297 斤;棉花单产,1958 年皮棉 74 斤,1959 年 60 斤,1960 年预计只有 40 斤;油料总产量,1958 年 11 万担,1959 年 7.8 万担,1960 年预计只有 6.9 万担。②

从全国来讲,约 20% 的地区刮了严重的"共产风",基本上没有刮的地区很少,只有百分之几。"共产风"实际上是对农民的剥夺,严重挫伤了农民的劳动积极性。③

---

① 《中共中央关于转发湖北省委和福建省委两个文件的重要指示》,《农业集体化重要文件汇编》下册,中共中央党校出版社,1981 年,第 366 页。

② 同①,第 367 页。

③ 柳随年、吴群敢:《大跃进和调整时期的国民经济(1958—1965)》,黑龙江人民出版社,1984 年,第 76 页。

二、"大跃进"给农村带来的灾难

1958 年的"大跃进"和人民公社化运动以及 1959 年国民经济的继续"大跃进"和各地掀起的急于过渡,这些违背经济规律的极"左"错误,给广大农村造成了极端的困难。主要比例关系失调越来越严重,农业生产大步倒退,主要农产品全面大幅度减产,生产管理混乱,人民生活极端困难,全国性的饥荒和人口、牲畜大量非正常死亡,中国农村经济处于新中国成立以后最艰难的时期。

"大跃进"和人民公社化运动是人为地通过运动的方式,企图在很短的时间内使生产力获得巨大发展、生产关系得到迅速改变。这种违背经济规律的错误,必然会受到惩罚。浮夸泡沫很快化为乌有,生产关系的人为改变,即两个过渡(由集体所有制过渡到全民所有制,由社会主义的全民所有制过渡到共产主义的全民所有制)只会造成更大的生产管理的混乱。公社除了平调生产队的各种财物外,还过多地插手具体生产安排,瞎指挥,使包工包产不能兑现。干活"大呼隆"、窝工浪费劳动力的现象更加严重,从而使社员丧失了生产积极性,粮食产量连年下降。

1959 年,全国农业总产值比 1958 年下降 13.6%,下降幅度之大,也是以后的年份里绝无仅有的。粮食的实际产量只有 3 400 亿斤,跌到了 1954 年(3 390 亿斤)的水平,仅为最后调整计划的 62%,比 1958 年减产 600 亿斤,下降 15%。棉花实际产量只有 3 418 万担,仅为最后调整计划的 74%,比 1958 年减产 520 万担,下降 13.2%。生猪、黄红麻、烤烟、油料、糖料等农产品分别比 1958 年减产 13% 到 22%。农业减产,再加上由于浮夸风而导致的高征购,农民的口粮大幅度减少,生活水平下降。1959 年的粮食产量比上年减少 15%,而征购量却比上年增加 173 亿斤,增加了 14.7%。农民平均每人全年粮食消费量由上年的 402 斤,下降到 366 斤。① 从 1957 年到 1960 年,人均消费量,粮食全国由 406.12 斤降到 327.24 斤(下降

① 房维中:《中华人民共和国经济大事记》,中国社会科学出版社,1984 年,第 262-263 页。

19.4%），其中城镇由 392 斤降到 385 斤（下降 1.7%），农村由 409 斤降到 312 斤（下降 23.7%）；猪肉全国由 10.15 斤降到 3.06 斤（下降 69.9%），其中城镇由 17.95 斤降到 5.42 斤（下降 69.8%），农村由 8.7 斤降到 2.44 斤（下降 72%）。棉布人均消费量的下降到 1961 年才更加突出，1957 年到 1961 年，全国人均由 19.48 尺降到 8.06 尺（下降 58.6%），其中城镇由 30 尺降到 13.41 尺（下降 55.3%），农村由 17.51 尺降到 6.74 尺（下降 61.5%）。①

一方面是粮食产量下降，另一方面是浮夸风导致的高估产和高征购，有的地方为了完成征购任务，将种子粮、饲料粮、口粮都征光了。除高征购外，还有因刮"共产风"被平调之后管理不善的破坏、公共食堂的浪费、干部多吃多占等原因，所以，"大跃进"和人民公社化运动给农村带来的最突出的灾难是缺粮而导致的饥荒和人口非正常死亡。

早在 1958 年秋后，一些地方已经出现了缺粮问题。有的地方甚至早在 1958 年的春夏之交就由于缺粮等原因而出现了浮肿病、死人现象。② 1958 年 11 月到 1959 年 7 月纠"左"整社时，情况稍有缓解，但庐山会议后的反右倾和更大的继续跃进，彻底把农村推向了灾难的深渊。全国范围内的缺粮、饥荒和人口非正常死亡便发生了。不仅如此，在农村已经非常缺粮的严峻形势下，为了保证城市的供应，还要在农村继续"挖"粮，由此展开了所谓的"反瞒产私分"，终于把农村推向了绝境。

1960 年 5 月，各粮食调出省仅完成计划调出粮食的一半。京、津、沪和辽宁的大工业城市调入的粮食不够销售，库存几乎挖空。北京只能销 7 天，天津只能销 10 天，辽宁的 10 个主要城市只能销八九天，上海大米已经没有库存，天天告急。如果不马上突击赶运一批粮食去接济，这些城市就有脱销的危险。5 月 28 日，中央向各地发出关于调运粮食的紧急指示。6 月 6 日再次发出为京、津、沪和辽宁调运粮食的紧急指示。但调粮情况进

---

① 柳随年、吴群敢：《大跃进和调整时期的国民经济（1958—1965）》，黑龙江人民出版社，1984 年，第 82 页。

② 毛泽东：《一个教训》（毛泽东对中共云南省委关于处理部分地方发生浮肿病问题的报告的批语），《建国以来毛泽东文稿》第 7 册，中央文献出版社，1992 年，第 584-586 页。

展不顺,京、津、沪、辽宁城市的粮食库存越来越薄弱,到了随调随销的地步。① 8 月 15 日,中央在《关于确保完成粮食调运计划的指示》中指出,当时缺粮的紧急情况是:"任何一个调出地区稍一拖延,等待调进的地方马上就有脱销的危险。"② 但是各地都缺粮,调运任务很难完成。9 月 7 日,中央只好压低农村和城市的口粮标准来应对严重的粮食危机。

20 世纪中期,在城乡二元结构格局下,往往牺牲农村来保证城市供应,像京、津、沪这样的大城市都发生粮荒,那么,农村缺粮的情况则更加严重。

饥荒、浮肿、人口外流和非正常死亡在很多省份普遍发生。1960 年 2 月 18 日,河北省委向中央报告反映,到 1960 年 2 月 15 日,全省 44 个县、235 个公社、5 600 多个村庄(约占全省村庄的 10%)发现浮肿病人 59 000 多人,已病故 450 多人。其中唐山地区最为严重,仅玉田、宝坻两个县就发现浮肿病人 19 000 多人,保定、石家庄地区发现的浮肿病人也在万人以上。③ 2 月 27 日,据山东省委报告:人口外流和水肿病的情况已经出现,至今尚未能停止,从 1959 年秋至今,累计全省流向外县和外省的共达 90 多万人。共发现水肿病人 9 万多人,死亡 1 000 多人。全省入冬以来死亡牲畜 31 936 头,死亡生猪 127 577 头。④ 当时贵州的报告也反映"已经发生外逃、浮肿病和死人现象"。⑤ 河北省新乐县夏粮估产偏高,征购以后,留粮不足;山东某些地方在 1960 年麦收以后,浮肿病、非正常死亡和人口外流的现象还在继续发生,偷青吃青现象很严重。⑥ 如即墨县七级公社淄湾大队从 1960 年 1 月至 5 月,共死亡 159 人,占总人口的 5.19%;外流 200 人,

---

① 房维中:《中华人民共和国经济大事记(1949—1980)》,中国社会科学出版社,1984 年,第 272—273 页。

② 《中共中央关于确保完成粮食调运计划的指示》,《建国以来重要文献选编》第 13 册,中央出版社,1996 年,第 537 页。

③ 《河北省委关于防治浮肿病情况的报告》,1960 年 1 月 18 日,转引自罗平汉《农村人民公社史》,福建人民出版社,2003 年,第 192 页。

④ 马齐彬、陈文斌:《中国共产党执政四十年(1949—1989)》,中共党史出版社,1989 年,第 181 页。

⑤ 杜润生:《当代中国的农业合作制》,当代中国出版社,2003 年,第 572 页。

⑥ 《中共中央关于压低农村和城市的口粮标准的指示》,《建国以来重要文献选编》第 13 册,中央文献出版社,1996 年,第 565 页。

占总人口的 6.25%；浮肿病 380 人，占总人口的 12.3%；牲畜死亡 86 头，占 42%。在浮肿病的人员中，属病理性浮肿的 17 人，占发病人数的4.5%；属营养性浮肿的 363 人，占 95.5%。在死亡的 159 人中，除少数因疾病死亡外，多数是因为浮肿或浮肿引发其他疾病，或生活困难、家庭不和，或家人侵占本人粮食自己外出讨饭饿死等。①

这种现象在河南、山西、安徽、江苏等省也有发生。河南省属于因"大跃进"和人民公社化运动遭受灾荒最严重的省份之一。早在 1958 年冬，河南就发生了席卷豫东十个县的饿死人惨案，即"豫东事件"。② 信阳地区是全国人民公社化的样板和最早公社化的地区之一，同时也是"大跃进"灾荒最严重的地区之一。大批人饿死的"信阳事件"震动全国。从 1959 年冬到 1960 年春，正阳县死亡 8 万多人，新蔡县死亡人口近 10 万。③ 遂平县嵖岈山卫星人民公社从 1959 年 6 月到 1960 年 6 月的一年中，饿死 2 762 人，打死 398 人，逼死 148 人，冻死 105 人，其他原因死亡 1 192 人；从 1960 年 6 月到 1961 年 1 月，死亡 282 人。即从 1959 年 6 月到 1961 年 1 月，这个公社共死亡 4 887 人，占总人口 40 929 人的 12%，另外还有 2 095 人外逃。死亡和外逃共 6 982 人，占全公社总人口的 17% 还多。④

全国其他省份缺粮情况也很严重。为此，中共中央除了提出"低标准、瓜菜代"的应对措施外，还于 1960 年 11 月 14 日发出《关于立即开展大规模采集和制造代食品运动的紧急指示》。《指示》说："开展一个大规模的采集和制造代食品运动，是当前全党全民的一项重要的紧急任务。"代食品包括："玉米根粉，玉米秆曲粉，橡子面粉，叶蛋白，人造肉精（一种食用酵母），小球藻，栅藻，红虫（水溞）等等。"《指示》要求："各地必须更大规模地动员群众，抓时机，抢时间，迅速地把那些可以制成代食品的树叶、草叶

① 罗平汉：《农村人民公社史》，福建人民出版社，2003 年，第 193 页。
② 《关于豫东饥荒上毛泽东、周恩来及全体中央领导人书》，余习广：《大跃进·苦日子上书集》，（香港）时代潮流出版有限公司，2005 年，第 85-87 页。
③ 《中共中央对信阳地委关于整风整社运动和生产救灾工作情况的报告的批示》，《农业集体化重要文件汇编》（下册），中共中央党校出版社，1981 年，第 421 页。
④ 《嵖岈山人民公社 1959 年至今人口死亡情况统计表》（1961 年 2 月），贾艳敏：《大跃进时期乡村政治的典型——河南嵖岈山卫星人民公社研究》，知识产权出版社，2006 年，第 230 页。

和野生植物尽可能采集起来,把那些可以制成代食品的秸秆和植物根尽可能地保存起来,不要都烧掉;并且有计划有步骤地制成各种代食品。"①

连一向粮食供应比较好的广东,1959 年到 1960 年间,农村普遍每人每月吃不到 10 斤原粮,不少地方一人一天只有三四两米,肉、油基本没有,青菜也很少。人们普遍吃糠,吃蕉头,吃甘蔗渣,吃红薯藤。最严重时,全省水肿病人有 80 万以上。②

江苏省自然条件较好,历史上就是著名的"鱼米之乡",情况虽然没有像河南、山东那样严重,但也发生了饥荒、浮肿病和非正常死亡现象。据时任江苏省委第一书记的江渭清回忆:"1960 年农业全面减产。全省原计划1960 年粮食总产 380 亿至 400 亿斤,实际只完成 191.96 亿斤,比上年减少6.58 亿斤,还低于 1952 年 199.5 亿斤的水平;棉花 600 万担,实际只完成248.5 万担,比上年减少 93.1 万担,低于 1953 年 294 万担的水平。""不仅如此,由于高估产、高征购,从 1959 年秋冬开始,各地农村就出现了建国以来从未有过的浮肿病、大量人口外流和非正常死亡现象。1960 年春夏,情况更加严重。这年 2 月,省委向周恩来总理报告,全省城市浮肿病患者共有 12.6 万人。另据镇江、扬州、徐州、淮阴四专区和南京市不完全统计,农村外流人口达 14.8 万余人。到 6 月份,省卫生厅统计,全省共有 89.2 万余人次患上了浮肿病和消瘦病。我和省委其他负责同志曾分头下去调查,发现一些地区人口大量非正常死亡。"③

就全国的情况看,1960 年是最困难的时期,全国人口比 1959 年减少1 000 万,人口死亡率达到 2.543%,人口自然增长率为 -0.45%。一些重灾区,情况更加严峻。号称"天府之国"的四川省,1960 年的人口死亡率继1959 年的 4.697% 之后,又升为 5.397%,自然增长率 1959 年为 -3.029%,1960 年达 -4.224%。安徽省人口死亡率和自然负增长率居全国之首,分

① 《中共中央关于立即开展大规模采集和制造代食品运动的紧急指示》,《建国以来重要文献选编》第 13 册,中央文献出版社,1996 年,第 687-688 页。
② 罗平汉:《农村人民公社史》,福建人民出版社,2003 年,第 193-194 页。
③ 《七十年征程——江渭清回忆录》,江苏人民出版社,1996 年,第 448 页。

别为 6.860% 和 – 5.720%。①

第二节　农村人民公社"六十条"的制定

　　面对全国性的粮荒和各地不断上报的人口外流、浮肿病和人口非正常死亡的严峻形势,中央采取了一些救灾措施。

　　农村公共食堂是人民公社化的重要标志,一度被认为是社会主义阵地。中央认为,农村的缺粮和饥荒,食堂没有办好是重要原因。因此,1960年 3 月 6 日,中共中央批转了贵州省委的《关于目前农村公共食堂情况的报告》。贵州省委的报告认为,农村发生困难,是因为食堂没有办好,是富裕中农千方百计扯垮食堂,"挖人民公社的墙角",并提出了办好公共食堂的标准以及措施。中央批示说:"办好食堂是贯彻执行节约用粮和安排好群众生活的一个关键,也是解决粮食不足时更有计划地用粮的最好办法。"② 同时,中央认为贵州的报告"是一个科学的总结","应当在全国仿行"。③ 3 月 18 日,中共中央发出《关于加强公共食堂领导的批示》,批示要求各地"对这个极端重要的公共食堂问题,在今年一年内,认真大抓两次,上半年一次,下半年一次"。④

　　中央认为造成粮食问题的另一个重要原因是严重的"五风"。这是不错的,是符合农村实际的,但对于"五风"产生的原因,中央认为是农村干部的问题,"我们的相当多的干部,在政治水平、经济理论水平和对实际工

----

　　① 杜润生:《当代中国的农业合作制》,当代中国出版社,2003 年,第 580 页。
　　② 《中共中央批转贵州省委〈关于目前农村公共食堂情况的报告〉》,《农业集体化重要文件汇编》(下册),中共中央党校出版社,1981 年,第 286 页。
　　③ 同②,第 285 页。
　　④ 《中共中央关于加强公共食堂领导的批示》,《农业集体化重要文件汇编》(下册),中共中央党校出版社,1981 年,第 291 页。

作分析、理解水平,都是不高的"。① "一些公社工作人员很狂妄,毫无纪律观点,敢于不得上级批准,一平二调。另外,还有三风:贪污、浪费、官僚主义,又大发作,危害人民。"②

虽然采取了一些措施,但情况仍在恶化。中共中央又连续发出《关于切实注意劳逸结合保证持续大跃进的指示》(1960 年 5 月 15 日)、《关于人民公社分配工作的指示》(1960 年 5 月 15 日)、《关于做好粮食分配工作的指示》(1960 年 5 月 15 日)、《关于全党动手,大办农业,大办粮食的指示》(1960 年 8 月 10 日)、《关于开展以保粮、保钢为中心的增产节约运动的指示》(1960 年 8 月 14 日)、《关于坚决地认真地清理劳动力加强农业生产第一线的紧急指示》(1960 年 8 月 20 日)、《关于压低农村和城市的口粮标准的指示》(1960 年 9 月 7 日)、《关于立即开展大规模采集和制造代食品运动的紧急指示》(1960 年 11 月 14 日)、《关于彻底纠正五风问题的指示》(1960 年 11 月 15 日)。

以上这些措施对于缓解农村的严峻形势虽然有一定的作用,但是不能从根本上扭转局面。所有制和管理体制等根本性问题逐渐凸显出来。

1960 年 11 月 3 日,中共中央向各中央局,省(市、自治区)委、地委、县委、公社党委、生产大队和生产小队的总支和支部发出的《关于农村人民公社当前政策问题的紧急指示信》明确规定:"以生产队为基础的三级所有制,是现阶段人民公社的根本制度,从一九六一年算起,至少七年不变。在此期间,不再新办基本社有制和全民所有制的试点。现有的试点和已经过渡为基本社有制或全民所有制的社、队,办得好的、群众拥护的,可以继续办下去;办得不好的、群众要求改变的,就停止试验,重新恢复基本队有制。"③ 这是对造成一平二调"共产风"根本原因——基本所有制过渡问题纠正的开始。

---

① 《中共中央批转广东省委〈关于当前人民公社工作中几个问题的指示〉》,《农业集体化重要文件汇编》(下册),中共中央党校出版社,1981 年,第 311 页。

② 《中共中央关于山东六级干部大会情况的批示》,《农业集体化重要文件汇编》(下册),中共中央党校出版社,1981 年,第 318 页。

③ 《中共中央关于农村人民公社当前政策问题的紧急指示信》,《农业集体化重要文件汇编》(下册),中共中央党校出版社,1981 年,第 378 页。

以队为基础的生产核算单位,在一些地方还是过大了,不便管理。对此,湖南省较早地打算缩小基本核算单位的规模。1960年12月13日,湖南省委在给中南局、中央和毛泽东的请示报告中说,他们的具体做法是:一部分规模较小的,如300户左右的、居住又集中的,就不动了;超过三四百户的,或者虽然户数不算过多但居住分散、地区辽阔不便管理的,可以适当划小一点⋯⋯人民公社和作业组两头基本上不动⋯⋯公社一般不动,少数规模过大、不便管理的可以分开。中央同意了湖南省委的请示。①

为了进一步扭转局势,彻底弄清楚人民公社问题的症结,1961年初,中共中央决定在农村进行大规模的调查。毛泽东号召全党大力进行调查研究,并且将1961年定为"调查研究年"或称为"实事求是年"。经过全国大范围的调查和广泛收集材料,中共中央认识到人民公社的问题所在:"在分配上,无论在生产队和生产队之间,或者在社员和社员之间,都还存在着程度不同的平均主义现象。""公社的规模在许多地方偏大。""公社对生产大队(作为基本核算单位的管理区和生产队,以后一律改名为生产大队)一般管得太多太死,生产大队对生产队(原名生产小队,以后一律改名为生产队)也一般管得太多太死。""公社各级的民主制度不够健全。""党委包办代替公社各级行政的现象相当严重。"②

为了解决上述问题,进一步规范人民公社制度,1961年初,中共中央起草了《农村人民公社工作条例(草案)》。3月,广州中央工作会议通过并下发了《条例(草案)》,供各地讨论以便修改。为了使各地对《条例(草案)》加以重视,中央还专门给全党写了一封信,信中要求各级党委"应该首先详细研究这个条例草案"。"要把这个条例草案从头到尾一字不漏地读给和讲给人民公社全体党员和全体社员听,对于同社员关系密切的地方要特别讲得明白,对于他们的疑问要作详细解答,同时,征求他们对于这个

---

① 《中共中央对湖南省委〈关于改变基本核算单位规模的请示〉的复示》,《建国以来重要文献选编》第13册,中央文献出版社,1996年,第783-784页。

② 《中共中央关于讨论农村人民公社工作条例草案给全党同志的信》(1961年3月22日),《农业集体化重要文件汇编》(下册),中共中央党校出版社,1981年,第452页。

条例草案的各种修改意见。"①

经过几个月的讨论和修改,1961年6月,《农村人民公社工作条例(修正草案)》颁布。《条例(修正草案)》共十章六十条,所以条例又称为"农村六十条"。

"六十条"第一章即规定了农村人民公社的性质、组织和规模:"农村人民公社是政社合一的组织,是我国社会主义社会在农村中的基层单位,又是我国社会主义政权在农村中的基层单位。""农村人民公社是社会主义的集体经济组织,实行各尽所能、按劳分配、多劳多得、不劳动不得食的原则。""农村人民公社一般的分为公社、生产大队和生产队三级。以生产大队的集体所有制为基础的三级集体所有制,是现阶段人民公社的根本制度。公社在经济上是各生产大队的联合组织。生产大队是基本核算单位。生产队是直接组织生产和组织集体福利事业的单位。""人民公社的组织原则是民主集中制。""人民公社各级的规模,都应该利于生产,利于经营管理,利于团结,利于群众监督,不宜过大。特别是生产大队的规模不宜过大,避免在分配上把经济水平相差过大的生产队拉平,避免队和队之间的平均主义。人民公社的规模,一般的应该相当于原来的乡或者大乡;生产大队的规模,一般的应该相当于原来的高级农业生产合作社。但是,也不要强求一律。公社、生产大队和生产队,都可以有大、中、小不同的规模,由社员根据具体情况,民主决定。"②

第三章"公社管理委员会"。对于公社管理委员会对生产大队的管理规定是"不可管得太多太死",并具体化为5条:对生产大队的生产计划,不许采取强制的办法;对生产大队的生产经营管理,不许乱开电话会议和各种会议,不乱发乱要统计报表,不许瞎指挥生产;推行先进经验,不许强迫接受;不许无代价地调用劳动力、生产资料和其他物资;不许硬性摊派生产

① 《中共中央关于讨论农村人民公社工作条例草案给全党同志的信》(1961年3月22日),《农业集体化重要文件汇编》(下册),中共中央党校出版社,1981年,第453页。
② 《农村人民公社工作条例(修正草案)》(1961年6月15日),《建国以来重要文献选编》第14册,中央文献出版社,1997年,第385—386页。

资料等。①

第四章"生产大队管理委员会"规定:"生产大队对生产队必须认真实行包产、包工、包成本和超产奖励的三包一奖制。可以一年一包,有条件的地方也可以两年、三年一包。包产指标一定要经过社员充分讨论,一定要落实,一定要真正留有余地,使生产队经过努力有产可超。超产的大部分或者全部,应该奖给生产队。"②

各地开始贯彻"六十条"后,农村形势逐渐好转,"五风"已经制止;并调整了社、队,规模缩小了,数量增加了。全国27个省市自治区调整后的公社数为55 682个,较调整前增加30 478个;生产大队为708 912个,较前增加225 098个;生产队为4 549 474个,增加1 561 306个。③

《农村人民公社工作条例(修正草案)》成为纠正"大跃进"和人民公社化运动"左"倾错误的政策保证,是中国农村付出了沉重的代价换来的,是以后农村稳定的"宪法"保障。各地在贯彻"六十条"的过程中,对于生产大队作为基本核算单位的问题提出不同意见,认为如果以生产大队为基本核算单位的话,经济状况不同的生产队之间的平均主义将不可避免,为彻底解决平均主义和贫富拉平的问题,还是以生产队为基本核算单位好。

1961年10月7日,中共中央发出《中共中央关于农村基本核算单位问题的指示》。《指示》认为:"以生产队为基本核算单位,是比较好的。它最大的好处,是可以改变生产的基本单位是生产队,而统一分配单位却是生产大队的不合理状态,解决集体经济中长期以来存在的这种生产和分配不相适应的矛盾。"④

经过"以生产队为基本核算单位"的试点和调查,中共中央于1962

---

① 《农村人民公社工作条例(修正草案)》(1961年6月15日),《建国以来重要文献选编》第14册,中央文献出版社,1997年,第388-389页。

② 同①,第393页。

③ 《毛泽东同志对〈各地贯彻执行六十条的情况和问题〉的批示》,《农业集体化重要文件汇编》(下册),中共中央党校出版社,1981年,第492-493页。

④ 《中共中央关于农村基本核算单位问题的指示》(1961年10月7日),《农业集体化重要文件汇编》(下册),中共中央党校出版社,1981年,第518页。

年 2 月 13 日发出《中共中央关于改变农村人民公社基本核算单位问题的指示》,决定将农村人民公社基本核算单位由"六十条"中的生产大队改变为生产队,同时还列举了以生产队为基本核算单位的 4 方面的好处。从此,直到人民公社解体也没有再改变以生产队为基本核算单位,这就保证了农村人民公社的稳定性和分配上的公平性,更重要的是便于生产经营管理。

第六章

包工包产到户的再次出现

第一节 各省不同形式的生产责任制

各地在贯彻农村"六十条"和整风整社过程中,除了出现要求改变大队基本核算单位为生产队的要求外,"三包一奖"、"田间管理地段责任制"等多种生产责任制形式也出现了,有的地方还突破了以生产队为生产单位,"按劳分田"、"包产到户"、"分口粮田"等所谓"单干"现象再次出现。有的地方,农民拉马退社,有的敲锣打鼓、放鞭炮庆祝"土地还家"。每个省、市、区都有一些地方推行形式不同、具体做法不一的"包产到户";有的地方是有领导地自上而下地执行"包产到户";有的地方在实行田间管理责任制中,把下种以后、收割以前的占全年农活 50% 以上的田间农活包工到户,叫做"田间管理包到户"或"田间管理责任制";还有的干脆就实行"包产到户"或"部分产量包到户"。① 借中共中央调整农村人民公社生产管理体制之机,"包工包产到户"又一次在各地农村复苏。

早在 1960 年下半年,"三包一奖"的生产责任制在一些地方就已重新恢复。

1960 年 8 月 19 日,《人民日报》报道了河北省宝坻县江石窝生产队第一小队推行生产责任制的经验。报道说,这个小队建立了生产责任制,生产队把"三包一奖"落实到小队,制定了超产措施和作业小组责任制度,把全小队劳力划成三个作业小组。作业小组实行常年"五固定"的责任制:(1)固定人员。(2)固定土地。根据土地远近、地势高洼、作物配植,合理划分每个作业小组的责任区,实行常年小组包工,由种到收,连续操作,一管到底。(3)固定牲畜。根据牲畜强弱合理配置到作业小组,由生产小队统一饲养,小组固定使役。(4)固定农具。大中小型农具都进行了合理搭

---

① 《毛泽东同志对〈各地贯彻执行六十条的情况和问题〉的批示》,《农业集体化重要文件汇编》(下册),中共中央党校出版社,1981 年,第 495 页。

配,小组固定使用。(5)固定领导。每个作业小组除了选出小组长领导生产以外,组长和副组长每人包一个组,全年包到底。各作业小组还实行"四定"(数量、质量、时间、工分),并制订出评工记分、质量检查、超额奖励等一整套管理办法。①

8月28日,湖北省委把"订好生产计划和严格执行'三包'奖赔制度"作为调动群众积极性的十项措施之一。其中的"三包"奖赔制度的具体内容是:"三包"到小队,责任到作业组。一年一定,全年不变。包产是总包产,以小队上一年(正常年景)的实际产量作为包产指标。超产部分实行三七开,即三成归生产队,七成奖给小队。新开的荒地,第一年不包产,种子由生产队出,收成扣除种子后,实行三七开,三成归生产队,七成归小队。生产小队应得的超产奖励和新开荒的收入部分,可以发给10%~20%的粮食,其余一律折发现金。这些粮食和现金大部分应当按多劳多得的原则,即按社员实做工分,分给社员。生产小队在不妨碍"三包"任务完成的条件下,可以开垦零星荒地,多种多收,其收入(实物)全部归小队。生产队对小队必须严格执行"三包"和奖赔制度。小队对作业组,必须实行定劳动力、定耕作区、定作业质量等几定的责任制。每项农活都要有合理的定额。严格按定额记工分,按工分发工资。从各级组织、领导干部到小队、作业组、社员,都要做到人有专责,事有专人,有规有矩,赏罚分明。② 中央认为,湖北省委的十项措施是巩固和加强人民公社、充分调动各级干部和广大群众积极性、大办农业、大办粮食的具体措施,并将其批转至各中央局、各省、市、自治区党委,参照执行。

9月,广西壮族自治区人民委员会也把"包产必须落实,超产奖励必须兑现"作为激发群众生产积极性的十项政策之一。政策规定:当年生产小队向大队包产,一般应该相当于或者略低于去年的实际产量,使努力工作的小队,都可以确实得到超产奖励……粮食超产部分,40%奖励小队,40%

① 《河北宝坻县江石窝生产队第一小队推行生产责任制的经验》,《人民日报》,1960年8月19日。
② 《中共中央关于〈湖北省委关于调动群众积极性的十项措施〉的批示》,《农业集体化重要文件汇编》(下册),中共中央党校出版社,1981年,第359,361页。

卖给国家,所得现金奖给小队,20% 归大队。超产奖励由生产大队直接发给社员,原则上要按照工分分配,经过社员代表大会议定,也可以由小队掌握一部分,作为小队修建猪栏、增加一些粮食储备和改善食堂伙食之用。有一部分粮食还可以按人口分配,增加粮食供给部分、超产奖励的粮食,不得抵扣口粮。[①] 中央认为,广西的十项规定除了关于农村口粮标准一项应该降低之外,其他各项都是正确的,有利于调动农村公社广大社员群众的积极性,有利于发展生产,并将其批转至各大协作区委员会、省、市、自治区党委。

为了进一步解决人民公社存在的严重问题,纠正人民公社所有制和生产管理体制上的"左"倾错误和混乱,11 月 3 日,中共中央发出《关于农村人民公社当前政策问题的紧急指示信》。指示信批评了打乱生产队的"四固定",以及实行"大兵团作战"和"组织大丰产方"的做法,再次强调"三包一奖"制度:"三包必须落实,奖罚必须兑现。包产指标必须真正留有余地,一定要让包产小队有产可超。"[②]

11 月 25 日,《人民日报》发表题为《充分发挥生产小队的战斗作用》的社论。社论强调生产小队要实行"四固定"(定劳力、土地、耕畜、农具),生产队对生产小队要实行包产、包工、包成本和超产奖励的制度,小队对生产队要做好定额管理和评工记分的工作。[③]

12 月 29 日,《人民日报》发表题为《坚持和不断完善"三包一奖"制度》的社论。社论指出:在人民公社中坚持实行"三包一奖"制度,对于提高公社经营管理水平、调动广大社员的生产积极性,具有重要意义。"三包一奖"制度是我国集体所有制的社会主义农业生产中的一项基本的、全面的责任制度。这一制度的优点是"能够正确调整公社的三级管理组织之间的关系,特别是基本核算单位和基层生产单位之间的关系,

---

① 《中共中央关于〈广西壮族自治区人民委员会关于农村的十项政策〉的批示》,《农业集体化重要文件汇编》(下册),中共中央党校出版社,1981 年,第 353-354 页。

② 《中共中央关于农村人民公社当前政策问题的紧急指示信》(1960 年 11 月 3 日),《农业集体化重要文件汇编》(下册),中共中央党校出版社,1981 年,第 380 页。

③ 《充分发挥生产小队的战斗作用》,《人民日报》,1960 年 11 月 25 日。

把小集体(生产小队)的利益和大集体(基本核算单位、公社)以至国家的利益密切结合起来,把社员个人利益和集体利益密切结合起来"。① 社论还详细论述了在贯彻执行"三包一奖"制度时应注意的一些问题,以使之发挥更大的作用。

1961年6月,中共中央公布的《农村人民公社工作条例(修正草案)》,是在3月《草案》的基础上,经过各地的试行、多方讨论修订而成的。在《草案》和《修正草案》中,都讲到"三包一奖"生产责任制。"生产大队对生产队必须认真实行包产、包工、包成本和超产奖励的三包一奖制。可以一年一包,有条件的地方也可以两年、三年一包。包产指标一定要经过社员充分讨论,一定要落实,一定要真正留有余地,使生产队经过努力有产可超。""没有完成包产任务的生产队,应该少得少分。""生产队为了便于组织生产,可以划分固定的或者临时的作业小组,划分地段,实行小段的、季节的或者常年的包工,建立严格的生产责任制……有的责任到组,有的责任到人。""对于劳动积极、管理负责、成绩显著,或者超额完成生产任务的小组和个人,不管本队是不是超产,都应该给以适当的奖励。由于劳动不积极,管理不负责任,没有完成生产任务的小组和个人,本队超产不能受奖,本队减产应该多赔。"② 责任制的单位较生产队有所减小,可以是"组"和"个人",一些地方在贯彻执行"六十条"时,走向了各种不同形式的或者变相的"包产到户"。

1961年8月26日,湖南省委发出《中共湖南省委关于借冬闲田给社员生产的通知》。《通知》说:"湖南省每年都有五百至六百万亩冬闲田,加上一部分地方因干旱荒芜的田土,可能有六百至七百万亩,如果其中一部分或大部分能够种上秋粮和冬菜,将有一笔很大的收入。"③ 所以,省委要求:"所有农村人民公社的大队和生产队,在不妨碍明年春种的前提下,应

<hr>

① 《坚持和不断完善"三包一奖"制度》,《人民日报》,1960年12月29日。
② 《农村人民公社工作条例(修正草案)》(1961年6月),《农业集体化重要文件汇编》(下册),中共中央党校出版社,1981年,第479,483页。
③ 《中共湖南省委关于借冬闲田给社员生产的通知》(1961年8月26日),《农业集体化重要文件汇编》(下册),中共中央党校出版社,1981年,第515页。

当千方百计充分利用冬闲田土大种冬菜和冬种春收作物,增加集体收入。凡是集体单位不能充分利用的冬闲田土,允许借一部分给社员个人种植冬菜或冬种春收作物,并允许社员在绿肥田中间种冬菜。借给社员生产的冬闲田的数量,在一般地区,大体每人可借一分、二分到三分;在灾区,可以适当多一点,大体每人可借三至五分。借给社员的冬闲田土上的收入,全部归社员个人所有,不交征购,一般也不抵口粮;有些地方因灾减产或其他原因,需要列(略)抵一点口粮也可以,但必须经过社员代表大会讨论。"① 简单地说,湖南省的办法就是"借给社员冬闲田土或荒芜的土地,收入全部归社员所有"。借给社员的尽管是"冬闲田"或"荒芜田土",但因为是给社员个人耕种,收入全部归个人所有。这和多次批判的"包产到户"、"单干"还是有某种程度相像的。为了表明这种做法和"包产到户"、"单干"有本质的不同,湖南省委在通知中特别强调:"在集体不能充分利用冬闲田土的情况下,借一部分田土给社员,是为了尽可能多搞点吃的,是为了生产自救,借出的冬闲田土,要在明年春耕播种到来时全部收回,决不是分田到户。"②

湖南省委在通知中强调的"借冬闲田"与"分田到户"的不同在于:一是借给社员的、集体不能利用的"冬闲田",不会影响土地的集体所有制和其他绝大部分土地的集体经营;二是借田给社员只是为了"多搞点吃的",是灾荒时期的"生产自救",而不是发财致富、发展资本主义;三是借出去的时间很短,只是在冬闲时节,第二年春耕时要全部收回。这样便与分田单干划清了界限,"借冬闲田"的措施才能够顺利实施。

更多的地方是不加掩饰,明确实行包产到户或者单干。

1962 年 2 月 28 日,中央人民政府政务院监察委员会(简称监委)的一份《关于广西农村不少党员干部闹单干的情况》的简报反映,在广西各县贯彻以生产队为基本核算单位的训练干部会议上,暴露出很大一部分农村公社以下干部有分田到户、包产到户、恢复单干的思想。在整风整社、贯彻

---

① 《中共湖南省委关于借冬闲田给社员生产的通知》(1961 年 8 月 26 日),《农业集体化重要文件汇编》(下册),中共中央党校出版社,1981 年,第 515 页。

② 同①。

"六十条"、改变基本核算单位、解决平均主义"共产风"的过程中,广西的公社及公社以下基层干部认为,要彻底解决平均主义,彻底改变农村生产面貌,唯一的办法是分田到户,恢复单干,谁也不侵犯谁。他们还提出单干的几大好处:经营管理方便,能充分挖掘劳动潜力,能发挥社员生产积极性,能节省干部和经费开支等。"千变万变不如一变","千分万分不如一分","晚分不如早分","千好万好,不如分田到户、搞单干好","单干是我们的'总路线',若能单干,放鞭炮欢迎"。①

据统计,广西各县的公社党委书记中,主张分田到户、包产到户的人数比例从15%到65.2%不等,公社以下的基层干部所占的比例更大。不少生产队已经实行了包产到户或分田单干。如龙胜县1 867个生产队中,有790个(占42.3%)已经包产到户;三江县的15个公社,有247个生产队(占生产队总数的15.3%)实行了包产到户,另有135个生产队(占生产队总数的8.4%)实行包产到组;高明公社有56.2%的生产队已分田单干。②

广西各地实行的分田单干和包产到户的主要形式有:(1)分田到户。(2)包产到户。(3)公私合营,即早造私人种,晚造集体种。(4)"井田制",即征购田集体种,口粮田个人种。(5)"抓大头",即畲地作物分到户,水田集体种。(6)山田、远田、坏田分到户,谁种谁收。(7)化整为零,即过小地划分生产队,有的成了"兄弟队"、"父子队"、"姐妹队"。③

湖南省也刮起了"单干风"。1961年春耕生产时出现一次,秋收时出现一次,1962年春耕生产时又出现一次。1962年3月,毛泽东派他的秘书田家英带调查组到湖南湘潭的韶山(毛泽东的家乡)、湘乡的唐家垸(毛泽东的外祖父家)、宁乡的炭子冲(刘少奇的家乡)、长沙的天华大队(刘少奇1961年3、4月间蹲点的地方)去调查。去韶山的调查组一进村,"社员普遍要求包产到户和分田到户,而且呼声很高,尤以韶山、大坪为甚"。"农

---

① 《中共中央批转中监委关于〈广西农村有不少党员干部闹单干的情况〉简报》,《农业集体化重要文件汇编》(下册),中共中央党校出版社,1981年,第555-557页。

② 同①,第556页。

③ 同①。

民列举事实,讲了包产到户的许多好处,同时历数公社化以来集体经济的缺点和困难,有时同调查组的同志辩论到深夜。"① 而实际上,在 1961 年 3 月,湖南的其他地方已经实行了暗分明不分的包产到户。田家英在调查报告中反映,群众认为:集体劳动,很难保证质量,重复劳动多(指肥料集中再担到地里,稻谷打晒入仓再担回各家等);缺少劳力的户担心自己做工太少,秋后分不到多少粮食;有些干部多吃多占,生产队经济不民主,等等。这些问题只有实行包产到户或分田到户才能解决。② 10 月,据全省初步统计:有 25 200 多个生产队已经分田单干了,占全省生产队总数的 5.5%。这些生产队有的实行了分田到户,有的实行了"井田制",有的实行了包产到户。在这些生产队里,生产是以户为单位进行的,负担是以户为单位摊派的,生产队没有统一的生产计划,没有统一的劳力调配,没有统一的收入分配。除了 5.5% 已经分户单干的生产队之外,目前还有一部分生产队正在酝酿分户单干。③

　　1960 年冬和 1961 年春夏间,贵州省的一些地方出现了包产到户、分田单干的现象。省里采取过一些措施纠正,但到 1961 年冬至 1962 年春,包产到户在一些地方又蔓延和发展起来。省委比较客观地分析了产生包产到户的原因:连年受灾和严重的"五风一化"的错误导致粮食连年减产,农民在生活上和生产上都遇到了很大的困难,因而对集体生产发生了怀疑和动摇。历次运动使一些干部和党员思想混乱,还有的干部和党员带头破坏集体经济,以致包产到户之风越刮越大,蔓延不止。④

　　1962 年春,甘肃省部分地区的基层干部和社员群众中出现单干思想,闹单干或者变相闹单干的事件不断发生。康县有 4 个生产队将全部土地

① 逄先知:《毛泽东和他的秘书田家英》,董边,等:《毛泽东和他的秘书田家英》,中央文献出版社,1989 年,第 64 页。
② 田家英调查报告《韶山大队概况》(1962 年 4 月 30 日),转引自杜润生《当代中国的农业合作制》,当代中国出版社,2003 年,第 652 页。
③ 《中共中央批转湖南省委关于怎样纠正"单干风"的报告》(1962 年 10 月 23 日),《农业集体化重要文件汇编》(下册),中共中央党校出版社,1981 年,第 650—651 页。
④ 《中共贵州省委关于解决包产到户问题的意见》(1962 年 4 月 14 日),黄道霞:《建国以来农业合作化史料汇编》,中共党史出版社,1992 年,第 701—702 页。

实行分田到户,有7个生产队将部分土地分配到户。临洮县的一个生产队给每个社员下放半亩"口粮田"。武威县有些生产队的支部书记,要求公社批准他们给每个社员划分了一亩"口粮基地"。通渭县的一个生产大队,给社员划分了"责任田",将种子直接分到户。还有些地方按照土地改革时颁发的土地证,将全部土地分配给社员耕种。有些地方以划分自留地为名,将百分之二三十以至百分之五六十的近地、好地,按人口划分给社员个人耕种。① 省委采取了一定的纠正和疏导措施,但到6月至8月间,"包工包产到户"和"大包干到户"的办法还是迅速蔓延,在一些地方普遍实行起来。1962年10月5日,据甘肃省委写给西北局并中央、(毛)主席的检查报告反映,1962年6月16日和21日,临夏回族自治州党委分别发出了两个"紧急措施"的文件,在全自治州范围内作了推行"包工包产到户"和"大包干到户"的部署。前后只有一二十天的时间,全州8 288个生产队就有5 943个生产队单干起来。② 实行单干的生产队占全部生产队的71.7%。他们的包工包产到户实际上就是"包产到户",大包干到户实际就是"分田到户",都是把土地划分到户,以户为单位进行生产。支持者认为这可以调动农民的生产积极性,能多打粮食,有利于尽快恢复生产,渡过困难。③

　　1960年冬,陕西省清涧、绥德一带首先出现了包产到户、分田单干的做法,1961年秋至1962年春,这一做法传到其他地区。其中,多数是在社、队干部的提倡、支持或默许下搞起来的。从全省范围来看,"单干风"刮得并不小。宣传和赞成包产到户的人,有基层干部,也有省、地、县的个别负责干部。他们认为,包产到户是一种生产责任制,是克服困难的一种临时措施,应该允许在少数困难严重的生产队试行。也有的认为,集体经济同遭受破坏的农业生产力不相适应,认为"要吃饭,靠单干","不管社会主义

<hr />

① 《中共甘肃省委关于加强农业集体生产领导和适当放宽小自由的报告》(1962年5月5日),黄道霞:《建国以来农业合作化史料汇编》,中共党史出版社,1992年,第705页。

② 《中共甘肃省委关于临夏回族自治州推行"包工包产到户"和"大包干到户"情况的检查报告》(1962年10月5日),黄道霞:《建国以来农业合作化史料汇编》,中共党史出版社,1992年,第742页。

③ 同②,第742-743页。

资本主义,只要多打粮食就是好主义",因而主张"包产到户"。①

1960 年,清涧县相当一部分地区刮了一股比较严重的"单干风",到 1962 年夏收后达到高潮。据 1962 年 9 月的调查,在全县 17 个公社、1 826 个生产队中,单干巩固的占 33%,基本巩固的占 42%,单干倾向严重的占 17%,集体经济已经瓦解和接近瓦解的占 7% 多。县东黄河沿岸一带单干倾向尤其严重,在 7 个公社的 662 个生产队中,集体经济已经瓦解和接近瓦解的占 14% 多。单干的形式主要有 5 种:(1) 分田到户,有的是土地全部归原主,有的把全部或大部分土地按人、按劳或人劳结合分配到户;(2) 包产到户,产量包得很低,实际只够统一交售公购粮(有的连公购粮也不够交),没有统一分配的产品收入;(3) 过分划小核算单位,有的划到三两户一个队,或者是"一犋牛"一个队,有的甚至划成兄弟、父子班子;(4) 给老年人划几亩地,自种自食,称"安排户"、"自维户";(5) 无限制地扩大自留地、"十边地"、乱开荒地。全县绝大多数生产队自留地都占 10% 以上,有的高达 30%~40%,而且都是近地、好地。据典型调查,自留地在 15% 以上的,加上开种的"十边地"、沟塌地,一般每户自营的土地已达 10 亩左右,还有的达 20 亩左右。社员自营部分的粮食收入,占每户粮食总收入的 50% 以上。随着自留地和"十边地"等的扩大,又进一步划分了集体的瓜菜地、洋芋地、高粱地,直至小麦地,完全实现了包产到户或分田到户。有的还将羊、毛驴等分到户,扩大个人所有部分。②

河北省张家口地区在地委第一书记胡开明的大力支持下,一些地方出现了"三包到组"和"包工包产到户",在全国产生了很大的影响。为了获得中央高层的支持,胡开明还给毛泽东写信,介绍这种做法及其可能性和好处。

胡开明是一位颇具传奇色彩的人物。1958 年的"大跃进"和人民公社化运动造成了巨大的灾难,自然条件恶劣的塞北张家口地区遇到的灾难更

① 《中共陕西省委关于纠正单干风、巩固人民公社集体经济情况的报告》(1962 年 10 月 11 日),黄道霞:《建国以来农业合作化史料汇编》,中共党史出版社,1992 年,第 745 页。
② 《中共中央西北局批转〈陕西省委关于清涧县单干问题的报告〉》(1962 年 10 月 11 日),黄道霞:《建国以来农业合作化史料汇编》,中共党史出版社,1992 年,第 746-747 页。

不必说。张家口市委第一书记葛启因所谓的右倾言论,在庐山会议后被划为"右倾机会主义分子"而解除了职务。时任河北省副省长的胡开明请求不再担任副省长,到张家口主持工作。1959 年 12 月 11 日,经中共中央批准,胡开明出任中共张家口市委第一书记,1961 年 5 月,张家口市改地后,胡开明改任地委第一书记。[①] 胡开明到张家口后,冒险启用"右"倾干部,深入基层了解情况。胡开明发现,张家口的情况比预计的严重得多。浮夸严重,张北县 1958 年 10 月上报:全县放出亩产莜麦 3 012 斤、马铃薯 24 000 斤,小麦 1 176 斤、蚕豆 2 600 斤的高产卫星 21 颗;全县 9 万亩粮食作物基本田平均亩产 412 斤,比平均亩产 81 斤的 1957 年提高 3.4 倍,油料总产量达 4 038 万斤,比 1957 年增长 88%;全县 23 万人,每人平均占有粮食 1 770 斤,而实际情况是粮食亩产只有 110 斤。1959 年继续浮夸,从而导致缺粮。1960 年情况更加严重,饥饿成为最大的威胁,死人现象普遍发生,甚至活人没有力气将死去的人从屋里抬出去。开春播种没有办法进行,种子刚种上,就被饥饿的人拔出来吃掉了。生产队只好将种子拌上毒药再种,但毒药也没有将饥饿的人吓倒,仍然拔出来吃,结果因此被毒死。[②] 面对如此严重的困难,胡开明采取了种种措施,如解散公共食堂、实行牲畜下放喂养责任制等。在中央决定"三级所有,队为基础",即基本核算单位是小队而不是大队之前,胡开明就将核算单位下放到生产小队,搞收益分配大包干的试验。胡开明采取的更重要的一个措施是试行生产责任制。

胡开明在张家口搞生产责任制的试验,有两点需要说明:一是试验的时间是在毛泽东已经对安徽的责任田提出批评、胡开明已经上书毛泽东之后;二是胡开明已经调回到省里了。从这两点来看,胡开明在张家口的"三包到组到户"的试验是不合时宜的和非分内的。然而,胡开明没有顾忌这些。

---

① 贾文平:《真理与命运——胡开明传略》,人民出版社,1995 年,第 144-145,278 页。
② 同①,第 150,157 页。

　　张家口推行的主要是"三包到组"的生产责任制。1962年4月25日,地委《关于四年来工作的基本总结》中提到,应该允许群众实行包产到组,在荒地较多又无力耕种的生产队,可将这部分荒地包产到户或谁种谁收。5月,一部分生产队自发实行包产到组、到户。① 地委派工作组进行了试点,效果很好。胡开明虽然已于6月调离张家口回到天津,8月8日他仍以张家口地委第一书记的名义给毛泽东写了一封信,连同《关于推行"三包"到组的生产责任制的建议》一起转交毛泽东。毛泽东批阅"印发各同志讨论",但并没有表明他自己的态度。胡开明在建议中详细介绍了"三包到组"的具体做法、好处,以及对这种做法各种误解的辩驳。难能可贵的是,《建议》还对社员要求包产"到户"而不是停留在"到组"上给予了肯定。其具体做法是:(1)由社员自愿结合(必要时也可加以个别搭配)组织一个6~8户或6~8个劳动力的生产组,在一般情况下长期不变。(2)生产队把全部土地分到生产组,耕畜、农具也尽可能分到生产组去使用,在一般情况下也长期不变。(3)根据土地好坏,首先进行土地分等,评出常年每亩产量数、用工数和投资数,然后计算出全组的土地总产量、总用工和总投资数,签订"三包"合同,认真执行。(4)到了秋后,包产以内的全部产量由生产组交生产队统一分配,包产以外的超产部分完全归生产组按劳分配。如果因为经营管理不善少完成了包产,则按比例扣除包工数。如果因灾减产,民主议定适当减少包产数,不减包工数。如果抗灾有功,还可以适当增加包工数。超产部分全部归生产组。②

　　胡开明认为,"三包到组"的生产责任制有七大好处:(1)小组有超产部分的分配权,社员的生产积极性被调动起来了,可以力争多超产。(2)彻底消灭劳动报酬上的不合理现象。(3)小组人数少,便于互相监督,能够保证农活质量。(4)小组是自愿结合的,能够互相帮助,互相谅解。(5)干部不用派活记工,可以更多地参加劳动,减少了干部误工补贴。(7)由于小组成员固定,地段固定,同时"三包"合同又长期不变,社员就会多施肥,多加工,

---

① 贾文平:《真理与命运——胡开明传略》,人民出版社,1995年,第183页。
② 《毛泽东签批印发胡开明〈关于推行"三包"到组的生产责任制的建议〉》,黄道霞:《建国以来农业合作化史料汇编》,中共党史出版社,1992年,第726页。

注意培养地力和合理安排作物茬口。① 各地在实行中,根据当地的情况,制订了具体措施。

张家口郊区东窑子大队在 1962 年春采取"三包"(包产、包工、包投资)到组的生产责任制,即将生产队划分为若干组,常年固定,"三包"到组。具体做法是:(1) 社员自愿结合,组成 6 ~ 8 户的生产组,一般情况下常年不变。(2) 生产队把土地、牲畜、农具固定到生产组使用。(3) "三包"由生产组负责,指标略高于往年。(4) 作物收获后,包产以内的全部产量,由生产组上交生产队统一分配,包产以外的超产部分,完全归生产组按劳分配。若因经营管理不善造成减产,由生产组负责,按比例减免包工数;若因自然灾害造成减产,适当减免"三包"指标。②

张家口桥西区永丰堡大队推行"包工到户"责任制。生产队把生产任务承包到农户,由农户完成包工任务。任务包括大田作物和蔬菜,确定包工任务时,做到两照顾(照顾劳动力强弱、劳动力技术专长)、五搭配(土地远近搭配、大小苗搭配、品种搭配、难易程度搭配、地块搭配)。这样可以确保人尽其才,各尽所能,各得其所。宣化东阳城大队则实行包产到户的办法,具体运作方式是:(1) 大队成立估产委员会,各生产队成立估产小组,选择标准田,以正常年景的产量为依据,估产小组和群众相结合,单评和联评相结合,评定农户包产指标。(2) 按照每户劳动力分包土地,全部土地好坏搭配均匀。(3) 承包户完成承包任务后,除去上交任务粮和生产队扣留部分,余下产品自由支配。③

还有的地方坚决要求包产到户,如万全县深井堡大队的群众在 1962 年春天曾坚决要求包产到户,经县里工作组做工作后才转向"三包"到组。④

---

① 《毛泽东签批印发胡开明〈关于推行"三包"到组的生产责任制的建议〉》,黄道霞:《建国以来农业合作化史料汇编》,中共党史出版社,1992 年,第 726 页。
② 《大包干情况简报》,河北省档案馆,卷宗号 880-2-11,转引自肖守库,等《20 世纪 60 年代初张家口地区农村生产责任制探研》,《河北北方学院学报》,2006 年第 1 期。
③ 同②。
④ 《胡开明同志〈关于推行"三包"到组的生产责任制的建议〉》,《农业集体化重要文件汇编》(下册),中共中央党校出版社,1981 年,第 615 页。

在遍及全国的各种形式的生产责任制中,在全国影响最大的是安徽省的"责任田"。

第二节　萌生于宿州农民开荒的"责任田"

一、"大跃进"中安徽农村遭受的极大困难

安徽省的"大跃进"和农村人民公社化运动中"五风"盛行,同时安徽省也是遭受灾荒最严重的地区之一。

浮夸风是"大跃进"的一个重要标志。在全国大放"卫星"的竞赛中,安徽也不落后。从以下两首安徽民歌中,可以看出当年浮夸的"万丈豪气"。

稻　堆[①]

稻堆堆得圆又圆,

社员堆稻上了天。

撕片白云揩揩汗,

凑上太阳吸袋烟。

拾棉花

远望长江浪滔滔,

近看星星地上照,

大棉朵,迎风摇,

好似天鹅飞出巢,

小棉朵,咧嘴笑,

好似新娘坐花轿,

---

① 安徽省文化局:《安徽歌谣》,人民文学出版社,1959 年,第 94 页。

采棉姑娘未弯腰，

棉花堆的比人高，

采棉姑娘未动脚，

十四壮马拉不了。

1958 年 7 月，舒城县千人桥公社放出亩产水稻 11 475 斤的卫星，中共安徽省委和省人委发出贺电，鼓励他们再接再厉，乘胜前进。很快，繁昌县东方红三社 43 075 斤的卫星和安庆郊区菱湖公社 44 951 斤的卫星，便打破了千人桥的卫星纪录。

而事实上，农民对这种严重的浮夸风是不满的。定远县和凤阳县的农民说："现在下面都是瞎胡闹，虚报产量搞浮夸。"安徽省委常委、省委副秘书长郑锐到农村调查发现：打开粮库翻翻粮囤，除掉上面是一层稻子外，下面都是稻糠。到食堂去看看，群众吃的是糠菜团子，喝的都是稀菜糊。村子里有几位老头蹲在那儿晒太阳，人很瘦，脸蜡黄，腿发肿。到野外看看群众的生产情况，场面是挺热烈的，到处红旗招展，可是仔细观察一下，群众扶着大锹，你瞅着我，我瞅着你，大眼瞪小眼的，半天也难挖一锹土。①

"大跃进"时期，安徽粮食产量连年下降。1958 年，全省粮食实际产量只有 176.9 亿斤，比 1957 年减少 28.1 亿斤，比 1952 年还低 1.4 亿斤。1959 年，粮食产量降到 140.2 亿斤，征购 70 亿斤，占 50%。1960 年又降为 134.8 亿斤，征购 48 亿斤，占 35.8%。1961 年，粮食产量继续下跌，全年粮食仅 125.8 亿斤，比 1949 年还少 2 亿斤，为新中国成立以来安徽最低年产量。②

1958 年，安徽省农业总产值为 26.87 亿元，比 1957 年减少 7.6%；工业总产值 29.1 亿元，比 1957 年增长了 111.9%。由于农业减产，工业特别

① 《曾希圣传》编辑委员会：《曾希圣传》，中共党史出版社，2004 年，第 460 页。
② 侯永：《当代安徽简史》，当代中国出版社，2001 年，第 230 页。

是重工业增长过快,农业、轻工业、重工业比例关系开始出现失调现象。财政收入 75 518 万元,比 1957 年增加了 31 631 万元。财政支出 108 168 万元,比 1957 年增加了 73 882 万元。新中国成立后,安徽省首次出现巨额财政赤字——32 650 万元。安徽省耕地面积 7 950.19 万亩,比 1957 年减少了 604.89 万亩。这是新中国成立后安徽省耕地面积减少最多的一年。粮食总产量为 884.5 万吨,比 1957 年减少 142.5 万吨。全省征购粮食 348.4 万吨,占实际产量的 39.4%。由于农村大办食堂和城市人口猛增,城乡粮食销量增加到 362.35 万吨,比 1957 年增销 103.5 万吨,使年末库存下降到 28.3 万吨。[①]

1959 年农业总产值 23.06 亿元,比 1958 年减少 15.2%。1960 年农业总产值 21.03 亿元,比 1959 年减少了 11%。[②]

由于粮食供应不足,1958 年底至 1959 年初,安徽农村出现粮荒,劳动力开始外流,有些地方还出现了人口的非正常死亡。1960 年,粮荒蔓延,农村年人均口粮不足 200 斤,全省城乡有 2 900 万人口处于饥饿线上,饿、病、逃、荒、死现象十分严重。1959 年全省人口出现低出生率、高死亡率的情况。当年,全省总人口为 3 426 万,出生率为 1.989%,人口自然增长率为 0.317%,自然增长人口仅 108 158 人,为新中国成立以来最低年份。1960 年,全省人口出生率为 1.135%,死亡率上升,达到 6.858%,人口自然增长率呈现负增长,为 -5.723%。净减少的人口中,包括当年正常死亡人数、一部分迁移外省人口、少数漏报人口,其余大部分是由于饥病而死的非正常死亡。这是三年困难时期人口减少最多的年份。[③] 据《安徽省志·人口志》统计,1958 年安徽省人口总数为 33 941 565 人,1961 年为 29 876 855 人,减少了 4 064 710 人。[④]

以凤阳县为例,据县委五级干部扩大会议统计,1959 年至 1960 年,凤

---

① 《安徽省志·大事记》,方志出版社,1998 年,第 431 页。
② 同①,第 437,442 页。
③ 侯永:《当代安徽简史》,当代中国出版社,2001 年,第 230—231 页。
④ 《1949—1985 年安徽地域人口分布统计表》,《安徽省志·人口志》,安徽人民出版社,1995 年,第 32 页。

阳县农村人口外流达 11 196 人,占农村总人口 335 698 人的 3.3%。发病人口达 102 994 人,占农村总人口的 37.7%,其中浮肿病 27 735 人,妇女子宫下垂 6 932 人,闭经 8 237 人。最严重的小溪河公社,原有 52 233 人,发病的就有 26 018 人,占 49.8%。门台子电灌站有一个民工队 60 名妇女,闭经的就有 58 人。此外,全县营养不良、身体瘦弱的 17 482 人,当时(1962 年 2 月)大部分已经失去了劳动力。全县人口死亡现象更是惊人。据统计,1959 年和 1960 年两年,共死亡 60 245 人,占农村人口的 17.7%。其中死人最严重的武店公社,原有 53 759 人,死亡 14 285 人,占 26.6%;小溪河公社死亡 14 072 人,占 26.9%;宋集公社原有 4 743 人,死亡 1 139 人,占 24.2%;武店公社半井大队原有 4 100 人,死亡 1 627 人,占 39.7%;大庙公社夏黄庄原有 70 人,死亡 48 人,占 68.6%。全县死绝的有 8 404户,占总户数的 3.4%。死、跑而空的村庄 27 个……由于人口大量死亡,出现了很多独苦的老人和孤儿。据统计,全县有孤老 1 580 人,孤儿2 289 人。①

亳县情况也很严重。1958 年底,由于缺粮,有些地方的农民出现了脸黄、消瘦和浮肿。1959 年春,全县浮肿曾几度普遍发生,严重不能起床者达万人以上。1959 年冬到 1960 年麦收前是浮肿的高发期,最多时有 10 万人以上。1960 年下半年虽有减少,但仍持续不断。② 随着农民生活困难的加重和疾病的不断发生,大量农民外出逃荒。1959 年 2 月下旬至 3 月上旬是人口外流的高峰期。全县外流人口在 2 万人以上。死亡情况也相当惊人。1960 年 1 月 1 日至 5 月 15 日,十河公社十河大队(遭灾情况中等程度的大队)共死亡 901 人,占总人口 2 980 人的 29.15%。据对双沟公社王阁大队情况严重的大王、支庙等 6 个村庄的调查,这 6 个村庄原有 127 户,共575 人,两年死亡 239 人,占原有人口的 41.5%,死绝的 18 户,占原户数的13%。其中小李庄原有 75 人,死亡 36 人,占原有人口的 48%;小许庄 65

① 王耕今,等:《乡村三十年——凤阳农村社会经济发展实录(1949—1983)》,农村读物出版社,1989 年,第 194 页。

② 梁志远:《"大跃进"在安徽亳县》,李海文:《中共重大历史事件亲历记》(第 2 编),四川人民出版社,2006 年,第 75 页。

人,死亡 32 人,占原有人口的 49%。县委公布的全县农村非正常死亡的数字是:1959 年、1960 年两年减少 28 824 户,占原户数的 15.9%;减少 150 503 人,占原人口数的 21.1%。[1]

二、责任田的萌生

面对严重的困难,安徽省委采取了一些救灾措施。

1960 年 9 月 19 日,安徽省委发出《关于压缩城乡粮食消费的指示》。《指示》说:全省今年部分地区还有不同程度的旱涝灾害。从全国来讲,有些省区灾情比较严重,国家要求安徽支援灾区的任务也是很大的。所有这些都要求必须采取坚决措施,压缩城乡粮食消费。这样才能留有余地,更好地保证各方面必需用粮,争取主动。《指示》根据中央指示精神和安徽实际情况,压缩了农村留粮标准和城市供应标准。[2] 粮食短缺是全国性的,各地粮食告急。因安徽是产粮区,中央要求从安徽调出粮食。9 月 25 日,周恩来总理为从安徽调粮、铁、煤,亲抵合肥。[3] 但是安徽的缺粮情况也很严重。鉴于此,1961 年 1 月 1 日,安徽省省委书记处会议决定向中央写个报告,要求原计划调出 1 亿 7 000 万斤粮食准予免调,先行检讨,再说明情况;同时决定成立 6 个调查组分赴各地检查群众生活,上半年的基本建设一概不上马。[4]

1961 年 1 月 2 日,中共安徽省委、安徽省人民委员会发出《关于突击治疗疾病、保护人民身体健康的紧急通知》。《通知》提出:关闭公共食堂,把供应的口粮发到户,让群众自己起伙;发动群众种瓜、种菜、采集野生食物,搞代食品;建立临时性的浮肿病院,组织医护人员对浮肿、干瘦等疾病进行治疗;城市开展捐粮食、捐献衣物活动,支援农村等措施。[5]

---

① 梁志远:《"大跃进"在安徽亳县》,李海文《中共重大历史事件亲历记》(第 2 编),四川人民出版社,2006 年,第 75—79 页。
② 《曾希圣传》编辑委员会:《曾希圣传》,中共党史出版社,2004 年,第 462 页。
③ 中共中央文献研究室:《周恩来年谱》(中卷),中央文献出版社,1997,第 350 页。
④ 同②,第 466 页。
⑤ 同②,第 466 页。

1月10日至15日,安徽省整风整社汇报会提出:抓好整风整社,各级领导要下决心揭盖子。根据6类干部的标准,对所有干部进行排队;坚决退赔"一平二调"的财物;集中力量整顿"三类社队",兼顾全面等。1月中旬,安徽省开放水面,发动群众捕捞。天然水面谁捕谁得;养殖水面,野鱼谁捕谁得,家鱼养殖,单位适当提成。2月18日至3月4日,中共安徽省委召开地、市、县委书记会议,传达中共八届九中全会精神。省委领导对安徽省过去的工作作了检查:3年来犯了不少错误,农业减产,不少地方发生了疾病、人口外流和非正常死亡。会议提出:吃饭第一,全党动手,全民动员,以整风整社为纲,大办农业,大办粮食,力争当年农业有一个较好的收成。①

但是这些措施只能暂时缓解严重情况,重要的是农民能够生产自救。责任田的实行是安徽省生产自救的一种行之有效的做法。

安徽的责任田之所以在全国产生重大影响,原因在于由省委第一书记曾希圣出面,省委组织试点,于是这一形式很快遍及全省,引起邻省的自发仿效,引起中央高层的争论。

安徽省在"大跃进"和人民公社化运动中浮夸严重,是全国第一个宣布早稻过千斤的省。当安徽遭受严重困难时,曾希圣决心领导安徽人民共渡难关。责任田的实行是曾希圣在安徽实施的卓有成效的救荒措施之一。这一措施萌生于安徽宿州一位叫刘庆兰的农民上山开荒的事迹。刘庆兰父子上山开荒的事迹大致如下:

宿州市褚兰镇冯楼村村民刘庆兰生于1898年,经历了清朝、民国、新中国,甚至还当过亡国奴。但刘庆兰是个种庄稼的能手,土改时分到了5亩土地,日子过得红红火火。1956年,农村普遍建立高级农业生产合作社。农民不仅土地入了股,而且牲畜、农具也被集中在一起归集体使用。但当看到自己膘肥体壮的牲口,寄给集体饲养后变得日益瘦削、骨架嶙峋可见,许多农户把积攒的肥料拼命往自留地里拉,社里的庄稼没在草丛里也不去锄地除草,连收到场上的山芋也有人想方设法往自己家里偷时,刘

---

① 《安徽省志·大事记》,安徽人民出版社,1995年,第443页。

庆兰始而困惑,继而失望和愤慨。加上和大儿子相处不睦,1958 年已是花甲之年的刘庆兰决定脱离高级社,自己扛一把铁锨上了离村 4 华里的虎山。生产队也只好任由刘庆兰成为"自由民",成为集体农业社之外的一个单干户。

刘庆兰的二儿子刘自立,原是蚌埠一家皮革厂的工人,因染上肺结核病被辞退了,回家后曾主动腾出住房给高级农业社集体喂牲口,并受到照顾,当了会计,不用下田干重活。但从 1957 年大修水利,直至"大跃进"运动开始,农村需要大量的劳动力,刘自立也被派往水利工地。水利工地上超强的劳动量导致他肺结核病恶化,身体很快被拖垮。公共食堂成立后,实行工资加供给制,社员都在食堂吃饭,对刘自立的闲言碎语多起来。干部想照顾他,但无奈于社员的种种议论,只好说:"上山跟你大大(皖北对父亲的称呼)去吧,在山上给你大大当助手,边养病边干活,也省了俺队干部的一份心思。"就这样,刘自立也上了虎山。

山上放养的几十只鸡为刘自立提供了充足的营养,由料理生活琐事到参加轻微的生产劳动,他的身体逐渐恢复了健康。从 1958 年到 1961 年近三年的时间里,刘庆兰父子在山上开了十几亩地,卖给国家的粮食超过全生产队,还时不时下山将面粉和油料送回家接济家人。

相比之下,山下生产队的集体生产却是另一种景象。社员干活"大呼隆",出工不出力,在田里磨洋工;收割麦子时,田里丢下的麦穗一大片,谁也不心疼,谁也不去捡。结果是耕地因抛荒废耕而减少,产量下降,大食堂浪费粮食而社员还吃不饱。到 1960 年,社员多面带饥色,有的患了浮肿病,还有的外出讨饭。

山上山下,集体和单干鲜明的对比,引起了社员的不满:"刘庆兰丢了集体,走资本主义道路。""大队干部得了刘老头的好处,包庇他,让他在山上搞个人发家致富。"情况反映到公社,公社干部找到刘庆兰,说是否可以每年向集体交点粮食,再向国家卖点粮食。刘庆兰欣然应允。

以下是刘庆兰父子 4 年中收交粮情况:

1958 年,收粮 2 184 斤,交生产队 743 斤。

1959 年,收粮 2 400 斤,交大队 900 多斤,还卖给合作社 60 多斤籽棉。

1960 年,收粮 3 000 斤,交大队 1 473 斤,另交芝麻 17 斤,胡萝卜种 7 斤,现金 60 元,羊 1 只。

1961 年,收粮 3 000 斤,直接交给公社 1 600 斤。①

面对"大跃进"给安徽带来的巨大灾难,曾希圣决心带领安徽人民尽快渡过难关。

"大跃进"的灾难是全国的普遍现象。山东的问题暴露得比较早。为了解决山东的问题,1960 年 9、10 月间,根据中共中央和毛泽东的指示,免去山东省委第一书记舒同的职务,决定由曾希圣兼任山东省委第一书记,谭启龙协助曾希圣工作。② 一人任两个省的第一书记,在新中国的历史上,曾希圣是第一人,恐怕也是唯一的一人。这说明中央和毛泽东主席对曾希圣工作能力的肯定和信任。1960 年 10 月 9 日,曾希圣赴山东就任,以便把主要精力放在扭转山东局势上。但他仍十分关注安徽的情况,指挥工作安排。安徽的问题暴露之后,情况比山东还要严峻:1961 年 1 月,安徽省委常委郑锐、张祚荫到山东向曾希圣汇报了安徽省委在蚌埠召开的地、市委书记会议情况,并反映安徽各地出现严重的饿、病、逃、荒、死的问题。"(曾希圣)当即要求安徽省委采取紧急措施全力做好救灾工作,切实安排好群众生活。"③ 面对安徽的困难,曾希圣辞去山东省委第一书记职务的请求得到中央的批准。1961 年 2 月 6 日,曾希圣离开济南,回到安徽。2 月 8 日,曾希圣在蚌埠主持了地市委书记会议。在会上,曾希圣谈了农业生产责任制的问题,省委常委张祚荫谈了宿州农民刘庆兰带领生病的儿子上山开荒的事情,引起了曾希圣的极大关注。

其实,安徽省委关于责任田的酝酿早在 1960 年 8 月已经开始。省委召开县以上干部会议,曾希圣提出包产到组的办法,即在生产队下"划分三个小组分别包产,一组包口粮,一组包饲料,一组包商品粮,各有责任"。随后,他又提出:"生产队下面均应设生产组,避免生产大呼隆,生产队除养猪可以

---

　　① 戴兴华:《刘庆兰父子首种责任田调查记》,屠筱武、陈文书《农村改革风云实录》,中国文史出版社,1998 年,第 114-118 页。

　　② 《曾希圣传》编辑委员会:《曾希圣传》,中共党史出版社,2004 年,第 462-463 页。

　　③ 同②,第 468 页。

成立专业队外,一律不搞专业队,什么都搞专业队,就会把评工记分搞乱,评工记分一乱,社员做事就没有责任心了。"11 月,在地、市委书记会议上,曾希圣强调:"我们是三级半所有制,小组是半级所有,以加强生产责任制。包产问题仍实行双包制,小队向大队包产,小组向小队包产。"此后,这种办法在全省推广,各地都把生产队下的作业小组,改建成生产组,实行了"三包一奖四固定"。这对恢复生产秩序起了一定作用。但群众最厌恶的干活"大呼隆"、分配吃大锅饭的问题没有根本解决,群众形容这种办法是:大呼隆变成二呼隆,大锅饭变成二锅饭,大矛盾变成小矛盾。生产小组的评工记分,仍然是"大吵三六九,小吵天天有"。为了彻底解决生产和分配中的问题,经过酝酿,省里提出了一个把责任制和社员的物质利益直接联系起来的办法。具体是:按社员的劳动底分承包耕地,按实际产量记工分,产量越高,得分越多,收入越多。这就是责任田的雏形。1960 年底,曾希圣向到济南汇报工作的安徽省委书记处书记黄岩、桂林栖提出,在安徽试点责任田的办法。①

对于刘庆兰父子的事情,曾希圣认为,刘庆兰觉悟高,走的是社会主义道路。2 月 14 日,省委书记处会议上,曾希圣提出"按劳动底分包耕地,按实产粮食记工分"的联产到户的责任制办法。与会者感到,办法是好,但就是有风险。因为合作化以来,包工包产到户数次被批判,心有余悸。为了寻求支持,省委向华东局第一书记柯庆施作了汇报。柯庆施指示说,这个办法不推广,每个县先搞一个典型试验一下。② 得到华东局可以搞试验的许可后,省委很快开始了试点工作。

三、责任田从试点到推广

1961 年 2 月下旬,中共安徽省委派出工作组到合肥郊区蜀山公社井岗大队南新庄生产队,进行"包产到队、定产到田,以产计工,大农活包到

---

① 《安徽推行责任田的前前后后》,《1961 年推行"责任田"纪实》,中国文史出版社,1990年,第4-6 页。

② 同①,第 6 页。

组,小农活包到户,按大小农活,用工比例计算奖赔"的试点。这个办法又称"田间管理责任制加奖励"(简称责任田)。① 南新庄是一个比较落后的队,群众生活很困难。工作组进村时,全村29户人家,没有一家养猫、养狗的。社员说:"人都吃不饱哪有粮食喂猫、喂狗!"通过开会、座谈,群众反映生产搞不好的原因主要是干活"大呼隆",干好干坏一个样,只顾争工分多少,不顾农活质量,把田做荒了。田荒了,收不到粮食,肚子吃不饱,也就没有心思种田,这就越搞越坏。要想把生产搞上去,就要真正做到多劳多得。工作组提出实行"包产到队、定产到田、责任到人"的办法,29户有28户积极拥护,只有一户干部担心被说成是单干,要挨整。工作组经过做工作,和社员讨论,让社员认识到了这和单干不同。为了照顾一些缺少劳力的困难户,具体实施中强调了"五统一",即计划统一、分配统一(包产部分)、大农活和技术活统一、用水管水统一、抗灾统一。有了这样的"五统一",一些农户的实际困难解决了。具体试包办法是:按照各户劳动底分划分田块,好田和坏田搭配,然后根据各田块的情况,分别定出不同作物的产量和用工量,并计算出需要统一的大农活、技术活与包产到户的小农活的用工比例,然后按逐丘定出的产量总数。包产到队、责任到人;超产或减产,均按大、小农活的用工量,比例均摊。概括地说,就是包产到队、定产到田、责任到人,以产计工,大农活包到组,小农活包到户,按大小农活的用工比例计算奖赔,简称"责任田"。②

南新庄责任田试点取得了立竿见影的效果。首先是出工情况大为改观。各户积极主动地把田种好,不需要队长打钟喊人。原来是"头遍铃伸头望,二遍铃慢慢逛,到田就拉呱,干活观太阳",实行责任田后没有了偷工混工分的现象,而是"起早、摸黑、不歇中",不仅主要劳动力积极干活,而且全家老少都动员起来了,在自己承包的麦地、油菜田里除草追肥。为了把田种好,家家户户修建厕所,积农家肥,出现了前所未有的热火朝天的春

---

① 《安徽省志·大事记》,安徽人民出版社,1995年,第444页。
② 刘征田、金翠珍、方明:《责任田的第一个试点》,《1961年推行"责任田"纪实》,中国文史出版社,1990年,第48-49页。

耕局面。① 大家都认为增产没有问题,至少能超产 10%,社员都说"有了奔头"。邻近的生产队得知消息后,纷纷要求实行这个办法。方郢生产队有 4 户社员极力要求搬到南新庄,当南新庄的社员。②

3 月 6 日,省委书记处召开会议,听取南新庄社员谈试点情况和意见。基层干部和社员都说,"责任田"就是好,试点一经搞开,生产面貌顿时气象一新,附近社队纷纷要求推广这个办法。经过讨论,省委决定扩大试行"责任田"。根据南新庄的试点经验,曾希圣亲拟提纲,由安徽省委调研理论组组长陆德生等人写出了《关于定产到田、责任到人问题》的文件初稿。③ 3 月 8 日,省委书记处将南新庄的试点文件拿到各地委和县委传达。主管农业的省委书记处书记王光宇到阜阳地区同地、县委商量搞了 20 个试点,④ 省委常委、省委农工部部长张世荣到广德县誓节公社搞试点,全省各地陆续开展起了责任田的试点工作。⑤ 到 3 月 14 日,全省每个县都已搞了一两个试点,还有些社队自发搞了"责任田"。

责任田虽然在南新庄获得了群众的支持,也调动了农民的生产积极性,但到底怎么样,特别对责任田的性质怎样看,曾希圣还是有些担忧,希望得到更多领导干部甚至中央高层领导的支持。3 月 7 日,曾希圣赴广州参加中央工作会议。在广州,曾希圣将责任田办法的草案送请有关同志征求意见。参加会议的人反映不一,有的担心出问题;有的不置可否,说这个文件看不大懂;有的表示支持,如邓子恢。曾希圣在华东区小组会上汇报了定产到田、责任到人的办法,引起了强烈的反响和议论,有的甚至说这是"组织起来的单干"。面对这些议论,曾希圣觉得有必要请示毛泽东。3 月 14 日,曾希圣和谭启龙一起去见了毛泽东,汇报了责任田办法的基本内

① 刘征田、金翠珍、方明:《责任田的第一个试点》,《1961 年推行"责任田"纪实》,中国文史出版社,1990 年,第 49 页。
② 《安徽推行责任田的前前后后》,《1961 年推行"责任田"纪实》,中国文史出版社,1990 年,第 8 页。
③ 陆德生:《农村经济改革的重要尝试》,《1961 年推行"责任田"纪实》,第 61 页。
④ 王光宇:《关于责任田的回忆》,《1961 年推行"责任田"纪实》,中国文史出版社,1990 年,第 30 页。
⑤ 《曾希圣传》编辑委员会:《曾希圣传》,中共党史出版社,2004 年,中国文史出版社,1990 年,第 480 页。

容、主要好处和可能带来的问题,还说明从试点情况看增产是有把握的。毛泽东答复说:"你们试验嘛,搞坏了检讨就是了。如果搞好了,能增产 10亿斤粮食,那就是一件大事。"① 得到毛泽东的答复,就责任田的试验是否可以搞、是否存在方向性错误等问题一直不断与安徽省委保持联系的曾希圣,立即将毛泽东对责任田试验的应允电告省委的其他同志,说:"现在可以搞。"② 一直处于不安状态的安徽省委得到曾希圣电话通知后,于 3 月15 日向地、市、县委第一书记发了一封信,要求在全省"有计划有步骤地全面推行",并说:"这个办法既符合社会主义原则,又符合中央关于当前农村人民公社十二条政策,对调动广大群众的生产积极性,加强社员的责任心,恢复与发展农业生产有很大意义。"③ 信中还详细介绍了试行责任田是否是单干和"土地还原"等一些问题的辩论情况,以及责任田的十大好处和推行时各地要注意的具体问题等。"包产到户"或者"单干"从合作化以来已经被批判了数次,成为不可触碰的禁区。责任田的办法是否是"包产到户"或者"单干"? 在试行过程中,干部群众有些诸如此类的疑问。省委在信中给予了详细的解释:(1) 责任田不是单干,因为一来土地、耕畜、大农具是集体所有,仅是责任到人;二来大农活统一做,一般的活才分户去做;三来统一分配,不同于互助组谁收谁有。(2) 不会形成"土地还原",因为一来土地按劳动底分承包,不是按人口分给,这样能做到公平合理;二来责任田是根据管理便利和劳力强弱的原则来安排,而且小队还可以根据情况变化定期调整,这样就不会造成"土地还原"。(3) 实行责任田中农合算、贫农吃亏的问题。南新庄的情况是中农和贫农、下中农差不多。所以实行定产到田,大家都有利,并不是仅仅中农合算。(4) 困难户的解决办法。一是事先订下合同给予帮助;二是组织他们搞副业(养猪、养家禽等);三是包零活(如打猪草、积肥料、洗衣服、做鞋子

---

① 《曾希圣同志传达广州会议精神》,安徽省档案馆(61)省委会议文件。

② 《关于实行责任田的办法的经过情况》,安徽省档案馆。

③ 《关于推行包产到队、定产到田、责任到人办法的意见(第二次修改稿)》(1961 年 3 月 15日),中共安徽省委办公厅、中共安徽省委党史研究室、安徽省档案局《中共安徽省委文件选编(1958—1962)》,第 282 页。

等）。这样不仅可以解决这部分人的困难,而且可以把他们的劳动力很好地利用起来。(5) 会发生瞒产的问题。应加强教育,订立制度来加以防止。只要能够增产,就会减少"打埋伏"现象。(6) 队、组干部只顾种自家的地,会放松领导的问题。队、组干部可以少操空心,可以摆脱催人上工、评记工分等事务,腾出时间参与生产,因而能够更好地领导生产。(7) 遇到灾害不好办的问题。规定抗灾统一的办法(即由队组合理安排劳力和用水,按受益多少负担工分等),就能更好地用集体力量战胜灾害。①

具体做法是:先执行五个统一(计划统一、分配统一、大农活和技术性农活统一、用水管水统一、抗灾统一),在五统一的基础上采取以下做法。

(1)"三包"、"四固定"到小队(20 户左右),然后再实行定产到田、责任到人,并签订包产合同。

(2) 定产。根据土质、水利等条件,逐丘定产。产量逐年由小队调整一次。

(3) 划分责任田。按照社员现在的劳动底分,确定承包田亩面积。田埂随田走,旱地水田、好田孬田、远田近田,互相搭配,尽量做到耕地连片。所包耕地按劳动力增减情况,在每年秋后调整一次。

(4) 定工。根据不同田亩、不同作物,按照劳动定额逐丘定工。

(5) 记工。采取以产记工、归户结算的办法,即按照每户承包田亩的定工总数除定产总数,得出每一个工应交的产量。在作物收获后,按照实交的产量计算工分。

(6) 耕畜。实行专人喂养,专人使用,养用合一。喂养耕畜的工分由生产小队包给,参加分配。使用耕畜的工分采取换工的办法解决。

(7) 大型农具。犁、耙、耖、耩跟耕畜走。水车、船、大车等由小队指定专人保管,统一使用。

(8) 肥料。社员家庭积聚的肥料,自积自用。集体所有的肥料按亩分

---

① 《关于推行包产到队、定产到田、责任到人办法的意见(第二次修改稿)》(1961 年 3 月 15 日),中共安徽省委办公厅、中共安徽省委党史研究室、安徽省档案局《中共安徽省委文件选编(1958—1962)》,第 283-285 页。

摊到户。商品肥料按作物需要分配。

（9）种子。分户选，分户打包，小组集体保管，或者几户伙管。

（10）育秧。统一泡种、撒种，由老农指导，分户管理或者几户伙管。

（11）打场。以组为单位设场，分户掼稻，分户打场，过秤入仓。

（12）奖赔。超产部分以 40% 作为小队积累，60% 奖给社员，全部奖粮食。

（13）小队以下成立劳动协作组，实行集体责任制与个人责任制相结合。

（14）对劳动力过弱的困难户，要安排他们搞副业和零活，副业亦可实行包工包产，零活则按件记工，参加统一分配。

……①

为了消除各地的顾虑，信中还强调："实行这个办法的目的，是为了加强社员的责任心，提高社员的生产积极性，迅速恢复与发展生产，多收粮食。""只要符合社会主义原则，符合十二条政策，任何有利于发挥人民公社的优越性，有利于迅速发展农业生产，特别是粮食生产的办法都可以采用。""要有计划有步骤深入细致地进行，各公社都要先搞试点，而后推行。"②

为了指导各地推行责任田的工作，3 月 17 日，省委批转了省委农村工作部部长张世荣《关于广德县誓节公社牌坊生产队实行包产到队定产到组责任到人的工作报告》。③

安徽这边正搞得如火如荼，广州那边形势又有所变化。毛泽东的秘书田家英从华东局某负责人处看到安徽试行责任田的材料，材料里讲到一些缺乏劳动力的社员，特别是孤儿寡妇在生产和生活上遇到的困难，田家英感到事情严重，认为这是被批判过多次的背离社会主义方向的"包产到户"。于是，他将这份材料送给毛泽东，并写了一封信表示自己反对包产到户："寡妇们在无可奈何的情形下，只好互助求生。她们说：'如果实行包

---

① 《关于推行包产到队、定产到田、责任到人办法的意见（第二次修改稿）》（1961 年 3 月 15 日），中共安徽省委办公厅、中共安徽省委党史研究室、安徽省档案局编《中共安徽省委文件选编（1958—1962）》，第 286-288 页。

② 同①，第 288-289 页。

③ 《安徽省志·大事记》，安徽人民出版社，1995 年，第 444 页。

产到户,不带我们的话,要求给一条牛,一张犁,8个寡妇互助,爬也要爬到田里去。'看到这些,令人酸鼻。工作是我们做坏的,在困难的时候,又要实行什么包产到户,把一些生活没有依靠的群众丢开不管,作为共产党人来说,我认为,良心上是问不过去的。"信中还说,为了总结经验,包产到户作为一种试验是可以的,但是不能普遍推广,"依靠集体经济克服困难,发展生产,是我们不能动摇的方向"。毛泽东立即将安徽的材料和田家英的信批给政治局常委和几位大区书记传阅。① 同时,毛泽东让柯庆施转告曾希圣,说责任田只能小范围试验,不能推广。曾希圣认为毛泽东几天之内态度的转变,是因为对责任田不够了解。为此,他于3月20日写信给毛泽东和刘少奇、周恩来、邓小平、彭真、柯庆施,信中比较详细地介绍了责任田的做法和积极作用,也指出了实行这一办法的缺陷和克服这些缺陷的措施。

曾希圣在信中说,包产到户办法的好处概括起来讲是:"改变了计算工分只讲数量、不讲质量的缺点,堵塞了投机讨巧的空子。因此,能更好地体现多劳多得的政策;能提高每个社员对包产的责任心和生产积极性,从而改变过去对包产只是生产队干部关心或包办,而社员不甚关心或完全处在被动的情况。""坏处是:可能发生'各顾各'的危险,有些农活可能出现争先恐后的现象,自私自利的思想可能发展,困难户的困难可能得不到解决等。"② 安徽省责任田的办法是:"吸取它的好处,又规定办法防止它的坏处。所以特别强调了'五个统一'。"③ 接着,曾希圣在信中解释了"五个统一"中最重要的两个统一。一是分配统一。生产队生产出来的各种产品,应按照包产任务,上交给大队,由大队统一分配,这与以往的分配办法完全一样,根本没有变更所有制问题。二是大农活和技术性农活统一。以水稻为例,就是犁耙、泡种、育秧、插秧和割稻、打场等统一,这些工都是以集体劳动来做的,只有剩下的田间管理工,实行责任到人、分散劳动。这与分段包工、季节包工以及高级社时田间管理

① 逄先知:《毛泽东和他的秘书田家英》,董边,等:《毛泽东和他的秘书田家英》,中央文献出版社,1989年,第64-65页。
② 《曾希圣给毛泽东的信》(1961年3月20日),《党的文献》,1992年第4期。
③ 同②。

包工到户的做法是基本相同的,并没有改变公社时期和高级社时期的劳作方式。其不同之处有两点:(1)现在把田间管理包到户,搞得好的有专门奖励。(2)这种奖励是根据产量来决定的,具体做法是:先逐丘定产,逐丘定工,在定工中将大农活与零散农活(即田间管理)分别算清。譬如种一亩水稻需要20个工,大农活和田间管理约各占一半,就把这部分田间管理工总包到户,超产部分即按各占一半的比例,分别奖给集体做活的人和负责田间管理的人。所以这个包产办法不是人们所理解的"包产到户",实际上是田间管理包工到户,再按产量给奖的办法,也可以说是集体农活与零散农活相结合的包产办法。估计这个办法既不会有单干思想,又可以提高个人生产积极性。困难户则由于有统一分配、大农活统一,所处环境仍和过去一样。①

　　为了说服毛泽东支持安徽责任田的做法,能够理直气壮地搞试验、普遍推广,曾希圣在信中详细列举了通过安徽试点总结出的这种包产办法的8点好处:(1)包产比较落实。(2)包产指标增加。有的增加5.1%,有的增加6.9%、16.7%,最多的可增加22%。(3)出勤率大大提高。宣城县先进公社里桃小队的出勤率由50%左右,增加到几乎100%。一些辅助劳力和以前不做农活的人也出勤了。(4)参加农业生产的人增多。外流人员、迁居城镇的人以及超龄学生自动回家生产了。(5)麦田管理有显著加强。(6)男女老少积极积肥。(7)积极修添农具。(8)搞私有的减少。②

　　曾希圣总结说:"从上述这些试点来看,情况是好的,增产的可能性是很大的,在干部和社员中,绝大多数人都认为这个办法能够增产。"③

　　为了审慎起见,曾希圣最后说:今后是否会出现新的问题,现在还不能完全预料,需要在实践中继续摸索,才能最后作出结论。"④

　　毛泽东对于曾希圣的信不置可否。这使曾希圣感到了压力和风险,只

---

① 《曾希圣给毛泽东的信》(1961年3月20日),《党的文献》,1992年第4期。
② 同①。
③ 同①。
④ 同①。

能按柯庆施传达的"在小范围试验"行动了。

3月28日,曾希圣回到合肥,当晚召开省委常委会议,传达广州会议精神。曾希圣在讲话中既肯定了责任田"能调动群众的积极性,能够增产",也传达了柯庆施转告"可以在小范围内试验"的界限,同时指示省委办公厅电话通知下面停止推行。但是由于责任田受到农民的欢迎,十几天的时间里,全省已有39.2%的生产队实行了责任田,而且还在继续发展。如果停止试行,将有很大的阻力。曾希圣随后组织了一些调查组调查责任田在各地的试行情况,一方面总结经验,另一方面收集有力的支持责任田的证据,试图打开上层的闸门。

4月10日至24日,在省委召开的三级干部会议上的总结报告中,曾希圣再次肯定了责任田:"任何生产都要有责任制,不管什么工厂,只要是个生产单位,就要有责任制,管理也是一样,搞商业也是一样,搞仓库也是一样,都要有责任制,没有责任,工作就搞不好。""包产没有责任,不少社员混工,做的东西没有质量。最好实行包工包产到户的办法。""我们提出这个办法的目的,就是为了把责任制加强起来。责任制到共产主义还是要的。共产主义、社会主义不要责任制吗?那就糟了。那时群众的觉悟程度更高了,责任制更加强了。"①

曾希圣还详细讲述了根据各地试验经验改进后的责任田的具体做法:(1)逐丘定产,把产定实。首先根据土质、水利好坏,劳力、畜力强弱,先种后种等条件,再按不同作物、茬口来定产。产量定好以后,再由定产的同志和社员一起计算出可以超产的数字。(2)逐丘定工,把工定实。根据劳动定额,按照不同作物和不同田亩(如旱田、水田、远田、近田、放水田、车水田)等不同条件来定工。定工以后,要算出适宜于集体做的农活和技术性农活(简称大农活)与适宜于分户做的田间管理农活(简称小农活)的数字,确定大农活与小农活的比例。(3)包工。大农活包工到作业组,有的也可以包工到队。由作业组根据农活的需要和社员的技术专长,组织固定

---

① 《关于包工包产责任制问题》,《1961年推行"责任田"纪实》,中国文史出版社,1990年,第98-100页。

的或临时的专业组,实行常年包工或小段包工。小农活也就是田间管理农活,如积肥、锄草、防治一般病虫害、放水、烤烟等,全部包工到户。包到户的办法是按每个社员的劳动底分,承包田间管理责任田。首先算出整个生产队的底分,每个底分应包多少田;然后再按照每户社员的劳动底分,包给田间管理工,这个田管工就是责任田。社员承包的田间管理责任田,一般不动,劳力有增有减时,在每年秋后只作个别调整。(4)包产。总包产到队,由生产队向大队包产,包产指标由作业组分户来保证完成,大家有责任,就不是光干部有责任,每户都有责任。(5)赔奖。超产全奖,减产全赔。一种是超产部分按大农活与小农活实做工分的比例分奖,减产亦按大小农活的比例赔产;另一种是固定四六开,即超产部分的40%奖给大农活,60%奖给小农活,减产赔偿亦按四六比例分摊。小农活的奖赔全由承包田间管理责任田的社员承担,大农活的奖励由作业组按照实做工分分摊,赔产则按劳动底分分摊。

曾希圣认为,这种责任田的好处主要是包工包产结合起来,集体负责和个人负责结合起来,减少了评工记分产生的缺点,可以充分调动社员积极性,加强责任心,做到各尽所能,人人有责。这是符合社会主义原则的。没有责任心,各尽所能就不能实现,人人有责,才能各尽所能。定产到田,包工落实到人,产量多少,由社员负责,所以大家都会出劲干了,就是辅助劳力也会参加生产。原因就是,大家都要争超产。过去只争工分,不讲质量,不一定能超产。把数量与质量结合起来,才能超产,才能避免单纯争工分。[①]

曾希圣还将干部中对责任田方向性质的怀疑,对公心、私心的顾虑,对风向转变、秋后算账的担忧等,给予了一一解释。对于实施过程中可能发生的问题,报告也给出了解决的办法。报告最后强调要加强领导,看秋后的试验结果。[②]

4月27日,中共安徽省委向中共中央、毛泽东和华东局提交了《关于

---

① 《关于包工包产责任制问题》,《1961年推行"责任田"纪实》,中国文史出版社,1990年,第98-103页。

② 同①,第104-109页。

试行包工包产责任制情况的报告》。报告给予了"包产到队、定产到田、责任到人"一种更加简明的叫法，称为"包工包产责任制"。报告详述了这一办法的具体做法，以及试行的好处。报告指出："在试行这个办法的地方，社员的生产责任心大大加强。生产积极性大大提高。"同时极力区别"责任田"与"包产到户"的不同，为"责任田"辩解："有少数群众把这个办法误解为'包产到户'，甚至误解为'分田'也有的希望多吃超产粮，故意把它说成包产到户。""实际上，这个办法不是'包产到户'，更不是'分田'，这和六十条中所说的'实行严格的田间管理责任制'，'有的责任到组，有的责任到人'是完全一致的。""为了避免影响邻省，请求中央把我们这个办法告知他们，以免在群众中发生误解。"①

7月12日，毛泽东从南方视察回北京路过蚌埠，通知曾希圣前去汇报。曾希圣再次向毛泽东汇报了安徽试验责任田的情况。毛泽东听了汇报后说："你们认为没有毛病就可以普遍推广。"②

推行"责任田"的上层闸门终于被打开，毛泽东同意"普遍推广"，给曾希圣以巨大的鼓舞（虽然这是毛泽东勉强同意的③）。他立即在省委三级会议上作了传达，并作了普遍推广的具体部署。从此，责任田在安徽名正言顺地大规模推广开来。

为了消除毛泽东的顾虑，取得中央高层的全力支持，7月24日，中共安徽省委再次向中共中央、毛泽东和华东局写了关于"责任田"的报告。报告又一次详述了责任田的具体做法、性质分析、具有的好处、试行中出现的问题以及今后的改进意见。④ 这次报告是4月份曾希圣在省委三级干部会议上总结报告的细化。报告称，安徽省的"田间管理责任制加奖励"的做法，概括起来就是：包到队，定产到田，大农活包工到组，田间管理农活（即小农活）包工到户，按大小农活的用工比例计算奖赔。具体

① 《中共安徽省委关于试行包工包产责任制情况的报告》(1961年4月27日)，《农业集体化重要文件汇编》(下册)，中共中央党校出版社，1981年，第501-502页。

② 薄一波：《若干重大决策与事件的回顾》(下册)，中共党史出版社，2008年，第759页。

③ 同②。

④ 《中共安徽省委关于试行田间管理责任制加奖励办法的报告》(1961年7月24日)，《农业集体重要文件汇编》(下册)，中共中央党校出版社，1981年，第503-514页。

如下：

（1）包产。生产队根据逐丘定产确定包产指标。定产的标准和程序是各生产队由干部、老农和积极分子组成评产小组，按照土质、水利条件和不同的作物品种，逐丘评定产量，再分别定出夏季和秋季的产量任务，粮食作物和经济作物的产量任务，提交社员大会讨论通过，落实包产指标。包产指标评定之后，还要上报生产大队审查，看是否有指标偏高或偏低的，以及作物品种安排不合理的，大队可根据实际情况进行必要的调整。然后交社员大会讨论通过，作为今后的包产基数。生产队的包产任务，由生产队向大队签订合同，负责完成。包产以内的收入，按照大队统一规定的标准扣留生产费用以后，其余全部上交大队统一分配。生产队内逐丘定产的产量，则由担负大农活的作业组和承包小农活的社员共同保证完成。这样，可以把集体的责任心和个人的责任心结合起来，做到人人关心产量。[1]

（2）包工。生产队逐丘定工确定包工指标。生产队的评产小组根据劳动定额，按照田地的不同条件和不同作物所需要的大农活和小农活，逐丘把工定实。然后计算出属于向大队包产范围的用工数，再加上耕畜饲养工、农具保管工和其他不可少的包工，得出全生产队的包工总数，上报大队评议决定，并以此作为今后的包工基数。生产队根据逐丘定工的用工数，把大农活包工到组，把小农活（田间管理活）包工到户，建立严格的包工责任制。[2]

报告接着详细介绍了哪些属于大农活，哪些属于小农活，以及大小农活包工的具体做法。如大农活中的耕畜饲养、耕田、育秧、收打、抗旱、排涝、大面积灭虫等。小农活包到户，有些适合常年承包，有些适合临时承包。两种承包的优缺点，报告都给予了客观的分析。

（3）奖赔。全奖全赔。超产按照大小农活的用工比例，全部奖给社员，既不提成上交大队，也不提成作为生产队的积累。超产全奖的具体做

---

① 《中共安徽省委关于试行田间管理责任制加奖励办法的报告》（1961 年 7 月 24 日），《农业集体化重要文件汇编》（下册），中共中央党校出版社，1981 年，第 503—504 页。

② 同①，第 504 页。

法有两种:一种是按照实际超产数来计算,譬如一亩地定产300斤,收获后实产340斤,即超产40斤,如果大农活占全部用工的40%,则得奖16斤,小农活占全部用工的60%,则得奖24斤;另一种是按照事先评定的超产数来计算,譬如一亩地定产300斤,经社员民主评议定,预计能够超产40斤,如果大农活占全部用工的40%,则应得奖16斤。包产数300斤加上奖给大农活的超产数16斤,共计316斤,就是承包田间管理责任田的社员应该负责完成的产量。收获后,包产部分由生产队上交大队统一分配,奖给大农活的部分由生产队按照大农活的实做工分和社员的劳动成效奖给做大农活的社员,其余不论超产多少,全归承包田间管理责任田的社员所得。从试行的情况看,后一种做法更受社员欢迎。

减产赔偿,即找出减产的原因,针对原因进行赔偿。因灾减产,降低包产指标;若是大农活的原因,由负责大农活的社员负责赔偿;若是田间管理的原因,则由承包田间管理责任田的社员负责赔偿;若大小农活都有关系,则共同负责赔偿。

报告还将执行中可能产生的如困难户和争先恐后的问题,提出了一系列的应对措施。

对于困难户,采取的措施有:(1)在承包田间管理责任田时,包给近田和好做的田,包产指标适当降低一点,使他们也能有产可超;(2)不能包田间管理责任田的社员,就优先安排他们搞一些力所能及的副业和零活,如养猪、养羊、养鸭、看场、拾粪等,使他们也能得到一定的收入;(3)收入过少、不能维持生活的,经民主评定,从公益金中给予补贴,从救济款中给予救济;(4)由党员、团员、干部和积极分子,对困难户实行分户帮助。

对于争先恐后的问题,主要采取以下措施:(1)坚决贯彻大农活包工到组,由作业组统一安排和派工;(2)生产队事先计算出全年大农活的用工数,然后交由能做大农活的社员按照劳动底分分摊出勤任务,保证完成;(3)生产队和作业组,对于大农活的先后次序,应按照自然条件、历史习惯和生产需要作出合理的安排,防止和克服争先恐后的矛盾。

因为在广州会议上看到材料的各地及中央领导人的态度不一,有的认为是单干,有的认为只能试验、不能推广等,因此,就"责任田"的性质问题,报告用了很大的篇幅来分析。竭力要说明的是,这种办法是符合社会主义原则的,不是"包产到户",更不是单干,不会造成两极分化。

报告作了以下分析:这个办法不是"包产到户",不是单干。它和过去包工包产的做法是不相同的,但这种不同没有改变其实质。实行定产到田,责任到人,把田间管理包工到户,按照产量计算奖赔,不可能成为包产到户,成为单干,因为并没有违背集体经济的基本原则。

"定产到田、责任到人",只是为了使包产更加落实,使包产任务的完成更有保证。过去包产任务是按照划框定产的办法来推算的,指标没有实现到田,社员不了解对包产应负什么责任,因此他们说:"包产一捆柴,队长一人挑。"责任田的包产任务是按照逐丘定产的办法来计算的,不但包产比较准确,而且社员都能知道自己对包产所应负的责任,因此,他们说:"现在是人人有责,千斤担子众人挑。"一个队的总包产是要由逐丘定产落实才能落实的,总包产任务的完成是要大家负责才能做到的。这与工业生产一样,一个工厂的生产任务定下以后,必须划分一个工段,一个车间、一部机器的生产任务必须依靠每个工人的责任心,否则总的生产任务会落空。因此,"定产到田、责任到人"的责任制度不是包产到户,也不是单干。

"田间管理包到户"更容易被理解成"单干"。报告对此也作了详细的分析解释。由于田间管理(即小农活)比较复杂、琐碎,适合于分散去做,所以一次包到户,划定田间管理责任田。这样的好处显而易见,不仅省去了经常派工和评工记分的麻烦,减少窝工费工现象,而且能使每块田的田间管理都有专人负责,还能做到和大农活分工配合与辅助劳力参加劳动。报告举了纺织工厂的例子来说明,认为这是集体所有制中实行的责任制,只是加强了责任制,并没有改变集体所有制的性质,也就不可能是"单干"。

按照产量计算奖赔,更不是"包产到户"和"单干"了。这只是为了使奖赔更加合理,并没有改变包产到队的性质。把大农活包给作业组,把小农活总包到户,再根据产量多少按大小农活用工比例计算奖赔,把产量多少作为计算奖赔的标准,这就改变了以往社员只争工分数量,不注意农活质量的毛病。

通过以上分析,报告总结道:"田间管理责任制加奖励的办法只是社会主义集体经济的一种管理方法,它并没有改变生产资料的所有制,土地、耕畜、大农具仍然是集体所有的;它并没有改变产品收入仍由大队统一分配,社员仍然是按劳取酬;它并没有改变集体的劳动方式,这不仅表现在大农活是统一做的,而且小农活也是为了完成总的包产任务而进行劳作的,所以仍然是集体生产的一个组成部分。这种生产的集体性与劳作的个体性,在任何社会主义的生产单位中都是存在的。所以,我们说,这个办法不是'包产到户',不是单干。"①

报告认为,这种办法的好处有:(1) 劳动力得到了充分利用,出勤率大大提高。原来不参加生产的老年人和十几岁的小孩,也下田干活了,而且是自觉出勤,不需要队长吹哨喊工。(2) 土地得到充分利用,田埂地边都种上了庄稼,缺苗断垄的现象大大减少。(3) 做活认真,农活质量显著提高。由于大小农活有明显的分工,并且共同对产量负责,这就充分发挥了彼此之间互相监督的作用,使农活质量有显著提高。(4) 积极积肥,基本上解决了大田和自留地用肥的矛盾。自从实行了这一办法,家家户户盖厕所、添粪缸、粪挖窖,积肥量大大增加,并且改变了过去那种"肥死菜园,瘦死大田"的现象。(5) 加强对庄稼的看管,减少了鸡猪糟蹋和偷青吃青现象。(6) 收打精细,减少了丢失、抛撒现象。过去社员只关心工分,只图快,不讲收打的质量,虽有干部检查验收,但还是收打不认真,有抛撒丢失现象。承包之后,社员一粒粮食也舍不得丢,真正做到了地不丢穗,场不留粒。(7) 生产队干部摆脱了琐碎事务,积极参加生产领导生产。干部不用像过去那样派工、评分记工,因此能抽出更多的时间参加生产,领导生产。除上述 7 点好处外,这种办法还减少了包费用的手续和项目,节省了生产费用的开支。

① 《中共安徽省委关于试行田间管理责任制加奖励办法的报告》(1961 年 7 月 24 日),《农业集体化重要文件汇编》(下册),中共中央党校出版社,1981 年,第 508-509 页。

报告对于这种办法在试行中出现的问题没有回避,而是如实地上报。主要问题有:(1)这一办法会被误解为"分田"或"包产到户"。(2)农忙季节,有的生产队出现了争抢现象。(3)对困难户的照顾还不够。(4)部分社员有瞒产行为。有的只交包产部分,不交超产部分,做大农活的社员分不到超产粮。有的自收自打,以多报少,不仅不交超产部分,而且包产部分也没有如数交足。(5)部分干部放松了领导,错误地认为划分了责任田,用不着干部操心了,因而只顾埋头搞自己包的责任田,对全队的生产很少过问。还有些干部自己包的田都比较好,而且产量定的低,引起了群众的不满。

这次的报告与 4 月 27 日的报告相比,有两点不同。一是名称不同,4月 27 日的报告中称之为"包工包产责任制",而这次报告将名称改为"田间管理责任制加奖励办法",这就回避了多次被批判的含"包"字的敏感名称。二是这次的报告比 4 月份的报告详细、系统得多。这一切都是为了取得中央的支持而煞费的苦心。

中央高层允许普遍推广,省委及各级党政机关支持指导,农民衷心拥护,责任田在安徽各地迅速普及。7 月底,实行责任田的生产队增加到66.5%,[①] 8 月中旬增加到 74.8%,10 月中旬增加到 84.4%。

责任田的效果到底怎样,需要通过作物收获的实践来检验。秋收之后,实行责任田的地方是否增产,将会见分晓。9 月 14 日,安徽省委发出《关于进一步调查和总结两种包工包产办法的通知》。

1961 年 10 月,安徽省对 36 个县作了典型调查,其结果是:实行责任田的 36 个生产队,粮食平均每亩比上年增产 38.9%;而另外 36 个条件大体相同但没有实行责任田的生产队,平均亩产只比上年增产 12%。1961 年,安徽全省粮食总产量达到 189 亿斤,比 1960 年增产 54 亿斤,增幅达 40%。安徽省超额完成了国家征购任务,农村严重困难得到缓解,大批外逃人员纷纷回乡种"责任田",老百姓形象地称"责任田"为"救命田"。[②]

---

① 《中共安徽省委关于试行田间管理责任制加奖励办法的报告》(1961 年 7 月 24 日),《农业集体化重要文件汇编》(下册),中共中央党校出版社,1981 年,第 503 页。

② 《曾希圣传》编辑委员会:《曾希圣传》,中共党史出版社,2004 年,第 503 页。

责任田不仅缓解了安徽农村的困难,还影响了邻近的河南、山东、江苏等省。安徽不少农民将余粮卖到邻省邻县。来安徽买粮的有汽车、马车、板车、独轮车,还有肩挑人扛的。蚌埠铁路分局为运送粮食增开了专列,河南省驻军也出动各种车辆帮助农民到安徽运粮。据河南省的干部介绍,从1961年冬至1962年春,河南省从淮北地区购买的山芋干达到5亿多斤。1962年2月,时任中共中央中南局书记的陶铸与时任河南省委第一书记的刘建勋等人,专程来到宿县(现在的宿州市),对安徽干部群众的支持表示感谢。①

秋收粮食增产的事实更激发了各地实行责任田的热情,如阜阳地区,到1961年底,全区2 246个生产队已有95%以上推行了责任田。②

面对"大跃进"和人民公社化运动的急于过渡,造成农村的大面积灾荒,全国各地普遍出现缺粮、饥荒、浮肿病、人口外逃和非正常死亡的重大灾难,③ 不仅中央高层采取各种应急措施,逐步调整政策,各地农民也创造出各种不同的应对方法,其中"包产到户"或"责任田"就是最有成效、影响最大的,同时也是从根本上解决问题的一种方法。这种符合当时生产力发展,符合农民利益,能调动农民生产积极性,能增产粮食的方法,一经试点,就如燎原烈火,很快在各地蔓延开来。

"当时搞各种形式包产到户的,安徽全省达80%,甘肃临夏地区达74%,浙江新昌县、四川江北县达70%,广西龙胜县达42.3%,福建连城县

① 《曾希圣传》编辑委员会:《曾希圣传》,中共党史出版社,2004年,第504页。
② 《阜阳地区志》,方志出版社,1996年,第51页。
③ 至于灾难的原因,要说清楚是一个非常复杂的问题,有自然的原因,更有人为的原因。1962年的七千人大会上,刘少奇引用湖南农民的话说是"三分天灾、七分人祸"。然而官方渠道的宣传是强调"自然灾害",加上苏联的"背信弃义",政策的失误也被提到,但没有作为主要原因。但笔者倾向于政策原因,正如1961年农村调查时,农民普遍反映:他们想各自回家做饭吃,非让吃大食堂;他们想分一块自留地,偏偏不给,情愿荒着也不给社员种;他们要求牲畜分养,非让集中喂养,结果是肥的养瘦、瘦的养死等。学者金辉的研究,也证明把原因主要归于自然灾害是勉强的。(金辉:《风调雨顺的三年——1959—1961年气象水文考》,《方法》,1998年第3期)近年来,沈志华先生据苏联解密档案的研究,苏联逼债一说基本不能成立。就教科书的说法,苏联"背信弃义"单方面撕毁合同、撤出专家是在1960年7月,而这时灾难已经相当严重了。需要说明的是,苏联停建的项目多是重大工程,而不是民生投资,停建只会利于救灾,而不是加重灾难。

达42%,贵州全省达40%,广东、湖南、河北和东北三省也都出现了这种形式。据估计,当时全国实行包产到户的约占20%。"①

然而,就是这样被称为"救命田"的效果显著的办法,由于"左"倾思想的影响,在中央高层引起了很大的争论,最终以毛泽东为主的持否定意见的一方占了绝对优势,以安徽责任田为代表的包产到户责任制遭到批判。20世纪60年代初,由于"左"倾错误日益加剧,"包产到户"被毛泽东称为"三风"之一②,受到的批判也达到了空前的程度。虽然一些地方的干部和群众也冒险上书毛泽东,但结果犹如以卵击石。"包产到户"最终还是在劫难逃。

第三节 风云突变——关于包产到户的争论和批判

一、中央高层对包产到户的不同态度

安徽的包工包产到户责任田是在省委的主持下,通过各级党政机构实行的,因此,也是在全国所有省份中实行的比例最大、影响最大的。中央高

---

① 薄一波:《若干重大决策与事件的回顾》(下册),中共党史出版社,2008年,第757页。
② "三风"是指黑暗风、单干风、翻案风。中央高层对"大跃进"和人民公社化运动造成的灾难程度和恢复措施成效的估计意见不一,毛泽东不认为造成的灾难有多严重,而认为经过1961年和1962年上半年的调整,已经走出了谷底,各地情况正在好转。而以刘少奇为主的中央一线的领导人认为灾难空前严重,虽然经过1961年和1962年的调整,但情况还是很严重,甚至有的地方情况还在恶化,更不要说走出谷底了。这种对形势的"悲观"估计,被毛泽东称为是"黑暗风";各地兴起的不同形式的包产到户责任制,毛泽东认为是"单干风";"大跃进"和人民公社化运动造成的灾难以及后来的政策调整,都证明1959年庐山会议上彭德怀的所谓"意见书"中反映的问题是存在的,观点是正确的,毛泽东也在不同的场合承认彭德怀是正确的,但却表示,彭德怀不能平反,而且还在不同的场合继续批彭德怀,彭德怀得知后,于1962年6月16日给中共中央和毛泽东主席写了一封八万言的长信(即"八万言书"),对自己的历史作了扼要回顾,对强加给自己的罪名进行申诉(见《彭德怀自述》,人民出版社,1981年)。这被毛泽东称为"翻案风"。1962年在中共八届十中全会及之前的中央工作会议上,"三风"遭到严厉批判。

层对安徽责任田的态度,就毛泽东而言,从根本上是不情愿的,但迫于形势的严酷和考虑到责任田的效果,他从犹豫摇摆,时而同意,继而又不同意,不久又同意,到最终坚决反对而发起总的反攻。中央其他领导人如刘少奇、陈云、邓小平、邓子恢等,对包产到户则是支持、宣传的,到后来却与包产到户一起受批判。

各地试验不同形式的包产到户的同时,中央也在进一步调整农村人民公社体制。

9月29日,毛泽东给中央常委和有关各同志写了封信,主要谈农村人民公社基本核算单位的问题。毛泽东在信中明确表示:他的意见是"三级所有,队为基础",即基本核算单位是队而不是大队。他认为,生产权在小队,分配权在大队,即所谓的"三包一奖"的问题。大队实行"三包一奖"是一个糊涂办法,弄得大小队之间、干群之间,一年大吵几次,结果瞒产私分,并且永远闹不清。"在这个问题上,我们过去过了六年之久的糊涂日子(一九五六年,高级社成立时起),第七年应该醒过来了吧。"[1]

通过1961年对农村各方面情况的调查,1961年10月7日中央发出了《中共中央关于农村基本核算单位问题的指示》。《指示》虽然认为究竟是以生产大队还是以生产队为基本核算单位的问题需要研究,但从一些地方的调查材料来看:"以生产队为基本核算单位,是比较好的。它的最大好处,是可以改变生产的基本单位是生产队,而统一分配单位却是生产大队的不合理状态,解决集体经济中长期以来存在的这种生产和分配不相适应的矛盾。"[2]《指示》让各地讨论基本核算单位,而实际上,中央的态度已经非常明显,即要将基本核算单位下放到生产队。

毛泽东认为,将基本核算单位下放到生产队已经是农村人民公社所有制体制调整的最后底线了,不能再退了,再退性质就变了。面对各地形式不同的"包产到户",毛泽东又一次转变了态度,1961年11月13日发出的

---

① 《给中央常委的信》(1961年9月29日),《毛泽东文集》第8卷,人民出版社,1999年,第284—285页。

② 《中共中央关于农村基本核算单位问题的指示》(1961年10月7日),《农业集体化重要文件汇编》(下册),中共中央党校出版社,1981年,第518页。

《中共中央关于在农村进行社会主义教育的指示》指出："提高对集体生产的积极性,巩固和发展集体经济。要使农民懂得,只有依靠集体经济的发展,才是唯一正确的出路⋯⋯目前在个别地方出现的包产到户和一些变相单干的做法,都是不符合社会主义集体经济的原则的,因而也是不正确的。这类地方,应当通过改进工作,办好集体经济,并且进行细致的说服教育,逐步地引导农民把这些做法改变过来。"① 这是毛泽东第一次对 20 世纪 60 年代初的"包产到户"明确表示否定态度,要求已经实行的地方改变过来。之后,毛泽东一直对"包产到户"持这种反对态度,而且对持肯定意见的中央其他领导人的批评越来越严厉,以致在 1962 年 7 月的北戴河中央工作会议和 9 月的八届十中全会上,"包产到户"作为"三风"之一遭到了空前严厉的批判。

1961 年 12 月 15 日,毛泽东在无锡听取江苏省委第一书记江渭清、安徽省委第一书记曾希圣等汇报。在听取汇报中间,毛泽东讲了一些重要意见。关于农村基本核算单位下放问题,毛泽东说:"贯彻要快一点,一传达下去可以调动积极性。有人认为这是倒退。这不是倒退,是前进。不是讲底子薄吗? 主要是生产队底子薄,要使生产队由薄变厚,就要发展生产力,就要以生产队为基本核算单位。""他特别指出一点:'包产到户这事,不可干。'"② 因此,他问曾希圣:"有了以生产队为基本核算单位,是否还要搞'责任田'?"并提出,生产开始恢复了,是否把这个办法变回来? 曾希圣请求道:群众刚刚尝到甜头,是否让群众再搞一段时间? 毛泽东没有明确表态。③

除毛泽东以外的其他中央领导人,对包产到户的态度基本是肯定的。有的领导人开始时持否定态度,但通过农村调查,转而表示支持。所以在"包产到户"受到批判时,他们也一起受到批判。

---

① 《中共中央关于在农村进行社会主义教育的指示》,《建国以来重要文献选编》第 14 册,中央文献出版社,1997 年,第 767 页。

② 逄先知、金冲及:《毛泽东传》(下册),中央文献出版社,2003 年,第 1 186 页。

③ 李任之在中共安徽省委书记处会议上的发言,1962 年 2 月 19 日。转引自《曾希圣传》,中共党史出版社,2004 年,第 504 页。

刘少奇对于"包产到户"的态度相对较谨慎,主张"零星生产可以包产到户"、"自留地可以包到户"。

1961年4、5月份,刘少奇回家乡湖南宁乡进行调查。调查期间,就群众提出的包产到户问题,5月7日,刘少奇与宁乡县花明楼公社炭子冲大队的干部和社员座谈时说:"有些零星生产可以包产到户,如田塍,就可以包产到户。""田塍包产到户,收稻草时常常把田塍上的豆子拖死,谁种豆子,那一段的草可以归他收。"① 对于荒地是否可以包产到户的问题,群众认为荒地包产到户要好些。刘少奇说:"(荒地包产到户)收入要交一点给生产队,剩下的是你自己的,社员有了就好办。"接着,刘少奇还说:"田塍的产量也要交一点给生产队,少交一点,一百斤交十斤。多了,交五斤也可以。要交生产队一点,因为田塍是集体所有的。"②

5月13日,刘少奇在听取中共湘阴县委的汇报时,再次谈到这个问题。分田到户这个问题,要正面提出,这样做不对。因为"生产和生活问题不同,生活可以自由,生产应当是集体的"。但自留地可以包到户;田头、田角、田坎可以种豆子。可是要明确一点,这不是分田到户,而是"包给他",收获也不是全部归自己,而是要交给公家5%~10%。强调"生产一定要集体的"。③

1962年7月18日,刘少奇在对中央直属机关和国家机关下放干部的讲话中,强调必须实行责任制,称赞河南新乡的"大农活集体干,小农活分散干,组包片(一个生产小组包一片),户包块(一户包一块),超产奖励"的责任制。但是新乡的这种责任制不是单收单打,还是集体收,集体打场,只是到要收的时候,找个有经验的农民估计一下,这块地产量多少,超产奖励。当地群众反映,这样虽然也能提高农活质量,但还是不如农民自留地的农活质量好,也不如初级合作社时的质量好。所以,刘少奇认为,实行一户包一块,或者一个组包一片的责任制是完全可以的,但这种责任制还有缺陷,还没有很好地和产量联系起来。怎样使责任制和产量联系起来,需

---

① 刘少奇:《有些零星生产可以包产到户》,《党的文献》,1992年第4期。
② 同①。
③ 刘崇文、陈绍畴:《刘少奇年谱》(下册),中央文献出版社,1996年,第523页。

要进一步研究。①

此时正值北戴河中央工作会议期间和八届十中全会批判"单干风"前夕，毛泽东对"包产到户"的态度已经非常明确了。而刘少奇对"包产到户"的态度似乎更加开放，由主张"零星生产包产到户"，到"实行一户包一块，或者一个组包一片的责任制"。这和毛泽东的意见非常不一致。不仅刘少奇，中央其他领导人如邓子恢、陈云、邓小平、田家英等，也对此有不同的看法，有的为此与毛泽东发生了争执。

从1953年中央农村工作部成立就担任部长的邓子恢，曾多次因为在农业发展思路、农村经济体制上与毛泽东意见不一致而受到严厉批评，但他仍坚持正确意见。在20世纪60年代初的"包产到户"问题上，他通过调查，态度由有保留地辩证地看待"包产到户"，认为在一定的条件下、一定的范围内有优越性，但任其发展下去将出现两极分化和资本主义，到支持和大力宣传"包产到户"，认为这是恢复和发展生产的好办法。

1961年4、5月份，邓子恢到故乡福建龙岩调查。5月13日，他给中共中央和毛泽东写了《关于龙岩调查》的报告，反映龙岩存在的食堂、粮食、供给制等十个问题，其中讲到了"关于粮食包死产和三包一奖制问题"。在调查中邓子恢发现，龙岩各地小队都迫切要求包死产，即实行三包、全奖、全赔。各小队按包产任务和国家规定标准，留足口粮，按需要留下种子、饲料之后，国家需要征购多少，一次议定，以后增产不增购，减产不减购。过去实行的"三包一奖"的"奖"是超产提成，结果造成了小队干部和社员瞒产，因此只有实行全超全奖，三包改为四包，即包工、包产、包成本、再加上一条包上调。这是既适合于农业生产特点，又适合于公私两利的先进制度。②

10月、11月间，邓子恢又一次到龙岩调查关于农村基本核算单位问题。11月初，邓子恢先后在龙岩东肖公社干部会议和龙岩地、县、公社三级干部大会上，作了关于"大包干"问题的长篇报告。报告详细解释了

---

① 刘少奇：《必须实行责任制》（1962年7月18日），《党的文献》，1992年第4期。

② 邓子恢：《关于龙岩调查》（1961年5月13日），《邓子恢文集》，人民出版社，1996年，第536-538页。

人民公社基本核算单位下放到生产队的问题。实行了"三级所有,队为基础",取消生产队向大队包工、包产、包成本的一套"老三包",实行生产队向大队包上缴公积金、公益金、管理费的"新三包";公粮和征购粮也由大队分到小队包干,一年一次定死,增产不增购,减产不减购。生产队完成"新三包"和国家任务后,全部产品归社员所有,可以实现多劳多得。邓子恢在报告中还强调,权力下放到小队以后,仍然要实行包工制度,"要划分临时作业区,按季节包工"。"有些农活包工到组,有些农活(如耘田、锄草等)也可以包工到人。包工要有定额,每个社员按完成定额计工分……这样劳动功效就可以大大提高,生产就可以大大发展。"① 邓子恢提出的"新三包"克服了"老三包"的缺点,有利于调动群众的生产积极性。邓子恢还强调"有些农活可以包工到人",突破了包工包产到组的界限。

毛泽东在 1961 年 9 月 29 日给中央常委的信中,对高级社时实行的"三包一奖"提出了批评。② 1962 年 2、3 月份,各地的包产到户陆续遭到批判。其中广西龙胜县是实行"包产到户"比例较大的县,当然也是被批判的县之一。这时,邓子恢为了了解农村情况,带了工作组到南方调查。他在广西停留的时间较长,与干部群众座谈"包产到户"问题。自治区党委领导反映:很大一部分农村公社以下干部有分田到户、包产到户的思想倾向,他们认为这样可以彻底解决平均主义,彻底改变农民面貌。有不少生产队已经实行包产到户或分田到户,龙胜县 50% 多的生产队已经包产到户。为了防止滑向包产到户,自治区党委提倡实行临时作业组。谈到龙胜县的包产到户,自治区党委领导同志感到压力很大。③ 邓子恢并不认为包

---

① 《邓子恢同志在龙岩东肖公社干部会上关于"大包干"问题的讲话》(1961 年 11 月 3 日);《邓老在龙岩地、县、公社干部会上关于"大包干"问题的报告》(1961 年 11 月 7 日)。转引自蒋伯英:《邓子恢与中国农村变革》,福建人民出版社,2004 年,第 587-589 页。

② 即前文提到的毛泽东 1961 年 9 月 29 日给中央常委的信中的内容:"在这个问题上,我们过去过了六年之久的糊涂日子,第七年应该清醒过来了吧。也不知是谁地谁人发明了这个'三包一奖'的糊涂办法,弄得大小队之间,干群之间,一年大吵几次,结果瞒产私分,并且永远闹不清。据有些同志说,从来就没有真正实行过所谓'三包一奖'。实在是一个严重的教训。"见《毛泽东文集》第 8 卷,人民出版社,1999 年,第 285 页。

③ 《邓子恢传》,人民出版社,1996 年,第 548 页。

产到户那么可怕,更没有因为中央批判包产到户要求各地改正而给广西增加压力,而是说:"你就让他们单干怕什么,先把40%多的集体经济搞好,其他50%多的慢慢来,当然也不要公开承认他们单干。"①

3月中旬以后,邓子恢到桂林地区调查。桂林地委的领导反映龙胜县有许多生产队包产到户。邓子恢根据龙胜县的具体情况,谈了自己的意见。他认为:龙胜的小队不一定划那么大,干脆一村一队。7、8户的村庄也可以编一个小队,自负盈亏,不要几个村庄合起来。3、5户的可以单独编小组,包产到组。单庄独户、离村庄远的就包产到户,或者让他们单干吧。这样有好处,不要有顾虑,怕说单干,怕说右倾,什么事都要实事求是。这样零星居住的,干脆向群众宣布,包产到户。单干就单干,有什么不好,等几年后,有条件合起来,再组织起来。②

对于居住不是那么分散的,不应该包产到组、包产到户,而已经到组、到户的,考虑到当时已经到了插秧季节,再改正的话,会影响生产。针对这种情况,邓子恢说:"就马马虎虎,睁个眼闭个眼算了,秋收后再慢慢搞,不要影响生产。""组织起来,天长地久,不能强迫命令。群众不自愿的东西就不要搞,没有互利就不能自愿,不自愿就不能结成组织。""三五户的允许包产到组,孤庄独户允许包产到户……平原地区三两户,或者三几个人愿意上山的,可以允许他们上山单干。""集中居住的小队包产到组到户的,已经扭转过来了,群众同意的就行了;还没有扭转过来,群众不同意的就睁个眼,闭个眼算了。"③ 邓子恢是辩证地看待单干和集体经济,不否认单干的优越性。单干自负盈亏,群众有积极性;但发展下去,就是资本主义道路。集体生产可以多用劳力,可是组织不好,窝工浪费,优越性就没了。④

5月7日至11日,在中央工作会议上,邓子恢作了关于农村人民公社

① 《邓子恢传》,人民出版社,1996年,第548页。
② 邓子恢:《关于龙胜县的包产到户问题》(1962年4月11日),《邓子恢文集》,人民出版社,1996年,第584页。
③ 同②,第584-585页。
④ 同②,第585页。

若干政策问题的发言。邓子恢在发言中谈到龙胜县的包产到户问题时,把
3月份在桂林地区对当地干部的讲话再次在会议上做宣传。邓子恢说:
"广西龙胜县的山地有10万人口,土地不多。这个地区,现在单干60%。
原因有多种,其中有一个原因就是山区分散。一个小村庄两户、三户,多的
五户。从这个村到那个村看着很近,走起来很远。我告诉他们,这样的地
区不要集体,就让他单干,或者叫包产到户。这是社会主义的单干。他只
要上调,有什么不好? 龙胜县60%单干,对区党委压力很大。我说,你就
让他单干怕什么? 先把40%的集体经济搞好,其他60%慢慢来。"① 但会
议没有对邓子恢提出的问题作出决定。主持会议的刘少奇说:"邓子恢同
志讲的这些问题,以后再来讨论。"② 为了得到中央其他领导人和没有参
加会议的毛泽东的支持,邓子恢于5月24日给中央和毛泽东写了《邓子恢
关于当前农村人民公社若干政策问题的意见》的书面材料,报告会议上所
讲的主要内容。

　　安徽的责任田在中央引起了很大的争议,从1961年底毛泽东就持坚
决反对的态度,中共中央于1962年作出改正责任田的决定,但这一决定受
到安徽一些地方干部群众的抵制,有的直接写信给中共中央、毛泽东。邓
子恢得知情况后,于5月25日派中央农村工作部副部长王观澜带调查组
到安徽当涂县调查责任田情况。调查的结果是,1961年增产增收,1962年
早稻又普遍增产。调查组还总结了实行包工包产到户责任田的许多好处。
王观澜写出了调查报告——《安徽省当涂县责任田情况调查》。报告说:
当地80%生产队的责任田做到了"五统一"(即主要生产资料、生产计划、
劳动力、分配和上缴任务统一于集体)。由于把责任制和产量结合起来,农
民个人利益与集体经济结合紧密了,社员劳动热情空前高涨,对恢复生产
起了积极作用。报告还说:责任田还解决了自农业合作化以来一直存在的
社员劳动不顾质量,以及社员自留地、家庭副业与集体生产争肥料、争时间
的矛盾。邓子恢看了报告认为,责任田不涉及所有制性质,只是集体经济

---

① 邓子恢:《适当扩大小自由,不会变资本主义》,《党的文献》,1992年第4期。
② 《邓子恢传》,人民出版社,1996年,第551-552页。

经营管理的一种形式,不能全盘否定,而应总结经验,加以提高。① 中央农村工作部就此给中央写了报告,邓子恢向毛泽东作了汇报,但毛泽东不同意。邓子恢打算拿更多的材料继续说服毛泽东。②

为了得到更进一步的关于责任田的材料,6月27日,邓子恢第二次派调查组到安徽调查。调查组对宿县王楼公社王楼大队和城关区刘合大队进行了调查,调查的结果和当涂县一样,上年增产增收,当年庄稼长势很好,丰收在望,群众普遍满意。③ 7月18日,调查组向邓子恢写了两个大队实行包产到户责任田情况的调查报告。报告说:由于粮食显著增产,群众感到"包产到户责任田"越来越有奔头,最好一辈子不要再变;他们一再表示,他们一不怕蒋介石,二不怕自然灾害,就怕改变责任田。县委、区委、公社党委书记都认为,包产到户责任田在集体农业生产的经营管理上找到了一条出路,是增产粮食的最好办法;他们再三要求,不要给他们戴方向性错误的帽子,允许他们试验3年,粮食过了关再改。④

两次对安徽不同地区的调查,得出相同的结论。邓子恢看到调查报告,更加确认安徽的责任田不是单干,不但不是单干,而且正是搞好集体生产,防止单干的好办法。⑤

6、7月间,几乎在派出调查组到安徽调查的同时,邓子恢先后在军委后勤部、解放军政治学院、中央直属机关下放干部大会上以及中央高级党校等地作了6场关于农业问题的报告。报告内容大致相同。谈到农业生产力遭受严重破坏的原因时,邓子恢认为,自农业合作化开始以后到1962年的10年间,农村生产资料所有制"七变八变,变上变下,忽大忽小,今天一变,明天一变"的反复无常是重要原因。所有制变化多端,引起了农民群众的不满,以致老百姓说,共产党是孙悟空的政策72变。由于所有制的反复变化,农民对生产没有积极性。邓子恢分析说,农民

① 《邓子恢传》,人民出版社,1996年,第558-559页。
② 张其瑞:《回忆安徽责任田的两次调查》,《回忆邓子恢》,人民出版社,1996年,第418-419页。
③ 张其瑞:《回忆安徽责任田的两次调查》,《回忆邓子恢》,人民出版社,1996年,第419页。
④ 同①,559页。
⑤ 同①,559页。

是集体所有制,谁给他发工资? 不是依靠工资,而是依靠生产资料集体所有制条件下的劳动,靠这样的劳动获得产品的分配,就是靠所有制吃饭和生存。所有制问题是农民生存的根本所在,"所有制的破坏,所有制不固定,所有制变动过多,对所有制开玩笑,这是造成农业减产、农业生产力下降的主要因素"。①

在谈到集体经济在所有制和经营管理方面存在的问题时,邓子恢对集体经济和个体经济的优缺点给予了恰当的评价。他说,不能把个体经济说得一钱不值。有其好处,也有其坏处。邓子恢对于集体经济总体上肯定,但不主张只是口头上"喊优越",而主张要从实践当中总结集体经济的优越性。群众对于人民公社的集体经济没有信心,是因为:"现在集体经济的经营管理做好了没有? 应该说大部分没有做好,并不是集体经济没有优越性,而是没有发挥出来。"②

为此,邓子恢提出"要固定所有制"。要将土地、耕畜、大农具归生产队所有,不能说使用权在小队,所有权在大队,而是所有权、生产权、管理权、分配权都在生产队。

自从农业合作化以来,农民和政府之间就存在着时而激烈时而和缓的"公"与"私"的斗争、"控制"和"反控制"的斗争。"公"即是社会主义的,"私"即被认为资本主义的。其中自留地即小私有或"小自由",是农民在合作化的"公"的大趋势下保存"私"的一点微小空间,这非常有限的"私有"也时常面临被"公"的可能。邓子恢在报告中还强调"对社员的小自由应该固定起来,有一些地方可以适当的扩大"。自留地是5%,这是被允许的限度,但是面对巨大的灾难,有限的小私有却是非常有效的救灾措施,有的地方扩大到7%,还有的地方达到10%。邓子恢认为,自留地、饲料地、个人开荒、个人林木果园等不超过集体所有土地的20%也没有什么坏处,

----

① 邓子恢:《关于农业问题的报告》(1962年7月9日、11日),转引自蒋伯英《对农村人民公社"左"倾错误的严肃批评——论邓子恢1962年夏天的六场报告》,《福建党史月刊》,2006年第8期。

② 邓子恢:《关于农业问题的报告》(1962年7月11日),黄道霞:《建国以来农业合作化史料汇编》,中共党史出版社,1992年,第711页。

这20%也不会变成资本主义。认为20%的小私有就能变成资本主义,是过分夸大资本主义的优越性,贬低了社会主义的优越性。对于有人怀疑把自留地扩大了会影响集体生产,邓子恢认为,如果控制在20%不会有影响。社员出工不积极,不是因为自留地,而是因为集体生产的经营管理没有搞好。① 巩固集体所有制不能搞"清一色",要"像打麻将一样,要混一色,要多种多样","应当把小私有看成集体经济的补充部分"。他说,让农民保留这一部分小私有,不会有危险,不必担心会发展资本主义。"他(农民)搞自留地的积极性高一点,为什么不可以呢? 你集体经济没搞好嘛。这没有危险,这不会发展资本主义。这是你脑子里有鬼嘛,现在就是不要怕这个鬼。社会主义比不上资本主义? 但也不要过高估计了社会主义的优越性,过高估计社会主义优越性是完全'左'倾的。"②

邓子恢说,要发挥集体经济的优越性,就要调动社员的积极性,那么必须要有严格的责任制,要分工合作。邓子恢认为农业生产必须要建立严格的责任制,实行田间管理责任制的包工包产到户。"首先要包工,一个生产队下面分几个作业组,这是临时的,不是长期的,按照季节包工。人数多少要看情况,你包这一片,他包那一片,把地界划清,分工明确,责任清楚,不马虎。作业组包工下来,也不是所有的农活都一齐干,大的农活集体干,比如犁田、耙田可以几个人搞,插秧2个人就不行,起码是2个插秧、2个拔秧、1个挑秧。适宜个人干的,比如耘田、锄草、看水等完全可以包到户,为什么一定要一大堆人一起干呢? 需要3个人干的就3个人干,需要5个人干的就5个人干,需要1个人干的就1个人干,这不是个人单干,是集体。有的是按季节包的,有的是5天一包。但有的活要长期包,比如种菜……这要包到户,这一块菜地包给你,包4季。有一些技术活要包几年,比如茶叶树……福建龙溪是大的包到组,小的包到户,包多少产,超产归他,减产

---

① 邓子恢:《关于农业问题的报告》(1962年7月11日),黄道霞:《建国以来农业合作化史料汇编》,中共党史出版社,1992年,第713-714页。

② 《邓子恢同志在军委后勤部干部会上的报告(摘要)》,《八届十中全会简报》,华北组第5期。转引自蒋伯英:《对农村人民公社"左"倾错误的严肃批评——论邓子恢1962年夏天的六场报告》,《福建党史月刊》,2006年第8期。

他赔,或者按产记工……按照作物的特点来规定包的办法,有的包到组,有的包到户,有的包一年,有的包几年。"① 包工之后,还要有配套的验收制度。田间管理包到户,由包的户来参加验收是验收制度的一种办法。"这一片是包给我的,因此你在这块田里犁田、耙田、插秧、割稻我都参加验收,你搞得不好,我就提意见。"② 除此之外,农活生产责任制还要和产量结合起来。"有的地方包产到户,搞得很好,全家人起早摸黑都下地了,农民的私有性是突出的,凡是包产到户的,自留地和大田一样,没有区别,没有包产到户的,自留地搞的特别好。因为包产到户了超产是他的,责任心强,肥料也多。不能把作为田间管理责任制的包产到户认为是单干,虽然没有统一搞,但土地、生产资料是集体所有,不是个体经济,作为田间管理包到户,超产奖励这是允许的。"③

邓子恢还提出牲口一定要分户喂。他以分户喂养和大槽喂养正反两方面的例子来说明分户喂养的好处。"过去黑龙江一定要大槽喂养,结果牲口死了很多,现在改为分户喂养。分户喂养给他工分,草料多,喂的好,以后下了小马、小牛和他对半分,今年下了一头归你,明年下了一头归队,这样他就照顾的好,很精心管理。""农具应该个人管理,定出奖惩办法。"④

这是邓子恢多次系统地、在公开场合宣讲扩大小私有、包工包产到户,为包工包产到户"正名"的呐喊。扩大小私有没有什么可怕,不会走向资本主义,只是集体经济的补充。包工包产到户不是单干,是集体生产下的责任制。对于有些人对包产到户责任制的怀疑,邓子恢给予了解释说明。

邓子恢在各处宣讲包产到户也正值北戴河中央工作会议期间和八届十中全会前夕。他是冒着很大风险的,甚至是冒着再次被打成右倾分子的危险的。从讲话内容可以看出他态度的鲜明坚决,对人民公社过"大"过

---

① 邓子恢:《关于农业问题的报告》(1962 年 7 月 11 日),黄道霞:《建国以来农业合作化史料汇编》,中共党史出版社,1992 年,第 715 页。

② 同①,第 716 页。

③ 同①,第 716 页。

④ 同①,第 716 页。

"公"体制的批判,对包工包产生产责任制的由衷支持。

此时,对包产到户生产责任制持赞成、支持态度的还有田家英、陈云、邓小平等人。

田家英对包产到户责任制的态度是由反对到保留再转变到大力支持的。

包产到户在全国迅速发展,安徽农村 80% 的生产队实行了包产到户,四川、甘肃、浙江等省农村达 70%,全国农村包产到户的地区平均起来已经超过 20%,① 推行包产到户的呼声日益高涨,也成为党内议论的重要话题。

为了了解包产到户的情况,田家英还派人到安徽无为县调查。调查得出的结论是:包产到户对于解救已经遭到破坏的集体经济的危机,迅速恢复农业生产,肯定是有利的和必要的;但将来要进一步发展农业经济,就可能要受到限制。6 月底田家英回到北京,立即向刘少奇作了汇报,建议实行包产到户,甚至分田到户。刘少奇同意田家英将这种意见汇报给毛泽东(此时毛泽东不在北京,在河北邯郸视察),并要田家英把这种意见在"秀才"中间酝酿一下,听听多方面的反映。② 田家英同时向邓小平作了汇报,邓小平听后很干脆地说:"赞成。"田家英同时向其他几位中央领导谈了自己调查的情况及要求实行包产到户的意见,得到一致同意。但问题的关键是毛泽东的态度。田家英打电话给毛泽东,要求到邯郸去当面陈述意见,毛泽东说:"你不用来了,我过几天就回北京,等回北京再谈。"③

7 月 6 日,毛泽东回到北京,召见了刘少奇,一见面,就严厉地批评说:"你急什么?为什么不顶住?叫我回来,你压不住阵脚了?我死了以后怎么办?"④ 随后,他在游泳池见了田家英。田家英系统讲述了调查的情况

① 黄峥:《王光美访谈录》,中央文献出版社,2006 年,第 287 页。
② 逄先知:《毛泽东和他的秘书田家英》,董边,等:《毛泽东和他的秘书田家英》,中央文献出版社,1989 年,第 66-67 页。
③ 同①,第 288 页。
④ 同①,第 288 页。

以及自己的意见和主张:现在全国各地已经实行包产到户和分田到户的农民,约占30%,而且还在继续发展。与其让农民自发地搞,不如有领导地搞。将来实行的结果,包产到户和分田单干的可能达到40%,另外60%是集体的和半集体的。现在搞包产到户和分田单干,是临时性的措施,是权宜之计,等到生产恢复了,再把他们重新引导到集体经济。毛泽东听完,问了田家英两个问题:"你的主张是以集体经济为主,还是以个体经济为主?""是你个人的意见,还是有其他人的意见?"对第一个问题,田家英无法回答,对第二个问题,田家英恐怕牵涉其他人,回答说:"是我个人的意见。"①

其实,对包产到户持肯定意见的不只是田家英,中央许多领导人都是支持包产到户的。据王光美回忆,陈云曾就包产到户和用重新分田的办法刺激农业生产的问题,同一些领导同志交换过意见:少奇、小平同志同意,林彪也同意,恩来同志表示还是先听取毛主席的意见。②

陈云在包产到户问题上是持肯定态度的。1961 年 3 月广州中央工作会议期间,毛泽东将安徽省关于包产到户的材料和田家英不同意安徽搞包产到户的信批给政治局常委和几位大区书记传阅时,陶铸见到田家英说:"家英呀,我赞成你的意见。"陈云则对田家英的意见不以为然,说:安徽搞包产到户,应当允许人家试验嘛!③ 1962 年 5 月初,田家英到上海向毛泽东汇报湖南调查情况及当地干部和农民要求包产到户或分田到户问题时,没有得到毛泽东的支持。当时陈云也在上海,田家英将调查报告也送给陈云看了,陈云读后很称赞,说"观点鲜明"。④ 这期间,陈云看了安徽责任田的材料,认为与他在农村所见相符,与他设想的恢复农业生产的办法是一个路子,并对身边工作人员说:这是非常时期的非常办法,叫"分田到户"也好,叫"包产到户"也好。总之,国家遇到如此大的天灾人祸,必须发动

---

① 黄峥:《王光美访谈录》,中央文献出版社,2006 年,第 68 页。

② 同①,第 288 页。

③ 逄先知:《毛泽东和他的秘书田家英》,董边,等:《毛泽东和他的秘书田家英》,中央文献出版社,1989 年,第 65 页。

④ 同③,第 66 页。

全体农民按照《国际歌》词中"全靠我们自己"的话办,尽快恢复生产。① 此后,陈云找姚依林、陈国栋等谈恢复农业生产问题,认为:"包产到户还不彻底,与其包产到户不如分田到户。"②"分田到户,农民就会保卫自己的土地! 现在不如分田到户,可以试试看嘛! ……"姚依林说:"这个问题,毛主席怕不会接受。"陈云说:"毛主席是实事求是的,我去讲! ——先搞分田到户,这更彻底一点。集体化以后再搞!"姚依林劝告说:"这要慎重。估计毛主席处通不过。"③ 6 月下旬,陈云就分田到户的问题先后同刘少奇、林彪、邓小平、周恩来等交换看法,他们都同意。据陈云后来回忆说:"当时主席未回北京,先与刘少奇谈,刘同意。又同林彪谈,林彪也同意。找小平谈,邓答分田到户是一种方式,可以用各种各样方式。再与总理谈,总理第一天听后说要考虑一下,到第三天总理说耕牛农具等已经合了,不应再散。"④ 7 月 2 日,邓小平在中央书记处会议上说:"恢复农业,相当多的群众提出分田。陈云同志作了调查,讲了些道理,意见提出是好的。""不管是黄猫黑猫,在过渡时期,哪一种方法有利于恢复,就用哪一种方法。我赞成认真研究一下。分田或者包产到户,究竟存在什么问题。你说不好,总要有道理。不要一口否定,不要在否定的前提下去搞。过渡时期要多种多样。现在是退的时期,退够了才能进。总之,要实事求是,不要千篇一律。这几年就是千篇一律。"⑤ 7 月 7 日,邓小平在接见出席共青团三届七中全会全体与会者的讲话中,也谈到包产到户问题。他说:"农业本身的问题,现在看来,主要还得从生产关系上解决。这就是要调动农民的积极性……有些以生产队为核算单位的地方,现在出现了一些新的情况,如实行'包产到户'、'责任田'、'五统一'等等。

---

① 朱佳木:《陈云年谱》(下册),中央文献出版社,2000 年,第 115-116 页。
② 陈云给国务院财贸办公室群众组织的复信(1967 年 7 月 28 日),转引自金冲及、陈群:《陈云传》(下册),中央文献出版社,2005 年,第 1 321 页。
③ 姚锦:《姚依林百夕谈》,中国商业出版社,1998 年,第 166 页。
④ 陈云:《我对林彪的揭发》(手稿,1971 年 10 月 8 日),转引自金冲及、陈群《陈云传》(下册),中央文献出版社,2005 年,第 1 322 页。
⑤ 中共中央书记处会议记录(1962 年 7 月 2 日),转引自逄先知、金冲及《毛泽东传(1949—1976)》(下册),中央文献出版社,2003 年,第 1 231 页。

以各种形式包产到户的恐怕不只是百分之二十,这是一个很大的问题。怎么解答这个问题,中央准备在八月会议上研究一下。现在'百家争鸣'。这样的问题应该'百家争鸣',大家出主意,最后找出个办法来。生产关系究竟以什么形式为最好,恐怕要采取这样一种制度,就是哪种形式在哪个地方能够比较容易比较快地恢复和发展农业生产,就采取哪种形式;群众愿意采取哪种形式,就应该采取哪种形式,不合法的使它合法起来。"①

陈云的意见虽然得到众多中央领导人的支持,但毛泽东的态度才是最关键的。为了得到毛泽东的支持,7 月 6 日,陈云写信给刚刚回到北京的毛泽东,要求面谈。信中说:"对于农业恢复问题的办法,我想了一些意见,希望与你谈一次,估计一个小时够了。我可以走路了,可以到你处来。"②毛泽东接信后,约陈云谈了一个多小时。陈云谈主张实行分田到户的理由时说:分田到户不会产生两极分化,不会影响征购,恢复只要四年,否则需要八年。③ 据陈云后来回忆说:"谈话以后,毛泽东同志很生气。"④ 另据陈云的秘书周太和回忆说:"当时,毛泽东同志未表示意见。第二天早晨,毛泽东同志很生气,严厉批评说:'分田单干'是瓦解农村集体经济,解散人民公社,是中国式的修正主义,是走哪一条道路的问题。问题提得如此之高,使闻者十分震惊。此消息很快传给了陈云同志,他听后态度深沉、久久沉默不语。只向身边的工作人员表示,这只是根据家乡调查的结果,觉得个人搞积极性高一点,这是非常时期的非常办法。说是'分田单干',我还没有发展到那个程度。"⑤ 陈云的夫人于若木回忆说:"他不沮丧,不生气,

① 《邓小平文选》第 1 卷,人民出版社,1994 年,第 323 页。
② 陈云给毛泽东的信(1962 年 7 月 6 日),转引自金冲及、陈群:《陈云传》(下册),中央文献出版社,2005 年,第 1322 页。
③ 逄先知、金冲及:《毛泽东传(1949—1976)》(下册),中央文献出版社,2003 年,第 1 230 页。
④ 陈云在中共中央政治局会议上的发言记录(1982 年 11 月 22 日),转引自逄先知、金冲及《毛泽东传(1949—1976)》(下册),中央文献出版社,2003 年,第 1 230 页。
⑤ 周太和:《陈云同志四下农村调查的前后》,《陈云与新中国经济建设》,中央文献出版社,1991 年,第 168—169 页。

只是对我说了一句:'不以成败论英雄',以此表明自己的心境。"①此前,有的同志曾劝陈云不必急于向毛泽东提出自己的建议,但他说:"我担负全国经济工作的领导任务,要对党负责,对人民负责。此事提与不提,变与不变,关系到党的声誉,关系到人心向背。既然看准了,找到了办法,怎能延误时机?"②

1962 年 7 月 6 日,毛泽东回到北京,从与刘少奇、田家英、陈云等人的谈话中,感觉到支持包产到户已经在中央领导层中形成了一股巨大的潮流,问题已经很严重,这和他从 1961 年 10 月份就反对包产到户的态度截然相反,因此,毛泽东认为必须下决心解决这个问题。

二、对包产到户的批判

其实,早在 1962 年 3 月,中央已经开始批评各地的包产到户,要求改正过来,只是批评的力度不大,包产到户的做法仍然在各地蔓延。

1962 年 3 月 11 日,中共中央批转了中央监委关于《广西农村不少党员干部闹单干的情况》简报。简报认为,广西主张单干的人,要求单干的主张和关于单干的好处是"谬论",已经实行单干的地方出现了一系列严重的后果。(1)大量土地抛荒,生产力受到破坏,粮食减产,征购任务完不成。(2)发生两极分化。这些地方,劳力少的困难户或五保户,分得土地无法种,生活有困难。已有不少困难户被迫出卖土地、房屋和家具等。(3)给阶级敌人以可乘之机。这些地方社会秩序很乱。有些地富反坏分子反攻倒算,大叫"土地还家",雇工剥削,搞投机活动等。其实这些所谓的"严重"情况更多的是从政治角度考虑的。有的情况并没有那么严重,而是被夸大了。但中共中央也认为情况"严重",在批语中要求各地党委要严重注意,决不可麻痹大意,并进一步要求实行包产到户的地方:"派出得力干部,向农民很好地进行说服解释,帮助他们搞好集体生产,使情况逐

---

① 于若木:《一个高尚的人,一个纯粹的人——追念陈云同志》,《缅怀陈云》,中央文献出版社,2000 年,第 306 页。

② 朱佳木:《陈云年谱》(下册),中央文献出版,2000 年,第 120 页。

步改变过来。"①

在中央的强大压力下,中共安徽省委于 1962 年 3 月 20 日通过了《关于改正"责任田"办法的决议》,同时通知各地、市、县委、公社党委,并报华东局、中央、毛泽东主席。《决议》认为,"责任田"与中央"六十条"和关于改变农村人民公社基本核算单位问题的指示精神是背道而驰的。这个办法是调动农民的个体积极性,引导农民走向单干,其结果必然削弱和瓦解集体经济,走资本主义道路;这个方法在方向上是错误的,是不符合广大农民的根本利益的,必须坚决地把它改正过来。责任田实际上就是包产到户,实行责任田的地方出现了许多严重的恶果:(1)出现了严重的单干倾向。不少社员私心加重了,不服从生产队的统一安排,不愿帮助困难户。有不少生产队社员自种、自管、自收,甚至有些队的社员把口粮、种子自留自用,社员户变成了基本生产单位。(2)产生了两极分化的苗头。(3)削弱和瓦解了集体经济。(4)影响国家征购和生活安排。(5)影响按劳分配原则的贯彻。(6)对基层组织起了腐蚀和瓦解作用。《决议》总结说:"从'责任田'办法试行的后果看来,这个办法是迎合农民资本主义自发倾向的办法,如果再不改正,就会愈陷愈深。"这个办法"是不符合社会主义原则的"。安徽省委通知各地、市、县委、公社党委,说"这个办法实际上就是包产到户,在方向上是错误的……必须坚决地彻底地加以改正"。②

20 世纪 60 年代初,贵州省各地也出现了"包产到户"现象。1962 年 4 月 14 日,贵州省委发出《关于解决包产到户问题的意见》,对包产到户定性为"单干",实质是由集体退回到单干,造成了严重的灾难:(1)大量的土地、山林、耕畜、农具、种子、水利等集体所有的生产资料和大队企业、公共积累等集体财产被分散和破坏,给农业生产带来了重大的损失。(2)使农村迅速出现两极分化的趋势。(3)基层党组织涣散,有些已经瘫痪,基层

---

① 《中共中央批转中监委关于〈广西农村有不少党员干部闹单干的情况〉简报》,黄道霞:《建国以来农业合作化史料汇编》,中共党史出版社,1992 年,第 695-696 页。

② 《中共安徽省委关于贯彻执行〈关于改正'责任田'办法的决议〉的通知》(1962 年 3 月 20 日),黄道霞:《建国以来农业合作化史料汇编》,中共党史出版社,1992 年,第 696-698 页。

干部不能安心工作,有些已经被腐蚀和败坏,干部和群众迷失方向,人心不安。(4)社会秩序混乱,投机倒把和偷盗、赌博之风盛行,地富反坏分子乘机活动。(5)党的各项政策贯彻不下去,工作推不动,任务完不成,生产搞不起来。因此,《意见》预言:"这种情况,如果任其发展下去,必然会使我省农村人民公社的三级集体所有制从根本上受到破坏,使已经有了将近七年历史的社会主义农业集体经济解体,使现在已经受到很大破坏的农村生产力再一次地遭受更加严重的摧残,使农村的社会主义阵地逐步丧失,使目前财政经济上的困难愈来愈加严重,使我们严重地脱离广大人民群众,从而动摇进行社会主义建设的基础,其后果是不堪设想的。""包产到户已经成为目前农村工作中的主要危险。"①

广西、贵州、安徽等省先后发出批评包产到户、发展集体经济的通知、意见等。但是,由于包产到户适合当时农村生产力发展,能够增产增收,农民可以从中得到实惠,这对于在饥饿、死亡边缘挣扎的广大农民来说,具有无穷的吸引力。这些通知、意见无法将农民对包产到户的热情打压下去。在各省的通知、意见下发之后,包产到户或明或暗地还在发展中。尤其是,中央领导人随着对农村调查的深入,越来越多的人支持包产到户,而且还不断向毛泽东"游说",希望获得他的支持。这就超过了从1961年10月份就明确表态不支持包产到户的毛泽东的容忍限度,毛泽东开始了对包产到户严厉的、上纲上线的批判。这一在艰难时期初见成效的、受到农民和基层干部普遍欢迎的责任制又一次夭折,为包产到户宣传呼喊的领导人如邓子恢、田家英等也受到批判。后来,邓子恢主持的中央农村工作部被撤销。

1962年7月8日,毛泽东在他的住处召开了由刘少奇、周恩来、邓小平、陈伯达、田家英等人参加的会议。会上,毛泽东再次明确表示反对"包产到户",批评田家英回到北京不修改"六十条",却热心搞什么包产到户、分田单干;并指定陈伯达为中央起草关于巩固人民公社集体经济、发展农业生产的决定。② 毛泽东对刘少奇、陈云、邓小平同志没有抵制甚至赞同

① 《中共贵州省委关于解决包产到户问题的意见》(1962年4月14日),黄道霞:《建国以来农业合作化史料汇编》,中共党史出版社,1992年,第701页。

② 逄先知:《毛泽东和他的秘书田家英》,董边,等:《毛泽东和他的秘书田家英》,第68页。

也不满意。9、10、11 日，毛泽东连续三天下午分别把河南的刘建勋、耿起昌，山东的谭启龙，江西的刘俊秀召到北京来谈农村工作问题。针对各地出现的"包产到户"，他提议以党中央名义起草一个关于巩固人民公社集体经济、发展农业生产的决定。决议改由陈伯达主持起草，不让田家英参与。毛泽东后来在北戴河会议上说：为什么搞这么一个文件，讲巩固集体经济呢？ 就是因为现在这股闹单干的风，越到上层风就越大。[①]

7 月 11 日，中共中央下发的《关于召开中央工作会议的通知》，提出在会上要讨论和解决农村工作、粮食、商业工作、国家支援农业等问题。其中对农村工作提出的问题有："你们认为，采取包产到户或分田到户的办法，是否可以更快地恢复和发展农业生产？ 如果我们采取这种办法，它在经济上和政治上将引起何种后果？""那些现在实行包产到户、实行单干的地方，你们认为应当采取什么政策？"[②]

7 月 18 日，中共中央紧急下发了《关于不要在报纸上宣传"包产到户"等问题的通知》。当天下午，毛泽东约杨尚昆谈话。在谈话中，毛泽东提出："是走集体道路呢？ 还是走个人经济道路？"杨尚昆对毛泽东提出这样的问题感到震撼，他在日记中写道："我觉得事态很严重！！ 十分不安！"[③]

然而，在毛泽东批评田家英"热心搞什么包产到户、分田单干"之后，杨尚昆感到事态严重的前一天，即 1962 年 7 月 17 日，邓子恢还当面向毛泽东报告实行包产到户的意见，向毛泽东谈了《关于当前农村人民公社若干政策问题的意见》的内容，谈论符离集区委全体同志《关于"责任田"汇报》的内容，陈述了自己对"责任田"的看法。邓子恢说："责任田"能做到"五统一"，不是单干；"责任田"是一种联产计酬的生产责任制，适应广大农村生产力的发展要求和广大农民的需要，有强大的生命力，

---

① 薄一波：《若干重大决策与事件的回顾》(下册)，中共党史出版社，2008 年，第 763 页。
② 中共中央关于召开中央工作会议的通知(1962 年 7 月 11 日)，转引自金冲及、陈群《陈云传》(下册)，中央文献出版社，2005 年，第 1323 页。
③ 《杨尚昆日记》(下册)，中央文献出版社，2001 年，第 196 页。

广大农民不愿意改变。① 毛泽东后来说到这次与邓子恢的谈话时,非常生气,说是受了训:"他(邓子恢)向我谈了,他也向别的同志谈了。他要保荐,认为这是唯一正确的管理方法。那个时候,我给他提出几个问题。我一提出问题,他就不答复,他讲他的。我又提出,他又不答复我的问题。所以,我跟他谈了一个半钟头的话,我就受了一个半钟头的训。不是什么谈话,是受他的训。因为我给他提出的问题,他不答复嘛。"② 这更加坚定了毛泽东清算包产到户的决心,而且已经在组织力量起草《关于巩固人民公社集体经济,发展农业生产的决定》(简称《决定》),对"单干风"发动进攻了。③

7月19、20日,由陈伯达主持召开了有各大区书记参加的起草委员会会议,座谈《决定》的起草。会议对包产到户持否定态度。柯庆施发言说:现在看,单干不行,这个方向必须批判。刘澜涛介绍了西北局围绕包产到户开展争论的情况。陶铸发言还是坚持划清单干与集体的界限,认为在单门独户、分散居住的地方可以搞包产到户。④

7月20日,毛泽东同前来参加北戴河中央工作会议的各中央局第一书记谈话。他批评了包产到户和分田单干的意见,说:"你们赞成社会主义,还是赞成资本主义?当然不会主张搞资本主义,但有人搞包产到户。现在有人主张在全国范围内搞包产到户,甚至分田到户。共产党来分田?对农民,要让他自愿,如果有的人非包产到户不可,也不要采取粗暴态度。

---

① 《邓子恢传》,人民出版社,1996年,第560页。
② 毛泽东在中共八届十中全会上董必武发言时的插话记录(1962年9月25日),转引自逄先知、金冲及《毛泽东传(1949—1976)》(下册),中央文献出版社,2003年,第1233页。
③ 同①,第560~561页。
④ 薄一波:《若干重大决策与事件的回顾》(下册),中共党史出版社,2008年,第764页。陶铸、王任重曾于6月6日到7日到包产到户严重的广西龙胜县进行调查,形成了《关于巩固生产队集体经济的问题》的座谈记录。通过调查,认为龙胜县包产到户的情况并不严重,60%~70%的生产队基本上属于社会主义的集体经济性质,有20%~30%基本属于单干,不过还保留着某些集体经济的因素;完全单干的只有大约10%,而不是从前估计的50%~60%的单干。龙胜县还划清了集体经济和单干的界限,制定了巩固集体经济的方针。7月22日,毛泽东对这个座谈记录作了批示,给予了极高的评价:"这个文件所作的分析是马克思主义的,分析之后所提出的意见也是马克思主义的。"(《毛泽东关于印发巩固生产队集体经济问题的座谈会记录的批示》,黄道霞:《建国以来农业合作化史料汇编》,中共党史出版社,1992年,第717页。)

问题是要分析农民的基本要求是什么,我们如何领导。有人似乎认为我们和农民搞了几十年,现在好像不行了,难道我们就这样脱离群众? 有人说恢复农业要八年时间,如果实行包产到户,有四年就够了,你们看怎么样? 难道说恢复就那么困难? 这些话都是在北京的人说的。下边的同志还是有希望的。目前的经济形势究竟是一片黑暗,还是有点光明?"①毛泽东与各中央局第一书记的这个谈话,表明主张包产到户的主要支持者在中央一级,毛泽东要对他们发起进攻,但要得到中央局第一书记的支持,这样才能保证以毛泽东一人反对包产到户,可以抵制众人对包产到户的支持。这也是对各中央局态度的试探。

7 月 23 日,毛泽东审阅了《关于巩固人民公社集体经济,发展农业生产的决定(草案)》,并作为中央工作会议文件印发讨论。

对包产到户更严厉的批评是在随后召开的北戴河中央工作会议和八届十中全会上。

7 月 25 日至 8 月 24 日,中央工作会议在北戴河召开。8 月 26 日至 9 月 23 日召开了中共八届十中全会的预备会议,9 月 24 日至 27 日,中共八届十中全会召开。会议前后持续两个月,是"大跃进"之后由政策调整到"左"倾错误再度发生的重大转折。会上,毛泽东用了大量的时间谈阶级、形势、矛盾,提出阶级斗争要年年讲、月月讲、天天讲,阶级斗争一抓就灵的极"左"口号。阶级和阶级矛盾成了问题的焦点,而这个问题又主要是从包产到户引出的,更是因为它引发了阶级、阶级矛盾,是搞社会主义还是搞资本主义的斗争,包产到户被作为"三风"之一的"单干风"而受到严厉批判。

为了保证将包产到户批倒,毛泽东找各中央局及所属省市区负责人谈话,以"探风"和"吹风"。毛泽东自己称之为"周游列国"。② 从 8 月 2 日到 5 日,毛泽东分别与华北地区、西北地区、西南地区、华东地区、中南地区负责人谈话。8 月 5 日,毛泽东在与华东、中南局负责人谈话中,系统讲述了

① 毛泽东同中央局第一书记谈话要点(1962 年 7 月 20 日),转引自逄先知、金冲及《毛泽东传(1949—1976)》(下册),中央文献出版社,2003 年,第 1234 页。

② 逄先知、金冲及:《毛泽东传(1949—1976)》(下册),中央文献出版社,2003 年,第 1236 页。

他对包产到户的意见。

"一搞包产到户,一搞单干,半年的时间就看出农村阶级分化很厉害。有的人很穷,没法生活。有卖地的,有买地的。有放高利贷的,有讨小老婆的。""有的人主张百分之六十分田到户,有的人主张全部分田到户。这就是说,基本上单干或者全部单干。也就是说,把五亿多农民都变成小资产阶级,让小资产阶级当权,让小资产阶级专政。可是历史上从来没有过这样的事。""看来允许百分之几到百分之十几闹单干是可以的,还有百分之九十是集体的嘛! 如果全部闹单干,或大部分闹单干,我是不赞成的。如果那样搞,党内势必分裂。"①

8 月 6 日下午,毛泽东主持召开中央工作会议全体大会,以阶级、形势、矛盾三个问题为中心作了长篇讲话。在讲到矛盾的时候,他讲到了现实存在的一些矛盾。首先是单干问题。他说:现在有一部分农民闹单干,究竟有多少? 从全国来说,他估计一下,是百分之几,还是百分之十,还是百分之二十? 不是从个别地方来说。个别地方,比如安徽,那就多了。现在这个时期,这个问题比较突出。是搞社会主义,还是搞资本主义? 是搞分田到户、包产到户,还是集体化? 农业合作化还要不要? 主要就是这样一个问题。已经包产到户、分田到户的,现在暂时不要动,不要去强迫纠正,但是要注意做工作。我们的中心,这一次文件上表现了。为什么要搞这么一个文件,讲巩固集体经济呢? 就是因为现在这股闹单干的风,越到上层风越大。讲到阶层问题时,毛泽东说:资产阶级分阶层,农民、小资产阶级也分阶层。比如现在闹单干的,是那个劳动力强的、比较富裕的阶层。有比较贫的阶层,有比较富的阶层,还有中间阶层。地主富农的残余还存在着。资产阶级跟地主富农争夺小资产阶级,他们就是要搞单干。无产阶级如果不做工作,集体化就不能巩固。②

毛泽东这次讲话之后,各小组讨论时,对包产到户的批判形成了一边倒的局面。

---

① 毛泽东同华东和中南地区负责人谈话记录(1962 年 8 月 5 日),转引自逢先知、金冲及《毛泽东传(1949—1976)》(下册),中央文献出版社,2003 年,第 1238-1239 页。

② 逢先知、金冲及《毛泽东传(1949—1976)》(下册),中央文献出版社,2003 年,第 1241 页。

8月9日的中心小组会上,各小组汇报讨论情况,毛泽东随时插话。当李井泉说"单干以后,两极分化很厉害,只要两年就很明显"时,毛泽东插话说:"两年都不要,一年多就会出现阶级分化。""集体化的巩固,必须经过几个回合。我们的集体化已经经过了考验,将来还会继续经受考验的。"①"单干从何而来,党内有些人变坏了,贪污腐化,讨小老婆,搞单干,招牌还是共产党,而且是支部书记。这些人很明显,把群众当奴隶。有些同志马克思主义化了,化的程度不一样,有的化得不够。我们党内相当多的同志,对社会主义革命缺乏精神准备。"他还批评邓子恢等人支持包产到户是代表富裕中农要求单干,甚至是站在地主、富农、资产阶级的立场上反对社会主义。毛泽东讲话后,会议转为着重讨论阶级斗争问题和批判"单干风"。② 李井泉说邓子恢6、7月间的几次报告有问题,还把邓子恢几次报告记录稿拿到会场上批判,说邓子恢在困难面前发生动摇,是代表富裕中农阶层搞资本主义农业的要求。陈伯达翻邓子恢的历史旧账,说:邓子恢同志对于农业合作化、人民公社化有许多荒谬的说法,什么人民公社不如高级社,高级社不如初级社,初级社不如互助组,互助组不如单干,实际上他要求的,是资本主义道路。柯庆施说:邓子恢同志他是赞成以农业为基础的,因为他是管农业的,但他思想上最大的一个问题,是认为目前自耕农的生产方式是最先进的,他这个思想是12年一贯制,所以实际上他成了富裕中农的代表。③

8月10日,邓子恢在华东组会上作了简单的申辩。他说,西南组说他在对下放干部讲话中提倡包产到户,其实,当时在讲话中并没有提倡包产到户,而是谈贯彻"六十条"以来,增产还不是很快的原因:一是所有制不固定;二是干部特殊化,农民负担过重;三是征购任务没有定下来;四是经营管理问题还没有解决好。在集体经济经营管理中实行责任制的问题,其实在1957年高级社时中央批准了三个文件,但到1958年以

① 中央工作会议小组会议记录(1962年8月9日),转引自逄先知、金冲及:《毛泽东传(1949—1976)》(下册),中央文献出版社,2003年,第1242页。

② 《邓子恢传》编辑委员会:《邓子恢传》,人民出版社,1996年,第562页。

③ 同②,第563页。

后被打乱了。现在的经营管理还是 1957 年的那一套，并不是什么创造，主要目的是提高农民生产积极性，加强生产责任制，各尽所能，分工合作。任何企业都要建立责任制，没有责任制，生产搞不好。在农村，1957年有一条经验，就是按季节包工、小段包工，避免天天派工，有些技术性较强的作物，如南方的茶叶、东北的柞蚕等，也可以包产到户。责任制联系产量，并不涉及所有制，不是单干，是可行的。因为生产资料主要部分是集体所有的，劳动力是统一调配的，生产是统一规划的，产品是统一分配的。因此，要具体分析，不要笼统都说是单干。对包产到户问题，邓子恢说他的思想也有一个变化的过程，原来不赞成，后来看了一些有关的材料，听了一些干部的反映，部里派了几个工作组去安徽回来汇报，说安徽有些地方"责任田""五统一"统起来了，大农活统一干，小农活包到户。只要有"四条界限"就不能说是单干。① 此时，邓子恢说，他现在还是持这样的看法。②

8 月 11 日，中心小组继续开会。刘少奇、邓小平、陈毅、邓子恢发言。刘少奇发言时，毛泽东插话说："单干风越到上面越大，下面就好一些，尤其是灾区越好。"③ 毛泽东还在插话中点名批评了田家英，说他不想修改"六十条"，却"主张 40% 搞集体，60% 有领导地下放搞包产到户，否则生产就要破坏"。④ 邓子恢在这天的会上被迫作了检讨。邓子恢虽然作了检讨，但是，毛泽东还是对他提出了严厉的批评，说他是属于没有社会主义革命精神准备的人，对社会主义革命不感兴趣，并且重翻所谓砍 20 万个合作社的历史旧账。⑤

① "四条界限"即陶铸、王任重去广西龙胜县调查时划定的集体经济的 4 个条件：一是主要生产资料集体所有；二是生产统一计划安排；三是集体劳动；四是生产收入统一分配。(《毛泽东关于印发巩固生产队集体经济问题的座谈会记录的批示》，黄道霞：《建国以来农业合作化史料汇编》，中央文献出版社，1992 年，第 718 页。)
② 邓子恢：《对包产到户的看法》(1962 年 8 月 10 日)，《邓子恢文集》，人民出版社，1996年，第 613—614 页。
③ 中央工作会议中心小组会议记录(1962 年 8 月 11 日)，转引自逄先知、金冲及《毛泽东传(1949—1976)》(下册)，中央文献出版社，2003 年，第 1244 页。
④ 同③，第 1245 页。
⑤ 同③，第 1245 页。

8 月 12 日，毛泽东找来 1961 年庐山会议印发的中央农村工作部在 1961 年 8 月 24 日编印的《各地贯彻执行六十条的情况和问题》，重新写了批语，要求重新印发会议。① 毛泽东在批语中说，1961 年中央农村工作部编印《各地贯彻执行六十条的情况和问题》时还是正确执行中央路线的，对形势的看法也很正确。"过了一年，中央农村工作部部长邓子恢同志就动摇了，对形势的看法几乎是一片黑暗，对包产到户大力提倡。这是与他在 1955 年夏季会议以前一贯不愿搞合作社；对搞起来了的合作社，下令砍掉几十万个，毫无爱惜之心；而在这以前则竭力提倡四大自由，所谓'好行小惠，言不及义'，是相联系的。"毛泽东在批语中肯定了邓子恢 8 月 11 日的检讨，但是，认为这个检讨还不够，因为"他没有联系一九五〇年至一九五五年他自己还是站在一个资产阶级民主主义者的立场上，因而犯了反对建立社会主义集体农业经济的错误"。②

8 月 13 日，邓子恢再次作了检讨。他说，这次的问题不仅表现在思想上，而且表现在行动上，讲了四次话，赞成包产到户。毛泽东插话说："这与你主张贫农团不是自相矛盾吗？贫农是搞集体的嘛，难道贫农团要搞单干？田家英在湖南韶山作调查，只调查了一个公社的一个队，在湘乡、宁乡也只调查了一个队，连一个公社也没有调查。大概这气候适宜于你，你敢讲了。你六月讲了，只有两个月嘛。你也多看一看嘛，看一两年再说也好嘛。"③

8 月 15 日，中心小组会上，谭震林发言，批评包产到户，批评对困难的估计多了。

8 月 24 日，北戴河中央工作会议结束，8 月 26 日至 9 月 23 日，召开了近一个月的八届十中全会的预备会议，批评邓子恢的"单干风"成为预备会议的主要内容之一。9 月 24 日至 27 日，八届十中全会召开。会上，毛泽

---

① 1961 年庐山会议印发时，毛泽东写了一个批语，是肯定这个文件的。现在重新写批语，严厉批评邓子恢。

② 《建国以来毛泽东文稿》第 10 册，中央文献出版社，1996 年，第 137-138 页。

③ 中共工作会议中心小组会议记录(1962 年 8 月 13 日)，转引自逄先知、金冲及《毛泽东传(1949—1976)》(下册)，中央文献出版社，2003 年，第 1246-1247 页。

东继续批评邓子恢。他把陈云、邓子恢、田家英作为当时党内主张包产到户和分田到户的三个代表人物。由于他们的身份不同,他们对包产到户和分田到户主张的表达方式也不同,因而毛泽东对他们采取了不同的批评方法。陈云是党的副主席,他只是当面向毛泽东提出个人建议,而没有到其他场合去讲。毛泽东认为,陈云的意见虽然是错误的,但他有组织观念,守纪律,是向中央常委陈述的,没有对外宣传。因此,不论是大会还是中心小组会,毛泽东都没有指名批评他,只是在一些小范围的会议上,不指名地批评过。田家英也只是向毛泽东当面提建议,所以也仅仅在中心小组会上点名批评。而邓子恢就不同了,他在6、7月间多次作报告宣传包产到户的主张,这在毛泽东看来是违反组织纪律的,并且造成了不好的影响。因此,对邓子恢的批评不仅严厉,而且范围大,在中心小组会上和大会上,都点名批评。① 邓子恢不仅遭到毛泽东的严厉批评,还受到一些人的猛烈围攻。有的说他"热衷于搞资本主义"。有的说:"你检查不深刻。听说你训了毛主席两个钟头,想翻农业合作化的案?"有的说:"你在总后的报告内容,是很恶劣的!"邓子恢不服,反驳道:"我没有想翻农业合作化的案,当初我就是这么检查的。""总后的报告,那是你们请我去讲的,是你们把干部的思想情况反映给我的……你们整的记录没有给我看……"②

　　在持续两个月的北戴河中央工作会议及之后的八届十中全会预备会议和八届十中全会上,包产到户都成为批判的主要议题,支持包产到户的田家英、陈云、邓子恢受到不同程度的批判。会议通过了《关于进一步巩固人民公社集体经济发展农业生产的决定》。"包产到户"的做法被认为是"单干",是离开社会主义道路,是资本主义道路,是一条危险的道路。所以,包产到户问题成为毛泽东1962年重提阶级斗争的直接导火索。③ 从此,党在指导思想上日益"左"倾,阶级斗争的弦越绷越紧。邓子恢主持的中央农村工作部被毛泽东批评为"十年来没有做一件好事",于1962年11

---

①　逄先知、金冲及:《毛泽东传(1949—1976)》(下册),中央文献出版社,2003 年,第 1257-1258页。

②　边入群:《良操美德誉人间》,《回忆邓子恢》,人民出版社,1996 年,第 498 页。

③　同①,第 1258 页。

月9日被撤销。"包产到户"不仅成为禁区,还将在以后阶级斗争日益严重化、尖锐化、普遍化的岁月里被深挖根源。

三、各地的抗争和检查纠正

1961年10月,中央决定将基本核算单位下放到生产队以后,对于1961年初以来各地出现的包产到户,毛泽东明确表示反对。11月,《中共中央关于在农村进行社会主义教育的指示》中说:"目前在个别地方出现的包产到户和一些变相单干的做法,都是不符合社会主义集体经济的原则的,因而也是不正确的。在这类地方,应当通过改进工作,办好集体经济,并且进行细致的说服教育,逐步地引导农民把这些做法改变过来。"①

中央对包产到户的批判及责令改正的态度,引起了一些人的不满,他们为此采取种种行动,为包产到户进行抗争。

1961年12月,江苏省的两个年轻人钮惟新、蔡扶民为包产到户上书党和国家领导人,呼吁"正视现实,行动起来,寻求途径,挽救民族危亡"!②

钮惟新生于1939年,南京郊区江浦县人,1957年高中毕业,1958年自愿到农村安家落户,办农业中学。1958年6月,他来到江苏省睢宁县凌城公社,与来自南京师院附中的蔡扶民一起办起了农业中学。他们也曾为"大跃进"的"辉煌"而欢呼过。钮惟新在《新华日报》上发表过散文诗《公社照相馆》,还真诚地到处向农民宣传人民公社"一大二公"的优越性。然而,接下来"大跃进"给农村造成的灾难使他警醒,他曾于1961年1月写一封反映农村情况的长信,抄写4份,分别寄给了毛泽东主席、团中央第一书记胡耀邦、粮食部长沙千里和江苏省委第一书记江渭清。

---

① 《中共中央关于在农村进行社会主义教育的指示》(1961年11月13日),《农业集体化重要文件汇编》(下册),中共中央党校出版社,1981年,第529页。

② 钮惟新、蔡扶民:《给党和国家领导人的紧急信》(1961年12月),余习广:《大跃进·苦日子上书集》,香港时代潮流出版社,2005年,第365页。

信寄出后一直没有回音,而农村的情况还在继续恶化。钮惟新和蔡扶民就利用寒暑假到苏北、苏南、安徽、山东等地了解情况。9 月,他们根据自己的走访调查,写成了 5 000 字的《关于我国农业问题的意见》(简称《意见》)。①

意见书内容共分为 4 个部分。(1) 我国农业合作化和公社化已经失败。合作化以来,人民生活水平空前贫困低落;农业生产力遭到毁灭性的破坏;农作物产量下降。造成这种状况的主要原因是党的农业合作化、公社化方针、路线的人为错误。合作化的目的就是为了发展生产力,增加产量,提高人民的生活,而现在这种目的不仅没有达到,反而比合作化以前更糟了。现在还有少数单干户,他们生活比社员强得多。这些事实完全表明,我们党的合作化、公社化已经失败了,一切关于我国农业合作化必要性的理论都毫无意义了。(2) 我国农业合作化和公社化失败的原因。集体所有制的生产关系与我国现阶段的生产力性质不相适应;合作化超越了农民的思想觉悟水平;合作化、公社化超越了干部水平;运动的速度过快过猛。(3) 迅速改变我国农业面貌的途径。意见书认为迅速改变农业面貌的最好的办法是"包产到户"。有 5 点理由:一是"包产到户"的生产关系适应于当前落后的生产力的水平。二是"包产到户"适应当前农民的觉悟水平。三是"包产到户"能迅速把农民的生产潜力全部发挥出来,有利于迅速恢复生产。四是"包产到户"能促进和恢复发展生产力,增加产量,提高人民生活水平。五是"农业是国民经济的基础",只有包产到户,才能加速我国工业化的进程和其他事业的发展。意见书还一分为二地说明包产到户的缺点。如会导致资本主义自发势力的增长,但国家政权是可以控制这种自发势力的,如实行土地国有化、禁止土地买卖等方式,可以控制个体生产的盲目性。包产到户是否是倒退呢? 表面看来是倒退了,但实际是进步了。以生产力标准来衡量进退,包产到户肯定比合作社更能促进生产力的恢复和发展,更能增加物质财富,提高人民生活水平,应该说它是进步的。以安徽的例子来看,正是这样。(4) 建议。

---

① 韩三洲:《最早为包产到户呼号的两个年轻人》,《炎黄春秋》,1994 年第 2 期。

意见书提出了三点建议:一是"通过试点,迅速把'包产到户'推行到全国各省";二是全党重新实事求是地总结我国农业合作化问题,寻求最完善、最正确的农业发展道路,以确保社会主义事业的胜利进行;三是把我国农业合作化、公社化的失败教训迅速实事求是地告诉各兄弟党,以使其他已走社会主义的国家不再重遭我们的失败,以确保社会主义阵营的强大。①

钮惟新、蔡扶民是最早为包产到户上书中央领导的人,同时也是上书保荐包产到户职位最低的人。但从上书的内容来看,却是说话最大胆的。他们否定了农业合作化和公社化,建议全国范围内推广包产到户,总结农业合作化进行失败的教训并将教训公布于世界各社会主义国家。这是非常大胆、深刻的建议。

更为大胆的举动是,他们写完信后,决定赴京亲自将《意见》交给毛泽东主席。在国务院接待室,他们给了周恩来总理一封信,并将《意见》分别给了朱德委员长、邓子恢部长和廖鲁言部长一份。之后,他们又将《意见》刻印数百份,分别寄给每个中央委员以及各省、地、市的第一书记,以期引起全党对严峻局势的警觉以及对包产到户的重视。

1962年1月,他们收到了邓子恢的回信:"你们的信和材料,我收阅了。你们来时,我不在京,未能见到你们。关于农村问题,最近中央已决定把人民公社核算改为三级所有,队为基础。这样会较好地调动农民的生产积极性。请把中央这一决定转告当地农民。"②

1962年5月,他们又向毛泽东主席、党中央、各中央委员及省委书记发出了《给我国领导人的一封紧急信》、《农村包产到户试行办法》、《包产到户的优越性》等材料;7月,又给党和国家领导人、各中央委员及省委书记寄出《我国农村当前存在的十个严重问题》、《关于包产到户的说明》等材料;10月,又一次寄出了《当前我国社会存在的八个严重问题》。然而,北戴河会议和随后的八届十中全会上,邓子恢连同包产到户受到严厉批

---

① 钮惟新、蔡扶民:《关于我国农业问题的意见》,余习广:《大跃进·苦日子上书集》,香港时代潮流出版社,2005年,第356-362页。
② 转引自韩三洲:《最早为包产到户呼号的两个年轻人》,《炎黄春秋》,1994年第2期。

判。钮惟新、蔡扶民为包产到户的奔走呼吁自然毫无结果。

浙江是 1956 年搞单干出了名的省份，也有三个青年人在为农业经营管理思考，为包产到户奔走呼吁。他们是浙江瑞安老区湖岭农技站工作人员冯志来、新昌县专职办社干部陈新宇、嵊县农业局桑蚕技术员杨木水。

冯志来，1936 年生，浙江义乌人，1955 年毕业于浙江金华农业学校，同年被分配到温州专区的瑞安县从事兽医工作；1957 年反右运动中被划为右派分子，开除团籍、留用察看。1958 年冯志来被下放到瑞安县隆山畜牧场监督劳动。1960 年摘掉右派帽子，调到瑞安老区湖岭农技站工作。经济条件相对好一些的浙江，在"大跃进"和人民公社化运动中也遭遇了巨大的困难。1962 年冯志来回老家义乌探亲，得知村子里几年来已有 80 人饿、病而死。目睹家乡的灾难，冯志来从马列理论中寻找答案，经过学习和思考，他发现，中国从合作化以来特别是"大跃进"、人民公社化以来的种种做法，违背了马克思主义生产关系必须与生产力相适应的基本原理，违背了社会经济发展规律，是一种脱离实际的"左"倾空想。于是，他在 1962 年 4 月 21 日写成了《半社会主义论》的文章。①

冯志来的《半社会主义论》是一篇一万多字的长篇论文。文章从马克思、列宁、斯大林的理论基本常识出发，系统地论述了在 20 世纪五六十年代中国农村生产力水平低下的状况下，只有通过半社会主义阶段的发展才能进入社会主义这一道理。在半社会主义的发展阶段，农业生产管理的最好的形式就是包产到户。

文章引用了马克思、列宁、斯大林的有关理论，来说明生产关系的变动不是随任何人的意志为转移的，而是和生产力发展水平相一致的。马克思主义认为："革命活动不应以卓越人物的善良愿望为基础，决不应以'理性'、'普遍道德'等等要求为基础，而应从社会物质生活发展的现实需要出发。""社会物质生活体系中，决定社会面貌、决定社会制度性质、决定社会由这一制度发展为另一制度的主要力量，是人民生存所必需的生活资料谋得的方式。而生产的变更和发展，始终是从生产力的变更和

---

① 陈大斌：《寻访浙江的两个半单干理论家》，《炎黄春秋》，2003 年第 11 期。

发展,首先从生产工具的变更和发展开始的。"斯大林说:"生产力是生产中最活跃、最革命的力量。这种力量,就是在社会主义制度下也无可争辩地走在生产关系的前面。生产关系只是经过一些时候,才会改造得适合于生产力的性质。"马克思也曾说:"无论哪一个社会形态,当他们所能容纳的全部生产力发挥出来以前,是决不会灭亡的;而新的更高的生产关系,它存在的物质条件在旧社会的胎胞里成熟以前,是决不会出现的。"①

当时的中国还是一个生产力水平很低的社会,必须通过半社会主义才能进入社会主义。冯志来用大量的事实来说明中国在 20 世纪五六十年代农业生产力水平不高的状况。一方面是发展水平很低的生产力,另一方面是高度公有的生产关系,生产力和生产关系之间存在着不可调和的矛盾,唯一的出路就是"应该包产到户"。他认为,把包产到户说成是资产阶级路线、是资本主义复辟、是恢复小农经济、是单干的人,"完全是十足的'装腔作势',借以吓人"。冯志来说,包产到户实质上是单干,是搞小商品生产,但土地国有化前提下的单干和小商品生产与封建社会、资本主义社会的小商品生产不同。

文章明确指出:"我国目前实行农业集体化的经济基础还没有形成,或者说没有完全形成。""生产关系仍旧阻碍着生产力的发展。""目前惟一的办法,就是在农村中实行属于社会主义范畴的,也叫做'包产到户'的小商品生产,允许农民独立经营,允许为他们服务的小商小贩和手工业者的独立活动,建设既有社会主义的国营经济和合作经济,又有在国营经济领导扶植下和社会主义的经济互相协作的小农经济的半社会主义。"②

冯志来的文章所表达的"半社会主义阶段",允许农民独立经营即实行包产到户,允许个体商贩及个体手工业者存在的思想,和1987年党的十三大报告中的社会主义初级阶段的理论以及以社会主义公有经济为主体、

---

① 《半社会主义论》,冯志来:《1962 年的呼喊:半社会主义论及其评述》,百家出版社,2003 年,第 2 页。
② 同①,第 13 页。

多种经济形式并存的经济建设指导思想惊人的相似。

文章写成以后，冯志来亲自到北京，希望将文章送到中央领导人手中，但在中央办公厅信访接待处遭到了冷遇。回到瑞安后，他于1962年6月30日又写了《怎么办》一文，继续反映农村问题，提倡包产到户。

冯志来说，他写《怎么办》这篇文章是为了修正和补充《半社会主义论》，是给党内同志看的，是以一个革命者的坦荡来写这篇文章的，是不怕触动"权威"的。①

冯志来认为"大跃进"和人民公社化困难的根本原因不是"五风"，更不是天灾，而是"左"倾错误。这种"左"倾错误从1955年农业合作化加快发展开始，到1962年还在继续。贯彻"六十条"，只是悬崖勒马，而不是下马，只是把错误减轻了，而没有彻底纠正。几年来最应该做的是发展生产力，但是实际做的是"批判错误思想，总结工作经验"、"使农民有充分的精神准备"以及"全面规划"、"训练办社干部"，等等。强调农民要求改变"一穷二白"、走社会主义道路的积极性，忽视了物质基础的决定作用。所以不承认农业社会主义改造的缓慢性、长期性和不平衡性，违背了列宁关于消灭小生产者"只能用很长期的、缓慢的、谨慎的组织者的工作，来改造他们，重新教育他们"的教导。虽然提出"自愿互利"的原则，提出农业合作化与国家工业化相适应的口号，可是却把真正这样做了的同志当做"小脚女人"与右倾机会主义者，称为"富农路线"。"从根本上违背了马列主义的普遍真理，即社会发展的基础是生产力的增长，其中首先是生产工具的增多与改善；不承认即使是社会主义制度下，生产力还无可争辩地走在生产关系前面的原理。因此就把农业合作化的速度，十分冒险地引向国家工业化的速度前面去了。这就形成1956年的全面合作化，促进了1957年的农村闹事。不幸的是，在事实面前，不引以为戒，反而把闹事全部归结为少数人物的兴风作浪，全是地主富农的阴谋复辟，全是两条路线的殊死斗争。因此那种主观主义的小资产阶级狂热病就更加强起来。通过所谓全民整

---

① 《怎么办》，冯志来：《1962年的呼喊：半社会主义论及其评述》，百家出版社，2003年，第17页。

风、反右斗争、打击了不同意他们主张的干部群众,完全破坏了民主集中制的原则。由于政治上得意,更冲昏了头脑,因此'异想天开'、'创造狂'、'虚假浮夸'、'好大喜功'等唯心主义的错误东西,都得到了鼓励,从而形成了所谓'大办钢铁'、'大跃进'和向共产主义过渡的'公社化'运动……"① 那么,农村问题的根本解决办法是实行"包产到户"。② 他认为包产到户的正确性已经被安徽等地的实践证明,受到全国绝大多数人的拥护,那些认为包产到户是资本主义复辟、是方向性错误的人,"可谓顽固不化之至矣"!③

通读《怎么办》全文可以看出,这篇文章的观点比上一篇更加尖锐,清算了 1955 年以来的"左"倾错误,指出了领导人的主观和狂热,提出了解决办法。文章既有理论基础,又有实践经验。

冯志来将这篇文章分别寄给了党中央、《红旗》杂志和《人民日报》编辑部。他在附信中说自己是冯雪峰的同乡、族侄,以期引起重视。然而,换来的却是中共中央要求浙江省委追查冯志来和冯雪峰的关系,要揪出"一再鼓吹单干"的冯志来的"黑后台"。

陈新宇 1924 年生于浙江省新昌县,1949 年参加工作,1955 年农业合作化掀起高潮时来到农村,成为萧山县的专职办社干部,1958 年调到新昌县从事巩固合作社的工作。

新昌县农民在 1960 年冬自发搞起了包产到户。陈新宇试图说服社员放弃包产到户,结果反而被社员说服。他通过调查发现,包产到户能够增加农民收入,可以解决办社中长期存在的弊端与困难,于是撰写了《关于农村阶级分析问题》和《关于包产到户问题》两篇文章。他把文章抄写几份,分别寄给党中央、《人民日报》社和中共新昌县委。寄出的文章没有回音,他又接连给《人民日报》写了 8 封论述包产到户的信。1962 年 7 月 1 日,《人民日报》在内部刊物《读者来信》上刊登了陈新宇的第六封信,题目为

---

① 《怎么办》,冯志来:《1962 年的呼喊:半社会主义论及其评述》,百家出版社,2003 年,第 17-18 页。
② 同①,第 22 页。
③ 同①,第 23 页。

《重谈包产到户》，还加了一个编者按。编者按说："浙江新昌县读者陈新宇，从去年六月至今，先后六次来信来稿，要求报纸讨论'包产到户'问题。他第一次来信说，他原来是去纠正包产到户的，可是他反而被群众和事实说服了，坚决主张包产到户。他的论点有四：一是包产到户是经营管理问题，不是改变所有制，因而不是方向问题。二是包产到户是个人负责制与产量责任制相结合的一种较完善的责任制。三是包产到户从个人计件、小段包工演变而来，是经营管理中必然出现的一种形式，是不可避免的。四是正确态度是认真调查研究，弄清包产到户为什么会成为群众的自发行动，用党的群众路线来对待这个问题，不要惊慌失措，回避现实或硬行纠正。"①

　　陈新宇在第六次来信中说："一年来我成了罪人，甄别至今未下结论。县区社三级对我进行过四次公开批判，多次充当反面典型，停职、审查，施加多种压力，我竟顽固如此，毫不为动。主要原因有：一批判越多，越使我明白批判的理由不充分，而农民的主张完全正确；二几年来自己参加过破坏生产力的行动，为'五风'助风，内心自疚，一种强烈的赎罪念头，迫使自己坚持自己以为能迅速发展生产的办法，补救上一段的损失，因而对种种压力只看做对自己意志的考验；三自己确认包产到户是集体生产终将出现的必然现象，有非常坚定的胜利信心，决不放弃自己的主张……"②"包产到户是否违反社会主义方向？是否影响集体经济优越性的发挥？是不是少数人的要求？是属于集体经济范畴还是属于个体经济范畴？各地大量的具体事实，足以弄清这些问题。""包产到户或包干到户经过一年实践，愈来愈证实这是适应当前生产力发展和群众思想水平的一种农业集体经营中的独特形式，是个人与集体生产密切结合的一种新的创造，是集体生产经营管理中的一项宝贵的经验，不应长期摒弃。""实事求是地肯定包产到户是集体生产中的一种经营管理方式，不论对集体生产发展、对个人积极性发挥，都将会大有好处。""不管从哪方面来看，是提出公开讨论弄清问题的时候了！""不管从哪一个角度来

---

　　①　转引自冯志来：《1962年的呼喊：半社会主义论及其评述》，百家出版社，2003年，第112-113页。
　　②　同①，第113页。

考虑,都应允许包产到户合法存在!"①

八届十中全会后,陈新宇成为必须被批判的"两个半单干理论家"之一。② 1963 年他被遣送到县农场监督劳动,1964 年"四清"运动一开始,又被放逐到一个大队接受教育和批判。

浙江另一位为包产到户呼喊的是嵊县农业局技术员杨木水。由于工作的性质,杨木水天天与农民打交道,对农村的情况特别熟悉。"大跃进"几年的折腾以后,1960 年下半年,嵊县有 30% 多的农民自发实行了包产到户。但浙江是个曾因包产到户而受批判的地方,对包产到户极其敏感,上级不准农民实行包产到户。杨木水看到了包产到户种种好处,写了《恢复农村经济的顶好的办法是包产到户》的文章,寄给毛泽东。③ 信寄出后没有回音。1961 年 11 月,杨木水将文章寄给了此时已经辞去北京大学校长的同乡马寅初。1962 年 1 月,马寅初到嵊县考察,与杨木水单独交谈,了解农村包产到户的情况,帮助杨木水修改文章,并答应将修改后的文章代为转呈。④

杨木水因上书而遭了祸。马寅初离开嵊县不久,杨木水被调离农业局,1963 年春被捕,关押了一年多之后,于 1964 年初正式宣判:因恶毒攻击党的路线政策,鼓吹包产到户,反对三面红旗,反对社会主义制度,被判有期徒刑八年,押赴浙江第二监狱服刑。

浙江三个年轻人为包产到户上书呼喊,由于当时的"左"倾政策,他们都为此付出了代价。

为包产到户呼喊的人还有安徽省太湖县委宣传部教育理论科副科长钱让能,他为保荐安徽的责任田而上书毛泽东。

---

① 陈大斌:《寻访浙江的两个半单干理论家》,《炎黄春秋》,2003 年第 11 期。
② 据冯志来《1962 年的呼喊:半社会主义论及其评述》一书载,毛泽东在八届十中全会上对浙江省委第一书记说:"你们浙江出了两个半单干理论家,必须批判。另据凌志军《历史不再徘徊——人民公社在中国的兴起和失败》一书载:"毛泽东指着浙江省省委记说,'你们浙江出了两个半单干理论家'。口气之严厉,令人心惊肉跳。"但都没有出处。笔者查逄先知、金冲及《毛泽东传(1949—1976)》(下册)毛泽东八届十中全会上的讲话,也没有查到这样的话。
③ 信寄出的时间不详。
④ 陈大斌:《马寅初与"包产到户"的一段情缘》,《炎黄春秋》,2006 年第 12 期。

　　1962年初,中央责令已经实行包产到户的地区改正。由于包产到户的强大生命力,各地的改正工作并不理想,有的地方明改暗不改,还有的地方不仅没有改正,还在继续发展。中央领导人对此的意见也产生了分歧,很多人通过农村调查,支持包产到户,为包产到户宣传、呐喊。在地方基层,也有人上书中央、毛泽东主席,为包产到户请命,形成了上下呼应的支持力量。

　　1961年3月,安徽由省委主持在全省范围内实行责任田,这也是全国较早、较普遍的。1962年3月,省委发出改正责任田的决议通知之后,遇到了很大的阻力。刚刚尝到甜头的农民实在不愿意放弃责任田,再回到吃大锅饭的"大呼隆"的干活方式。鉴于此,太湖县委宣传部教育理论科副科长钱让能给毛泽东主席写了封长信,保荐责任田。

　　据钱让能本人2000年回忆:1960年8月,中共安庆地委为了贯彻落实中央大办农业的指示,从地直机关抽调一大批干部直接下到农村人民公社担任职务。当时28岁的钱让能任安庆地委宣传部理论教育科副科长,主动要求报名下放。他被宣传部和地委批准到太湖县徐桥公社任副书记,兼龙王大队书记,与社员同吃、同住、同劳动。1961年春,安徽省委推行责任田,徐桥公社迅速由点到面推开。农业生产显露出生机,农民的积极性被调动起来,早稻、中晚稻都获得好的收成。但中央却决定改正安徽的责任田。钱让能在基层改正责任田,遇到了极大的阻力,而且他本人也认为责任田是一种好办法应当允许农民继续实行。于是,钱让能决定冒险上书毛泽东主席,为责任田请命。①

　　钱让能在信的开头说,他的保荐与省委关于改正责任田办法的决议是相悖的。但他认为,责任田是农民的一个创举,是适应农村当时生产力发展的必然趋势,是"六十条"和以生产队为基本核算单位的重要补充。实行了责任田,农业生产如鱼得水,锦上添花。

　　接着,钱让能详细介绍了太湖县在1958年到1960年三年"大跃进"期间遭到的破坏以及1961年3月实行责任田后的巨大变化。太湖县是安庆

---

　　① 钱让能:《上书毛泽东,保荐责任田》,《百年潮》,2000年第2期。

专区的一个三类县,三年"大跃进",生产力遭到巨大破坏,有些地方的破坏甚至是毁灭性的,生产水平大大下降,到 1960 年底,耕牛只有 1.8 万头,比 1955 年几乎下降 50%,大型农具只有 10 万件,下降 60%,耕地缩减 35 万亩,下降 11%,粮食总产量 14 512 万斤,下降 35%,油料 103 万斤,下降 30%,生猪 1.1 万头,下降 300% 多,其他经济作物均有很大减少。1961 年 3 月,省委试行责任田时,太湖县有 90% 以上的地区实行了。责任田使农民焕发出来的热情是土改以来所未见的。

就太湖县经济最差的徐桥地区桥西大队来说,在极其恶劣的条件下,① 农业生产取得了巨大增长:粮食由 11.4 万斤增至 20.78 万斤,增长 81%(自留地不在内),油由 278 斤增为 1 860 斤,增长 6 倍半,棉花由 62 斤增到 676 斤,增加 10 倍,生猪、家禽也是几倍的增长。就全县来说,1961 年早稻吃国家供应 300 万斤,1962 年准备外调 50 万斤,中稻、晚稻也丰收在望。所以,在改正责任田的问题上与农民座谈时,农民说,责任田一实行,1957 年以前高级社时的自留地与大田用肥、家庭副业与队里的集体生产、耕牛使用与发展、农具添置保管、农活的数量和质量、评工记分,等等,这些问题都基本解决了。"共产党在互助合作的政策上,最好的就是责任田政策。只要不变,多完成任务(指征购),我们都情愿。"

钱让能从理论上论述了集体所有制下调动农民个体积极性的重要性、农业发展与其他各业的关系,以此来论证责任田的必要性。当然,竭力辩解责任田不是单干,不是发展资本主义,也不是方向性错误,也是钱让能信的一部分内容。

信的最后,钱让能说,急急忙忙收回责任田,吵吵闹闹地指责是单干,

---

① 钱让能在信中列举了 1961 年的困难和恶劣条件:(1)自然灾害,连续 105 天的干旱,还有风灾。(2)牛力极缺。徐桥地区桥西大队 665 亩土地,27 头耕牛,既瘦且小,其中 10 头牛是打一鞭才走一步的。(3)农具缺乏,特别是大型农具,如水车、禾桶等,几乎坏完了。(4)各种种子都差。由外地运来的尽是些杂种。(5)肥料缺乏。尽是白田,没有草子。(6)田底子差。1958 年以来五风的结果是大田变成小田,方田变成了圆田,长田变成了短田,无边无拐的变成了有边有拐的,同时又有部分田下了盐,底子更差。(7)没有猪种资源。(8)资金缺乏。特别是 15 户困难户(占全大队总户 14%),连年供应口粮,几乎全部救济。(9)体质差。当时还有消瘦浮肿病人 125 个,占总人数 430 人的 20%(原文如此——笔者注)。(10)居住生活条件极差。破屋、漏锅的户占 70% 以上。(黄道霞:《建国以来农业合作化史料汇编》,中共党史出版社,1992 年,第 721 页。)

是不了解农村的真实情况,是不相信80%甚至90%多的农民的选择。

他说,省委关于改正责任田的决议中说社员对责任田的态度的比例:"有20%的社员不愿搞责任田,这主要是觉悟高的干部、党团员、积极分子、困难户和劳力少,技术差的困难户。有10%的社员主张继续包产到户,不愿改正责任田办法……这主要是投机倒把活动的社员和超产特别多、觉悟不高的社员。有70%的社员处于中间状态。从上可见,改正'责任田'办法是会得到多数群众拥护的。"但就太湖县的实际情况来看,完全相反。"农村中有劳力的户不待说是拥护责任田的,就是困难户,一大部分也是有积极性的。有的一听说'责任田'要改变,他们说:'我就要哭责任田这个短命鬼了。'据我所知,不那么拥护,不那么热情,不那么积极的,除非是些一贯游手好闲,不劳而获或者是专想搞平均主义的人。因为责任田是真正贯彻了'按劳分配'的原则,不劳动就真正不得食了……据我们调查摸底,拥护责任田起码占80%以上,甚至于占90%以上。"

为了表明自己所说的是事实,钱让能请求毛泽东主席派人到太湖来调查。①

7月初,中共中央办公厅派中宣部干部、祖籍太湖县的蔡声宁以探亲的名义到太湖县暗访责任田,暗访得出了三点结论:一是大部分群众拥护责任田。不是省委讲的那样。蔡声宁还举了一个例子说明农民对责任田的拥护。他探亲离开老家时,婶娘用拐棍戳田埂说,这个东西(指责任田)不能改哟!二是实行责任田以来,农业确实大增产。三是责任田是不是方向性的问题,要留待下一步解决。但是,这样的调查也没能阻止即将到来的对包产到户的大批判。钱让能与蔡声宁都没有逃脱厄运。8月2日,毛泽东将钱让能的保荐书作为包产到户的典型材料印发参加北戴河中共工作会议各同志,成为批判"单干风"的靶子。9月底,安徽省委派一个调查组到太湖调查"保荐书"之事。调查组还没调查就认定钱让能在认识上有

① 钱让能:《关于保荐责任田办法的报告》,黄道霞:《建国以来农业合作化史料汇编》,中共党史出版社,1992年,第720—724页。

严重的错误。但钱让能说:"我组织上服从,认识上保留可以吗?"调查组负责人说:"你的报告是毛主席批示的,认识上的错误,如果坚持不改,矛盾也会转化的,望你三思。"随后调查组进行了例行公事的调查,很快作出了结论:对责任田进行严厉的批判,把"保荐书"提高到两条道路、两条路线、两个阶级斗争的高度,说它是为农村资本主义复辟鸣锣开道。之后,钱让能成了全省批判责任田的反面教员,省党校、省干校每期轮训班上都要以"保荐书"作为反面教材。10 月,安徽省一届十三次全会对其进行批判。11 月,省委正式发文件报毛泽东主席、中共中央和华东局。文件说:"钱让能在责任田问题上的错误观点比较系统,比较突出,他的调查方法也是错误的,所反映的情况也是不符合事实的,这表明他实际上已经站到农村资本主义自发势力那一边去了。"①

1962 年 3 月,安徽省委关于贯彻执行《〈关于改正"责任田"办法的决议〉通知》下发后,广大农民和基层干部想不通,根本不愿意改正。冒险上书毛泽东主席的除安庆的钱让能之外,还有中共宿县符离区委全体干部。安庆和宿县,一南一北,都在为责任田呼吁。

1962 年 6 月中下旬,宿县符离区委全体干部给毛泽东主席(并抄报华东局负责同志)写了一封 6 000 多字的长信为责任田辩护。

宿县符离区全体干部是直接与农民打交道的基层干部,可以说他们比下放到农村的钱让能更了解农村。从地理条件来看,安庆地区属于皖南,自然条件相对好些,而宿县属于皖北,自然条件要差得多,"大跃进"遭受的灾难不言而喻。但 1961 年 3 月实行责任田以后,宿县不仅遏制了人口非正常死亡、饥饿、人口外流等现象,还能够支援邻近的河南、江苏等困难地区。1962 年 3 月,省委提出改正责任田的决议,不仅农民思想不通,干部思想也不通。为了保住责任田不改变,宿县符离区全体干部联名给毛泽东写了封信,反映情况,为责任田辩护。

他们认为,责任田在当时不仅不违背社会主义原则,而且简便易行,容易为广大农民群众所接受,是与当时农业生产力水平、群众的觉悟水平和

---

① 钱让能:《上书毛泽东,保荐责任田》,《百年潮》,2000 年第 2 期。

干部管理水平相适应的。责任田既可以充分发挥每个社员的生产积极性，又使每个社员生活都有保障。实行以生产队为基本核算单位，克服了队与队之间的平均主义，调动了生产积极性。只有推行责任田，才能比较彻底地克服社员与社员之间的平均主义，充分调动社员的积极性。他们还回顾了合作化以来在生产管理上的弊端。从合作化以来，生产管理上的"三包一奖"、"评工记分"、"小段农活包工"等方法，都不如责任田简便易行。可以说责任田是集体生产下最好的一种管理方式。

他们用了很大的篇幅来解释对责任田的种种误解和责难。总的来说，对责任田的误解和责难有：方向性错误，有单干的危险；把产量包到户，前途会有很大危险；趋向两极分化；1961 年的丰收是因为纠正了"五风"和贯彻了"十二条"、"六十条"的结果，如果不实行责任田情况可能更好些；只能调动社员的个体积极性，不能调动集体积极性，影响干集体活；公共积累少了；责任田腐蚀了干部等。他们以事实逐条驳斥了对责任田的误解和责难，认为这些非难是因为不了解实际情况，并且以毛泽东《实践论》中的论断来说明他们的认识是基于对实际情况了解，恳请毛泽东或其他中央政治局负责人到当地调查。

他们列举的责任田的好处有 8 条之多，如：社员积极性提高了，出勤率提高了；重视积肥了；积极学习技术；耕地面积扩大了；农活质量提高；等等。总之，责任田可以增产，可以迅速恢复和发展农业生产力。

信的最后，他们以极其恳切的笔调说到责任田的退却问题，以苏共的新经济政策为例和毛泽东在革命战争中的退却策略，说明退却是为了更好的前进。

他们本来不认为责任田是"方向性错误"，在谈到退却的问题时，他们说，即使犯了方向性错误，为什么不可以在实践过程中加以考验，然后决定逐步淘汰呢？他们这样说，已经涉及"实践检验真理的标准"问题了。是否是方向性的错误，要让实践来检验，而不是不顾实际情况盲目下结论。他们用列宁在十月革命之后，仍然采用社会革命党人制定的土地法令和委托书的事例来支持自己观点。因此，即使把责任田作为一个"对立面"和

"反面教员"而存在,也要允许它的存在。①

符离区委全体同志给毛泽东的信,有观点,有事实,有历史回顾,有苏联的先例,有革命导师的理论,有退一步的恳求,整封信逻辑严密,说理透彻。他们是经过认真思考才写这封信为"责任田"请命的。

符离区委给毛泽东的信,很快转到了中央农村工作部,部长邓子恢一直就很关注安徽的责任田,看了信后,决定派调查组到宿县调查。6月27日,调查组到达宿县。调查的结果正如信中所反映的。7月14日,调查组离开宿县回北京,向邓子恢汇报。7月17日,邓子恢应约向毛泽东谈了对责任田的看法,为责任田辩护。这也就是后来被毛泽东称为"挨了邓子恢的训,而不是什么谈话"的谈话。在北戴河,邓子恢又一次向毛泽东游说安徽的责任田。结果,不仅没能说服毛泽东,反而惹得毛泽东很生气,致使在北戴河会议和随后的八届十中全会预备会议与八届十中全会上邓子恢连同责任田一起受到严厉批判。

在安徽人为责任田呼喊请命的前后,远在塞北的张家口地委第一书记胡开明也在为农业生产管理中的责任制而上书毛泽东。

1962年8月8日,胡开明给毛泽东写了一封信,提出"三包"到组的生产责任制的建议。他将7月30日在华北局农村工作座谈会上关于建议推行三包到组生产责任制的发言附于信中。相对于浙江、安徽几个为"包产到户"和"责任田"请命的人来说,胡开明可谓是个"大"人物了,他是以张家口地委第一书记的身份上书毛泽东的。

胡开明在建议中突破了以生产队为基本核算单位的界限,建议三包到组,并列举了在张家口试验这种方法的七大好处。他是不赞成包产到户的,但是有些生产队实行包产到户,生产能搞好,作为一种辅助办法,胡开明觉得是可行的。如果社员坚持非要包产到户不行,就应该允许,并且不能歧视包产到户,甚至分田到户的农民。②

---

① 《中共宿县符离区委全体同志致毛泽东主席的信》,《1961年推行"责任田"纪实》,中共文史出版社,1990年,第131-140页。

② 胡开明:《关于推行"三包"到组的生产责任制的建议》,黄道霞:《建国以来农业合作化史料汇编》,中共党史出版社,1992年,第725-728页。

胡开明的建议相对委婉得多,但也为包产到户开了一个口子。8 月 8 日,北戴河会议正在批判包产到户,胡开明却在此时还在为三包到组,甚至为包产到户上书毛泽东。8 月 16 日,毛泽东批示胡开明的信:"印发各同志讨论。"① 胡开明的建议自然也成了北戴河中央工作会议上批判包产到户的靶子。

9 月 4 日,胡开明给河北省委写了思想检查,认为自己提出三包到组等建议是很不妥当的,认为在张家口地区包产到户的过程中,自己负有责任。10 月 10 日至 11 月 18 日,河北省委召开工作会议,传达中共八届十中全会精神,强调包产到户的实质是"两条道路斗争问题","是闹单干混乱思想表现","是阶级斗争的反映"等。②

中央部分领导人支持,地方干部群众上书保荐,但包产到户还是没有避免夭折的命运。1962 年 7 月至 8 月的北戴河中央工作会议后,各地陆续检讨,纠正"包产到户"的做法。

甘肃省临夏回族自治州是包产到户"严重"的地区,70% 以上的生产队实行了包产到户。1962 年 9 月 11 日至 15 日,临夏州委召开州委委员、县委书记、县人委党组书记会议,传达中央工作会议精神,对临夏地区实行"包工包产到户"和"大包干到户"的问题作进一步的检查。会议认为,州委在 1962 年 6 月推行"包工包产到户"和"大包干到户"是在领导农村工作中迷失了方向,使集体经济一哄而散,生产队陷于瓦解,生产资料遭到破坏……阶级分化即将发生……造成生产上的很大困难,干部群众的思想混乱。实行包产到户是离开了社会主义道路,走资本主义道路;是放弃了农村社会主义阵地,放弃了无产阶级领导,若不是党的教育……前途将不堪设想。

临夏州委将自己的错误概括为以下 4 点:

一是州委领导上阶级观点模糊,对当时形势缺乏正确分析,被困难搅昏了头脑,对社会主义和资本主义两条道路的斗争认识不清,对阶级斗争

---

① 《毛泽东签批印发胡开明〈关于推行"三包"到组的生产责任制的建议〉》,黄道霞:《建国以来农业合作化史料汇编》,中共党史出版社,1992 年,第 724 页。

② 贾文平:《真理与命运——胡开明传略》,人民出版社,1995 年,第 207 页。

在党内的反映和资产阶级思想在党内的反映失去警惕,把一部分富裕农民走资本主义道路的思想情绪当做广大农民和干部的要求,把单干的做法当做调动农民积极性、恢复和发展农业生产的有效措施。这样就使州委在困难面前发生了动摇,接受了富裕农民走资本主义道路的思想情绪,因而有领导地采取了单干的做法,为资本主义的发展开辟了道路,在社会主义的前进道路上背道而驰。二是州委领导上的组织观念和纪律观念相当薄弱。对"包工包产到户"和"大包干到户"采取先斩后奏的办法,未经省委批准,擅自推行。三是没有认真执行中央的"六十条"等政策,把恢复农业寄托于"包工包产到户"和"大包干到户"上,破坏了党的政策,破坏了集体经济,把农民引向资本主义道路上去了。四是州委在领导上有严重的官僚主义。

因此,州委作出了4点改正意见:一是从上到下,由党内到党外,有计划、有步骤地在各级干部中和人民群众中,反复深入地进行走社会主义道路、反对走资本主义道路的宣传教育。向他们承认:走错了道路,州委提出的"包工包产到户"和"大包干到户"的办法,违背中央政策和"六十条",是错误的,责任完全由州委承担,以挽回党的影响。通过教育,使广大干部和群众端正思想,明确方向。二是认真学习党的政策。在坚持集体生产的生产队中,坚决地贯彻执行"六十条"和核算单位下放的指示,切实改进生产队的经营管理,贯彻按劳分配,切实发扬政治民主与经济民主,加强生产队的领导,加强各方面对集体经济的支援,全力办好现有集体经济,作出榜样,向农民示范,引导农民坚定不移地走社会主义集体化的道路。对还在动摇的生产队,积极做好工作,坚决巩固下来,一律不准再搞任何形式的单干。三是已实行"包工包产到户"和"大包干到户"的生产队,没有纠的,暂时一律不纠,采取积极态度,进行思想教育,稳定群众情绪,搞好秋收生产和粮食征购工作;已经纠回来的(永靖、广河一部分生产队),更应积极做好巩固工作,抓紧秋管、秋收、秋犁和粮食征购等工作。四是纠正工作拟在秋后进行,具体办法和步骤另作计划。

9月17日临夏州委将检查报告报给了甘肃省委。10月5日,省委将检查报告报给了西北局、中央和毛泽东。省委的报告主要内容有三部分:

一是批评临夏州委的错误;二是承担省委应该承担的责任;三是纠正错误的计划。

省委在报告中指出,临夏的"无论'包工包产到户'或者'大包干到户',都是把农民从集体主义道路引到单干的道路上,因而这种错误的性质是严重的,是方向性的错误,是社会主义和资本主义两条道路斗争的问题"。对于实行了单干的生产队,生产资料已经遭受到一定的破坏,统一制订生产计划、统一调配劳动力和统一进行分配等全部落了空;困难户无法照顾;两极分化已经开始;有些基层干部忙于搞个人生产,工作无人负责。这种情况给党在群众中的政治影响和农业生产,带来了严重的恶果。

对临夏州实行包工包产的错误,省委也负有一定的责任。省委在6、7月间对包产到户的认识不一致,有的认为可以提高农民生产积极性,能多打粮食,有利于尽快恢复生产、渡过困难。所以,7月份,在解决临夏问题时,省委作出了"对于已经实行'大包干到户'和'包产到户'的社、队不要急于纠正"和"'大包干到户'肯定是单干,'包工包产到户'还有些社会主义因素,作为过渡办法,可以考虑把那些已经'分田到户'的,先改为'包工包产到户'"的决定,致使单干蔓延,直至8月6日才刹住临夏地区的"单干风"。甘肃省委不仅检讨了自己的错误,而且还给出了自己今后的工作准则以及改正"包工包产到户"错误的具体计划。①

陕西省的一些地方从1960年冬也刮起了"单干风",自然也在纠正之列。1962年10月11日,中共陕西省委给西北局写出了《中共陕西省委关于纠正单干风、巩固人民公社集体经济情况的报告》,同时将《报告》报送中央。《报告》说,省委从1961年就曾指出"单干风"的严重性,并派工作组前往调查纠正。1962年5月、7月省委多次指出:"单干或变相单干的做法,是和社会主义集体经济背道而驰的……包产到户问题,是两条道路问题。"但是纠正的效果不好。8、9月间省委继续纠正单干风,到10月,包产

---

① 《中共甘肃省委关于临夏回族自治州推行"包工包产到户"和"大包干到户"情况的检查报告》,黄道霞:《建国以来农业合作化史料汇编》,中共党史出版社,1992年,第742-744页。

到户、分田到户的错误倾向虽然基本上遏制住了,但思想认识并未彻底澄清。省委结合北戴河中央工作会议和八届十中全会的精神,继续做纠正的工作。①

因为清涧县是陕西省闹"单干风"严重的县,所以陕西省委在10月14日又给西北局和中共中央单独写了一份关于清涧县单干问题的报告。清涧县从1960年刮起"单干风"后,和地委、县委形成了"纠"和"闹"的拉锯战,纠了闹,闹了纠。省委认为其原因有3点:一是农村两条道路斗争的激烈;二是领导思想不坚定、明确;三是有些基层党组织瘫痪,有些党员退化变质。

针对原因,清涧县委制定了5条措施进行纠正:一是认真学习八届十中全会精神,统一认识及提高觉悟;二是耐心说服单干农民,禁止单干户的土地出租、典当和买卖,禁止单干户雇工、放高利贷、投机倒把等,国家支援集体经济,办好生产队,吸引单干户;三是处理好自留地和个人开荒的关系;四是1962年冬到1963年冬进行整社,抓好经营管理;五是整顿基层党组织。②

10月19日,西北局将陕西省委关于清涧县的报告批转给了各省委、自治区党委、兰州军区党委并上报中央。西北局在批语中说:"清涧的单干活动,是农村阶级斗争的长期、曲折、尖锐、复杂的具体反映。""单干是两条道路的斗争,是政治方向问题。"③

湖南省是毛泽东的家乡,毛泽东曾派他的秘书田家英去调查。八届十中全会后,湖南省对"单干风"进行了积极的纠正。1962年10月21日,湖南省委向中共中央、毛泽东主席和中南局写了《中共湖南省委关于怎样纠正"单干风"的报告》。

《报告》认为产生单干风的根本原因是:"地、富、反、坏分子捣乱,一部

---

① 《中共陕西省委关于纠正单干风、巩固人民公社集体经济情况的报告》(1962年10月11日),黄道霞:《建国以来农业合作化史料汇编》,中共党史出版社,1992年,第744-745页。

② 《陕西省委关于清涧县单干问题的报告》(1962年10月14日),黄道霞:《建国以来农业合作化史料汇编》,中共党史出版社,1992年,第746-748页。

③ 《中共中央西北局批转陕西省委〈关于清涧县单干问题的报告〉》(1962年10月19日),黄道霞:《建国以来农业合作化史料汇编》,中共党史出版社,1992年,第746页。

分富裕中农的资本主义自发倾向作怪。利用了少数贫农、下中农对集体经济的暂时的动摇,利用了我们工作上的缺点和错误煽动起来的。"① 另外,也有生产队存在的问题没有解决好的因素。省委的解决办法是:一方面巩固集体经济,办好一批生产队,对于已经分户单干的生产队,拟组织专门的力量进行工作,使之回到集体道路上来;另一方面加强生产队领导干部和骨干分子的思想教育,同时对广大农民进行社会主义教育,帮助解决实际问题。②

10 月 23 日,中共中央将湖南省委的报告批转各中央局和各省、市、区党委。中央的批语是:"今将湖南省委的报告发给你们,以供参考。中央认为这个报告是很好的。"③

"一大二公"的理想社会可以说是毛泽东一生的追求,人民公社是他建立这种理想社会的一次重要实践。实践遭到重大挫折,无奈地容忍了一段时间责任田形式的生产管理上不那么"大"、不那么"公",一旦形势好转,走出低谷,"大而公"仍然是要坚持的原则。包产到户在 1960 到 1961 年出现,1962 年受批判而被禁止,就是这种思路的反映。1962 年八届十中全会后,阶级斗争日益严重化、普遍化,对包产到户的批判也更加深入。

八届十中全会之后,几个为包产到户上书呼喊的人,都不同程度地遭到打击。

最早为包产到户呼喊的两个年轻人之一的钮惟新于 1963 年 2 月被捕,在看守所关押了 3 年。1966 年 3 月,已是山雨欲来之时,钮惟新被判处有期徒刑 10 年。1973 年,钮惟新 10 年刑期满后,又在江苏省句容县劳改农场强制留场就业 8 年,直至 1981 年才被恢复公职,彻底平反。蔡扶民也于 1966 年以"现行反革命罪"被判处有期徒刑 5 年。④

---

① 《中共湖南省委关于怎样纠正"单干风"的报告》(1962 年 10 月 21 日),黄道霞:《建国以来农业合作化史料汇编》,中共党史出版社,1992 年,第 749 页。

② 同①,第 749—750 页。

③ 《中共中央批转湖南省委关于怎样纠正"单干风"的报告》(1962 年 10 月 23 日),黄道霞:《建国以来农业合作化史料汇编》,中共党史出版社,1992 年,第 749 页。

④ 韩三洲:《最早为包产到户呼号的两个年轻人》,《炎黄春秋》,1994 年第 2 期。

浙江的"两个半单干理论家"的命运同样悲惨。

八届十中全会后,中共温州地委、瑞安县委召开公社以上干部会议,批判冯志来的"单干理论",瑞安县还成立了由宣传部长、党校校长等人组成的 5 人批判小组,进行颇有声势的批判,并将有关材料报送浙江省委。省委批示:"重戴帽子(右派分子)、遣返原籍,监督劳动。"直至 1983 年 10 月冯志来才被平反。

由于新昌县委书记王淮亭的保护,陈新宇调到了县贸易货栈。但"文革"开始后,陈新宇被揪出来游街示众,先后 7 次被抄家,批斗了 120 场。他虽然没有被判刑,但从"文革"开始,直到十一届三中全会后平反,一直过着劳改、被管制的生活。

杨木水于 1963 年初被捕判刑。"文革"中因"恶攻""副统帅"林彪被判死刑,等待处决期间发生"九·一三"事件而幸免一死。[①]

1962 年 9 月底,安徽省委派了一个调查组到太湖,为的是批驳钱让能上书所反映的情况。钱让能被迫给调查组写了检查。随后在安徽省的各种会议上,钱让能都是作为反面教员被公开点名批判。10 月,安徽省委一届十三次全会将钱让能的问题提交全会,将上书全文和省委调查组的批判材料印发全会进行批判。11 月,省委以皖发 34 号文件报毛泽东主席,中共中央和华东局批示:"钱让能在责任田问题上的错误观点比较系统,比较突出,他的调查方法也是错误的,所反映的情况也是不符合事实的,这表明他实际上已经站到农村资本主义自发势力那一边去了。"[②] "文革"开始后,钱让能被隔离审查、监督劳动和全省巡回批斗,甚至被捆绑吊打,遭受了种种非人煎熬。1982 年底,经过 18 次申诉钱让能终获平反。[③]

1962 年 8 月 8 日胡开明上书毛泽东时,北戴河中央工作会议正在召开,毛泽东接到胡开明的信和《关于推行"三包"到组的生产责任制的建议》的反映,公开的材料是 8 月 16 日的"印发各同志讨论"的批语。从批语

① 陈大斌:《寻访浙江的两个半单干理论家》,《炎黄春秋》,2003 年第 11 期。
② 钱让能:《上书毛泽东,保荐责任田》,《百年潮》,2000 年第 2 期。
③ 同②。

中看不出毛泽东的倾向性。但"文革"中广为流传的毛泽东在 8 月 9 日，即胡开明写信的第二天，在北戴河中央工作会议中心小组上的一段讲话，清楚地表明毛泽东的愤怒："河北胡开明，有这么一个人，'开明'，但就是'胡'开明，是个副省长。听了批评'一片黑暗'的论调的传达，感到压力，你压了我那么久，从 1960 年以来，讲了两年多了，我也可以压你一下么。"①

在 7、8 月的北戴河华北农业局农业工作座谈会上，有位省领导就批评胡开明作的《关于推行"三包"到组的生产责任制的建议》的报告，说："'三包'到组容易滑向单干。农民已经单干几千年了，那还用试!"② 会后，胡开明、葛启（原张家口地委第一书记）回到张家口，地委立即召开常委会和县市委书记会议，对地委提出的"三包"到组和"定产到地、责任到人"等问题作了检讨。9 月 3 日，张家口地委向河北省委作了检讨。9 月 4 日，胡开明给河北省委第一书记林铁等人写了"对巩固集体经济的思想检查"的信。信中说，自己提出的"三包"到组等建议是很不妥当的，对张家口地区的包产到户负有责任。10 月 10 日至 11 月 18 日，河北省委召开工作会议，传达了中共八届十中全会，批评包产到户的实质是"两条道路斗争问题"，"是闹单干混乱思想的表现"，"是阶级斗争的反映"，等等。③ 1963 年 1 月 5 日，河北省委将关于胡开明问题的报告及检查上报中央和华北局。报告认为，胡开明犯有方向性错误，根本在于立场问题。

1963 年以后的几年中，河北省委、张家口地委连开几次会议，从批判胡开明的立场问题，发展到 1964 年把张家口地委打成"以胡开明为首的右倾机会主义集团"，并在 1964 年年底升级为"以胡开明和葛启为首的阴谋

① 于光远：《悼念敢于为民请命的胡开明》，《炎黄春秋》，1998 年第 5 期。这段话是"文革"时批判胡开明的大字报上的最高指示，说是 1962 年 8 月 9 日毛泽东在北戴河核心小组会议上的讲话，但"文革"后，胡开明本人到中央档案馆没有查到毛泽东的这个讲话。1967 年红卫兵造反组织编的《毛泽东思想胜利万岁》收录了毛泽东 147 份讲话，其中第 16 份讲话中有这段关于胡开明的。但《毛泽东思想胜利万岁》没有出版信息。（贾文平：《真理与命运——胡开明传略》，人民出版社，1995 年，第 203-204 页。）从后来胡开明的遭遇以及历史的发展，于光远推测："毛泽东的那段话不会是编出来的。"（于光远：《悼念敢于为民请命的胡开明》，《炎黄春秋》，1998 年第 5 期。）
② 转引自贾文平：《真理与命运——胡开明传略》，人民出版社，1995 年，第 204 页。
③ 同②，第 204-207 页。

反党集团"。

1965 年,胡开明以及他领导下的一批干部被打成"走资本主义道路的当权派"、"复辟资本主义的爪牙"。"文革"开始后,胡开明被"打翻在地,再踏上一只脚,永世不得翻身"。

直至 1978 年,胡开明才彻底解放,调到安徽工作。①

---

① 于光远:《悼念敢于为民请命的胡开明》,《炎黄春秋》,1998 年第 5 期。

第七章

『大寨』成为全国农业发展的模式

第一节　对"单干风"的进一步批判和集体经济的典型——大寨的崛起

一、对"单干风"的进一步批判

　　八届十中全会之后,各地纷纷检查和纠正了包产到户的做法,为包产到户呐喊的几个人也受到了惩罚,但毛泽东认为,事情到这儿还不能算结束,还要继续深挖"单干的根子",于是,在全国城乡开展了社会主义教育运动。

　　20世纪60年代初,经过调整,中国经济逐渐走出困难的谷底,开始好转。就在经济好转的同时,以八届十中全会为标志,政治上急速"左"转。而此时的国际环境也不容乐观。两大阵营的对峙正在继续;中印边境冲突与对抗在加剧;社会主义阵营内部,50年代产生分歧的中苏关系,这时更加恶化。中苏关系的恶化对中国内部政策的"左"倾转向产生了巨大影响。毛泽东和中共认为,斯大林去世后,赫鲁晓夫内外政策的调整是修正主义,是资本主义的复辟。由此毛泽东和中共开始反思中国的内政外交,从而提出在国际上"反修",在国内"防修"。八届十中全会后,重提阶级斗争,"反修"、"防修"日益成为紧迫的任务。毛泽东认为,当下修正主义路线和复辟资本主义道路的危险的表现是:对外政策上的"三和一少",[①] 国内的"三自一包"。[②]

　　1963年至1965年间,毛泽东多次同一些外国党的领导人谈中国共产

---

　　① 1962年上半年,中共中央对外联络部部长王稼祥提出了对外政策的总的原则和对外援助的一些意见(1962年3月31日《实事求是,量力而行》,6月29日《略谈对某些国际问题的看法》,《王稼祥选集》,人民出版社,1989年,第444—460页),北戴河中央工作会议期间被毛泽东批判为"三和一少",即"对帝国主义要和,对修正主义要和,对印度和各国反动派要和,对支持民族解放运动要少,这就是'三和一少'。"(徐则浩:《王稼祥传》,当代中国出版社,2006年,第371页。)

　　② 即自留地、自由市场、自负盈亏和包产到户。

党内的"三和一少"、"三自一包"的问题。①

1963 年 5 月 22 日,毛泽东在武汉同新西兰共产党总书记威尔科克斯谈话时,说到中国共产党内有人主张"三和一少"。毛泽东说:这是修正主义的路线。1964 年 2 月 9 日,毛泽东在北京再次同威尔科克斯谈到"三和一少"的问题。毛泽东说:这实质上就是修正主义的思想,联络部、统战部里都有这样思想的人,甚至说每个部都有。同时被点名批评的还有农村工作部的邓子恢。毛泽东说,邓子恢是中央委员,还是副总理,却主张单干,实际上不要社会主义农业。

1964 年 2 月,毛泽东会见朝鲜劳动党中央委员会总书记金日成时,谈到中国共产党内的"三和一少"和"三自一包"。他说:"三自一包"的目的是要解散社会主义的农村集体经济,要搞垮社会主义制度。"三和一少"是他们的国际纲领,"三自一包"是国内纲领。他再次点名批评邓子恢:有一个同志是主张"三自一包"的,就是邓子恢,他是长期搞农村工作的,是农村工作部长,是副总理。除此以外,每个部都有,支部书记里头更多。

1964 年 3、4 月间,毛泽东同日本共产党访华代表团袴田里见等人谈话,也讲到"三和一少"与"三自一包"。

由于陈云因病请假没有参加北戴河中央工作会议及八届十中全会,而且陈云包产到户的主张是直接与毛泽东谈的,符合党的组织原则,所以在北戴河中央工作会议和八届十中全会上并没有对陈云进行严厉批判。但1963 年至 1965 年,毛泽东对"三自一包"多次进行批评,并且是向外国共产党的领导人谈这个问题,这使陈云感到巨大的压力。1965 年 6 月 18 日陈云向毛泽东作了检讨。陈云在检讨信中说:"在 1962 年,我对农业恢复速度的估计:粮食方面,每年只能增长 2% ~ 3% ,因此,要由 2 800 亿斤粮食恢复到 3 600 余亿斤,需要 8 年时间。经济作物的恢复更要迟些。现在

---

① 笔者查阅了《毛泽东文集》、《建国以来毛泽东文稿》、《毛泽东传》等,均没有见到毛泽东与外国党领导人的谈话。丛进《曲折发展的岁月》(河南人民出版社,1989 年,第 576-581 页)有较为详细的记述。另徐勇《包产到户沉浮录》(珠海出版社,1998 年,第 192-198 页)也谈到毛泽东的几次谈话。但两书的相关内容,无论是丛进书中的间接引用还是徐勇书中的某些直接引用,均没有注明材料的出处。鉴于丛进著作出版的时间较早,且内容详细,笔者采用丛进书中的材料。

事实上 3 年就恢复了。这证明了我的估计是完全错误的。1962 年 7 月初，我曾经向你提出，同时也向中央常委中有几位同志谈过，用重新分田的办法，来刺激农民的生产积极性，以便恢复农业产量。这个意见是错误的，性质是严重的，它关系到农业方向集体经济与小个体经济、社会主义与资本主义两条道路的问题。现在用加强集体经济的办法，3 年就恢复了农业，如果用分田的办法，可以想是资本主义会大发展，后患不堪设想。思想根源，在于没有把人与物的关系搞准，没有人的因素第一这种思想。这是右倾错误。"①

1965 年 8 月 11 日，毛泽东不仅点名批评了邓子恢，还点名批评了陈云，说陈云主张"三自一包"。毛泽东说：1962 年在国际上在外交上，主张"三和一少"的是王稼祥，在国内主张"三自一包"的是陈云。陈云不仅主张包产到户，还要分田到户。邓子恢到处乱窜，刮"单干风"。

二、集体经济的典型——大寨

1963 年以来，毛泽东多次批评包产到户，把包产到户提高到了修正主义的国内纲领的高度，对包产到户"深挖猛批"。毛泽东在批判包产到户"单干风"的同时，还树立了一个社会主义集体经济的典型——大寨。树立集体经济的典型也是为了更进一步打击包产到户，使个体单干彻底没有市场，把集体经济发扬光大。大寨这个集体经济的典型在之后的十几年中，成了中国农村经济的样板。

大寨是山西省昔阳县的一个小山村，地处太行山深处、昔阳县城东南 5 公里的虎头山坡上。新中国成立前夕，全村约有 800 亩地、64 户人家、190 多口人。太行山区土地贫瘠，是有名的"七沟八梁一面坡"，生产力不高，粮食产量极低，亩产平均只有 50 多公斤，农民生活艰难。大寨人说，他们那时有"三穷五多"，三穷是人穷、地穷、村子穷，五多是当长工打短工的多、负债欠账的多、讨吃要饭的多、卖儿卖女的多、寻死上吊的多。异乡流

---

① 丛进：《曲折发展的岁月》，河南人民出版社，1989 年，第 580 页。

落到大寨的陈永贵的父亲就是卖过女儿后,上吊寻死的。① 昔阳县是老解放区,1952 年农业合作化兴起时,已经担任大寨村党支部书记的陈永贵兼任大寨初级农业生产合作社社长。陈永贵出身穷苦,积极走合作化的道路,带领大寨人把粮食产量由亩产 50 多公斤提高到亩产 125 公斤。由于互助合作搞得好,集体化就有吸引力,到 1955 年,大寨除一户地主外,其他 73 户全部加入了农业生产合作社。从 1953 年到 1963 年大寨成名,这十年是陈永贵带领大寨人艰苦奋斗的十年,是大寨人依靠集体互助的力量改造大寨山水的十年。

对于农民来说,土地是根本。对于大寨这个山村的农民来说,将穷山恶水治理成良田才是一切的根本。大寨十年的奋斗史也是一部治理山水的历史,这就是大寨的"十年造地计划"。大寨的 800 多亩地,分布在虎头山的"七沟八梁一面坡"上,被分割为 4 700 多块,多是土薄石厚的坡梁地,是典型的"三跑田"(跑土、跑肥、跑水)。陈永贵任农业生产合作社社长后,制订了一个"十年造地计划",把"三跑田"改正成"三保田"(保土、保肥、保水)。为了这个"十年造地计划",陈永贵带领大寨人开始了艰苦的劳作。

1953 年冬,大寨闸住了白驼沟,把白驼沟变成了一块一块的耕地。陈永贵认为之所以能把白驼沟改造成耕地,主要是因为合作社的巨大力量,于是,将白驼沟更名为"合作沟"。这引起了中共昔阳县委和晋中地委的重视。1953 年底,陈永贵被评为晋中地区劳动模范,出席了晋中劳模会并作了典型发言。陈永贵虽然只上过几天扫盲班,文化水平低,但口才很好,能言善辩,他的发言引起了晋中地委的重视。地委书记在会议总结时说,昔阳县大寨村的陈永贵这个人很有头脑,是个挺好的人才,号召全区各个合作社向大寨学习,不仅搞好生产,还要搞好农田基本建设。② 1954 年冬至 1955 年春,大寨又闸住了后底沟、赶牛道沟、念草沟和小北峪沟。1955 年冬,他们开始改造最难治理的狼窝掌沟。

① 宋连生:《农业学大寨始末》,湖北人民出版社,2005 年,第 3 页。
② 陈大斌:《大寨寓言——"农业学大寨"的历史警示》,新华出版社,2008 年,第 21 页。

狼窝掌是大寨大队最大的一条沟,当地人叫它"黑老山沟",三里长,两丈多宽,每到暴雨季节,就暴发山洪。1955 年冬,大寨人将狼窝掌改造成了层层梯田,但 1956 年夏季的洪水将梯田冲得干干净净。1956 年冬,大寨人二战狼窝掌,然而,1957 年夏季的雨更大,山洪更猛,将水库冲垮,将石坝冲了个净光。1957 年冬,大寨人第三次治理狼窝掌终获成功。这就是大寨人"三战狼窝掌"的创业史。①

除了造地外,大寨还改良了土壤,建了稳产高产的农田,即后来被广为宣传的"大寨田"。改良土壤的具体措施:一是改坡地、梁地为梯田。梁地一般垒土唇,里切外垫,起高垫低,年年耕,年年平,经过几年,改成了水平梯田。二是闸山沟,节节打坝,拦洪淤地,把沙石沟变成了一层层的梯田。三是深耕,加厚活土层,改良土壤。四是深耕、深刨。秋收以后深耕,利用 1 尺多厚的活土层,储蓄冬季的雨雪,抗御春旱。玉米第一遍锄草时,实行"深刨法",即不用锄头锄,而是在每株玉米根的旁边 4.5 寸的地方,用镢头深刨 6 寸到 8 寸,在玉米行间和株间挖成一个一个的小鱼鳞坑。这样做,降雨前有利于蹲苗,降雨时则把雨水储蓄到土壤里面,既抗旱,又防涝。通过改良,大寨的"三跑地"变成了"三保地",粮食产量大幅度提高。②

大寨在土地改良的基础上,综合实施"八字宪法",采取技术措施,实现高产稳产。一是增施肥料。除了充分利用农家肥,平均每亩地还有 25 斤氮肥和 40 多斤磷肥,另外还撒了沤制作物秸秆肥。二是扩大玉米的种植面积。三是合理密植。四是充分利用土地,"四不专种","三不空"。"四不专种"即豆子、高粱、麻籽、瓜菜不专种,而是在玉米和谷子地里带种。这样就解决了扩大玉米种植与社员多种需要的矛盾。"三不空"就是地边、地头、地墙根都不空,种满种足。这样相当于增加了地亩数。五是玉米"三深种植法"。大寨种玉米实行"三深",即深耕、深种、深刨。其中的深种根据不同的地势掌握不同的深度。六是谷子、玉米育苗移栽法。为了

---

① 沙荫、范银怀:《大寨之路》,《人民日报》,1964 年 2 月 10 日。

② 《廖鲁言关于报送〈大寨大队调查报告〉的信》(1964 年 5 月 25 日),黄道霞:《建国以来农业合作化史料汇编》,中共党史出版社,1992 年,第 795—796 页。

弥补石鸡、獾子等鸟兽害和其他原因所造成的缺苗断垅,大寨利用间苗时拔出的苗,移栽补缺,保证全苗。此后,在冬麦收割时,在谷子地间苗,并随时将间出的谷子苗移栽到麦茬地里。①

1957 年,大寨的粮食总产量达 27.7 万斤。到 1962 年,大寨的粮食总产量增长到 55 万斤,10 年间增长了 1.8 倍;亩产量达到 774 斤,增长了 2.2 倍。②

1958 年开始的"大跃进"和人民公社化运动,使中国经济、政治进入了狂热状态。在这之前,大寨人靠勤劳和艰苦奋斗积累了集体财产:猪羊成群,骡马满厩,要粮有粮,要钱有钱。如果合并大社,不是吃亏吗? 但陈永贵是个集体化的积极支持者,相信依靠集体的力量可以做到一切想做的事情。在办互助组时,他就说:"我向往的是集体农庄,向往的是共产主义。"公社化时,他认为这是向共产主义更迈进了一步。当他听说河南新乡地区办人民公社的消息后,便积极向县委请示,要求立即批准大寨办公社,并表示:"这一辈子一定要看到共产主义在中国的实现……过共产主义光景,不能只大寨过,要全县人民一齐过。"1958 年 8 月 24 日,昔阳县第一个人民公社——以大寨为中心的"红旗人民公社"成立了。人民公社成立以后,大寨制订了"3 年赶平川,9 年赶江南"的跃进规划。规划指出:1959 年,亩产要达到 800 斤,1962 年增加到 1 333 斤,1967 年要达到 2 400 斤;分配方面,要实行工资制和供给制相结合的办法,1959 年实现基本口粮免费供应,1962 年供给制范围扩大到伙食供给制,1967 年要实现基本生活需要的供给制,如衣服、食品、日用品都搞供给制。③

不仅如此,大寨还在改变所有制形式上制订了跃进规划。1959 年庐山会议后,全国开始了批判右倾机会主义的斗争,同时掀起了新的跃进高潮。大寨从 1959 年冬天起,开始筹划从大队所有制向公社所有制过渡。

---

① 《廖鲁言关于报送〈大寨大队调查报告〉的信》(1964 年 5 月 25 日),黄道霞:《建国以来农业合作化史料汇编》,中共党史出版社,1992 年,第 796—797 页。

② 农业部农村经济研究中心、当代农业史研究室:《当代中国农业变革与发展研究》,中国农业出版社,1998 年,第 120 页。

③ 孙启泰、熊志勇:《大寨红旗的升起与坠落》,河南人民出版社,1990 年,第 19 页。

1960 年夏,向公社所有制过渡的计划草案出台。草案认为:经过两年的"大跃进",大寨的生产已经有了相当的发展,有了过渡必备的物质基础,社员们看到了人民公社的无比优越性,因此"全区(管理区,后改称大队)社员积极要求由现在的管理区所有制过渡到公社所有制"。尽快实现向公社过渡,必将大大促进社员共产主义思想的增长,克服本位主义观念,有利于巩固公社内部的团结,从而更好地体现人民公社工农商学兵五位一体、政社合一和"一大二公"的优越性。草案指出,若不搞过渡,则必然阻碍生产的更大发展。一个管理区力量太小,资金和劳动力都不能满足生产需要,只有依靠人民公社才能解决上述问题。"人民公社是铁桶江山,集体经济是金边饭碗",在人民公社的"大家庭"中,可以有效地实现各队资金、劳力的协调,做到"全面规划,按比例发展"。[①]

据《大寨管理区过渡公社固定财产明细表》,大寨向公社所有制过渡的物质基础是相当薄弱的"穷过渡":全管理区共有马 12 匹、牛 27 头、骡 2 匹、驴 9 头、羊 205 只、房屋 13 间、柴油机 1 台、缝纫机 3 架、猪圈 2 个、电话机 1 部、汽灯 2 只、大车 2 辆、24 马力发电设备 1 套,全部固定资产总产值 80 825.19 元。另据大寨管理区资金平衡表反映:管理区共有现金 89.8 元、存款 88.28 元、公益金 1 376.7 元。[②]

在"大跃进"的狂热气氛下,大寨也制订了粮食跃进计划和所有制形式过渡到公社所有制的规划,但却拒绝虚报没有达到的粮食产量。大寨人在狂热的三年"大跃进"期间保持了相对冷静的头脑。1958 年夏季收以后,农业高产卫星满天飞,亩产几十万斤甚至上百万斤的卫星腾空而起,而大寨上报的粮食产量是亩产 574 斤。为此,山西省委领导不满意大寨的产量,派人做陈永贵的思想工作,以去北京参加建国十周年的庆典为诱饵,让陈永贵虚报产量。据当时受山西省委委派去做陈永贵工作的雷震一回忆,面对省委工作组,陈永贵说:"宁肯不上天安门,产量一斤也不多报。"[③] 1958 年全民大炼钢铁时,大寨没有出现高炉林立热火朝天的场面,只是派

---

① 孙启泰、熊志勇:《大寨红旗的升起与坠落》,河南人民出版社,1990 年,第 19-20 页。
② 同①,第 20 页。
③ 谭成健:《大寨:中国名村纪实》,中原农民出版社,1998 年,第 50 页。

了一个人到别的村帮着运铁矿。据郭凤莲说,陈永贵对大炼钢铁不感兴趣,他常说,农民就是管种地的,别的事有别人管。① 办公共食堂是当时的潮流,同时也是上级的要求。大寨也实行过敞开肚皮吃的办法。结果两个月下来,一算账,不行,这样太糟蹋粮食。于是他们改变为基本口粮和按劳动日分配相结合,人劳比例二八开;基本口粮按人定成,全村1959年平均口粮405斤,指标到户,按月分发粮票,多吃不补,剩余归己。"大跃进"期间全国范围内普遍发生大饥荒和人口非正常死亡,但大寨没有饥荒,更没有人浮肿、饿死。1959年到1961年,大寨的粮食总产量在逐年提高:1959年47万斤,1960年48.5万斤,1961年48.6万斤,平均每年向国家卖粮20多万斤。②

"大跃进"瞎折腾导致饥馑遍地时,大寨和别处不同,大寨的跃进规划是和苦干精神结合在一起的,再加上原来集体经济的积累,大寨仍然有饭吃。1959年冬,晋中地委书记贾俊到昔阳县调研,看到大寨的情况,深受感动,便决定把大寨树为全地区农村学习的先进典型,在全地区开展学大寨、学习陈永贵的活动。同时,他还把大寨及陈永贵的材料上报中共山西省委,引起了省委书记陶鲁笳的重视。

陈永贵在山西的成名,他的"新套套"理论也起了很大的作用。他的"新套套"包括生产上和政治上两方面。生产上的"新套套",是向地里多投工来换取粮食增产,修山改土的工程年年不断。同时在种田上下工夫,来提高粮食产量。生产上的"新套套"主要有:"三深"(深耕、深刨、深种)、"四不专种"(麻、菜、谷、豆)、"三不空"(地边不空,地墙不空、地角不空)、"海绵田"、"水浇地"、"人造小平原",等等。这些生产上的"新套套"对于治理大寨的山水、改良土壤、增产粮食,效果明显。③ 大饥荒发生时,大寨有粮食,但陈永贵从不拿去卖高价。有人出高价买,他们却以低价卖给困难的生产队。不卖给个人,是恐怕有人趁机倒卖赚钱。同时,大寨还帮助

① 谭成健:《大寨:中国名村纪实》,中原农民出版社,1998年,第48页。
② 同①,第50页。
③ 孙启泰、熊志勇:《大寨红旗的升起与坠落》,河南人民出版社,1990年,第24-25页。

别的生产队发展生产。①

陈永贵是一个农民,但是一个有高度政治敏感的农民,他的政治敏感表现在他政治方面的"新套套"理论上。陈永贵政治上"新套套"的本质就是"矛盾斗争",根据不同的政治形势,找出矛盾,甚至制造出矛盾,然后通过斗争,解决矛盾。陈永贵的这种思路与毛泽东的斗争理论、阶级矛盾和阶级斗争理论有某种程度的暗合。"大跃进"和人民公社化时期,陈永贵把对公共食堂有不同意见的人说成是富裕中农反对人民公社,认为反对人民公社,就是反对总路线和社会主义。土改时打倒了地主和富农,他认为这一时期的主要敌对阶级是富裕中农和中农。陈永贵还把大寨的富裕中农与共产党和社会主义对抗的表现总结为"一骂、二瞒、三高、四哄、五钻、六反、七拉、八抗等八种"。即骂干部和积极分子;隐瞒或高报产量;投机钻营,拉拢腐蚀干部等。② 这些政治上所谓的"新套套"非常符合当时日益"左"倾的政治形势。

陈永贵不仅有这些生产和政治上的"新套套",和别处的农村基层干部相比,他的独特之处是不搞特殊化,而且还自愿处处吃亏。陈永贵一直亲自参加劳动,这是他以后被中央重视、被毛泽东看重的一个重要方面。陈永贵不仅自己参加劳动,还要求大队长、生产队长等主要干部参加集体劳动,一年出工在300天左右,出工最多的一个生产队长,1963年出工330多天,得劳动日360多个。③

早在1952年,陈永贵就被评为山西省劳动模范,出席了山西省农业丰产劳模代表会。1959年10月,陈永贵作为山西省代表应邀参加国庆十周年庆典。1960年2月,中共山西省委发出"向模范支部书记陈永贵学习"的号召。6月18日,《山西日报》发表了题为《陈永贵——党支部书记的好榜样》的社论。社论重点谈了陈永贵值得学习的两个方面:"一是坚定地执行党的政策,永远当革命的促进派","二是坚持和发展了党

① 冯东书:《"文盲宰相"陈永贵》,中国文联出版公司,1998年,第76页。
② 孙启泰、熊志勇:《大寨红旗的升起与坠落》,河南人民出版社,1990年,第25-27页。
③ 《廖鲁言关于报送〈大寨大队调查报告〉的信》(1964年5月25日),黄道霞:《建国以来农业合作化史料汇编》,中共党史出版社,1992年,第797页。

的联系群众的作风,始终如一地和群众完全打成一片"。具体地说,这两个方面也就是政治上紧跟中央政策,生产、生活上关心群众。1960 年 8 月,昔阳县委的《关于开展"学永贵、赶永贵、学大寨、赶大寨"运动的报告》中指出:学赶大寨和陈永贵的口号,县委在 1956 年就提出过,但是没有真正形成有领导的群众运动。从 1960 年 1 月起,省、地委先后发出学习大寨党支部和陈永贵工作方法的号召以后,运动才得以真正展开。县委认为:这场运动对于提高党员干部和广大群众的共产主义思想觉悟,改进支部工作和干部的领导方法,保持生产持续跃进都有着积极作用,是"贯彻执行总路线的有效方法"。县委号召:"动员全党,全民奋战三年,实现全县大寨化。"①

1963 年 3 月,在山西省召开的全国劳模会上,省委请陈永贵介绍大寨经验,引起与会者的强烈反响。同年 11 月 9 日,省委向全省农村、城市的各级党组织发出向大寨学习的通知。②

真正使大寨全国扬名的是 1963 年 8 月的一场大水灾。

1963 年 8 月 2 日至 8 日,大寨下了 7 天 7 夜的暴雨,7 天的降雨量超过了大寨 1962 年全年的降雨总量。大雨导致山洪暴发。这场号称百年不遇的大水,给大寨造成了重大的损失。大寨人辛苦十年修建的 100 多条大石坝,除了狼窝掌外,都被冲垮了,层层梯田冲成了大沟壑,好端端的土地冲成了红石板,庄稼毁的毁了,倒的倒了。山流了,路断了。全村 140 孔窑,塌了 113 孔;125 间房,塌了 77 间。③ 这几乎使大寨人十年的辛苦化为乌有。大寨是山西省的先进典型,遭灾后,受到公社、县、省和中央等各级政府关怀和帮助,但陈永贵决心带领大寨人站起来,靠大寨人自己的双手,恢复生产、重建家园。陈永贵领导的大寨党支部确定了"三不要"的原则,即不要国家的救济款,不要救济粮,不要救济物资。在此基础上,陈永贵又进一步提出了"三不少"的口号,即向国家卖粮不少,社员口粮不少,集体库存粮不少。在"三不要"的原则之下,大寨拒绝了公社拨下的 80 元医药补

---

①　孙启泰、熊志勇:《大寨红旗的升起与坠落》,河南人民出版社,1990 年,第 31 页。
②　陶鲁笳:《毛主席教我们当省委书记》,中央文献出版社,2003 年,第 224 页。
③　莎荫、范银怀:《大寨之路》,《人民日报》,1964 年 2 月 10 日。

助费、100 元的安置金、50 领苇席,也拒绝了国家下拨的 1 000 元救灾费,[1] 拒绝了公社党委书记提出减少大寨征购任务的建议,并表示口粮和储备都不少。

陈永贵制订了先恢复生产、再重建家园的救灾步骤,即"先治坡,后治窝"。陈永贵领导大寨人艰苦努力,当年仍然收了 40 多万斤粮食,除了口粮、种子和饲料,他们还把大部分余粮卖给了国家。大灾之后大寨人不仅恢复了生产,也重建了家园,而且在不到 3 个月的时间里,修了 40 间瓦房,砌起了 20 孔石窑。[2]

山西省委对陈永贵领导大寨人自力更生、恢复生产、重建家园的事迹给予很高的评价,省委第一书记陶鲁笳指示《山西日报》突出报道大寨的救灾事迹,并指示省委组织力量对大寨进行全面、系统的调研,深入总结大寨开展"三大斗争"(即当时毛泽东提出的阶级斗争、生产斗争和科学实验)的经验,使大寨成为全省学习的一面旗帜。[3] 中共山西省委总结了大寨的新经验,号召全省各级党组织学习大寨藐视困难、敢于革命的英雄气概,自力更生、奋发图强的坚强意志,以国为怀、顾全大局的高尚风格。尤其是大寨帮助后进大队的经验,山西省委概括为"一带二"的新经验,号召全省学习,以便在全省形成一个比学赶帮超的群众运动。[4] 11 月 28 日,《人民日报》发表了题为《奋发图强,自力更生,以国家为怀,顾全大局——大寨大队受灾严重红旗不倒》的长篇通讯。

从 1963 年底至 1964 年初,大寨不仅仅成为山西的先进典型,而且通过宣传,逐渐成为全国的先进典型。1964 年 1 月,陈永贵应邀到北京,在人民大会堂向 10 000 多名党政军各界的代表作了题为《关于大寨人民以革命精神进行阶级斗争、生产斗争和科学实验以及自力更生、战胜严重灾害的报告》。陈永贵在报告中用通俗易懂的语言,讲述大寨的十年创业史,讲述三战狼窝掌,特别重点讲述了 1963 年的洪水和大寨人如何自力更生

① 孙启泰、熊志勇:《大寨红旗的升起与坠落》,河南人民出版社,1990 年,第 31 页。
② 莎荫、范银怀:《大寨之路》,《人民日报》,1964 年 2 月 10 日。
③ 陈大斌:《大寨寓言——"农业学大寨"的历史警示》,新华出版社,2008 年,第 34 页。
④ 陶鲁笳:《毛主席教我们当省委书记》,中央文献出版社,2003 年,第 226 页。

恢复生产、重建家园的。陈永贵总结了自力更生的十大好处。陈永贵几乎是个文盲,但是,他能用朴实清新的语言,一讲几个钟头。这次演讲获得了很大成功,中央人民广播电台多次向全国播放了陈永贵的讲话录音。随着中央人民广播电台的电波,陈永贵和大寨的名字、事迹为全国熟知。国家级媒体上有关陈永贵和大寨的报道逐渐增多。

陈永贵和大寨的成名,也与当时国际、国内政治的大背景有关。20 世纪 60 年代初,随着中苏关系的恶化,中国所处的国际环境愈加不利。中国国内经济刚刚走出最低谷,特别需要自力更生、艰苦奋斗的精神鼓舞全国人民的士气;八届十中全会之后,政治上日益"左"倾,更需要陈永贵这样政治原则性强、敢于和善于进行阶级斗争的党的基层干部;"大跃进"时期基层干部的特殊化和恶劣作风,成为"大跃进"之后整风整社的重要内容,同时也是"四清"运动的主要目标,而陈永贵作为大寨党支部书记,不搞特殊化,吃苦在前,公而忘私,和社员一起参加劳动等,正是当时政治形势所需要的。因此,在山西省领导人和媒体的大力推动下,陈永贵和大寨进入中央领导人的视线,引起毛泽东的注意是迟早的事情。

1964 年 2 月 10 日,《人民日报》刊登了题为《大寨之路》的长篇通讯。《大寨之路》讲述了陈永贵带领大寨人十多年艰苦创业的历史,坚决走集体化道路的政治立场,以及干部坚持参加劳动、不搞特殊化,等等。同时,《人民日报》还为这篇报道配发了题为《用革命精神建设山区的好榜样》的社论。社论认为,大寨的革命精神包括"远大的革命理想和对未来坚定不移的信心"、"敢于藐视困难、敢于同困难作斗争的顽强精神"、"实干、苦干的优良作风"、"自力更生、奋发图强的优良作风"、"严格要求自己、以整体利益为重的共产主义风格"、"永远前进并且把伟大的革命精神和严格的科学态度结合起来的好作风"。[1]

《人民日报》的长篇通讯和社论对陈永贵和大寨名扬全国,以及后来持续十几年、席卷全国各行各业的"农业学大寨"运动的展开起了重要作用,而最关键的推力是山西省委第一书记陶鲁笳。1964 年 3 月,陶鲁笳向

---

[1] 《用革命精神建设山区的好榜样》,《人民日报》,1964 年 2 月 10 日。

毛泽东汇报了陈永贵和大寨的有关情况。1964 年 3 月 28 日到 29 日,毛泽东召集中共河北、山西省委的林铁、刘子厚和陶鲁笳等人,到他停在邯郸的专列上汇报工作。陶鲁笳汇报说,前不久在昔阳县大寨大队蹲点,了解到这个大队的生产和思想政治工作都很出色,支部书记陈永贵是个生产能手,也是思想政治工作的能手,而且对管理工作抓得很严,公私分得很清。省委 1960 年就曾发出通知,要求全省农村党支部书记向陈永贵学习。陈永贵提出过一个很好的口号,叫做"参加生产,领导生产"。这时毛主席说:"很好嘛,就像打仗一样,纸上谈兵不行;你不参加打仗,怎么会指挥战争呢!"

陶鲁笳接着汇报说,大寨每个党员的劳动要比一般群众好,支部委员比一般党员好,支部书记比支部委员好。为了办好集体经济,党员干部多干活,不搞特殊化,不占公家的便宜。评工计分"有制度,不繁琐;有差别,不悬殊"。毛泽东很赞同这种评工计分的方法。

陶鲁笳继续汇报说,陈永贵领导生产年年都有"新套套",他经常请教农业专家如何科学种田。"大跃进"时大寨不浮夸,如实上报产量。1963年遇到水灾,靠自力更生战胜困难。1963 年 11 月,山西省委发出向大寨学习的通知后,到大寨参观的人越来越多;1964 年 2 月 10 日,《人民日报》发表了关于大寨的通讯和社论。这时,毛泽东兴趣大增,问陈永贵是哪几个字,他识不识字?陶鲁笳在纸条上写了"陈永贵"三个字,还告诉毛泽东,陈永贵在太原的报告得到作家赵树理的称赞。赵树理说陈永贵的观点完全符合毛泽东思想和辩证法。这时,毛泽东对陈永贵和大寨给予了肯定和赞赏,还高兴地向陶鲁笳要关于大寨的材料,并把《人民日报》的文章找来看,陶鲁笳把预先准备的材料交给了毛泽东。①

陶鲁笳的汇报正中毛泽东此时的心思。"坚持搞好集体经济"、"干部参加劳动"、"自力更生"等字眼正是此时毛泽东最关心的。"三自一包"的"单干风"虽然在 1962 年遭到了严厉批判,但还需要深挖根源,"坚持搞好集体经济"是批判"单干风"最有力的武器。如何防止中国出

---

① 陶鲁笳:《毛主席教我们当省委书记》,中央文献出版社,2003 年,第 227-232 页。

现"修正主义"的问题也越来越成为毛泽东的一块心病,他认为"干部参加劳动"是防止修正主义的最好方式。1963 年 2 月中央工作会议之后,毛泽东就曾转发过昔阳县干部参加生产劳动的材料。毛泽东还亲自将材料的题目《中央转发一个调查材料:昔阳县干部参加劳动已形成社会风尚》改为《山西省昔阳县、县、社、大队、生产队四级干部全体参加生产劳动的伟大范例》,以示醒目。① 5 月 9 日,毛泽东转发了浙江省委《一批干部参加劳动的材料》,并写了 1 300 多字的长篇批语,强调干部参加劳动的"伟大革命意义"。②

1964 年 4 月 20 日,周恩来委派农业部长廖鲁言到大寨作了 21 天的调查。5 月 25 日,调查组向中央、毛泽东报送了《大寨大队调查报告》。报告共分 8 个部分:党的政策在大寨开了花,人民公社棒打不散;旱涝保收、稳产高产的大寨田;加工改造耕地,蓄水保墒,抗旱防涝;在土地加工改造的基础上,综合实施"八字宪法";自力更生,苦干实干;大寨干部、大寨人、大寨田、大寨大队在经营管理方面的新经验,保证大寨这面红旗越举越高。《调查报告》认为:"学赶大寨必须是思想领先,政治挂帅,使干部和群众革命化。""大寨是全国农业战线的一面旗帜。"③

12 月,周恩来在三届全国人大的《政府工作报告》中,第一次公开表彰大寨是农业战线上的一个先进典型,并总结出大寨精神为:"政治挂帅、思想领先的原则,自力更生、艰苦奋斗的精神,爱国家、爱集体的共产主义风格。"④ 12 月 26 日,在毛泽东的生日宴会上,陈永贵被安排与毛泽东同桌就餐。同时,毛泽东与陈永贵吃饭、握手的大幅照片传遍全国。1965 年 11 月 1 日,北京农业展览馆首次展出《全国大寨式农业典型展览》。同日,《人民日报》发表题为《农业学大寨精神》的社论。

从此,大寨这面红旗被树起来了,"农业学大寨"运动也席卷全国。⑤

---

① 逢先知、金冲及:《毛泽东传(1949—1976)》(下册),中央文献出版社,2003 年,第 1312 页。
② 同①,第 1320 页。
③ 《廖鲁言关于报送〈大寨大队调查报告〉的信》,黄道霞:《建国以来农业合作化史料汇编》,中共党史出版社,1992 年,第 794-799 页。
④ 陶鲁笳:《毛主席教我们当省委书记》,中央文献出版社,2003 年,第 233 页。
⑤ 陈大斌:《大寨寓言——"农业学大寨"的历史警示》,新华出版社,2008 年,第 53-59 页。

第二节 大寨的生产管理和分配模式
——大寨工

　　大寨被树为农业上典型的重要因素是其生产管理和分配模式,即"大寨工"。

　　自从 20 世纪 50 年代初合作化开始,农业生产的经营管理和分配方式就成为一个复杂而难以解决的问题。特别是农业合作社高级化以后,原来的土地、大农具、牲畜的分红完全取消,唯一的分配标准是劳动力,而各地农活细碎复杂,劳动工值难以准确量化。从农业合作化到人民公社化期间,一直存在集体经营和小组或个体经营的消长问题。中央一直坚持集体经营管理,即走集体化的社会主义道路,但集体经营管理造成"出工一窝蜂、干活大呼隆"的现象,劳动效率极低。各地农民自发兴起了"包工包产"、"包产到户"、"分田单干",有的实行了"定额管理、评工记分"等。在集体与个体的消长中,个体经营模式在 60 年代初被彻底摧毁,同时树立了一个打破按劳分配、不符合农业"六十条"分配原则的典型——"大寨工"。1964 年随着"农业学大寨"运动在全国的推广,特别是 1966 年"文化大革命"爆发以后,"农业学大寨"走向极"左","大寨工"成为全国农村经营管理和分配的标准模式,农村集体经济中原有的劳动管理制度受到反复批判,管理上出现大滑坡,平均主义大泛滥,社员消极怠工更加普遍,致使集体经济完全丧失了发展活力。

　　合作化初期,大寨大队实行的是死分活评。高级社和人民公社初期,实行的是按劳动定额,计分付酬。这种办法实行了三四年,制订了一百几十种农活的劳动定额。[①] 大寨的 100 多项劳动定额,在全国农村还算是少的,有的地方繁琐到 200 多项,有的地方甚至更多。据新华社长

---

　　① 《廖鲁言关于报送〈大寨大队调查报告〉的信》,黄道霞:《建国以来农业合作化史料汇编》,中共党史出版社,1992 年,第 798 页。

期从事农村问题采访和研究的高级记者冯东书说:"为了记工'合理',各地日益'完善'劳动定额",以至于"定额不断细化,最多的多到两千多项"。① 当时农村基层干部文化水平低,基本上是扫盲水平,还有的是文盲,定额这样复杂,他们记不清,执行不了。每天晚上要花很多时间去评工计分,还常常出现争吵的现象。到 20 世纪 60 年代初,大寨的劳动定额增加到 600 多项,陈永贵觉得太繁琐了,② 执行起来,困难不少。劳动定额太繁琐,而且常常因为自然原因,不能临时变动劳动定额;加之地块多,又分散,质量是否合乎规定,无法真正检查,容易产生抢工分、不顾农活质量的毛病。③

1961 年,大寨开始实行"标兵工分"和"自报公议"的劳动管理与分配制度。大寨的具体做法是:首先,按小段农活组织作业组;其次,由于人们多年在一起劳动,各人的劳力强弱、技术高低,彼此心中有数,根据这种了解,在作业组内将这种农活做得最好的社员作为"标兵",参照劳动定额,确定"标兵"一天应得的工分;再次,其余的人比照"标兵",自报本人应得的工分,一般就按各人自报的记分,个别不合适的,由大家评议修正。此外,对于某些"明活",即数量、质量容易计算和检查的农活,例如担粪、铡草、背庄稼等,仍然参照劳动定额,按件计酬。这种办法省事,社员之间的报酬有差别,但差距不大。④ 据多年在大寨采访的新华社记者冯东书说,这种方法极大地简化了评工计分的程序,不需要天天记工,开始是十天半月评一次,后来一个月评一次,一个季度评一次,最后干脆一年评一次。⑤

评分时,社员自报,干部核评。1963 年后将基本劳动日改为基本出勤天。强劳动力、弱劳动力都以日出到日落算一个出勤天,反正超不过太阳,用天计算,互相就差不多了,90% 的人都超过出勤天。出勤天也是自报民主评议的。男的都是 340、350 天,铁姑娘 20 多人都是 300 来天。标准工

---

① 冯东书:《"文盲宰相"陈永贵》,中国文联出版公司,1998 年,第 310 页。

② 同①,第 310-311 页。

③ 《廖鲁言关于报送〈大寨大队调查报告〉的信》,黄道霞:《建国以来农业合作化史料汇编》,中共党史出版社,1992 年,第 798 页。

④ 同③。

⑤ 同①,第 310-311 页。

分由大队研究提出,说明这一段最高标准是 10 分、10.5 分、11 分或 12 分,大家都跟着自报,每个记工员掌握的人当中都有标兵。大队干部和依靠的积极分子每天都碰头,对每人的情况都吃透了,平常派工都是思想好的带思想差的,技术好的带技术差的,不是好的都在一堆儿,不好的都在一堆儿。标准工分有三个,男的一个、成年妇女一个、铁姑娘一个。①

这种简便易行的评分方式,只要适合大寨的实际情况,为大寨人所接受,本来无可厚非。但随着大寨日益成为全国农业的典型,随着“农业学大寨”运动在全国的展开,这种“标兵工分,自报公议”(又称“大寨工”)的评工制度被赋予了越来越多的政治因素,“大寨工”越来越被拔高,越来越成为全国各地学习仿效的模式,成为大寨经验的重要部分。“文化大革命”中,学不学大寨成为一个严重的政治立场问题,实不实行“大寨工”同样也是严重的政治立场问题。“大寨工”就成了十几年的“农业学大寨”运动中,被各地强迫推行的评工记分制度。“大寨工”严重破坏了按劳分配的原则,破坏了农业“六十条”对农业的调整,使农村经济重新陷入大锅饭、“大呼隆”、低效率的境地。

大寨的评工制度形成之后,在晋中地区和山西省就有不同的意见,晋中地委领导说大寨的这种制度是“神仙一把抓”,大而化之,不是一种科学的管理制度,试试可以,不能推广。陶鲁笳也说,这个制度“现在不能推广”。②

据当时晋中地区农村工作部部长消寒于 2005 年回忆:1964 年 3 月 5 日,晋中地区农业生产先进单位代表会议在榆次召开。陈永贵在会上介绍了大寨劳动管理经验(即所谓“一心为公劳动,自报公议工分”,事实上是取消劳动定额,不要评工记分,后来简称“大寨工”),全场轰动,反应不一。会前,消寒曾试图不让陈永贵讲大寨劳动管理,让他讲大寨的自力更生、艰苦奋斗,但陈永贵还是坚持讲了“大寨工”。消寒针对陈永贵的讲话说:这是大寨特殊条件下的产物,可以在先进生产队试验、示范,不宜普遍推广(会后,各县选择一部分生产队试验。截至年底统计,有占全区生产队总数 13% 的一类生产

① 《大寨大队贾承让、赵素恒谈大寨劳动管理和分配问题》(节录)(1966 年 2 月 15 日),黄道霞:《建国以来农业合作化史料汇编》,中共党史出版社,1992 年,第 829 页。
② 陈大斌:《大寨寓言——“农业学大寨”的历史警示》,新华出版社,2008 年,第 177 页。

队试行,试验结果,效果不好)。① 3月底,山西省委将大寨的评工记分办法向毛泽东作了汇报,得到毛泽东的高度赞扬。据陶鲁笳回忆:"毛主席说,这个办法好。评工记分就是不要搞繁琐哲学。又有差别,又不悬殊,才能调动广大群众的社会主义劳动积极性。"② 据消寒回忆,毛泽东对"大寨工"还讲了一大段话:"我们党是连续打了20多年仗的党,长期实行供给制。当然根据地社会并不实行供给制,但是实行供给制的人员多的时候有几十万,少的时候也有几万人。一直到解放初期,大致过的是平均主义生活,工作都很努力,打仗都很勇敢,完全不是靠什么物质刺激,而是革命精神的鼓舞。"③

"大寨工"一出,山西全省哗然。各地、市、县、社纷纷提出意见,要求省委表态:农村人民公社生产队的经营管理还要不要制度? 社员报酬还要不要有差别? 于是,山西省委派出由省委农村工作部二处处长王林堂任组长的工作组到大寨调查。省委农村工作部部长阴发祥组织领导了这次调查。通过调查,调查组总结出大寨的劳动管理经验主要是:(1) 定额先定心;(2) 干部以身作则,带头参加生产劳动,叫打铁先得本身硬;(3) 出勤日、标准工分等也是有制度的,叫做制度不繁琐;(4) 社员与社员之间的标准工分也是有差别的,叫做有差别差距不大;(5) 农活质量主要不是靠事后检查,而是靠社员自觉和生产中互相监督,叫做把不合质量的农活消灭在生产过程中。调查组认为:大寨的经营管理也是政治挂帅、思想领先的。

1964年4月30日,省委工作组写出了《关于大寨生产大队以革命精神改进劳动管理的考察报告》。5月10日,省委批转了这一报告。省委在批语中写道:大寨生产大队改进劳动管理的5条基本指导思想,各地在整顿经营管理工作中应该普遍学习,至于具体的劳动定额、计工形式、劳动组织和验收制度,各个基本核算单位应该根据本单位社员觉悟程度、干部条件、管理水平及其他条件因地制宜,不要把原来行之有效的管理制度盲目废掉。④ 山西省委既肯定了大寨大队的经营管理办法,又允许其他地方因

① 消寒:《"大寨工"对全国农村的恶劣影响》,《炎黄春秋》,2005年第3期。
② 陶鲁笳:《毛主席教我们当省委书记》,中央文献出版社,2003年,第228页。
③ 同①。
④ 同①。

地制宜,保持适合当地情况的管理制度。这样,"大寨工"没有在山西省普遍推广,更没有在全国强制执行。

1965 年,媒体宣传大寨主要集中在大寨的自力更生、艰苦奋斗的创业精神方面,"大寨工"还没有被中央主流媒体宣传。1965 年第 1 期《红旗》杂志发表了陈永贵的题为《自力更生是法宝》的文章,主要讲大寨的自力更生创业史,没有涉及生产经营管理模式——"大寨工"。《红旗》杂志第11 期(1965 年 9 月)发表了陶鲁笳的题为《山西农村开展学大寨运动的初步总结》的文章,文章中主要谈大寨帮助邻近生产队——"一带二"经验,大寨在创业中坚持阶级斗争,造就了坚强的党支部,始终以"毛泽东思想挂帅、总路线挂帅"这条红线贯彻各项工作中,如何学习大寨和学习大寨的什么等内容,也没有谈到大寨生产经验管理。

其他地方在学习大寨的典型宣传中,也没有把学习"大寨工"作为主要内容。如《人民日报》10 月 9 日刊登的《河北日报》记者采写的题为《一面大寨式的旗帜——南滚龙沟》的通讯,也是记述南滚龙沟艰苦奋斗、改造自然以及坚持毛泽东思想和三面红旗的党支部,没有把"大寨工"作为学习大寨的内容。

1966 年以后,"大寨工"被赋予了更多的政治内涵,成为毛泽东破除资产阶级法权的绝好例证,因而成为全国推广的模式。新中国成立以后,毛泽东多次表示怀念战争年代的供给制。1958 年,张春桥以一篇《破除资产阶级的法权思想》的文章,受到毛泽东的青睐而青云直上。①平均主义的理想社会是毛泽东追求的目标,"大跃进"运动可以说是毛泽东实现他理想目标的一次试验,但结果失败惨重。经过短暂的退却,经

---

① 张春桥写的《破除资产阶级的法权思想》一文,最早发表在 1958 年 9 月 16 日上海市委理论刊物《解放》第 6 期上。10 月 11 日,毛泽东指示新华社社长兼《人民日报》总编辑吴冷西在《人民日报》上转载,但鉴于对张春桥文章有很多不同意见,毛泽东为《人民日报》的转载写了编者按:"张春桥同志此文,见之于上海《解放》半月刊第 6 期,现在转载于此,以供同志们讨论。这个问题需要讨论,因为它是当前一个重要的问题。我们认为张文基本上是正确的,但有一些片面性,就是说,对历史过程解释得不完全。但他鲜明地提出了这个问题,引人注意。文章又通俗易懂,很好读。"1958 年 10 月 13 日《人民日报》转载时,采用了毛泽东写的编者按。张春桥当时任中共上海市委宣传部部长。(《关于转载〈破除资产阶级的法权思想〉一文给吴冷西的信》,《建国以来毛泽东文稿》第 7 册,中央文献出版社,1992 年,第 447-448 页。)

济刚刚恢复,毛泽东又在跃跃欲试,再次进行更大规模的社会理想的试验——发动"文革"。大寨大队生产管理上"有制度,不繁琐;有差别,不悬殊"的模式,符合毛泽东的心思。这样的典型树立之后,能更好地破"单干风",坚守社会主义集体经济阵地。这种方式符合毛泽东的"破"与"立"的辩证哲学。

1966年2月,陈伯达派人到大寨调查劳动管理经验。3月,调查组向陈伯达汇报调查情况时,陈伯达在多次插话中,对大寨的劳动管理方式从政治上给予拔高,同时还否定农村"六十条"的定额管理。"大寨干部带班劳动,劳动工分在社员中自报公议,是农民的一种自我教育,他们在政治上搞出了一套办法,这是用实际行动向农民进行教育,不是光靠开会。""定额(normal),按原文应该翻译成'标准'二字,不应该翻成'定额'二字,翻的糊里糊涂。制定六十条时,写了要搞定额,我说:'我也不懂,我也不赞成。'定额是从苏联集体农庄抄来的办法,大寨创造了土生土长的经验,打破了框子。"陈伯达同意评定工分可以"日常经验"为尺度,代替定额,他说:劳动人民掌握了政权,自己管理国家,应该是很简单的。陈伯达同意用"标兵工分"的提法,认为"标兵"是代表先进的意思,而"标准工分"有点平均主义的思想。大寨的这种劳动经营管理方式就变成了"标兵工分,自报公议"8个字,陈伯达说:"这个提法好。""这是在农村中突出政治,做人的工作。很好。"同时,陈伯达命人写文章在他任总编辑的《红旗》杂志上发表,还指示将大寨的办法在他搞"四清"运动的天津小站的几个大队进行试验。①

陈伯达作为毛泽东的政治理论秘书、党内理论家,能很好地把握毛泽东的心思。陈伯达对大寨劳动生产管理的表态,也表明了毛泽东的态度。随后,大寨的评工记分在中央媒体上被广泛宣传。

1966年3月22日,《人民日报》以第一版和第二版两个版面的篇幅发表了题为《突出政治的生动一课——陈永贵谈大寨大队在劳动管理中坚持社会主义方向的经验》的长篇讲话,并为报道加了一个近700字的编者按。

① 《陈伯达在听取大寨劳动管理情况汇报时的插话》(节录)(1966年3月),黄道霞:《建国以来农业合作化史料汇编》,中共党史出版社,1992年,第829—830页。

编者按对大寨的评工记分给予了高度评价："陈永贵同志这篇关于大寨大队改进劳动管理的谈话,生动地说明了政治是统帅、是灵魂这一光辉真理,提出了社会主义集体经济经营管理的方向。"[①] 陈永贵这次主要是谈这种管理方式的政治性、思想性,在管理中如何抓阶级斗争,做好政治工作,如何提高干部和社员的社会主义和共产主义觉悟,坚持社会主义方向。社员思想觉悟提高以后,就以政治和管理相结合制定出制度,管理中掺进了重要的政治因素。管理制度的执行中也强调政治觉悟、思想觉悟,即"千条万条,突出政治第一条;这重要那重要,毛泽东思想挂帅最重要"。[②]

陈永贵虽然是生在山里、长在山里的农民,但却具有非常敏锐的政治洞察力,能准确理解最高领导人的政治意图,能紧跟当时的政治形势。经过上下鼓吹,大寨评工制度被神化,被称为农村劳动生产管理的"一场革命",即"大寨劳动管理革命",名称也改为"一心为公劳动,自报公议工分"。[③] 不久,"文革"爆发,中国社会进入极"左"时代,"大寨工"也越加"左"倾,成为农村劳动生产经营管理的最高原则,成了大寨经验的首要内容。在席卷全国的"农业学大寨"运动中,各地不顾具体条件,被迫实行"政治挂帅"的"大寨工"。

1966 年 5 月 16 日,中共中央发出《中国共产党中央委员会通知》,标志着"文化大革命"正式开始。1967 年,随着上海市夺权的成功,"文革"进入了全面夺权阶段。陈永贵和大寨的崛起是自身努力乘借政治形势"东风"的结果,这致使陈永贵形成一个思维定式:紧跟政治形势,紧握毛泽东思想的大旗。1967 年 1 月 12 日,山西省委、省人委的权和太原市委、市人委的权被造反派夺去。2 月 11 日,陈永贵夺了昔阳县的党、政、财、文大权。3 月 18 日,陈永贵任山西省党的核心小组副主任。3 月 30 日,中共昔阳县核心小组发出《在全县迅速推广大寨劳动管理经验的通知》。4 月 8日,昔阳县革委会成立,陈永贵任县革委会主任。陈永贵借助"文革"造反

---

① 《突出政治的生动一课——陈永贵谈大寨大队在劳动管理中坚持社会主义方向的经验》,《人民日报》,1966 年 3 月 22 日。

② 同①。

③ 陈大斌:《大寨寓言——"农业学大寨"的历史警示》,新华出版社,2008 年,第 181 页。

夺得的权力,在昔阳全县、山西全省强制推行"大寨工"。

1967年9月和1968年1月,农业部先后两次在大寨召开了"全国学大寨劳动管理经验现场会议"。全国各省、市、自治区,除西藏外,都派代表参加了现场会。据会上的材料反映,当时"上海、天津、山西、山东等省(市)已有占生产队总数百分之七八十以上的队推行了大寨劳动管理经验,广东、广西、河北、陕西、黑龙江等省(区)推行的队数也超过了半数,其他各地都积极试点和推广,一个学大寨劳动管理经验的群众运动正在蓬勃开展"。[①] 会议还要求:"在推行大寨劳动管理经验较少的地区,要'积极试点,以点带面,点面结合,大力推行';已经广泛推行的地区,要'加强领导,总结经验,巩固提高,继续前进'。要充分发动群众大力宣传大寨经验,让群众真正掌握大寨经验的精神实质。更自觉地推行大寨经验,既要防止放任自流,又要反对强迫命令。"[②]

4月3日,农业部将《全国学大寨劳动管理经验现场会议纪要》(简称《纪要》)印发各省、市、自治区革委会、军管会、军区生产指挥部和农业(农林)厅(局)。《纪要》认为:"以'一心为公劳动,自报公议工分'为特点的大寨劳动管理经验,是在两条道路、两条路线和两种思想的斗争中产生的,是在批判繁琐复杂的定额包工制度的基础上建立起来的,是高举毛泽东思想伟大红旗、大学人民解放军、加强政治思想工作的结果,是毛泽东思想的产物。"

《纪要》将大寨的劳动管理制度概括为"突出政治,为公劳动,各尽所能,按劳取酬"。具体来说就是用毛泽东思想武装农民,促进干部和社员的思想革命化,彻底革"私"字的命,大立"公"字;就是相信群众,依靠群众,让群众自己教育自己,自己管理自己;就是依靠人的社会主义觉悟,正确贯彻执行"各尽所能、按劳分配"的社会主义原则,使广大社员共同富裕起来。

《纪要》认为,大寨的劳动管理经验指出了管理社会主义集体经济的方向和道路,找到了适合中国农村情况的好办法,有利于充分调动社员的集体生产积极性,有利于增进干部和社员的团结,有利于社员的共同富裕,

---

① 《农业部印发〈全国学大寨劳动管理经验现场会议纪要〉》,黄道霞:《建国以来农业合作化史料汇编》,中共党史出版社,1992年,第827页。

② 同①。

有利于贯彻党在农村中的阶级路线,有利于巩固和发展人民公社的集体经济。大寨的劳动管理经验绝不是简单的管理方法问题,而是"不让旧的剥削阶级复辟,不让新的剥削阶级产生,不让集体经济迷失方向,不让贫下中农变质,不让无产阶级江山变色"的问题。大寨劳动管理经验最根本的一条,就是突出人的因素,做好教育人的工作。大寨干部经常掌握社员在劳动过程中的活思想,狠抓好典型,狠抓坏苗头,坚持正面教育和自我教育,破私立公,狠狠批判"为工分种田"的思想;不断地提高农民的社会主义觉悟,树立一心为公劳动、为革命种田的世界观。

大寨劳动管理制度,体现了毛主席的革命路线。它最相信群众,最依靠群众,最尊重群众的首创精神,是群众自己教育自己、自己管理自己的好办法。大寨劳动管理制度,正确贯彻了"各尽所能,按劳分配"的社会主义原则,彻底批判了"工分挂帅"、"物质刺激",取缔了"高工分"、"高奖励"、"高提成"等不合理制度。

大寨的劳动管理经验批判了人民公社的"'工分挂帅'、'物质刺激'为核心的修正主义管理制度,肃清了其流毒;改革了不利于巩固和发展人民公社经济,不利于社会思想革命化的制度,是大力突出无产阶级政治的新制度"。

《纪要》不仅再次拔高了"大寨工"的政治性,而且还强行向全国推广。要求"各级革命委员会(筹备小组)、军管会对推行大寨劳动管理经验加强领导……各级农业领导部门应指定专门人员来抓这一工作,要深入基层抓点,培养典型,指导一般,要贯彻从群众中来,到群众中去的革命路线,深入基层检查帮助,并做好总结和交流经验的工作"。"……只要我们做好工作,就能把推行大寨劳动管理经验的群众运动引向新的高潮,使大寨经验很好的在全国各地开花结果。"①

1968 年 5 月,农林部的一份《关于大寨劳动管理革命情况的调查报告》(简称《报告》),② 继续拔高大寨的劳动管理评工制度。为了使之神圣

---

① 《农业部印发〈全国学大寨劳动管理经验现场会议纪要〉》,黄道霞:《建国以来农业合作化史料汇编》,中共党史出版社,1992 年,第 826-828 页。

② 农林部的这份报告,笔者只在陈大斌的《大寨寓言——"农业学大寨"的历史警示》一书中看到一些相关内容,这部分引用来自该书的第 181-183 页。

化,《报告》不惜篡改、歪曲大寨的历史,说大寨从互助合作初期就已开始用毛泽东思想教育农民为革命种田了。《报告》说:"大寨的 20 年来这变化那变化,最根本的变化是人的思想的变化。大寨人在以陈永贵同志为首的党支部的领导下,活学活用毛主席著作,破私立公,促进思想革命化,从为自己种田变成为革命种田,为革命自觉劳动的高尚品德,他们站在虎头山,眼望天安门,胸怀全世界。""大寨人的世界观发生了根本的变化,他们是用毛泽东思想武装起来的世界上第一代新型农民。"

《报告》还尖锐批判了"工分挂帅"和"六十条"提倡的"定额管理":"农村的社会主义改造在所有制问题解决以后,管理问题是一个非常重要的问题。这是关系到坚持什么方向,走什么道路的大问题,也就是在一定所有制下按照社会主义原则正确地处理人与人的关系问题。如果弄不好,就会把集体经济引到邪路上去,就会复辟资本主义。""大寨党支部在实践中,越来越感到定额管理办法同农业的社会主义方向,同改造农民的私有观念隔着一层,管理和政治两张皮。"

"1958 年'大跃进',大寨党支部更进一步体会到人的因素,思想因素的重要作用,更感到定额管理是大跃进的绊脚石。1960 年,在陈永贵同志倡议下,党支部领导社员对定额管理展开了群众性的大批判,决定对定额管理来一个彻底的革命,要走自己的道路。"

大寨的评工记分制度"促进了人的思想革命化","进一步解放了生产力;正确贯彻了'各尽所能,按劳分配'的原则,最有效地防止了两极分化"。"新制度孕育着共产主义萌芽。"

"大寨工"随着"文革"极"左"的歪风,越来越被拔高,越来越"左",同时也在全国范围内强行实施,完全违背了按劳分配的原则,在"突出政治、思想领先"的口号下,演变成了"按阶级出身、政治态度以至社会关系亲疏爱恶计酬分配"。①

"大寨工"在全国的推行,使"大跃进"之后调整的农村经营管理制度又陷于混乱,吃大锅饭的平均主义盛行,干好干坏一个样,干多干少一个

---

① 消寒:《"大寨工"对全国农村的恶劣影响》,《炎黄春秋》,2005 年第 3 期。

样,甚至只要政治思想好,就能记高分,否则干活再好也是低分。这样便严重挫伤了农民的劳动积极性,造成农民十几年普遍的消极怠工,各地还将这种制度称之为"大概工"以发泄对这种劳动管理记工评分制度的不满。

1976年,"文革"结束,平均主义的"大寨工"被逐渐废除,定额管理制度重新恢复。"农业学大寨"运动不仅逐渐失去往日的势头,而且越来越受到怀疑和理论上的批评。十一届三中全会以后,随着拨乱反正和思想解放,"农业学大寨"运动这种不顾一切、依靠强大政治力量树典型的做法也走到了它的穷途末路,盛极一时的"大寨工"随着"农业学大寨"运动的结束也走到了它的尽头。当时晋中地委农村工作部部长消寒在《"大寨工"对全国农村的恶劣影响》一文中,转载当时山西省农村工作部部长阴发祥的记载:1979年全国先进单位和劳动模范会议发奖仪式的前一天——12月28日上午,陈永贵到西苑饭店看望山西代表时对阴发祥说:"劳动管理上我错了。"至此,"大寨工"——一场持续16年之久、席卷全国的风暴,以陈永贵认错而告终。①

"文化大革命"中宣传、强制各地执行大寨劳动管理制度,是和进一步剿灭"包产到户"和"三自一包"齐头并进的。八届十中全会以后,包产到户"单干风"虽然遭到了毁灭性的打击,但批判一直没有停止过。1965年11月10日,上海的《文汇报》发表姚文元的《评新编历史剧〈海瑞罢官〉》一文,拉开了"文革"的序幕。姚文最后还批判了"单干风":"一九六一年,正是我国因为连续三年自然灾害而遇到暂时的经济困难的时候,在帝国主义、各国反动派和现代修正主义一再发动反华高潮的情况下,牛鬼蛇神们刮过一阵'单干风'、'翻案风'。他们鼓吹什么'单干'的'优越性',要求恢复个体经济,要求'退佃',就是要拆掉人民公社的台,恢复地主富农的罪恶统治。"②

"文革"发动的动因是毛泽东要打倒"走资本主义道路的当权派"。在农村问题上,"走资本主义道路的当权派"的表现就是支持"包产到户"或"三自一包"。从这个意义上来说,"文革"完成了这一目标。支持"包产到

① 消寒:《"大寨工"对全国农村的恶劣影响》,《炎黄春秋》,2005年第3期。
② 姚文元:《评新编历史剧〈海瑞罢官〉》,《文汇报》,1965年11月10日。

户"或"三自一包"的所谓"走资本主义道路"的当权派被打倒了。

《红旗》杂志 1967 年第 5 期发表了戚本禹的《爱国主义还是卖国主义?——评反动影片〈清宫秘史〉》的长文。文章批判了刘少奇所谓发展资本主义主张、剥削有功的主张等。文章还质问了刘少奇 8 个问题。其中就有:"为什么你要在三年困难时期,与国内外牛鬼蛇神遥相呼应,恶毒攻击三面红旗,鼓吹'三自一包'、'三和一少'的修正主义路线?"①

1967 年 7 月 6 日,《人民日报》发表题为《五亿农民都来批判中国的赫鲁晓夫》的评论员文章。文章提出:"把五亿农民引向社会主义的康庄大道,还是引向资本主义的泥坑? 在这个问题上,解放以来,以毛主席为代表的无产阶级革命路线,同以中国的赫鲁晓夫为代表的资产阶级反动路线,一直进行着针锋相对的激烈斗争。"文章批判说:中国的赫鲁晓夫一直在鼓吹"四大自由",大搞"三自一包",大刮"单干风"。广大农民如果不把中国的赫鲁晓夫"斗倒"、"斗垮"、"斗臭",资本主义复辟将是随时可能的,被推翻了的地主、富农就有可能重新骑在头上。中国的赫鲁晓夫搞的"三自一包"给农村的集体经济造成了严重的损失。"党内最大的走资本主义道路的当权派所兜售的那套破烂货色,尽管花样不少,名堂很多,但其实质只有一个,就是要复辟资本主义。"②

11 月 23 日,《人民日报》、《红旗》杂志、《解放军报》编辑部联名发表了经毛泽东审阅的题为《中国农村两条道路的斗争》的批判刘少奇的长文。③

文章指出:"进一步深入地批判中国赫鲁晓夫在农村方面的反革命修正主义路线,肃清其流毒,是当前发展农村无产阶级文化大革命的一个重大的战斗任务。"

文章说,新中国成立以来,毛主席为农村社会主义革命制定了一条马克思列宁主义的路线。这是一条消灭农村资本主义剥削、实现农业集体化

---

① 戚本禹:《爱国主义还是卖国主义?——评反动影片〈清宫秘史〉》(1967 年 3 月 30 日),《红旗》,1967 年第 5 期。

② 《五亿农民都来批判中国的赫鲁晓夫》,《人民日报》,1967 年 7 月 6 日。

③ 1967 年 11 月 20 日,毛泽东在《对两报一刊编辑部文章〈中国农村两条道路的斗争〉的批语》中写到:"看过,可用。所引材料,要核证属实。"(《建国以来毛泽东文稿》第 12 册,中央文献出版社,1998 年,第 443 页)

的路线,是一条彻底完成农业战线上的社会主义革命、引导农民走社会主义康庄大道的路线。而党内最大的走资派、中国的赫鲁晓夫,十几年来,竭力保护和发展富农经济,反对农业的社会主义集体化;在农业社会主义改造基本完成以后,他又大搞资本主义复辟活动,瓦解社会主义集体经济,疯狂地破坏农村的社会主义革命,反对广大贫农、下中农。他推行了一条不折不扣的反革命修正主义路线,这是一条妄图在农村实现资本主义复辟、实际上也就是地、富、反、坏、右复辟的路线。

文章进一步说明,中国赫鲁晓夫在建国以后农业变革的各个时期,都是坚持与毛主席的无产阶级的社会主义路线相对立的资本主义路线。具体来说,解放初期,中国的赫鲁晓夫是富农经济的狂热鼓吹者;农业合作化时期,中国的赫鲁晓夫是扼杀农业合作化的头号走资派;人民公社时期,中国的赫鲁晓夫是"三自一包"黑风的总根子。党内另一个最大的走资派附和说:"只要能增产,单干也可以,不管白猫黑猫,捉住老鼠就是好猫。"

文章批判说,这两个党内最大的走资派,还派出亲信爪牙,四处调查"包产到户"的所谓"经验",妄图搜罗"炮弹",攻击伟大导师毛主席的无产阶级革命路线。他们假"增产"之名,行瓦解社会主义集体经济之实,恢复单干,让资本主义在农村自由泛滥,这就是他们提出"三自一包"的反动实质。

文章继续批判道:中国赫鲁晓夫鼓吹的"三自一包",迎合了农村中资本主义势力的需要,助长了富裕农民的资本主义自发倾向,为投机倒把分子、新生的资产阶级分子大开绿灯。按照中国赫鲁晓夫的黑指示强制推行"包产到户"的少数地方,"责任田"、"分田到户"、"产量责任制"等复辟资本主义的花样,统统冒了出来,严重影响和削弱了集体经济。这一切,都充分说明中国的赫鲁晓夫极力鼓吹的"三自一包",是撮合城乡资本主义势力向农村社会主义阵地发动猖狂进攻的一股黑风。这是为了破坏人民公社集体经济,挖社会主义的墙脚,把红色的中国变为黑色的中国;这是替他们篡党篡政作准备的一场资本主义大复辟活动。

文章最后说:"十八年来,中国赫鲁晓夫顽固地坚持资产阶级反动立场,同广大贫农、下中农为敌,捣乱,失败,再捣乱,再失败,直到这次无产阶级文化大革命,终于遭到了彻底的灭亡。他那一条对抗农村社会主义革命的资产阶级反动路线,也正在被扫进历史的垃圾堆。""农村中两条道路、两条路线的斗争一定要进行到底。广大农村的无产阶级文化大革命,一定要按照毛主席指出的方向,进行到底。"①

"文化大革命"期间,两报一刊成为掌握权力的政治力量手中大批判的强有力工具。一般的批判文章是各自发表,两报一刊编辑部联合发表的文章,表示是重要的同时也是最具批判力的。

这一时期,《人民日报》发表了大量的批判刘少奇在农业发展上所谓"走资本主义道路"罪行的文章,还开辟了"五亿农民都来参加革命的大批判"专栏,刊载各地批判刘少奇鼓吹单干、支持"三自一包""罪行"的文章。②

---

① 《农村两条道路的斗争》,《人民日报》,《解放军报》1967 年 11 月 30 日;《红旗》,1967 年第 16 期。

② 据笔者查阅 1967 年 7,8 两个月的《人民日报》,发表批判刘少奇"三自一包"的文章有:(1) 7 月 6 日,关于上海市嘉定县桃浦公社春光大队第二生产队社员批判刘少奇"四大自由"、"三自一包"等"谬论"的题为《以毛泽东思想为指南 以阶级教育为中心 公社社员积极投入革命大批判》的通讯;同时,还发表了题为《五亿农民都来批判中国的赫鲁晓夫》的评论员文章。文章批判了"中国的赫鲁晓夫"极力鼓吹"四大自由",大搞"三自一包",大刮单干风。(2) 7 月 24 日,题为《工农兵挥起铁扫帚横扫修正主义垃圾堆 决心从政治思想理论上彻底夺党内最大的一小撮走资本主义道路当权派的权,使他们遗臭万年,永世不得翻身》的通讯。报道了山西、山东、黑龙江、贵州、青海、内蒙古、山西等地农民批判刘少奇鼓吹"三自一包"、"四大自由"的"修正主义罪行",青海省的社员还批判了刘少奇的"三自一包"在牧区的变种"两定一奖"。(3) 7 月 24 日,《松江三十万社员狠批中国赫鲁晓夫》;(4) 7 月 24 日,《愤怒控诉中国赫鲁晓夫大砍合作社的罪行》(浙江嘉兴县东栅公社东风大队的大批判);(5) 7 月 26 日,《红星大队结合本地阶级斗争史开展专题大批判 忆苦——狠批中国赫鲁晓夫复辟资本主义 思甜——永跟毛主席坚决走社会主义道路》(黑龙江巴彦县永发公社红星大队的大批判);(6) 7 月 26 日,《运用多种多样宣传形式 揭发批判中国赫鲁晓夫 历城农村的革命大批判运动广泛深入开展》;(7) 7 月 27 日,《对照毛主席的教导,狠批中国赫鲁晓夫谬论,联系本村阶级斗争,挖出资本主义复辟总根》(河北省崇礼县狮子沟公社狮子沟第四生产队的大批判);(8) 7 月 27 日,三篇以个人的名义发表的批判文章:于生智:《人民公社就是好》,刘永河:《社会主义道路走定了!》,迟宽令:《中国赫鲁晓夫是地主富农总代表》(9) 8 月 4 日,陈永贵、任井夫、王振国、张怀英:《坚决保卫毛主席的无产阶级革命路线》(批判刘少奇"包产到户"、"单干"主张及山西省党内一小撮走资本主义道路的当权派"推行包产到户,大刮单干风,扩大自留地,反对政治挂帅,大搞物质刺激,工分挂帅"的"罪行");(10) 8 月 6 日,陈永贵:《大寨是在同中国赫鲁晓夫的斗争中前进的》(陈永贵历数刘少奇及其山西的代理人从农业合作化时期就破坏集体经济,鼓吹个体经济。1962 年,攻击三面红旗,推行"三自一包",大刮单干风等。1963 年,大寨取消劳动定额,实行标兵工分的管理制度时,他们又攻击这种制度是"神仙一把抓","不符合按劳分配的原则","是陈永贵训话搞起来的,不是社员自愿的。")(11) 8 月 9 日,《以毛主席〈炮打司令部〉大字报为武器,向中国的赫鲁晓夫发起空前猛烈进攻》(北京郊区卢沟桥公社卢沟桥大队批判刘少奇鼓吹"三自一包",当地党内的走资派大搞包产到人。);(12) 8 月 9 日,《狠批中国赫鲁晓夫复辟资本主义的滔天罪行》(山东省曲阜县陈庄公社陈庄大队批判了刘少奇及其在山东的代理人的"物质刺激"的"修正主义");(13) 8 月 15 日,《走社会主义道路,还是走资本主义道路》;(14) 8 月 21 日,《彻底批判复辟资本主义的"三自一包"——山东省即墨县兰村公社贫下中农和革命干部批判会纪要》;(15) 8 月 28 日,《清算中国赫鲁晓夫在农村复辟资本主义的罪行——上海市松江县城北公社华星大队一九六二年推行"三自一包"的调查》;(16) 8 月 28 日,《战胜"三自一包"的妖雾》;(17) 8 月 28 日,《坚持走社会主义光明大道》;(18)《批臭"三自一包"的谬论》。

1967 年 12 月 4 日,中共中央发出《关于今冬明春农村文化大革命的指示》,要求各地继续把斗争的矛头对准党内最大的一小撮走资本主义道路的当权派和他们在各地的代理人,把中国最大的走资派所宣扬的"阶级斗争熄灭论"、"剥削有功"、"三自一包"、"四大自由"等反动谬论……以及他们进行的其他反革命资本主义复辟的罪行,揭深,批臭。"要学大寨的经验。要坚持社会主义道路,巩固集体经济。""反对分田到户,反对闹单干。"①

直至 1974 年 1 月 16 日,刘少奇已经被迫害致死近 5 年,②《人民日报》还发表了题为《六十年代初期我国农村一场两条路线的斗争》的批判文章,批判刘少奇鼓吹"包产到户"。

文章说,20 世纪 60 年代初我国遭受严重自然灾害时,刘少奇说:"工业上要退够,农业上也要退够,包括包产到户,单干!"文章还无中生有地说,林彪也和刘少奇一样主张搞"包产到户"。文章预言,如果实行包产到户将出现两极分化,整个农村就要改变颜色;包产到户的实质是复辟资本主义。克服暂时的困难绝不能依靠包产到户,而要依靠毛泽东思想,靠社会主义制度。搞包产到户决不能克服困难、战胜自然灾害,反而会给广大农民带来更大的苦难。

文章认为,八届十中全会敲响了包产到户的丧钟,但围绕着坚持或是改变党在整个社会主义历史阶段基本路线的斗争,并没有因此结束。文章的言下之意是作为具体做法的包产到户已经被彻底消灭,但是,上升到资本主义和社会主义两条路线的斗争还在继续,要从路线的总根子上继续斗争。"坚持社会主义道路,批判资本主义倾向,是巩固无产阶级专政的长期任务。"③

---

① 《中共中央关于今冬明春农村文化大革命的指示》(节录)(1967 年 12 月 4 日),黄道霞:《建国以来农业合作化史料汇编》,中共党史出版社,1992 年,第 831 页。
② 刘少奇于 1969 年 11 月 12 日逝世于河南开封。
③ 李经:《六十年代初期我国农村一场两条路线的斗争——批判刘少奇、林彪鼓吹的"包产到户"》,《人民日报》,1974 年 1 月 16 日。

在全国推行大寨劳动管理经验,批判包产到户"单干风",导致了农村生产重现陷入混乱,生产劳动中重新出现"大呼隆",分配上重新出现大锅饭等。为此,中共中央也作了一些纠正,但由于处于"文化大革命"极"左"社会大环境中,收效甚微。

中共中央在《关于今冬明春农村文化大革命的指示》中指出:"农村人民公社现有的三级所有、队为基础的制度、关于自留地的制度,一般不要变动,也不要搞捐献。"①

1970年10月5日,《国务院关于北方地区农业会议的报告》中指出:"'六十条'中关于人民公社现阶段的基本政策,仍然适用,必须继续贯彻执行……'牵涉到所有制的问题,要谨慎对待,请示报告。'""要坚决肃清'三自一包'、'四大自由'的余毒,但在保证集体经济的发展和占绝对优势的条件下,社员可以经营少量的自留地和家庭副业。要坚决肃清'物质刺激'、'工分挂帅'的余毒,又要坚持'按劳分配'的原则,反对平均主义。""切不可重犯穷富拉平的'一平二调'错误。"报告明确了学大寨首先是学习大寨"一贯坚持无产阶级政治挂帅、毛泽东思想领先的原则,自力更生、艰苦奋斗的精神,爱国家、爱集体的共产主义风格","至于大寨在经营管理、生产技术方面的一些具体办法,那是第二位的东西,决不能不顾自己的条件,照抄照搬"。②

1971年计划会议综合简报中的《当前农业学大寨运动中的一些问题》一文重申:"现阶段农村人民公社'三级所有,队为基础'的制度,一般不要变动。""在分配问题上,要坚持'各尽所能,按劳分配'的社会主义原则,防止平均主义。""任何单位,都不得无偿地调用生产队的劳动力、工具、物料,不可摊派资金、发动社员捐献或投资,重犯'一平二调'的错误。"③

---

① 《中共中央关于今冬明春农村文化大革命的指示》(节录)(1967年12月4日),黄道霞:《建国以来农业合作化史料汇编》,中共党史出版社,1992年,第831页。

② 《中共中央批准国务院关于北方地区农业会议的报告》(1970年12月11日),黄道霞:《建国以来农业合作化史料汇编》,中共党史出版社,1992年,第832页。

③ 《当前农业学大寨运动中的一些问题》(1971年2月14日),黄道霞:《建国以来农业合作化史料汇编》,中共党史出版社,1992年,第833-834页。

中央的这些纠正措施在"文化大革命"的大风暴中,在"农业学大寨"的热潮中,所起作用不大。随着"农业学大寨"运动的深入和普及,以政治为标准的"大寨工"和急于过渡、收回自留地、限制家庭副业、取消农贸市场等做法大行其道。

大寨劳动管理办法——"大寨工"挟"文化大革命"的极"左"狂飙席卷全国,同时,"包产到户"在这股狂飙中被挖地三尺般地连根拔起。

第三节 "农业学大寨"运动及其后果

"文革"前的"农业学大寨"运动强调的是大寨的自力更生、艰苦奋斗的创业精神。"文革"开始后,随着政治形势的极"左"转向,"农业学大寨"运动成了文革极"左"在农村的重要表现。

勤劳朴实的陈永贵也由一个大队党支部书记一跃而成为中央政治局委员、国务院副总理。

从1964年算起,到1980年8月山西省委向中央写出《中共山西省委关于全省农业学大寨经验教训的初步总结》止,"农业学大寨"运动持续16年。16年的"农业学大寨"运动是新中国成立以来历次政治运动中持续时间最长、波及范围最广的一次。这场运动给中国,尤其给中国的农业造成了巨大的破坏。

"大寨工"在全国的推广,使"大跃进"后经过调整的农村经济刚刚有所缓和,经验管理上的大锅饭、"大呼隆"刚刚退回到定额管理,又重新陷入生产管理上的大锅饭,致使平均主义盛行。不仅如此,大寨还搞向大队所有制过渡,使"三级所有,队为基础"三级管理体制重又陷于混乱的"穷过渡"。

"大跃进"付出沉重代价后的调整化为乌有。农村"六十条"关于社员家庭副业的相关规定被突破，① 取消了社员的自留地、家庭副业，关闭了农贸市场。大寨这些极"左"做法给农村带来了严重破坏。

1963 年，一场大水灾不仅使大寨名扬全国，还冲垮了被陈永贵认为是"私"字堡垒的社员的"自留地"。陈永贵趁机将自留地收回了。其实，陈永贵早就对社员的自留地有意见，想收回。他认为，自留地的存在是社员产生私心的根源，严重影响集体经济。"集体地里养精神，自留地里打冲锋"，自留地是"给集体经济按上了资本主义复辟的定时炸弹"，"有人用自留地与集体经济唱对台戏，为单干扫清道路"。② 一场大水冲毁了自留地，帮了陈永贵的忙。陈永贵也知道自留地是农村"六十条"的规定，但是他说："如果有人要用政策来整我们，我们就说，这是老天爷干的，不是我们干的。"

1967 年 2 月，陈永贵在昔阳造反夺权后，在全县推行收回自留地的经验。

1968 年 1 月，陈永贵在"全国第二次学大寨劳动管理经验现场会议"上说："自留地是 1963 年社员们退了的。""当时我们还多次说服大家不要退，但社员批评我们为什么不收回自留地。他们退自留地的理由，比我们

---

① 1961 年 6 月，《农村人民公社工作条例（修正草案）》第六章"社员家庭副业"第三十八条规定："人民公社社员的家庭副业，是社会主义经济的必要的补充。它附属于集体所有制经济和全民所有制经济，是它们的助手。在积极办好集体经济，不妨碍集体经济的发展，保证集体经济占绝对优势的条件下，人民公社应该允许和鼓励社员利用剩余时间和假日，发展家庭副业，增加社会产品，补助社员收入，活跃农村市场。"第三十九条规定："人民公社社员可以经营以下的家庭副业生产：耕种由人民公社分配的自留地。自留地一般占生产大队耕地面积的百分之五到七，长期归社员家庭使用。在有柴山和荒坡的地方，还可以经营由人民公社分配的自留山。经生产大队批准，开垦零星荒地。开垦的荒地一般可以相当于自留地的数量。饲养猪、羊、兔、鸡、鸭、鹅等家畜家禽，也可以饲养母猪。条件许可的地方，还可以饲养一两头大牲畜。进行编织、缝纫、刺绣等家庭手工业生产。从事采集、渔猎、养蚕、养蜂等副业生产。经营由人民公社分配的自留果树和竹木。在屋前屋后种植果树和竹木。这些作物永远归社员所有。"第四十条规定："社员家庭副业的产品和收入，都归社员所有，都归社员支配。除了由国家统购统销的农产品以外，其他农副产品，在完成同国家订立的定购合同以后，都可以拿到集市上进行交易。"第四十一条规定："人民公社各级管理委员会，对于社员经营家庭副业，应该给以必要的指导和帮助，不要乱加干涉。"（《农村人民公社工作条例（修正草案）》（1961 年 6 月），黄道霞：《建国以来农业合作化史料汇编》，中共党史出版社，1992 年，第 644-645 页。）

② 陈大斌：《大寨寓言——"农业学大寨"的历史警示》，新华出版社，2008 年，第 156 页。

说服他们不要退的理由多。"他还说,当时我们到社员中作调查,结果是全村80户社员,有75户真正愿意退自留地。只有5户不同意,但这5户中,是男社员同意退,女的不同意退,总起来说只有两户半不同意退。这样,社员就把自留地交回来了。①

1968年,大寨公社以大寨大队为榜样收回全部社员自留地。1969年,昔阳全县除巴洲一个公社外,基本上收回了自留地。1970年,昔阳宣布建成"大寨县",在全县范围内取消了社员的自留地。②

陈永贵在昔阳掌权后,不仅取消了农民的自留地,还把他认为和"个人"、和"私"字有关的都划到被消灭之列。陈永贵以打击"黑市"为名,关闭了农贸市场。

"文革"造反的成功,使陈永贵越发"左"倾,将阶级斗争延伸到农村集市贸易和农民之间的零星的交换之中。大寨属于山区,经济落后,交通不便,本来大规模的集市贸易就不多,但陈永贵在这有限的交易中,看到了严重的"阶级斗争"。他说,"三尺柜台不平静,一买一卖有斗争",一个鸡蛋卖给谁都涉及两条路线的斗争,因此,一定要"狠抓商品流通领域里的阶级斗争","社会主义商业要全面占领农村市场阵地"。对集市贸易要"管紧"、"管严"、"管死"。

从1970年到1971年,在"建设高标准大寨县"的过程中,陈永贵把全县仅存的几个自由市场一律取缔,几个小型集市也一律关闭。陈永贵说,我们没有自由市场也交换了,没有市场的交换是依靠供销社进行的。之后,山西全省学习大寨,用各级供销社取代集市贸易,被称为农村商业革命。③

"革命"的结果是,昔阳城乡多种土特产如砂锅、砂制茅勺、茅桶等绝迹,苇席、麻皮、笤帚由调出变成调入,菜羊、鲜蛋收购显著下降,④供销社里商品奇缺。陈永贵却认为这是在商品流通领域堵死了资本主

---

① 陈大斌:《大寨寓言——"农业学大寨"的历史警示》,新华出版社,2008年,第156页。

② 同①,第156-157页。

③ 同①,第157页。

④ 宋连生:《农业学大寨始末》,湖北人民出版社,2005年,第199页。

义的路,为"农业学大寨"扫清障碍,使"社会主义全面占领农村市场阵地"。①

家庭副业虽然是农村"六十条"中允许农民经营的,但在大寨和昔阳也是不允许存在的。昔阳县赵壁公社有两个村,历史上有用麦秆编织草帽辫的传统,1967 年以后,只准集体组织人编,个人业余时间编织就是搞资本主义,要受到批判。山上的白草在以往是可以割来卖的,有的地方山洼里还可以开小块地种。而 1967 年之后,割草卖或开小块荒地都要受到批判。

"白草、黑市、小块地",这是当时昔阳农民走资本主义道路的代名词。社员家庭饲养的鸡、猪、羊、蛋也只准卖给国家。集体搞副业的收入也不能超过农业,否则就是违背了"以粮为纲"的方针,是"重副轻农"的资本主义经营思想,是集体经济内部的资本主义,要受到批判。种地也不准有营利思想,一定要按照国家计划来种,要"为革命种田",多产粮,多向国家卖粮,支援国家建设,支援世界革命,营利思想是"利润挂帅"、"金钱挂帅",是典型的资本主义思想。② 陈永贵等还先后于1968 年到 1970 年,把全县到阳泉等地搞运输的几千名劳力、几百辆马车收回社队,并向全国介绍"马车归队、劳力归田、大砍运输业"的经验。③

"文化大革命"中,大寨和昔阳从各个方面堵住了资本主义的路,社会主义的"公"的成分占据了生产、生活、交换等领域。这样也就具备了向更高一级的所有制形式过渡的条件,于是实施了向大队、公社、县所有制的过渡。

1967 年,陈永贵在昔阳掌权之后,以便于统一指挥和安排全县的农田基本建设为名,将全县由生产小队核算改为大队核算。11 月 11 日,昔阳县核心小组扩大会议提出:小队核算变为大队核算是"革命的要求",不准对此有任何指责,要求全县各大队仿效大寨的做法,实行"领导、计划、生

---

① 宋连生:《农业学大寨始末》,湖北人民出版社,2005 年,第 199 页。
② 冯东书:《"文盲宰相"陈永贵》,中国文联出版公司,1998 年,第 46-47 页。
③ 陈大斌:《大寨寓言——"农业学大寨"的历史警示》,新华出版社,2008 年,第 158 页。

产、管理、评工、核算、分配七统一"。①

昔阳县革委会认为,以生产队为核算单位已经不能适应生产力发展的要求:

(1)不能集中人力、物力、财力进行大规模的农田基本建设,只能修修补补维持简单再生产;

(2)不能像打仗那样实行土地连片、因地种植,挖掘土地潜力;

(3)妨碍集中领导、统一指挥;

(4)不能有计划地建设社会主义新农村。②

而实际情况是,当时大寨的生产力水平低下,根本不具备向大队所有制过渡的条件,况且这种做法也是违背农村"六十条"关于"三级所有,队为基础"规定的。但是,由于大寨的特殊地位,其做法不仅不受批评,还成为好的经验在全国推广。

大寨的这种"穷过渡"的做法作为经验向全国宣传和要求推广以后,一些地方刮起了"穷过渡"风,据山西、河北、北京、上海、江苏、浙江等11省、自治区、直辖市的统计,1970年以生产大队为核算单位的已占到大队总数的14%,其中山西省的大多数生产队已合并为大队所有制,浙江省有四分之一的社队实行了以大队为基本核算单位。③

1975年,第一次全国"农业学大寨"会议前夕,陈永贵上书毛泽东,鼓吹"穷过渡",没有被采纳。

1977年,全国"农业学大寨"运动在批判"四人帮"中又掀高潮,陈永贵急于过渡的思想再次抬头,试图把昔阳县的农村人民公社从大队所有制提高到公社所有制,把公社所有制过渡到全县所有制,直至全民所有制,建立全国第一个全民所有制的县。7月9日,大寨出台了《关于逐步实现向公社所有制过渡的草案》(简称《草案》)。

《草案》提出,今后"公社干部逐步改为半脱产或不脱产,工农商学兵

---

① 孙启泰、熊志勇:《大寨红旗的升起与坠落》,河南人民出版社,1990年,第190页。

② 宋连生:《农业学大寨始末》,湖北人民出版社,2005年,第216页。

③ 《当代中国的农业》丛书编委员会:《当代中国的农业》,当代中国出版社,1992年,第259-260页。

的职工都是一样挣工分,进一步调整人与人的关系"。声称要把大寨公社建设成为"消灭城乡差别的榜样,让人们从大寨看到共产主义的明天"。提出公社要办好学校、合作医疗、幼儿园、托儿所、缝纫组、文化室、电影队、公共食堂,公社社员实行劳动保险制度等。[①] 这无疑是人民公社化运动中"乌托邦"梦想的翻版。

"四人帮"被粉碎了,"文化大革命"结束了,然而,作为"文革"和"左"倾错误标志之一的"农业学大寨"运动不仅没有结束,反而以更强劲的势头在发展。

1977 年 10 月 30 日至 11 月 18 日,中央在北京召开了普及大寨县工作座谈会,座谈会向中央提交了一个《汇报提纲》,得到了中央的批准。

《汇报提纲》的第八个问题是"所有制问题":现阶段农村人民公社"三级所有,队为基础"的制度,就全国多数地区来说,它和农村生产力的水平还是基本适应的。但是,随着建设大寨县运动普及和提高,农田基本建设规模的逐步扩大,农业机械化进程的加快,公社、大队两级经济的壮大,将有越来越多的队以生产队为基本核算单位不能适应农业生产的发展,实现基本核算单位由生产队向大队的过渡,进一步发挥人民公社"一大二公"的优越性,是前进的方向,是大势所趋。各级党委应当采取积极热情的态度,做过细的工作,因势利导,努力创造条件,逐步向以大队为基本核算单位过渡。1977 年底,全国已有 7.7% 的大队实行大队核算。

座谈会认为,这些已经过渡到大队基本核算单位的,绝大多数是办得好的,应当总结经验,加强领导。1977 年冬到 1978 年春,可以再选择一部分条件已经成熟的大队,例如 10% 左右,先行过渡,以进一步取得经验。[②]

随后,全国农村为了尽快成为"大寨县",开始了向"大队核算单位过渡"。据 1978 年 1 月 31 日的第 2 期《普及大寨县动态》报道,普及大寨县

---

① 宋连生:《农业学大寨始末》,湖北人民出版社,2005 年,第 218 页。
② 《普及大寨县工作座谈会讨论的若干问题——汇报提纲》(1977 年 11 月 16 日),黄道霞:《建国以来农业合作化史料汇编》,中共党史出版社,1992 年,第 871 页。

的会议之后,"各地一致认为,在条件具备的时候,过渡到大队核算,是人民公社发展的方向;对这个问题,要采取积极态度"。

全国各地根据自己的实际情况进行了部署和实施。其中,内蒙古、甘肃、贵州、湖南、浙江、江西等省、自治区,要求对原有大队核算的加强领导,巩固提高,1977 年冬 1978 年春再搞一些试点。内蒙古、贵州的试点数量较大。贵州要求省、地、县、区各级都要搞一个大队的试点。

内蒙古要求每个公社都搞一个大队试点,有条件的可以搞两个大队。全区一共搞 500 个,加上原有的 438 个,共占大队总数的 20% 左右(牧区除外)。

北京原有大队核算的占大队总数的 33.4%,计划再过渡三四百个,即每个公社一两个大队,合起来达到 50%。陕西省在 1977 年冬地县委书记会议上决定,地、县、社各级主要领导干部都要亲自搞试点。

到 1978 年元月初,多数地方首批过渡了 10% 以上,个别地方 3% 到 4%。有些县,如户县、长安、临潼、城固、清涧等县,过渡的达到 20% 到 60%、70%。吉林省在 1978 年春节前后,已过渡 10%,其中伊通县全县计划过渡 34%,县委成立了过渡办公室,还组织了 200 人的过渡工作队。①

从 1963 年开始,大寨取消自留地被作为斗资批修的经验向全国宣传。一些省、自治区和直辖市的农村,将原来按照农村"六十条"分给社员的自留地,或由原来占耕地面积的 7% 减少到 5%,或全部收归集体统一经营。如黑龙江阿城县,1969 年 9 月 12 日收回社员自留地、小片开荒地共 44 000亩。自留地或小片开荒地,是生产力水平低下的集体经济的补充,是社员生活所依赖的重要部分。减少或取消自留地对广大农民的生活产生了重大影响。

大寨限制家庭副业,种植养殖受到极大影响,不仅造成农民生活的不便和更加贫困,而且影响到肉、禽、蛋等畜产品的生产和收购,进而影响城

---

① 《关于过渡到大队核算问题的简况》(1978 年 1 月 31 日),黄道霞:《建国以来农业合作化史料汇编》,中共党史出版社,1992 年,第 873 页。

市供应。1966 年全国以农村交售为主的鲜蛋是 53.9 万吨,1968 年下降到 38.1 万吨,下降 29.3%。1966 年生猪存栏 19 336 万头,1969 年下降到 17 251 万头,下降 10.8%。

大寨关闭农村集贸市场的做法被全国学习。全国各地的农贸市场几乎全部被关闭。农民卖点农副产品都被作为资本主义尾巴而遭到打击,当时称为"割资本主义尾巴"。私下的交易被当做黑市批判。这样,农村正常的产品交易被取消,降低了农产品的商品率,切断了农民同商品、市场的联系,农民重回到自给自足的自然经济状态。①

20 世纪 60 年代初调整的农村"三级所有,队为基础"的所有制形式被大寨"穷过渡"所打破,重又出现"大跃进"时期的"一大二公",平均主义泛滥,穷队共富队的产,"一拉平"盛行。这严重损害了富队的利益,挫伤了农民的生产积极性。尤其是大寨"标兵工分,自报公议"的平均主义的分配方式,造成农民普遍长时间的消极怠工,导致农村发展的停滞,甚至倒退。

在十多年的"农业学大寨"运动中,除了"大寨工"、"取消自留地"、"关闭农贸市场"、"限制家庭副业"等做法外,大寨还创造出了很多"经验",供全国学习。

大寨曾被称为出"万能经验"的地方。其中突出政治的"批斗"经验,如"千重要,万重要,抓阶级斗争最重要"、"同天斗,同地斗,同自然灾害斗,同阶级敌人斗"、"斗天天低头,斗水水让路,斗地地丰收,斗敌敌认输"、"斗则进,不斗则退"、"七斗八斗不停休"、"大批促大干,大干促大变"、"堵不住资本主义的路,就迈不开社会主义的步"等。

不断制造阶级斗争,成为"无产阶级专政下继续革命的典型",这些所谓的不容置疑的"大寨经验"在全国宣传推广,给农村造成恶劣的影响,使本来以血缘家族为纽带聚族而居的农村卷入了阶级斗争的极"左"洪流。

农村的生机和活力在这"七斗八斗"中几乎丧失殆尽。"文革"结束

---

① 《当代中国的农业》,当代中国出版社,1992 年,第 256—257 页。

后,农村经济也和全国其他行业一样,遭受了巨大的损失,农民生活极端困苦。

穷则思变,1978 年十一届三中全会之后,随着政治形势的好转,农村改革在安徽小岗村酝酿。

第八章

『大包干』——当代农村改革的前奏

第一节 "文革"结束后农村的破败

1966 年至 1976 年,历时十年的"文化大革命"不仅是文化、教育领域里的一场浩劫,也给农村经济造成了重大的损害。1976 年,"文革"结束后,广大农村一片破败。

1976 年全国人均年消费粮食只有 381 斤,低于 1952 年的 395 斤。农业经济效益下降。1976 年与"文革"前的 1965 年相比,农业总收入增加了77.6%,而各项费用却增加了 123.1%,其中生产费用增加 130.8%,导致纯收入在总收入中所占比重从 1965 年的 71.82% 下降到 1976 年的64.61%。农业费用的增加,引起了农产品,特别是粮、棉等主要农产品成本提高。农产品生产成本增加,收益降低,使部分地区在一些年份的收入减少。1974 年至 1976 年,全国人民公社集体总收入平均每年增加 2% ~3%,而开支却增加 8% ~ 9%;1976 年社员每人得到的集体分配收入比1974 年减少了 3 元多,社员超支户占总户数的 1/3。① 收不抵支,农民陷于贫困。

"文革"结束后,中国农村的形势十分严峻,集体经济难以为继。据长期从事农村报道的资深记者陈大斌记载:粉碎"四人帮"之时,我国农村除了少数办得好的先进社队外,大多数社队温饱难以维持。相当数量的社队生产出的粮食养活不了自己,靠借债度日,外出讨饭的农民随处可见。② 素有"天府之国"之称的四川,一向是给国家交售商品粮的重要省份,但1976 年粮食由调出变为调进。1976 年春,四川农村有 1 000 多万人缺粮断炊,大批农民被迫四处逃荒。其中,广安县缺粮农户占全县农户总数的

① 董辅礽:《中华人民共和国经济史》,经济科学出版社,1999 年,第 539-540 页。
② 陈大斌:《"穷过渡"的最后挣扎——1977 年 11 月"普及大寨县工作座谈会"的一段史实》,《炎黄春秋》,1999 年第 10 期。

40%,数万农民逃荒在外。① 浙江作为全国第一个粮食上《纲要》的省,②由鱼米之乡变为吃大量返销粮的省份,特别是温州地区,成为全国有名的"老大难"。③

安徽省虽然自 1962 年起每年都有粮食调出,但到 1976 年,社员的经济收入仍然很低。全省农村人均纯收入在 50 元以下的生产队有 9.13 万个,占全省生产队总数的 30%以上。其中阜阳地区 1976 年有 4 万多个生产队没有现金分配,占全地区生产队总数的 70%多。④ 据陈大斌回忆,定远、凤阳、嘉山、泗县、五河、灵璧、固镇等县多数社队已成空壳。农民形容自己的集体像个破草鞋:"烂了底,塌了帮,断了绊","提不起,更穿不得"。如嘉山县集体经济的情况是:(1)粮食,从 1953 年粮食统购统销开始到1978 年,25 年中农村回销粮和城镇供应两项,共用去粮食 15.4 亿斤,而同期向国家交、售两项供给国家粮食 14.2 亿斤,25 年里,一个农业大县调进1.2 亿斤粮食。(2)固定资产,从合作化到 1978 年底,全县三级所有的总值只有 2 503 万元,而全县社队欠国家贷款 1 613 万元,1969 年以来,国家无偿支持 850 万元,两项相抵,全县社队加起来只有 40 万元固定资产,全县农民每人不到 1 元。如果再加上 1957 年以来发放的各种救济款 990 万元,全县农民干了 20 年,社队集体资产是个负数。凤阳等沿淮各县情况与嘉山县类似,甚至更为严重。从凤阳往西是安徽的六安地区,北渡淮河是安徽的阜阳地区、宿县地区,再向北直到黄河岸边,是河南的商丘地区和山东的菏泽、济宁地区,3 省 6 个地区,几十个县近 5 000 万人口,绝大多数生产队是"吃粮靠救济,生产靠贷款"。⑤

从菏泽北上,山东的聊城、德州、惠民,河北的衡水、沧州,这个几十个县几千万人口的广大地区,情况也和上述地区差不多。像这样贫困地区全

---

① 《当代中国的农业》,当代中国出版社,1992 年,第 298 页。
② 《纲要》指 1956 年 1 月 23 日中共中央政治局提出的《1956 年到 1967 年全国农业发展纲要》。
③ 房维中:《中华人民共和国经济大事记(1949—1980)》,第 574 页。
④ 同①。
⑤ 陈大斌:《"穷过渡"的最后挣扎——1977 年 11 月"普及大寨县工作座谈会"的一段史实》,《炎黄春秋》,1999 年第 10 期。

国还有多处,黄土高原贫困程度比中原地区更甚。山西吕梁,陕西延安、榆林,甘肃的定西、平凉,宁夏的西(吉)海(原)固(原)等地区,几十个县的广大黄土高原地区农村,经济更加凋敝,无数农民在饥饿中挣扎。① 如宁夏的固原地区,人民公社三级固定资产不够抵偿债务。据1979年末的统计,三级共有固定资产只有9 111.8万元,而30年来国家给这个地区的各种无偿投资达2亿600万余元,加上各种救济款,总计3亿多元,比固定资产高出两倍还多。② 年人均收入低,吕梁地区为70元;陇东庆阳地区为64.86元;延安地区为57.2元;榆林地区为52元;甘肃平凉地区为47.6元;固原和定西为36.8元。③ 人民生活极度贫困。

西南云贵高原的贫困程度和黄土高原差不多。贵州全省粮食总产最高的1977年,比1957年只增长了21.4%,而同期人口却增加了57.1%,全省人均占有粮食比20年前下降了22.8%,社员口粮水平下降了约1/5,年分配收入不足40元的生产队有40%以上,许多生产队无粮无钱、无电无机,有的连种子也要国家支援或由社员凑集,维持简单再生产也有困难。④

第二节 安徽、四川农村改革的启动

"文革"虽然结束了,但还没有从指导思想上彻底清算极"左"错误,农业上还在继续学习大寨,并且掀起了声势浩大的普及大寨县和向大队核算过渡的所有制体制的变动,老百姓称之为"穷过渡"。这使本来已经非常严峻的农村局势,更加恶化。

粉碎"四人帮"之后的一段时间内,某些"左"的错误路线还在继续。

---

① 陈大斌:《中国农村改革纪事》,四川人民出版社,2008年,第23页。
② 陈大斌:《"穷过渡"的最后挣扎——1977年11月"普及大寨县工作座谈会"的一段史实》,《炎黄春秋》,1999年第10期。
③ 同①。
④ 同②。

在农业上,继续高举"农业学大寨"的大旗。1976 年 12 月,中共中央召开了全国第二次农业学大寨会议。会议继续坚持"以阶级斗争为纲"和"无产阶级专政下继续革命"的理论。会议讨论和规定了"农业学大寨"、普及大寨县和农业机械化的任务,并列出了普及大寨县和全国基本实现农业机械化的时间表:"1980 年把三分之一以上的县建成大寨县;全国基本上实现农业机械化。"为了实现普及大寨县的目标,会议要求各省委:"认真抓好农业,抓好农业学大寨、普及大寨县运动。从中央到地方,工、农、商、学、兵、政、党 7 个方面,各部门,各行业,都要进一步采取有力措施,做好普及大寨县的工作。""各省、市、自治区明年普及大寨县的规划,要在这次会上定下来。中央和国家机关各部门明年为普及大寨县作贡献的方案,都要在明年一二月份报告中央。"①

1977 年 10 月 30 日至 11 月 18 日,普及大寨县工作的座谈会召开。座谈会将农村基本核算单位向大队所有制过渡作为一个重要问题,向中央作了汇报,中央不仅同意,而且加了批语转发各地。中央在批语中说:"加速发展我国农业,最根本的还是要靠学大寨,要真学大寨,高质量地学大寨。大量事实说明,真学大寨,条件差也会有高速度,假学或半真半假地学大寨,条件好也没有高速度,甚至会倒退。一个省农业搞的好坏,关键在省委。各省、市、自治区党委要认真总结经验,进一步提高对农业学大寨运动的认识,解决真学大寨还是假学大寨的问题。"②

普及大寨县工作座谈会使"农业学大寨"和普及大寨县运动进入了一个新阶段——所有制形式由"三级所有,队为基础"向大队所有制过渡。这种以政治运动的方式强迫各地向更高一级的所有制形式的过渡,导致农村人民公社退回到"大跃进"时期"一大二公"大锅饭状态,对已经贫困破败的农村而言无疑是雪上加霜。

首先冲破农业上的"左"倾错误,实事求是地调整农村政策的是安徽

---

① 陈永贵:《在第二次全国农业学大寨会议上的报告》(节录)(1976 年 12 月 20 日),黄道霞:《建国以来农业合作化史料汇编》,中共党史出版社,1992 年,第 864-865 页。

② 《中央关于原则同意〈普及大寨县工作座谈会讨论的若干问题〉的通知》(1977 年 12 月 19 日),黄道霞《建国以来农业合作化史料汇编》,中共党史出版社,1992 年,第 867 页。

省和四川省。

安徽"省委六条"开启了农村改革之门。安徽省是一个农业大省,也是"文革"的重灾区。"文革"结束后,由于安徽省委领导的阻挠,揭批"四人帮"在安徽省无法进行,"左"倾错误仍在继续。在农村政策上,继续"学大寨"、"赶郭庄"①和"普及大寨县"。在打倒"四人帮"后的 8 个月里,安徽一直在捂盖子。中央专门派人到安徽作调查。1977 年 6 月 16 日,中央对解决安徽问题作出重要指示。

为了尽快解决安徽问题,中共中央于 1977 年 6 月决定改组安徽省委,将省委第一书记宋佩璋调离安徽,同时任命万里为中共安徽省委第一书记、省革命委员会主任、省军区第一政委,并派顾卓新、赵守一任中共安徽省委书记。② 万里赴任伊始,就深入农村调查研究。通过三四个月的走访,万里发现,安徽农村的贫穷超过了他的想象:农民吃不饱,穿不暖,住的房子不像个房子。淮北、皖东有些穷村,门、窗都是泥土坯的,连桌子、凳子也是泥土坯的,找不到一件木器家具。安徽全省 28 万多个生产队,只有 10% 的生产队能维持温饱;67% 的队人均年收入低于 60 元,40 元以下的约占 25%。③ 更有的地方,农民衣不遮体。农村令人难以想象的贫穷,使万里对当时的穷过渡、普及大寨县产生了重大质疑。农村要抓的不是向更高的所有制形式过渡,更不是普及大寨县,而是如何调动农民的生产积极性搞好农业生产。

通过在安徽农村的调查,万里所领导的安徽省委以实事求是的态度和当时在农村问题上的"左"倾作斗争,开创了安徽农村改革的新局面,同时也开启了全国农村改革的新篇章。

20 年后的 1997 年,万里谈到当年安徽农村的改革同"左"倾错误作斗争时,认为大体有三个回合。第一个回合是突破"农业学大寨"的框框,坚持以生产为中心。第二个回合是突破"三级所有,队为基础",实行联产计

---

① 萧县郭庄是安徽省学大寨的先进单位。

② 万里曾于 1975 年初协助邓小平整顿铁路,卓有成效,同年末,随着政治形势的突变,"批邓、反击右倾翻案风"的浪潮掀起,万里与邓小平一起又一次被打倒。粉碎"四人帮"之后,邓小平复出,万里再次步入政坛。

③ 万里:《农村改革是怎么搞起来的》,周曰礼:《农村改革理论与实践》,中共党史出版社,1998 年,第 6-7 页。

酬,包产到组。第三个回合是突破"不许包产到户",实行家庭联产承包责任制,给农民充分的自主权。①

万里所说的与"左"倾斗争的这三个回合,正是安徽农村改革发展的轨迹。

1977年9月20日至24日,中共安徽省委农委政策研究室在滁县召开农村政策座谈会,会议起草了《关于当前农村经济政策几个问题的规定(草稿)》(简称"省委六条")。

"省委六条"的具体内容如下:

(1)搞好人民公社的经营管理工作。整顿和加强劳动管理。要保证农业生产第一线有足够的劳动力,做到人心向农、劳力归田。外流人员要动员限期归队,手工业单干的要组织起来。根据不同的农活,生产队可以组织临时的或固定的作业组,定任务、定质量、定时间、定工分。只需个别人去做的农活,也可以责任到人。要严格检查验收制度,不许包产到组、包工到户。生产队要实行定额管理,搞好评工记分,按照"各尽所能,按劳分配"的社会主义原则,根据社员劳动的质量和数量,付给合理的报酬。劳动计酬的形式,一般可以实行"底分活评"或"定额到组,评工到人"的办法,少数适宜按定额计酬的农活,也可以实行定额计酬,但不要搞繁琐哲学,不要搞联系产量的责任制。有条件的生产队,应当推行"标准工分,自报公议"的计酬办法。不论采取那种办法,都必须实行男女同工同酬。

整顿和加强财务管理。公社、大队、生产队和社队企业都要坚决贯彻执行勤俭办社、民主办社的方针,依靠贫下中农,搞好民主理财。建立健全严格的财务制度,杜绝贪污盗窃和铺张浪费。账目要定期公布,上级要定期组织、互审。要严格财务审批制度。不合理的开支,财务人员有权拒绝报销。要结合年终分配,发动群众对工分、账目、财物认真进行清理。

(2)积极地有计划地发展社会主义大农业。大搞农田基本建设,努力改变生产条件。在农田基本建设中,要大中小结合,以中小为主,既要考虑

---

① 万里:《农村改革是怎么搞起来的》,周曰礼:《农村改革理论与实践》,中共党史出版社,1998年,第3-18页。

长远利益,又要着眼当年收益;既要坚持自愿互利、等价交换的原则,又要发扬共产主义风格。在组织劳力协作时,要考虑到社队的负担能力,实行全面规划、分期施工、先后受益、互助互利的办法。所需要的投资,由受益单位合理负担。对不受益的单位被占用的土地和土地上的附着物,必须给予适当的补偿。

现阶段人民公社"三级所有,队为基础"的制度,就全省多数地区来说,和农村生产力的发展是基本适应的,不要轻易变动。生产队的规模,不准随意划小,擅自分队的要改过来。

(3)减轻生产队和社员的负担。要严格控制调用生产队的劳动力。目前有些国家机关、企事业单位,通过不正当的途径,私招乱雇农村劳动力,影响农业生产,生产队有意见,劳动力应一律归队,任何单位不得阻拦。农村办学校要统一规划,公办教师近几年抽调做其他工作的,应尽量调回学校,以加强教学和领导。民办教师报酬用国家补助、教师参加集体生产劳动和社队补贴工分的办法解决。

社队组织的文艺宣传队、体育队等占用生产时间的,由主办单位发给工资。抽调民兵给国家机关、企业单位看管仓库物资,由抽调单位付给工资。大队一级不搞脱产的广播员、电话员、通讯员、养路工(国家补贴的代表工除外)、电工,一般不办食堂。

享受固定补贴的人数要严格控制。大队干部定额补贴的人数,应控制在3至4人,规模大的也不能超过5人。每人每年补贴,最多不得超过120个劳动日。大队其他干部一律实行误工记工。

(4)分配要兑现。积累和分配的比例要适当。生产发展快、收入水平较高的生产队,扣留的比例可以大一些。因灾减产、困难较多的生产队,各项扣留可以少一些,分配给社员的部分可以大一些。"在增加农业生产的基础上,争取90%的社员每年的收入比前一年有所增加,10%的社员的收入能够不增不减,如有减少,也要及早想办法加以解决。"

(5)粮食分配要兼顾国家、集体和个人利益。要"及时收购,同时安排",在"绝对不可以购过头粮"的原则下,力争多购一些。社员口粮标准达不到规定起购点的生产队,坚决不购,保证做到在同一年度同一核算单位只购不销。提供商品粮较多的生产队,口粮标准可以高些,但不得超过规定的最高标准。公社和大队不准巧立名目,向生产队摊派粮食。

(6)允许和鼓励社员经营正当的家庭副业。在保证人民公社集体经济发展和占绝对优势的前提下,社员可以经营少量的自留地和家庭副业。

分配给社员的自留地,应继续执行"六十条"规定。超过规定的自留地应收归集体。有些地方集体生产搞得好、对社员生活安排得好,社员自愿把自留地交给集体的,应当允许。有的地方收了自留地,集体又不能满足社员需要,群众有意见的,应按规定退还。自留地种什么作物,由社员根据自己的生活需要来决定。

允许和鼓励社员利用业余时间,经营正当的家庭副业。社员可以饲养适量的猪、羊、鸡、鸭、鹅等家畜家禽,但要加强管理,防止糟蹋集体庄稼。生产队对社员交售肥猪给国家的,可从购后余粮中奖给一定数量的饲料粮。社员自留地和家庭副业的产品,在完成国家派购任务以后,除了国家有特殊限制的以外,可以拿到集市上出售。

各级领导干部要积极参加集体生产劳动,县、社、大队干部除老弱病残者外,每年劳动要达到"一、二、三"的要求。①

10月6日,省委书记顾卓新作了批示:"这些意见都很好,文件写的也明确。可以考虑批转各地执行。但是:一、这些办法能否真正做到,有多少把握? 二、各地区的社队实际收入分配情况如何? 每个劳动日多少钱? 能否分到现金? 三、真正贯彻这些政策得经过社队的彻底整顿。现在下边很乱,无保证,应考虑明年社教工作队结合完成这项任务。"② 11月15日至18日,省委召开全省农村工作会议,经过会议讨论修改,11月28日,"省委六条"以"试行草案"的形式下发全省各地农村贯彻执行。

"省委六条"下发后,得到各地农民的广泛欢迎。允许种自留地,允许家庭饲养等规定,反映了农民多年来的愿望。派往各地了解情况的记者看到的是干部宣讲文件、农民谈论文件的火热场面。农民高兴的是养鸡、养

① 陈怀仁、夏玉润:《起源——凤阳大包干实录》,黄山书社,1998年,第5-8页。
② 周曰礼:《农村改革理论与实践》,中共党史出版社,1998年,第5页。

鸭、养鹅不受限制了;生产队干部高兴的是"省委六条"尊重生产队的自主权,生产队在保证完成上交任务的前提下,有权因地制宜,任何人不得干涉。瞎指挥行不通了,今后再也不会出现毁了花生种稻子、拔了瓜苗种玉米之类的伤心事了。①

安徽"省委六条"是冲破十几年农村"左"倾政策的第一炮,这在当时是要冒很大风险的。就在安徽"省委六条"下发的同时,中共中央召开了普及大寨县工作座谈会,座谈会的主题之一是基本核算单位向大队过渡的所有制体制的变动。中央在农村问题上的发展思路是"左"倾的。安徽的"省委六条"规定与当时的中央政策是背道而驰的。据万里回忆:安徽"省委六条"是在全国学大寨、搞穷过渡的风浪中制定下发的。那年(1977)冬天,差不多与安徽"省委六条"发布的同一时间,中共中央发了个49号文件,提出今冬明春要把10%的生产队过渡到大队核算。而安徽"省委六条"突出的却是:加强经营管理,建立生产责任制,可以组织作业组,可以责任到人;允许和鼓励社员经营自留地和家庭副业;尊重生产队的自主权等。这些都是与"学大寨"和中央49号文件精神不一致的。特别是生产队的自主权,是当时农村工作中存在的一个大问题。强调尊重生产队自主权,就是反对瞎指挥……人民公社实际上是把农民当做"奴隶"了,使他们失去了生产自主权、产品支配权,极大地压抑了农民的积极性……农民没有积极性就没有一切。"一大二公"、"穷过渡"、"大概分"这一套,不仅不能调动农民生产积极性,恰恰是打击、压抑了农民积极性。要充分调动农民的积极性,就必须在经济上使他们得到实惠,在政治上切实保证他们的民主权利,所以要特别强调尊重生产队的自主权。②

然而,时代毕竟不同了。安徽"省委六条"虽然也引起了一些人的不满,但并没有被扼杀,有反对,也有支持,还受到中央新闻媒体的重视,受到第三次复出政坛的邓小平的肯定,得到四川省的积极响应。

1978年1月5日,《人民日报》头版头条发表了题为《安徽大步赶上来

---

① 张广友:《改革风云中的万里》,人民出版社,1995年,第153-154页。
② 万里:《农村改革是怎么搞起来的》,周曰礼:《农村改革理论与实践》,中共党史出版社,1998年,第9-10页。

了》的长篇报道。报道了安徽在揭发"四人帮"斗争初期的捂盖子和万里主政安徽后的清理整顿,以及安徽省委制定的"省委六条"。报道说,在安徽省委揭发"四人帮"的过程中:"发现最严重的问题是人民公社的经营管理和农村经济政策被他们搞乱了,破坏了。要拨乱反正,发展农业生产,就必须首先狠抓经营管理和农村经济政策的落实。""制定出关于当前农村经济政策的《六条规定》草案。""最后形成省委文件下达全省贯彻执行,深受广大基层干部和社员群众的欢迎。"①

2月3日,《人民日报》第一版发表了题为《一份省委文件的诞生》的报道,还加了一个400多字的编者按。文章报道了安徽广大农村对"省委六条"的热烈支持和拥护,以及"省委六条"产生的过程。文章说:"《规定》(即六条),这不是一个普通的文件,它是安徽省委把党的十一大路线精神同安徽实际情况紧密结合起来,是省委同广大干部、社员心连心的生动体现,是省委带动各级党组织恢复和发扬毛主席一贯倡导的实事求是、群众路线的优良作风的产物,它是全省广大农村干部和群众深入揭批'四人帮'斗争的丰硕成果。"②

"省委六条"一经和广大社员见面,立即引起了强烈的反响,人们奔走相告,人心沸腾。宣讲党的政策、学习政策、落实政策,已成为安徽广大农村的舆论中心。政策来自群众,依靠政策发动群众,依靠群众落实政策,广大干部、社员的主动精神激发起来了。不论是在平整土地、改造河田的工地上,还是在积肥送粪、精心管理越冬作物的田野里,社员出勤之踊跃,劳动工效之高,人们情绪之饱满,都是前几年所没有的。

2月16日,《人民日报》头版头条,刊登了安徽"省委六条"关于生产队自主权在滁县地区定远县的落实情况的报道——《生产队有了自主权农业必增产——安徽省定远县改变农业生产落后状况的调查》。《人民日报》还为报道加了编者按。编者按说,自然条件较差、生产落后的安徽定远县,认真落实党在农村的各项政策,尊重生产队的生产自主权,进一步调动了广大基层干部和社员群众的社会主义积极性,大灾之年全面丰收。同时,

---

① 《安徽大步赶上来了》,《人民日报》,1978年1月16日。
② 《一份省委文件的诞生》,《人民日报》,1978年2月3日。

《人民日报》配发了题为《尊重生产队的自主权》的评论员文章。评论员文章说:"尊重生产队的自主权,实质上是尊重实际、尊重群众的问题。""强调尊重生产队的自主权,绝不是不要国家计划,而是要使计划更加符合实际,绝不是放松或削弱党的领导,而是要真正加强党的领导。""尊重生产队的自主权,是党在农村的一项重要政策,搞得好,就能激励广大基层干部和社员群众大干社会主义的主动精神。"①

这些报道和评论给安徽农村政策的调整以极大的支持和鼓励。同时,刚恢复工作不久的中共中央副主席邓小平对安徽"省委六条"给予了热情的肯定,并在出访路经四川时向四川省委作了推荐。不久,四川省省委派人到安徽了解情况,顶着"左"的压力,仿效安徽颁布了恢复和发展农村经济的"十二条"。"从此,安徽、四川两省点燃了中国农村改革的火把。"②

四川在历史上是富裕之地,但是,经过"文革"的破坏,1975年前后已经变成了"饥饿之地"了。1976年,四川的粮食由调出变为调入,全省粮食总产量为508亿斤,平均亩产325斤;农民人均年收入为53.6元,低于63.4元的全国平均水平;农民人均口粮369斤,比全国农民人均年口粮低40斤。许多地区,农村濒于破产,一个农村姑娘,只值几十元钱或一二百斤粮票。③

四川省省委在广泛调查研究的基础上,在派记者到安徽取经之后,于1978年2月制定了《关于目前农村经济政策几个主要问题的规定》。因《规定》的主要内容有十二条,简称为"十二条"。"十二条"的主要内容是:加强劳动管理;严格财务管理制度;搞好生产计划管理;兼顾国家、集体和个人的利益,坚决保证社员分配兑现;减轻生产队和社员的负担;以粮为纲,开展多种经营;奖励发展耕牛;大力发展养猪事业;大搞农田基本建设;积极兴办社队企业;积极而又慎重地对待基本核算单位由生产队向大队过渡的问题;在保证集体经济占绝对优势的条件下,允许和鼓励社员经营少

---

① 《尊重生产队的自主权》,《人民日报》,1978年2月16日。

② 聂皖辉:《邓小平与安徽农村改革》,《党史纵览》,2007年第2期。另据新华社记者张广友记载:受四川省省委委托,新华社四川分社采编主任刘宗棠到合肥来学习万里抓农村改革的经验。(张广友:《改革风云中的万里》,人民出版社,1995年,第156页。)

③ 丁龙嘉:《改革从这里起步》,安徽人民出版社,1998年,第13页。

量的自留地和正当的家庭副业。① 为了减少压力,"十二条"对于具体的分配原则也提出了"大寨式评工记分办法,应当积极创造条件,逐步推广;多数地方实行的'定额到组,评工到人'的办法,简便易行,应当认真搞好;少数地方实行的'底分活评'办法,要在'活评'上下工夫"。②

四川"十二条"一公布,就受到农民的热烈欢迎。各地劳动工效提高了30%～50%,有的成倍提高,1978年的春耕生产一派繁忙景象。1978年,四川在发生严重干旱的情况下,农业获得了全面丰收。粮食产量比上年增加了20多亿斤;棉、油、糖主要经济作物都比上年增产;养蚕、茶叶、水果等的产量和生猪圈存数都创历史最高水平。③

安徽、四川破除"左"倾冰冻的举动还得到其他省份的响应。

1977年12月,中共甘肃省委制定了《关于目前农村工作若干问题的意见》,开始清理整顿农村政策中的按劳分配、定额管理、副业生产、牲畜繁殖奖励和尊重生产队自主权等。

1978年初,中共辽宁省委制定了落实党的农村各项政策的"十六条"规定,对所有制、贯彻按劳分配原则、加强劳动管理、减轻社员负担、坚持勤俭办社、发展多种经营,以及在分配上正确处理国家、集体、个人三者关系等问题作了明确规定。

1978年初,中共广东省委制定了《关于减轻生产队负担,加强农业第一线的意见》。《意见》强调了必须尊重生产队的自主权,坚决反对"一平二调",被老百姓称为"爱民政策"。

5月,中共江西省委制定了《关于目前农村政策若干问题的规定》。

1978年秋后,安徽实行"借地度荒"、"包产到组"和"联产计酬",使农村改革更进一步。

1978年夏秋之交,安徽发生了百年不遇的特大干旱,全省受灾农田达6 000多万亩,400多万人口地区的人畜用水困难。不少地方秋季无收,无法秋种。为了战胜严重旱灾,保证第二年的夏收,9月1日,省委召开了紧急会

---

① 丁龙嘉:《改革从这里起步》,安徽人民出版社,1998年,第16页。
② 同①,第16-17页。
③ 陈大斌:《中国农村改革纪事》,四川人民出版社,2008年,第67-68页。

议。会上,万里说:"必须尽一切力量,千方百计地搞好秋种,争取明年夏季有个好收成。""我们不能眼看着农村大片土地撂荒,那样明年的生活会更困难。与其抛荒,倒不如让农民个人耕种,充分发挥各自潜力,尽量多种'保命麦'度过灾荒。"① 9 月 8 日,省委常委会召开,研究抗灾、生产自救问题。会议决定允许农民"借地度荒":"一是在完成计划之后,凡是积极创造条件扩种小麦的,其扩种面积明年收购时不计征购,由生产队自己支配。二是要放手发动群众,充分利用'四旁',一切可以利用的空闲地、开荒地多种蔬菜、蚕豆,也可以种粮食,水库周围可以撒播油菜,谁种谁收谁有,集体无法种的,也可以划出一定数量的耕地借给社员种。老母猪也要划出一点菜地,猪要保住,特别是母猪要保住,猪是一个肥源,也是群众收入的重要来源。"②

"借地度荒"的政策一出台,就遭到一些人的反对。有人说这是不相信集体经济的优越性,用这种方法调动起来的农民积极性不是社会主义的积极性,耕地借给社员个人耕种,名为"借地度荒",实际是分田单干,这是方向道路问题。

面对种种责难,万里以实事求是的态度,用平实的语言解释说:他讲的是"集体无法耕种的土地",如果集体有办法耕种,那就不存在这个问题了。总的原则是,不管是集体还是个人,只要是把可以种麦、种菜的土地都种上就行,种上了就能有收获,总比撂荒好。不管集体还是个体生产的粮食,吃了都解饿,都可以度荒。

"借地度荒"措施受到农民的热烈欢迎,充分调动了农民的生产积极性,很快秋种任务完成了,"四边"地也种上了油菜、蚕豆和小麦。据后来的统计,全省秋种面积增加了 1 000 多万亩,第二年夏收获得了大丰收,扭转了安徽的形势。③

在安徽省委允许"借地度荒"的同时,滁县地区的一些地方出现了"包产到组"、联产计酬、责任制到人的做法。1978 年 9 月 2 日,中共滁县地委召开了全区四级干部会议,主要研究秋种和 1978 年冬 1979 年春农田基本

① 张广友:《改革风云中的万里》,人民出版社,1995 年,第 163 页。
② 柏晶伟:《为农业大包干报户口的人——王郁昭》,中国发展出版社,2007 年,第 157 页。
③ 同①,第 163-164 页。

建设、搞好生产自救、战胜灾害问题。在讨论中,有的公社干部提出一个尖锐的问题:"我们的农业长期搞不上去,原因究竟在哪里? 一个公社搞不上去,两个公社搞不上去,为什么全区 242 个公社都搞不上去? 难道我们这些公社书记都是笨蛋吗? 难道只有外国人聪明、全国只有大寨的人聪明吗?"他们强烈要求"地委解放思想,放手让下面干,干上去了不求表扬,干不上去自动下台"。会上,来安县、天长县的公社书记介绍了他们秘密实行包产到组、干部岗位责任制的情况。

来安县烟陈公社杨渡大队魏郢生产队,是一个比较小的生产队,全队 21 户、101 口人,男女整半劳力 41 人。1978 年春,为了克服生产上的"大呼隆",他们制定了"分组作业,定产到组,以产计工,统一分配"的办法,即"包产到组,联产计酬"。全队分为两个作业组,实行劳动力、土地、产量、工分、奖惩、领导等"六定"到组,计划与茬口,经济核算与效益分配等几个方面的"统一"。1978 年在遭受特大旱灾的情况下,粮食总产量由上年的 8.8 万斤增加到 12 万多斤,油料总产量达到 8.4 万多斤,人均收入比上年增长了 30%。

天长县新街公社,是个产棉区,全公社 171 个大队,队队种棉花,但棉花产量一直很低,平均亩产只有三四十斤,社员普遍不愿意种,1977 年平均亩产下降到 29 斤。1978 年春,公社对各生产队的棉花专业队,实行"六定、一奖、三统一"产量责任制。"六定"即定人员、定任务、定产量、定报酬、定费用、定技措管理;"一奖"即奖达到每亩所规定产量的,超产奖励,减产酌情扣工分;"三统一"即统一计划种植,统一技术管理要求,统一使用耕牛、农具和水肥。对棉花生产实行联产计酬责任到劳的产量责任制(实际是单项作物包产到户)。1978 年大旱情况下,全公社棉花亩产量增加到 60 多斤,也是棉花亩产量的历史最高纪录。①

来安县广大公社,把全年的粮、油、棉和猪、禽、蛋等生产指标分解成 100 分,对基层干部实行岗位责任制,年终时按实绩实行奖赔。结果,大旱之年,全面增产。②

① 张广友:《改革风云中的万里》,人民出版社,1995 年,第 165-167 页。
② 柏晶伟:《为农业大包干报户口的人——王郁昭》,中国发展出版社,2007 年,第 159 页。

滁县地区一些公社的做法,是违背当时中央农业政策的,也突破了安徽"省委六条"的规定。地委书记王郁昭听了公社书记们"秘密"的做法,未置可否。其实他心里既兴奋又不安,兴奋的是"秘密"做法产生了良好效果,不安的是这不合中央和省委的规定。

会后,王郁昭到合肥向万里作了详细的汇报。万里对此很感兴趣,要求写出三个典型的详细调查报告。不久,三份内容翔实的长篇调查报告上报省委。万里看了三份调查报告,指示滁县地委可以在全区各县进行试点。10月11日,万里在省委常委会上作了题为《联系产量的责任制可以大胆试行》的发言。万里在发言中说:"对农村经济政策要调查研究,排除一切阻力,大胆地实事求是地去干,不能抓辫子。""省委没有决定的,只要符合客观情况的就去办,将来省委追认,不要都等我这个第一把手来决定。""滁县地区关于联系产量责任制的三个材料,可以大胆试行。""根据作物情况,可以包产到人、到组,联产计酬,也可以奖励到人、到组。所有制不变,出不了什么资本主义,没有什么可怕的。"①

10月20日,滁县地委将三个调查报告印发全区,要求各县先在一个大队或公社进行试点,待取得经验后逐步推广。为了使各县正确理解报告的精神实质,王郁昭起草了一个《通知》下发各县。

《通知》认为,三个典型地方进行"秘密试验"的干部,"善于从实际出发,针对存在的问题,提出解决问题的办法,敢于实践,大胆尝试,这样做很好"。这些地方的做法,都是属于把社员的劳动计酬(工分)同产量密切结合起来,建立联系产量的生产责任制,这是实行定额管理,具体贯彻物质利益原则和按劳分配的一种形式。这种形式可以充分调动他们(社员)参加集体生产劳动的积极性,劳动效率大大提高。为了消除单干或变相单干的嫌疑,《通知》以马列主义理论来分析联系产量的生产责任制不是单干或变相单干。《通知》对试点的具体做法给予了指导性的意见:目前,在社会主义农业的经营管理上,经验还是不完备的,只要不损害社会主义集体所有制,应当允许试验。只要能体现"按劳分配"这个原则,按劳动的数量和

---

① 万里:《万里文选》,人民出版社,1995年,第108—109页。

质量付给报酬,形式可以多种多样。应当尊重基本核算单位在生产、分配、交换等方面的自主权,从实际出发,因地制宜,不要强求一律,不搞"一刀切"。

《通知》下发后,受到广大社员的欢迎,各公社、大队纷纷要求扩大试点范围,争当试点单位,有的社队自发搞起了包产到组。到 1979 年 3 月,滁县地区包产到组的生产队达 68.3%。①

1978 年 11 月底,万里听取了王郁昭关于滁县地区试点的汇报。王郁昭向万里谈了农民要求包产到户的强烈要求。万里和王郁昭一致认为,包产到户是发展趋势。其实当时,嘉山、凤阳、肥西等县许多农民群众自发地搞起了包产到户,而且增产明显。

安徽省"包产到户"的公开试验和暗流涌动使农村改革取得了实质性进展。

省委"借地度荒"的措施在肥西县山南区山南公社引发了省委公开包产到户的试点试验。

1978 年夏秋间的干旱,省委在眼看麦子无法种上、土地要抛荒的情况下,不得已于 9 月初制定了"借地度荒"的应急措施。9 月 15 日②,肥西县山南区委书记汤茂林在自己蹲点的柿树公社黄花大队召开全体党员大会,传达省委"借地度荒"的指示,研究抗旱救灾的办法。会上有人提出借地虽然是个好办法,但是数量少(每人不超过 3 分地),还要收回,不一定能调动起社员的积极性,要想干好,只有干责任田。有人说责任田已被批过多少回了,就是这样干也不能这样叫法。汤茂林说:土地在我们共产党手里,不能眼睁睁地看着这边撂荒闲置,那边饿坏人,想办法多打粮总不是坏事。他主张对内可以实行包产到户,对外不能这样叫,叫个责任制名称。经过讨论,决定叫"四定一奖":定任务(每人承包 1 亩地小麦、半亩地油菜)、定上缴(麦子每亩上缴 200 斤,油菜子每亩上缴 100 斤)、定工分(每亩耕地记

---

① 柏晶伟:《为农业大包干报户口的人——王郁昭》,中国发展出版社,2007 年,第 176-179 页。

② 另一说法是 10 月 15 日,见《万里论农村改革与发展》,中国民主法制出版社,1996 年,第 44 页。

200 个工分)、定成本(每亩地生产成本 5 元);奖超产粮油,全奖全赔。① 16 日,各生产队干部会议召开,传达了大队党员大会的意见,大家纷纷表示赞成。17 日,群众大会召开,群众更是热烈称赞。当天下午,各生产队就行动起来了,第二天全大队共有 997 亩小麦和 49 亩油菜的种植任务落实到户。"四定一奖"的办法调动了社员的生产积极性,推广全区,外区也竞相仿效。到 11 月,以山南区为主,肥西县已有 726 个生产队实行了这一办法,占全县生产队总数的 11.29%。② 当年底,全区 77% 的生产队实行包产到户。但这一做法被认为是"方向"、"道路"问题,告到了省委,1979 年 2 月省委派农委的同志到山南区的山南公社作调查。③

1979 年 2 月 1 日,安徽省农委副主任周曰礼带领 12 名干部,连同县、区、社的干部共 38 人的工作队,到肥西县山南公社宣讲十一届三中全会通过的关于农村工作方面的两个文件。④ 据周曰礼回忆:在原原本本宣讲中央两个文件的基础上,干部群众展开了热烈讨论。大家对生产责任制问题最感兴趣,普遍要求实行包产到户办法。对包产到户办法不仅群众拥护,党员、干部也拥护,不仅劳力强的拥护,劳力弱的甚至连五保户都拥护。但中央两个文件中明确规定"不许分田单干,不许包产到户"。社员对此非常不满,有的说"早也盼、晚也盼,盼到现在搞了两个不许干";有的说"上面让我们解放思想,我们看中央的思想也没有真正解放。一边强调生产队自主权,一边又强调'两个不许'";还有的说"这次是省、县、区、社直接给我们宣讲中央文件,我们要求包产到户,如果这一炮打不响,就没有希望了。这不光是生产搞不上去,我们也不能真正当家做主,心里感到憋气"。大家纷纷要求中央修改两个文件时把"两个不许"去掉。

2 月 4 日,周曰礼回合肥向万里作了汇报。2 月 6 日,万里召开省委常委会议专门讨论山南公社"包产到户"问题。周曰礼首先汇报了在山南公

① 中共肥西县委党史研究室:《中国农村改革发端——安徽肥西山南小井庄》(内部资料),第 20 页。
② 中共安徽省委党史研究室:《安徽农村改革》,中共党史出版社,2006 年,第 125-126 页。
③ 《万里论农村改革与发展》,中国民主法制出版社,1996 年,第 44 页。
④ 即《农村人民公社工作条例(试行草案)》和《中共中央关于加快农业发展若干问题的决定(草案)》。

社宣讲中央文件时群众的反应和意见。常委们认为"包产到户"是个好办法,但中央文件明确规定"不许包产到户",如果要实行这种办法,要先向中央请示。省委分管农业的书记王光宇主张有领导有步骤地推行,至少在生产落后、经济困难的地方可以实行这种办法。①

万里在2月6日下午的会上发表了支持山南公社"包产到户"试验的讲话。万里在讲话中说:"包产到户问题,过去批了十几年,许多干部批怕了,一讲到包产到户,就心有余悸,谈'包'色变。但是,过去批判过的东西,有的可能是批对了,有的也可能本来是正确的东西,却被当做错误的东西来批判。必须在实践中加以检验。我主张应当让山南公社进行包产到户的试验。在小范围试验一下,利大于弊。"②

省委允许肥西县山南公社的包产到户试验,但由于中央文件不允许,万里在讲话中强调,安徽要对此采取低调的态度,即"暂不宣传、不登报、不推广,秋后总结了再说"。对试验的结果,万里也作了两手准备,尤其是对失败的结果,作了充分的准备:"如果试验成功,当然最好;如果试验失败了,也没有什么了不起;如果滑到资本主义道路上去,也不可怕,我们有办法把他们拉回来。即使收不到粮食,省委负责调粮食给他们吃。"③

万里的意见得到省委常委的一致赞同。

当天晚上,周曰礼又连夜赶回山南公社,第二天向社队干部传达了省委试点的意见。干部群众得知省委在山南公社进行包产到户的试点后,个个欢欣鼓舞。省委允许山南公社搞包产到户试验的消息很快传遍山南区,全区共6个公社,在四五天时间内普遍推行了包产到户。这远远超出了省委允许试验的范围。周曰礼向万里作了汇报,万里说,不要怕,让他们搞,山南区收不到粮食,省委调粮食给山南区。但情况的发展又不只限在山南区,包产到户很快席卷了肥西县,在不到一个月的时间里,全县搞包产到户的生产队占生产队总数的40%。周曰礼又将肥西县搞包产到户的情况汇

① 周曰礼:《农村改革理论与实践》,中共党史出版社,1998年,第9—10页。

② 万里:《应当让山南进行包产到户的试验》(1979年2月6日),《万里论农村改革与发展》,中国民主法制出版社,1996年,第43页。

③ 同②。

报给了万里,同样得到了万里的支持。万里说,可以让他们搞,肥西收不到粮食,省委调粮食给肥西县。[①]

省委的支持使肥西县的包产到户迅速发展,到 1979 年秋种时,已有93% 的生产队实行了包产到户。

肥西县的包产到户对安徽全省产生了巨大的影响。除省委有组织地在肥西县山南区的包产到户的公开试验外,还有宣城、芜湖、东至、无为、肥东、长丰、颍上、固镇、来安、全椒、嘉山、阜南、六安 13 个县都出现了包产到户。[②] 他们自发地、偷偷地、瞒上不瞒下地搞包产到户和包干到户,形成一股势力强劲的暗流。其中,滁县地区凤阳县梨园公社小岗生产队首创的大包干到户为典型代表,简称"大包干",这成为后来中国农村实行家庭承包联产责任制的发端。

第三节 安徽凤阳小岗村的大包干到户

安徽滁县地区凤阳县小岗村的大包干到户,源于马湖公社首创的联产计酬生产责任制。据时任凤阳县委书记的陈庭元回忆,具体情况如下:[③]

马湖公社地处凤阳县西南边界,生产落后。1978 年 3 月,马湖公社书记詹绍周和路西大队前倪庄生产队干部开会,会议决定该队实行"分组作业,定产到组,以产记工,超产奖励,减产赔偿,费用包干,节约归组"的农业生产责任制。4 月下旬,凤阳县委书记陈庭元召开区、社书记会议,研究农业生产。28 日,马湖公社书记詹绍周介绍了前倪生产队实行"联产计酬"生产责任制情况。他说,实行"联产计酬"后,出勤出力,避免了"大呼隆",农活的数量、质量都有所提高。因为"联产计酬"责任制的核心是"以产记工",不仅

---

① 周曰礼:《农村改革理论与实践》,中共党史出版社,1998 年,第 11-12 页。

② 同①,第 12 页。

③ 陈庭元:《凤阳大包干》,中共安徽省委党史研究室:《安徽农村改革》,中共党史出版社,2008 年,第 365-384 页。

违背中央政策,也与"省委六条"不符,凤阳县委对此采取"不宣传、不制止、不推广"的方式予以支持。随后,马湖公社有一半以上的生产队搞起了"联产计酬",公社书记有些担心,县委书记陈庭元关键时候给予支持。结果在1978年大旱之年全公社没有减产。1978年7月19日,万里来凤阳检查工作,了解到马湖公社的"联产计酬"生产责任制,给予了肯定和支持。

1978年12月18日至22日,中共十一届三中全会在北京召开。这是中国当代史上一次极其重要的会议。1981年十一届六中全会通过的《关于建国以来党的若干历史问题的决议》中对十一届三中全会给予了极高的评价:"(十一届三中全会)是建国以来我党历史上具有深远意义的伟大转折。全会结束了一九七六年十月以来党的工作在徘徊中前进的局面,开始全面地认真地纠正'文化大革命'中及其以前的'左'倾错误。""确定了解放思想、开动脑筋、实事求是、团结一致向前看的指导方针。""制订了关于加快农业发展的决定。"① 关于农村问题,十一届三中全会通过了《中共中央关于加快农业发展若干问题的决定(草案)》和《农村人民公社工作条例(试行草案)》,两个草案中都有"包工到作业组,联系产量计算报酬,实行超产奖励"的规定,这就使"联产计酬"生产责任制取得了合法的地位。1979年1月,中共中央将三中全会通过的两个草案下发、宣传、学习、试行。

1978年底,安徽省委召开全省县委书记会议,传达中共十一届三中全会精神,解放思想,实事求是,对凤阳的农村改革是个巨大的支持和推动。

中共十一届三中全会和全省县委书记会议的召开,使凤阳县的"联产计酬"生产责任制得以公开、合法地在全县推广。在推广过程中,群众反映有些繁琐,还是"大包干"好(作业组保证完成国家粮、油、棉等征购任务和生产队的公共提留,其余收入由作业组自行分配),即"大包干到组"。这样,就涉及"三级所有,队为基础"的基本核算单位的问题。县委不敢表态,汇报给了地委和省委,得到省委第一书记万里的支持。1979年初,万里来到凤阳听取陈庭元的汇报,当陈庭元在汇报中提到群众说"大包干,最简单,干部群众都喜欢;只要能干三五年,收的粮食堆成山"时,万里说:"实行哪种办法能调动

---

① 《关于建国以来党的若干历史问题的决议》(注释本),人民出版社,1983年,第41—42页。

群众积极性都可以。凡是能增产,对国家贡献多,集体经济壮大,群众收入增加,生活得到改善,就是好办法。你们说群众愿意干3年就富裕了,你们就让他搞3年……其实,单干也没有什么了不起。南斯拉夫有单干,还不是承认它是社会主义国家……只要增产了,什么都好办了。"

"有人不敢承认包产到组是四级核算。我认为包产到组实际上是四级核算。四级核算有什么了不起?增产了,五级核算也行。加上每家核算不是五级核算么?"

当陈庭元汇报"大包干""干部怕错,群众怕变"时,万里说:"错了我负责。群众怕是怕政策不稳,过去自留地就变过几次嘛。"①

1979年2月14日至20日,凤阳县召开四级干部会议,传达凤阳全县3 357个生产队中就有2 473个生产队实行了"分组作业,定产到组,以产记工,超产奖励"的"大包干到组"的生产责任制。当地群众这样形容"大包干":"大包干,大包干,直来直去不拐弯,保证国家的,留足集体的,其余都是作业组的。"

凤阳的"大包干到组"是群众拥护的,县委积极提倡的,省、地委支持肯定的,中央文件允许联系产量的责任制。

"大包干到组"实实在在给农民带来了好处,县委总结出4点。

(1)简便易行,适合当前农民的觉悟程度和基层干部的管理水平。全县过去在劳动管理上,很多地方搞死分死记的"大概工"。"出工一窝蜂,干活大呼隆,伸头算一份,都记标准工"的平均主义现象较普遍,严重挫伤了群众的生产积极性。为了改变劳动计酬上的平均主义倾向,各地曾花了很大力量,搞底分活评,结果效果不好,越评矛盾越多。前两年又搞定额记工,虽然比过去好了一些,但农活质量难以检查,往往出现"只争千分,不想千斤"的倾向。为了解决这些矛盾,有些地方又实行了"分组作业,包产到组,以产记工,统一分配,超奖减赔"的办法。实行这种办法要定产、定工、定费用、定奖赔,加之农业生产受气候影响很多,作物品种又多,"四定"复

---

① 《万里同志到定远、藕塘、凤阳检查工作时的谈话(记录稿)》(1979年1月5日),王耕今,等:《乡村三十年:凤阳农村社会经济发展实录(1949—1983年)》(下册),农村读物出版社,1989年,第390页。

杂,生产队统一分配账难算。多数农村基层干部管理水平跟不上,管不好。实行"大包干"办法,只要求作业组包完成生产计划,包交售征超购任务,包上交公共积累和各项提留,其余产品由作业组里社员的劳动工分进行分配,生产队不要搞"四定",简化了繁琐程序。作业组内部,账目简单好算,一般都能搞好,广大干部群众普遍反映:"大包干,大包干,直来直去不拐弯;既省事,又简单,干部满意,群众喜欢。"

从基本劳动单位看,实行"大包干"也适应当前干部管理水平。一个作业组的范围内,生产好安排指挥,社员之间也能够互相监督。劳动工效成倍提高,农活质量也得到了保证。凡是实行"大包干"的地方,生产都安排得有条有理、有紧有松、有劳有逸,社员心情舒畅,没有压力。

(2)"大包干"能够把社员个人利益和集体利益更加直接地紧密地联系起来。凡是实行"大包干"的地方,都出现了"三多一少"的景象。"三多":一是关心生产的人多了;二是参加集体生产的人多了,长期外流的人也回来了;三是干活出力的人多了,由过去的农活干不完,变成农活不够干。"一少"是非生产性开支减少了。过去吃喝招待是集体的,现在吃喝是自己的。

(3)"大包干"调整人与人之间的关系,团结一致搞生产。多年来由于政治运动不断,破坏了人与人之间的正常关系,加上农村历史遗留的宗族矛盾,搞得人与人之间关系紧张,互不信任。实行"大包干"划分作业组,注意调整了人与人之间的关系,缓和了矛盾。

(4)"大包干"保证了生产自主权,能够做到因地制宜安排生产。

总之,"大包干"使生产队的自主权和社员的民主权利得到了保障,农民能够因时因地制宜地安排生产,提高产量,改善生活。①

据县委对三个生产队的调查,"大包干"到组的效果显著。县委调查了城南公社岗集大队的东庄、台陈、苏庄三个生产队。城南公社是凤阳县较好的公社,岗集大队在城南公社,生产条件和生产水平都处于中上等。东庄、台陈、苏庄三个生产队,分别代表这个大队好、中、差三种类型。东庄队

---

① 中共凤阳县委:《关于在农村实行"大包干"生产责任制的总结报告》(1979 年 12 月 18 日),王耕今、等:《乡村三十年:凤阳农村社会经济发展实录(1949—1983 年)》(下册),农村读物出版社,1989 年,第 394—395 页。

是这个大队最好的生产队之一,从 1973 年以后,生产年年有发展。1979 年实行"大包干",东庄队粮食比上年增产了两成以上。台陈队属于中等偏下的生产队,多年来生产发展不快,而且不稳定。实行"大包干"后,粮食比上年增产近 6 成,比最好的 1977 年增产两成,比 1976 年增产 7.5 成。苏庄是这个大队的"老大难"。生产长期上不去,1979 年实行了"大包干",粮食比上年增产 5 成,比最好的 1977 年增产 1.8 成,比 1976 年增产 4.4 成。由于生产发展,社员集体分配收入、对国家的贡献和公共积累都比过去增加了,社员的家庭副业也有很大的发展。通过对这三个不同类型生产队的调查,可以看出"大包干"这种生产责任制,对于条件不同的生产队都有促进生产的实际效果,对于低产落后的地方增产更为明显。①

"大包干到组"之后,生产队还要发挥管理作用,对作业组要做好"十管":(1) 管好生产计划,决定增产措施;(2) 管好土地、耕牛、农机具等主要生产资料和公房等固定资产;(3) 管好物资和贷款的分配使用;(4) 管好公共积累和各项提留;(5) 管好队办副业和集体茶林;(6) 管好水利设施,统一安排用水;(7) 管好劳力调配,组织完成"公差"任务;(8) 管好财务,搞好民主理财;(9) 管好分配,正确处理三者关系;(10) 管好政治思想工作,开展劳动竞赛,处理好矛盾纠纷。②

万里十分重视凤阳的"大包干"。1979 年 6 月 15 日,万里又一次到凤阳调查,听汇报。6 月 25 日,他派农委副主任周曰礼等 3 人,连同滁县地委办公室主任陆子修等 2 人,到凤阳总结经验,整理材料。8 月 8 日,《安徽日报》头版头条刊登了条理化和理论化的凤阳"大包干"经验——《凤阳县在农村实行"大包干"》。③

凤阳"大包干"的最小单位是到组,这是中央允许的底线,也是凤阳县委允许的范围。尽管万里说"单干也没有什么了不起",但直至 1979 年底,

① 中共凤阳县委办公室:《情况反映》(1980 年 2 月 8 日),王耕今、等:《乡村三十年:凤阳农村社会经济发展实录(1949—1983 年)》(下册),农村读物出版社,1989 年,第 395 页。
② 中共凤阳县委:《关于认真搞好联系产量责任制的意见》(1979 年),王耕今、等:《乡村三十年:凤阳农村社会经济发展实录(1949—1983 年)》(下册),农村读物出版社,1989 年,第 396 页。
③ 张广友:《改革风云中的万里》,人民出版社,1995 年,第 194-195 页。

凤阳县委对全县"大包干"的态度仍然是限制在到组的范围:"'大包干'要提倡、不准发叉、不准单干,要继续完善、巩固好。""以队干的不准公开反对'大包干';'大包干'也不准反对生产队干的。""已经单干的要立即合并起来。对不单干的要表扬,对带头闹分组单干的要批评教育。不听的,公社要讨论处理。"①

其实,凤阳县梨园公社小岗生产队早在1978年底已经暗中突破了"大包干到组",首先实行了"大包干到户"。

凤阳县是安徽省落后的县,以逃荒要饭的人口多而著称,因此"凤阳花鼓"也随讨饭的人群而名扬四方。梨园公社是凤阳县最穷的公社,小岗生产队又是这个穷公社中突出的穷队之一。全队20户,不管户大户小,户户外流过;能跑能跳的人,一律要过饭。全队没有一户地主、富农,都是贫下中农,在"亲不亲,阶级分"的年代里,按说应该是阶级斗争最不激烈的地方,但是依然斗争不止。结果是"人心斗散了,土地斗荒了,粮食斗少了,社员斗穷了,集体斗空了"。② 生产队长走马灯似的换,全队17个男劳动力就有15个当过正、副队长,20户人家,户户当过干部。"算盘响,换队长"已成了小岗人的生活常态。但这个村在1956年合作化之前,有34户、175人、30头牲畜、1 100亩耕地,户户单干,正常年景粮食产量在18万~19万斤,好的年成达20多万斤。那时,全村没有一个外流的,在村民朴素的思想观念里,外出讨饭是丢脸的事情。1955年办初级社时,小岗没有办起来,1956年直接进入了高级社。高级社的当年,收成还可以,产粮16.5万斤,卖给国家4万斤。这是以后23年的时间里,小岗唯一一次卖粮给国家,其余的年份都是吃国家的"返销粮"。"三年困难"时期,小岗队60人饿死,6户死绝,76人外流。当时全村满目残垣断壁,蒿草丛生。1962年,"责任田"被强行改正,结果麦子种了2 400斤种子,只收了965斤,每人分了一斤半小麦,其余的留作种子。所以,

① 陈庭元:《在1979年11月23日县委电话会议上的讲话(记录稿)》,王耕今,等:《乡村三十年:凤阳农村社会经济发展实录(1949—1983年)》(下册),农村读物出版社,1989年,第396页。
② 陈庭元:《凤阳大包干》,中共安徽省委党史研究室:《安徽农村改革》,中共党史出版社,2008年,第372页。

小岗就有了"种 20(斤),收 18(斤),不用镰刀用手拔"的顺口溜流传。①

"文革"期间这个只有 20 户的小村子,公社先后派了 38 人次的工作队、宣传队。1974 年,公社下决心要改变小岗的落后面貌。公社书记挂帅,人保组长坐镇指挥,一行 18 人进驻当时只有 19 户的小岗。一个负责人在动员会上说:"今天我们要左手牵着你们的鼻子,右手拿着无产阶级的刀、无产阶级的枪、无产阶级的鞭子,非把你们赶到社会主义的道路上去不可!"18 个人"赶"了一年,结果小岗的粮食产量在原来已经很低的基础上又下降了许多。②

小岗人算过这样的账:1968 年人民公社成立 10 周年时,小岗队的粮食总产量是 1955 年的 12%;1978 年人民公社成立 20 周年时,粮食总产量是1955 年的 20%。③ 这正应了一些地方的农民对"单干"渴求时所说的:"不想前,不想后,只想合作化前土改后。"

1978 年秋,梨园公社实行"联产计酬"的"大包干到组"。只有 20 户、115 人的小岗村,按上级规定,分成两个作业组。两个组还是不行,仍然闹着要求再分,公社同意分成 4 个组。4 个组内部又闹起来,因为组越小,劳动中谁吃亏、谁占便宜,看得更清楚,利益冲突更直接。10 多天后,队里瞒着公社,将全队分成 8 个组,基本上是"父子组"、"兄弟组",即使这样,还是争吵,甚至打骂不断。到了 10 月,又是"算盘响,换队长"的时候,公社任命严俊昌为生产队长,严宏昌为副队长,严立学为会计。新的领导班子召开全体社员会议,18 户社员到会,仍是吵吵闹闹,但在一件事情上意见是一致的——分开单干。"1961 年搞的责任田很管用,要想不吵不闹,只有分开干。""只有单干,我们才能不吵不闹。"队领导班子面对这种除了分开单干,别无他路的情况,只好表态:"既然大家想单干,我们当干部的也不装孬。"会上,18 户社员形成了一致意见——分户单干。至此,小岗人开始了

---

① 王耕今、等:《乡村三十年:凤阳农村社会经济发展实录(1949—1983 年)》(下册),农村读物出版社,1989 年,第 399-400 页。

② 同①,第 401 页。

③ 陈庭元:《凤阳大包干》,中共安徽省委党史研究室:《安徽农村改革》,中共党史出版社,2008 年,第 373 页。

包干到户。

小岗生产队将"大包干到组"偷偷搞成了"大包干到户"。虽然做的极秘密，但没有不透风的墙，情况还是反映到了梨园公社书记张明楼那儿。张明楼多次找队长严俊昌问话，严俊昌就是不承认，但公社声明，如果不并起来，就拒绝将春耕生产的种子、化肥等生产资料以及贷款给小岗。严俊昌只好向张明楼讲了实话。张明楼很同情他们，但是国家政策不允许，他也没有办法，也承担不了这么大的责任，只能向县里汇报。①

县委书记陈庭元回忆说："对于小岗的情况，我是1979年4月10日知道的。那天下午，我到梨园公社检查工作，在即将离开时，公社张明楼书记说：'我们公社有个队出了问题。'我问：'哪个队？什么问题？'他说：'是小岗生产队，他们早就把土地分到户干了，我们公社最近才发现。'我问：'怎么分的？'他说：'他们把土地、农具、耕牛和上交国家、集体的任务全部分到户，讲穿了，就是单干。'我说：'你们公社过问了没有？'他说：'我们也是刚刚知道，正在做思想工作叫他们并起来。'"陈庭元没有当场表态，而是到小岗实地查看。一看社员劳动的场面，陈庭元就什么都明白了。

4月15日，陈庭元与张明楼再次来到小岗。陈庭元向副队长严宏昌询问情况："为什么要分到户？""陈书记，我们队在一起干了30年，生产从未搞好过，最差的一年午季，每人只吃一斤半小麦，一般的年成只吃一二百斤粮食，年年吃回销，年年外流。社员都说，如今上面的政策有点松了，我们分到户干，想找点门路，多收点粮食，也减少国家的麻烦。""花生是分到户种的吗？""是的，只要不受灾，今年花生产量能抵过去的5年。"在调查中，陈庭元与张明楼商量说："就叫他们干一年试试看呢！""他们已经穷'灰'掉了，还能搞什么资本主义，最多也莫过于多收点粮食，解决吃饭问题。""他们已经分开了，春季庄稼都是各家各户自己种的，并起来也不好打工分，就让他们干着看看，上面不叫干再说，反正种的庄稼跑不到哪里去。"最后，县委书记和公社书记两级政府的最高长官达成一致意见，对小

① 严俊昌、严宏昌、严立学，等口述：《凤阳县小岗村包干到户的一些情况》，中共安徽省委党史研究室：《安徽农村改革》，中共党史出版社，2008年，第490—491页。

岗的包干到户,仍然采用当初支持马湖的方式"不宣传、不制止、不推广",实际上保护和支持了小岗。①

滁县地委、安徽省委很快得知了小岗生产队包干到户的情况。

地委书记王郁昭没有阻止,说就让他们干上三几年再说。

1979 年 6 月,万里听说了小岗包干到户后,来到凤阳,陈庭元向万里汇报了全县"大包干到组"的情况,说唯独小岗生产队,暗地里搞了"包干到户"。万里问,包到户怎么样呢?陈庭元说到户当然好了,(粮食产量)3万多斤一下搞到 12 万斤。万里说,那就让它干嘛,不就一个生产队吗?翻不了天,就让它干去。②

小岗的包干到户取得了大丰收。1979 年,粮食产量达到 13.237 万斤,相当于 1966 年至 1970 年 5 年的总和。油料超过原来 20 多年的总和。从1957 年起 23 年来第一次向国家交售粮食 24 900 多斤,超过任务 7 倍多,油料完成 29 433 斤,超过任务 80 多倍,社员收入比上年增长了 6 倍。③

包干到户使小岗人获得了 30 多年来从未有过的丰收,引起了周围生产队的羡慕,这些生产队也纷纷要求也实行包干到户。"同是一个政府领导,小岗能干,为什么不叫我们干呢?"学习小岗,一夜之间把田划开了,把牛分好了,鸡叫头遍就下地种麦了。1979 年秋种时,凤阳全县有 1/3 的生产队在暗暗地学小岗,许多包干到组的生产队,在向包干到户"滑"。这样大规模的包干到户,公社领导害怕了。鉴于包干到户的根源在小岗,公社领导给小岗施加压力,让他们回到包干到组,但遭到小岗农民的坚决反对。公社强制他们并拢,他们找到县里,说是县委领导允许的。但县委领导面对压力也有所动摇。1979 年 12 月 27 日,县委领导把小岗生产队副队长严宏昌找去,批评了他们的包干到户,而严宏昌反驳说:"我们搞包干到户,是具领导同意的、地委领导批准的,可以打电话给地委书记证实。"县委只好

---

① 陈庭元:《凤阳大包干》,中共安徽省委党史研究室:《安徽农村改革》,中共党史出版社,2008 年,第 373-375 页。

② 陈大斌:《中国农村改革纪事》,四川人民出版社,2008 年,第 196 页。

③ 王郁昭:《包产到户、包干到户的前前后后》,中共安徽省委党史研究室:《安徽农村改革》,中共党史出版社,2008 年,第 336 页。

打电话给地委书记王郁昭。王郁昭明确表示:"小岗生产队搞包干到户是经过县委和地委同意的,压力再大也不能动摇,不能再合并起来。省委马上要召开农村工作会议,到时候,我找你们谈。"①由于地委书记王郁昭的支持,小岗的包干到户又一次渡过了危机。

1979年冬天,安徽滁县、六安、芜湖等地区很多生产队都纷纷自发搞起了包产到户。

然而,包产到户是中央文件所不允许的。

1978年12月,中共十一届三中全会通过的《农村人民公社工作条例(试行草案)》,部分调整了被"文革"破坏的农村经济,如"实行'各尽所能,按劳分配',保证多劳多得,反对平均主义"、"严禁'一平二调'"、"绝不购过头粮"、"允许社员经营少量自留地和家庭副业,允许正当的集市贸易"、"不允许在条件不具备时,匆匆忙忙地搞基本核算单位的过渡;条件具备的过渡,要报省一级领导机关批准"等。② 但是其中也有"不许包产到户,不许分田单干"的规定。③

1979年3月12日至24日,国家农委召开了农村工作问题座谈会,参加会议的有广东、湖南、四川、江苏、安徽、河北、吉林7省农村工作部门和安徽全椒、广东博罗、四川广汉3个县委的负责人。3月29日,国家农委党组报送中共中央《关于农村工作座谈会纪要》(简称《纪要》),4月3日,中共中央同意并将《纪要》批转给各省、市、自治区党委,各大军区、省军区、野战军党委,中央和国家机关各部委党委、党组,军委各总部、各军兵种党委,各人民团体党组。《纪要》批评了一些地方发生的"分队风"和"分田单干"。劳动管理方式上,《纪要》对各地出现的分组作业、小段包工、按定额计酬等给予了肯定,但仍然坚持"两个不许":"不论实行那种办法,除特殊情况经县委批准者外,都不许包产到户,不许划小核算单位,一律不许分田

---

① 张广友:《改革风云中的万里》,人民出版社,1995年,第200页。
② 《农村人民公社工作条例(试行草案)》,黄道霞《建国以来农业合作化史料汇编》,中共党史出版社,1992年,第903页。
③ 同②,第906页。

单干。"①

1979 年 9 月 28 日,中共十一届四中全会通过的《中共中央关于加快农业发展若干问题的决定》(简称《决定》),对于社员的自留地、家庭副业和农村集市贸易,给予了更为宽松的政策,鲜明地表示了它们的社会主义性质:"社员自留地、自留畜、家庭副业和农村集市贸易是社会主义经济的附属和补充,决不允许把它当做资本主义经济来批判和取缔。按劳分配、多劳多得是社会主义的分配原则,决不允许把它当作资本主义原则来反对。"② 对于所有制的规模,即基本核算单位过渡问题,《决定》作了更加严格的规定:"三级所有、队为基础的制度适合于我国目前农业生产力的发展水平,决不允许任意改变,搞所谓'穷过渡'。"③ 这些都是农业政策上摆脱"左"倾错误的重大进步。然而,在生产经营管理上,仍然规定:"包工到作业组,联系产量计算劳动报酬,实行超产奖励。不许分田单干。除某些副业生产的特殊需要和边远山区、交通不便的单家独户,也不要包产到户。"④ 强调"不许分田单干","不要包产到户"。不过,在强调之中,语气有所缓和,《农村人民公社工作条例(试行草案)》中的"不许包产到户"变为《决定》中的"不要包产到户"。尽管有所变化,但总的原则没有变。

但安徽小岗的包干到户不仅得到了县委书记、地委书记的支持,更得到了省委第一书记万里的支持。虽然中央文件规定不要包产到户,但万里、王郁昭、陈庭元等各级领导从安徽实际出发,实事求是,较早突破中央文件的"左"的限制,在安徽给予包产到户以合法的地位。

1980 年 1 月 2 日至 11 日,中共安徽省委召开了农业会议。为了在会议上给包产到户一个合法的身份,王郁昭将 1979 年 12 月中旬凤阳县委派人到小岗调查包产到户情况的报告——《一剂必不可少的补药——凤阳县

---

① 《中共中央批转国家农委党组报送的〈关于农村工作问题座谈会纪要〉的通知》(1979 年 4 月 3 日),黄道霞《建国以来农业合作化史料汇编》,中共党史出版社,1992 年,第 919 页。

② 《中共中央关于加快农业发展若干问题的决定》,黄道霞《建国以来农业合作化史料汇编》,中共党史出版社,1992 年,第 911 页。

③ 同②。

④ 同②,第 912 页。

梨园公社小岗生产队包干到户的调查》交给了万里。万里看后说："写得好,我就像看小说一样,一连看了两遍。"会上,王郁昭作了题为《顺应民心,积极引导》的大会发言。王郁昭说:"1979 年,在安徽广大农村出现了这样一种局面:一方面,人民公社'一大二公'的体制经过 20 年的实践,已被证明存在很多弊端,群众对此深感失望和厌倦,强烈要求进行调整,但在政策上尚无这方面的尚方宝剑;另一方面,在党的十一届三中全会以后一年多时间里,群众在实践中摸索出来的多种联产计酬责任制,尤其是包产到户责任制,深受群众欢迎,也最见成效,但政策上尚属'禁区'。尽管如此,在真理标准问题大讨论的鼓舞下,干部群众的思想越来越解放,农村中各种形式的责任制仍如雨后春笋层出不穷,成为广大农民热烈向往的一种潮流。面对这股滚滚潮流,是固守原来的框框,站在农民群众的对立面,阻止这股潮流,还是顺应民心,积极引导,这是摆在我们面前的一个必须回答的重大课题。"最后,王郁昭提出:"要求给大包干到户报个户口,承认它也是社会主义生产责任制的一种形式。"①

11 日,万里在总结发言中,肯定了包产到户,给一些地方干部对包产到户的疑虑吃了一颗定心丸:

在实行联系产量责任制的过程中,有的地方旱情严重,麦子种不下去,群众自发搞了包产到户,主要是一些长期低产落后、社员生活严重困难的生产队。现在对这种包产到户的做法是不是联系产量责任制的形式之一,同志们的看法有分歧。有些同志承认这种形式对改变长期低产落后的生产队效果显著,但又担心这样做违背中央的决定。其实,这样做正是实事求是地执行中央的决定,和中央决定的基本精神是一致的。领导机关的责任是了解情况,掌握政策,也就是要按照本地的实际情况来落实党的政策。要做到这一点,必须解放思想,坚持实践是检验真理的唯一标准,坚持实践第一的观点,按辩证唯物主义的思想路线办事。

从一年来的实践看,包产到户原则上不同于分田单干。包产到户形式

---

① 王郁昭:《包产到户、包干到户的前前后后》,中共安徽省委党史研究室:《安徽农村改革》,中共党史出版社,2008 年,第 339 页。

上与分田单干相似,而生产资料所有制并没有变,而且坚持了生产队的统一分配。比如土地,固定到户使用,所有权仍然是生产队的,生产队有权根据情况的变化加以调整。有些地方把包产到户叫责任到户,两种叫法都可以。其前提是"三级所有,队为基础",社员户必须完成任务,在生产队必须抓好定产和交产,坚持统一分配。①

万里不仅在全省农业会议上肯定安徽农村出现的包产到户,而且还在会议结束不久的1月24日亲自到最早自发包产到户的小岗视察,滁县地委书记王郁昭、凤阳县委书记陈庭元陪同。万里问村民:"你们小岗现在是怎么干的?""我们是单干的。"万里说:"这个名字不好听,还是'包干到户,责任到人'好。"在听取小岗汇报一年来取得的成绩后,万里说:"你们这样干,形势自然就会大好。我就想这样干,就怕没有人敢干。你们这样干,我支持你们。"一位当地的干部问:"周围群众都吵着要学小岗,怎么办?"万里说:"学就学呗,只要能多打粮食,对国家多贡献,社员生活能改善,群众要怎么干就怎么干。"②

由于受"左"倾路线影响,安徽农村改革各级领导层意见并不是那么统一,就是支持改革的凤阳县委书记陈庭元也会因外界的压力有时出现动摇。1980年初全省农业会议上,尽管王郁昭和万里都明确肯定包产到户,但会上还是出现了严重的意见分歧,对包产到户是不是属于联系产量责任制的一种形式,持怀疑甚至否定态度的领导干部不少。

1980年1月17日,凤阳县传达了省农业会议精神。18日,县委召开区委书记碰头会,汇报各区讨论情况。

武店区:(1)省农业会公布多种责任制都符合中央精神……农民现在大都想单干,但单干不符合党的方针、政策,不能干……如果允许开了口子,允许一部分社队干,可能有80%~90%的到户;(2)要干什么,全县统一,不能几样,否则不好十;(3)包产到户不符合省委精神,省委不提倡

---

① 万里:《在全省农业会议上的总结发言》(1980年1月1日),王耕今,等:《乡村三十年:凤阳农村社会经济发展实录(1949—1983年)》(下册),农村读物出版社,1989年,第402页。

② 陈庭元:《凤阳大包干》,中共安徽省委党史研究室:《安徽农村改革》,中共党史出版社,2008年,第380-381页。

到户。

刘府区:(1)好不容易把单干的并起来了,这次县里开口叫一部分地区包到户,我们也并不上了;(2)王郁昭书记在地委党校讲包产到户好,公社干部在那学习的思想不稳定,现在主要的问题是干部统一思想了,不叫干了,社员要分到户怎么处理,想稳住"大包干",但能否稳住不敢讲;(3)区里意见是要干什么责任制全县要统一,如果有包产到户的,我们那不好制止到户。

门台区:认为县委根据省委精神和我县不同情况提出几种责任制形式是对的,但口子一开,允许一部分包到户了,其他是否能稳住。如果县里开这个口子,只有讲这三种(以队干、以组干、包到户)形式,让群众选,他们要干哪种就干哪种形式。大家讨论的结论,还是县"四干"会的提法,即不包产到户,只准以队干和"大包干"。

大庙区:(1)讨论认为县委不应松口叫一部分分到户,其他地方稳住;(2)我们不打算开口子,一个不叫分到户。

总铺区:(1)既然开口子叫一部分包到户,就不要限制,随他有多少干的,如果想限制,也限制不住;(2)也有一部分同志提出同意县委的意见,他们认为包产到户一部分符合实际情况,省、地都叫干,区、社不叫干是不对的。

板桥区、小溪河区都同意包到户。①

1月21日,凤阳县委召开常委会议,根据绝大多数人的意见,县委决定,继续搞好"大包干"、"一组四定"和"以产计工"三种生产责任制,不搞"定产到田,责任到户",要求各区、社进一步搞好"大包干"为主体的生产责任制的总结、完善、巩固、提高工作。②

2月5日,凤阳县委召开电话会议。陈庭元批评了一些地方还在搞分

---

① 《区委书记碰头会记录》(1980年1月18日),王耕今,等:《乡村三十年:凤阳农村社会经济发展实录(1949—1983年)》(下册),农村读物出版社,1989年,第406页。
② 《关于传达贯彻省委农业会议精神的情况报告》(1980年元月21日),王耕今,等:《乡村三十年:凤阳农村社会经济发展实录(1949—1983年)》(下册),农村读物出版社,1989年,第405页。

田到户,要求纠正。① 直到3月,陈庭元还在强调凤阳县还是搞"大包干",不准分田单干,不准包产到户。②

但群众要求包到户的呼声日益高涨,凤阳县委还是在板桥区开了绿灯。4月,县委向全县印发了《关于板桥区实行"包产到户"情况的调查》和中共板桥区委会《关于农业生产实行"包产到户"责任制的几点意见》,肯定包产到户。

5月31日,邓小平同中央负责工作人员谈话时说:"农村政策放宽以后,一些适宜搞包产到户的地方搞了包产到户,效果很好,变化很快。安徽肥西县绝大多数生产队搞了包产到户,增产幅度很大。'凤阳花鼓'中唱的那个凤阳县绝大多数生产队搞了大包干,也是一年翻身,改变面貌。有的同志担心,这样搞会不会影响集体经济。我看这种担心是不必要的。我们总的方向是发展集体经济。实行包产到户的地方,经济的主体现在也还是生产队。这些地方将来会怎么样呢?可以肯定,只要生产发展了,农村的社会分工和商品经济发展了,低水平的集体化就会发展到高水平的集体化,集体经济不巩固的也会巩固起来。关键是发展生产力,要在这方面为集体化的进一步发展创造条件。"③

邓小平的讲话,支持了处于争论中的包产到户。凤阳县加快了实行包产到户的速度,扩大了实行的范围。9月1日,县委正式颁布了《关于农业生产包干到户的管理办法(初稿)》,包干到户正式在凤阳落户。1982年,《关于包干到户的管理办法》修订稿颁布。

---

① 《凤阳县委电话会议》(1980年2月5日),王耕今,等:《乡村三十年:凤阳农村社会经济发展实录(1949—1983年)》(下册),农村读物出版社,1989年,第406页。

② 《县委电话会议》(1980年3月),王耕今,等:《乡村三十年:凤阳农村社会经济发展实录(1949—1983年)》(下册),农村读物出版社,1989年,第408页。

③ 《关于农村政策问题》(1980年5月31日),《邓小平文选》第2卷,人民出版社,1994年,第315页。

第四节 安徽农村改革试验的阻力

一、来自大寨的阻力

20世纪70年代末,在农业政策上,是革新与保守并存。一方面"农业学大寨"运动发展到普及大寨县的新阶段,似乎达到了一个新的高度,运动重掀高潮;另一方面,安徽省冲破农村政策"左"倾的坚冰,制定了"省委六条",受到中共中央机关报《人民日报》的关注,得到了充分肯定。

1997年,万里谈到安徽农村的改革时说,农村改革与"左"倾作斗争的第一个回合是突破学大寨的框框,坚持以生产为中心。确实,万里是第一个炮轰"农业学大寨"的省委第一书记。

1978年春,万里在中共安徽省委党校工作会上说:"什么这个学大寨学歪了,那个学大寨学错了,大寨本身就不正。"

万里在1978年3月12日出版的《红旗》杂志第3期上发表了《认真落实党的农村政策》的近8 000字的长文。文章说:"(农业要搞上去)最根本的还是靠人的积极性。人是生产力中的决定因素,有了人的积极性,什么人间奇迹都可以创造出来。"人的积极性要靠"落实党的政策去调动起来"。万里以大量的事实说明文革极"左"政策对安徽农村经济的严重破坏。为此,安徽省委制定了"六条"措施,调整农村政策,恢复农村经济。万里详细介绍了安徽"省委六条"的具体贯彻执行情况,包括按劳分配原则、生产分配中尊重生产队的自主权、转变干部作风等。文章最后,万里谈到落实党的农村政策的信心和困难:"只要我们有坚定的群众观点、生产观点、政策观点,相信和依靠群众和干部的大多数,做艰苦细致的工作,就一定能逐步把被'四人帮'搞乱了的农村经济政策纠正过来,把由于他们的破坏所造成的损失弥补回来。但是,也要看到,落实党的农村经济政策,是一项长期的任务,而且必然会遇到阻力,决不是集中抓一两次就可以完全解决问题的。"①

安徽开启的农村改革首先遇到的阻力来自身为中共中央政治局委员、国务院副总理的陈永贵。

据当时新华社驻大寨记者冯东书记载：1978 年 2 月下旬，陈永贵从北京回到大寨，让大寨联合报道组组长、《山西日报》副总编辑宋莎荫把各新闻单位驻大寨的记者统统召集起来开了一个会，传达他的指示，要大家写反驳文章。有的记者不愿意和中央媒体《人民日报》、新华社唱对台戏，有的记者本身就是新华社总社记者，更不能写反驳《人民日报》和新华社的文章。为了消除记者的顾虑，宋莎荫说："你讲你的，我讲我的，我们只讲大寨、昔阳经验好，不去讲人家不对，不和人家交锋，特别是不要骂人。"冯东书拟了个内参题目：《昔阳是怎样调动农民的社会主义积极性的？》，结果题目被改成《昔阳调动农民社会主义积极性的经验好》，以驻"大寨联合报道组"的名义发表于 4 月 21 日的《山西日报》的头版。2 月 16 日，《山西日报》驻大寨记者还用"本报编辑部"的名义写了一篇题为《真学大寨就有农业发展的高速度》的万字长文，来反驳所谓的"反大寨"言行。

另据当时在新华社负责农村报道的陈大斌回忆：有一天他到京西宾馆参加一个农业方面的会议，散会后，陈永贵的秘书叫住了他，责问道："你们最近是怎么了？老宣传那些消极的东西，与大寨经验扭着劲嘛！老陈可有意见哩！"那一段时间，负责农口的记者经常听到从各条渠道传来的陈永贵的责备。1978 年过春节的时候，陈永贵回到大寨。他让《山西日报》副总编辑、大寨联合报道组组长宋莎荫出面，召集驻昔阳和大寨的各新闻单位的人员开会，要求他们写文章反击所谓"消极"和"错误"的舆论。陈永贵提出来的"消极"和"错误"的舆论表现在 12 个方面。

（1）有些人把现在的农村形势看成 1962 年的形势，这个看法对吗？是错误的！

（2）现在农村的主要矛盾是什么？是两条道路的矛盾，还是落实不落实经济政策的矛盾？

---

① 万里：《认真落实党的农村政策》，《红旗》，1978 年第 3 期。

（3）不要把先进单位搞得灰溜溜的。有的同志搞宣传脱离基本路线，脱离总路线对吗？这总不对嘛！

（4）说定额管理那么好，不搞定额就给戴大帽子，有六顶帽子。

（5）批"穷过渡"，是批谁呢？是批张春桥吗？

（6）家庭副业问题。解决农业问题靠集体，还是靠老太太养鸡？好施小惠，言不及义。

（7）自由市场。应该强调供销社和国营商店嘛！把自由市场宣传得那么好，对吗？

（8）把生产队自主权说成是神圣不可侵犯的。

（9）搞宣传的，给"文化大革命"说上几句好话嘛！

（10）靠什么调动农民的积极性？你们是靠资本主义调动。

（11）当先进难啊！

（12）你们宣传分配上的"一年早知道"。这是安抚富裕中农的政策。

1978 年 2 月 26 日，《山西日报》首先发难，刊登了题为《迅速掀起春耕生产新高潮》的山西省委召开电话会议、部署春耕生产的新闻。新闻主要报道了山西省委书记王庭栋的讲话。王庭栋在讲话中以不容置疑的口吻再次肯定大寨的所谓"一套套经营管理先进经验"，同时以相当严厉的语气批评一些地方不学大寨的做法。他说："高举农业学大寨的红旗，认真学习推广大寨的根本经验和一整套经营管理先进经验，坚持建设大寨县的六条标准……大批修正主义，大批资本主义，大干社会主义。""我们就是要靠'农业学大寨'这五个字吃饭。""对于大寨的根本经验和一套套经营管理的先进经验，我们必须坚定不移地学习、推广。""逐步向以大队为基本核算单位过渡"，这是农业上得快的"一条重要经验。那种认为'大队核算搞糟了'对大队核算要采取'冷一点'的态度，我们认为是错误的。大寨在经营管理上的一整套经验，是行之有效的，非常成功的，必须坚持在全省范围内普遍推广，不允许借口'情况不同'而对大寨的经验抽象肯定，具体否定。更不允许放弃政治挂帅思想领先的原则，再犯'工分挂帅''烦琐哲学'那一种错误。还有的人对'堵不住资本主义的路，就迈不开社会主义的步'的口号也发生怀疑，公然为资本主义泛滥找借口，开绿灯，必须坚决批判"。①

《山西日报》的这篇报道对安徽、四川等地落实党的政策，纠正"左"的错误的做法进行公开批判。其中不乏"不允许"、"更不允许"、"必须坚决批判"这样的用语，以此拉开了大批判的架势。

1978年3月2日，《晋中报》紧紧跟上，"反击"的火力更强烈。《晋中报》刊登了报道晋中地委召开县（市）委书记座谈会的消息。消息通过参加座谈会的众人之口，强调如下观点："大寨的根本经验和大寨所实行的一整套经营管理制度是完全符合现阶段农村经济政策的，是同发展社会主义大农业相适应的。""大寨、昔阳基本核算单位过渡的经验，以劳动管理为中心的一整套经营管理办法……都是大寨根本经验和昔阳学大寨成功的经验的重要组成部分。真学大寨，就要坚信不疑、坚定不移地推广这些经验，或为推广这些经验积极地创造条件。如果对大寨、昔阳的一个个具体经验发生某种程度的怀疑、动摇，不认真推广，那么，学大寨运动也就只留下了一个空口号，到头来还是假学，甚至滑向反对学大寨的道路。"②

同时，《晋中报》发表了《各级书记都要动手抓管理》的社论。社论说："人民公社实行什么样的经营管理制度，大寨、昔阳已经有了一套比较完整的、行之有效的、有助于坚持社会主义原则的好制度、好办法。所以我们说，加强人民公社的管理，就是认认真真地、实事求是学习、推广大寨、昔阳的一整套经营管理制度。"社论还说："学习推广大寨、昔阳一整套经营管理经验，始终存在着斗争。这个斗争，实质是走社会主义道路还是走资本主义道路的斗争。从这个意义上说，各级书记也必须掌握这个斗争。"在这篇气势汹汹的社论里，加强劳动管理，建立必要的生产责任制的正确做法，都被扣上"走资本主义道路"的罪名。他们还要求全国各地都要按大寨的办法做，都要学大寨、昔阳的"一整套经营管理制度"。③

---

① 《迅速掀起春耕生产新高潮》，《山西日报》，1978年2月26日。
② 转引自淮北子：《"学大寨运动"的回光返照——十一届三中全会前后农村报道琐记》，《炎黄春秋》，2004年第5期。
③ 淮北子：《"学大寨运动"的回光返照——十一届三中全会前后农村报道琐记》，《炎黄春秋》，2004年第5期。

1978年3月3日,《山西日报》发表了题为《高举大寨红旗搞好春耕生产》的社论。社论以大批判的笔调,继续树大寨的旗子,批判反大寨的言行。"搞好春耕生产,必须认认真真地学习大寨经验,发扬大寨精神。""学习大寨经验,首先要学习大寨人坚持政治挂帅,紧紧抓住阶级斗争这个纲。""'堵不住资本主义的路,就迈不开社会主义的步',这是大寨的一条基本经验。有人认为,不用批资本主义,也能干社会主义,甚至想用资本主义的手段去创社会主义的家业。这是极端错误的,十分危险的。"社论仍然坚持说:"大寨评工法是大寨劳动管理经验的核心,各地要认真推广。"①

5月9日,《山西日报》又发表一篇题为《积极推广大寨劳动管理经验》的评论员文章。文章专门阐述了"大寨的劳动管理经验"。文章反驳说:"那种把大寨劳动管理办法说成是'大概工'、'一拉平'的论调,是不符合实际的,是对大寨劳动管理制度的歪曲。""我们一定要坚定不移地学习和推广大寨的劳动管理经验。""我们一定要像大寨那样,在加强劳动管理中,坚持无产阶级政治挂帅、毛泽东思想领先的原则。"应该指出,推广大寨劳动管理经验确实需要一定的条件,但条件是要人创造的……问题并不在于是否具备条件,而是有的人根本不信服大寨劳动管理经验。因而找借口、寻托词、不积极和拒绝推广大寨劳动管理经验。有的单位,明推暗不推,或者把大寨经验推歪了,造成了劳动管理上的混乱,反而倒打一耙,把罪责加在大寨劳动管理经验头上,这种颠倒是非的做法是不能允许的。②文章还针对安徽等地的联产计酬责任制而强调:"大寨搞定额管理,但不是定额计酬"。其实,联产计酬责任制是安徽农村改革深入发展的标志。晋中地委在谈到推广大寨劳动管理经验时,竟表示:"坚决反对搞定额计酬。"③

1977年6月,山西人民出版社出版了《大寨经验》一书(驻大寨联合报道组编写),认为"定额管理、按件记工"有五大问题:第一,影响了社会主

① 《高举大寨红旗,搞好春耕生产》,《山西日报》,1978年3月3日。
② 《积极推广大寨劳动管理经验》,《山西日报》,1978年5月9日。
③ 淮北子:《"学大寨运动"的回光返照——十一届三中全会前后农村报道琐记》,《炎黄春秋》,2004年第5期。

义劳动者之间平等、互助、同志式的关系,造成了干部社员在劳动过程中的对立情绪;第二,工分悬殊,扩大了差别;第三,干部长期脱离劳动,就会成为脱离实际的官僚主义者;第四,滋长了自私自利思想,影响了贫下中农的革命意志,"按件计工"靠工分刺激社员的积极性,把一些社员养成了"工分脑袋","屁股上带着算盘";第五,浪费了劳力,降低了农活质量。

割"资本主义尾巴",取消家庭副业,关闭集市贸易,也是学大寨运动一项重要内容,当然也是陈永贵"反击"的目标。

1978年3月2日,山西《晋中报》报道了晋中地区制定的22条规定,对社员的家庭副业,规定"产品除自用外,剩余的要通过国营商业和供销社渠道出售"。"我区绝大多数取消了自留地","全区农村集市贸易已为社会主义商业网点所取代"。

4月19日,《山西日报》发表了昔阳县大寨供销社的调查。调查说:他们在学大寨中首先遇到的一个问题是如何通过农村商业工作的职能作用,在商品流通领域堵死资本主义的路,为农业学大寨扫清障碍。文章介绍了大寨供销社如何加强工作,"取缔了自由市场,使社会主义全面占领了农村市场阵地"。

4月18日,《运城地区报》在《坚定不移地搞好"取代"工作》的大字标题下,以两个整版的篇幅刊登了这个地区开展"取缔自由市场、代替集市贸易"工作的报道。在第一版上以于乡和韩阳两个公社对比的方式,发表了一篇《本报记者述评》,说今年3月份,社会上刮起一股冷风,怀疑"取代"工作。于乡公社党委和供销社党支部及时召开了全社生产队长和代购代销员会议,号召大家要顶住冷风,坚定不移地把"取代"工作搞到底……相反,韩阳公社和供销社的领导对"取代"工作缺乏信心,尤其是供销社领导,还持有怀疑态度。一有风吹草动,他们就左右摇摆。这个供销社的党支部书记……还经常大放冷风,说什么:"山西、陕西隔条河,两省政策为啥不一样?人家那边集会人山人海,要啥有啥,咱这里弄得冷冷清清。"显然,这个供销社的党支部书记就十分迷恋和向往自由市场……他们不仅不积极取缔自由市场,而且还充当了自由市场的"卫道士"。

4月16日,《山西日报》发表了题为《真学大寨就有农业发展的高速度》的长达万字的编辑部文章。该文回顾了大寨的发展史和斗争史,继续鼓吹大寨的劳动管理、核算单位向大队过渡、取消自留地和农贸市场、限制家庭副业、宣传大寨的斗争哲学,"大批修正主义,大批资本主义,同各种破坏农业学大寨、普及大寨县的反动势力和错误倾向进行斗争"。文章批评道:"我们也有的同志总是'好行小惠,言不及义',对于大干社会主义,缺乏魄力,放不开手脚,不是把着眼点放在高速度发展社会主义农业上,或者在顺利的时候,还觉得社会主义可靠,一遇到艰难险阻、天灾人祸,就忘了社会主义,又觉得还是资本主义、小农经济那一套可靠。有的同志甚至认为可以用资本主义的办法来搞社会主义。"文章强调,"一定不能忘记农村社会主义道路和资本主义道路斗争这个主要矛盾"。[①]

4 月 21 日,《山西日报》发表题为《昔阳调动农民社会主义积极性的经验好》的文章。原本新华社驻大寨记者拟的一个探讨性的题目——《昔阳是怎样调动农民的社会主义积极性的?》被改成了肯定性的题目。文章认为,大寨调动农民社会主义积极性依靠的是"大批大干"、"大寨工"、"限制家庭副业"、"取消自留地"和"不断向农民灌输社会主义思想"。文章标榜大寨,同时也是反驳安徽等地与大寨不同的做法。

对抗持续了几个月,刚刚开始的时候,一位中央领导人向山西省委的负责人打了招呼,叫他们注意一下《山西日报》,但是没有起作用。后来邓小平亲自打了招呼,山西不敢再抗下去,对台戏被迫终止。陈永贵不服,丢下一句话:"5 年以后再说。"[②]

面对陈永贵的反击,《人民日报》基本上是站在安徽等省的改革一边的。

1978 年 2 月 15 日,《人民日报》发表题为《滁县地区落实党的农村经济政策》的报道,主要报道了安徽滁县地区落实党的农村经济政策、贯彻安徽"省委六条"出现的可喜变化,同时还配发了《调动农民积极性的关键在落实政策》的评论员文章。

---

① 《真学大寨就有农业发展的高速度》,《山西日报》,1978 年 4 月 16 日。
② 冯东书:《"文盲宰相"陈永贵》,中国文联出版公司,1998 年,第 291 页。

4 月 21 日,新华社特约记者题为《怎样正确看待正当的家庭副业》的文章发表于《人民日报》。文章为家庭副业正名。文章认为,家庭副业不是"资本主义尾巴",不是发展资本主义。保留社员的家庭副业非常有必要,"允许社员经营正当的家庭副业的政策,是关系到几亿农民的切身利益,调动几亿农民积极性的一项基本政策,一项很严肃的政策,必须坚决执行"。①

然而,在争论过程中,《人民日报》于 1978 年 5 月 13 日转载了 4 月 21日《山西日报》中题为《昔阳调动农民社会主义积极性的经验好》的文章,而《山西日报》也于 3 月 18 日转载了《红旗》杂志第 3 期中万里《认真落实党的农村政策》的文章。这表明在支持农村改革还是继续学大寨的问题上,当时中央媒体和山西媒体态度很复杂。但《人民日报》5 月 13 日转载的《山西日报》《昔阳调动农民社会主义积极性的经验好》的文章措辞严厉,不点名批评安徽的做法:"大寨人从来不笼统地讲调动积极性,而是讲调动社会主义积极性。大寨人牢记党的基本路线,他们认为:'堵不住资本主义的路,就迈不开社会主义的步。'资本主义歪风的存在,对一部分思想落后的农民是有诱惑力的,而对许多想真正干社会主义的老实农民又是个打击;领导态度不明朗,群众思想就会乱,资本主义歪风就会越刮越厉害,社会主义经济就会受破坏。""干部不是挂羊头卖狗肉,不是嘴上说社会主义,实际干资本主义。""不管什么生产积极性都去鼓励,都去提倡,弄得有的人集体地里养精神,自留地里打冲锋,副业当成主业干。""有人说:'大寨工'是'大概工',是干好干坏一个样的平均主义。这完全是歪曲。"②

《人民日报》的这些批评给了安徽刚刚启动的农村改革较大的打击,引起了农民思想的混乱和疑虑,农民们害怕政策有变。

当时新华社记者张广友、南振中等正在安徽滁县地区采访,听到群众的反应很大,打电话给《人民日报》总编辑李庄反映。李庄说:"《人民日报》是'国际列车',谁都可以上,你有不同意见,也可以写文章,我们也可以照登。"③

① 《怎样正确看待正当的家庭副业》,《人民日报》,1978 年 4 月 21 日。
② 《昔阳调动农民社会主义积极性的经验好》,《山西日报》,1978 年 4 月 21 日。
③ 张广友:《改革风云中的万里》,人民出版社,1995 年,第 205 页。

面对大寨的批评,万里仍然坚持安徽的农村改革试验。万里说:"我们干我们的。人家爱说什么说什么,让群众去做结论,让历史去做结论吧!大队核算、'穷过渡'、'大概分',你这些东西我这里没法学,学不了,难道还要强迫学?你可以不要自留地,不让社员养猪,不要集市贸易,我们这里可不行。当然大寨过去那些自力更生、艰苦奋斗的好思想、好作风我们可以学,但不能什么都要别人学,不要动不动就说人家不学大寨,动不动就给人家扣上个'反大寨'的帽子,各地有各地的具体情况嘛!你认为以生产队为核算单位太小了,我认为生产队自主权是个大问题。我们强调这个问题,是反对'瞎指挥'的,是要依靠群众的。我看只要去掉'瞎指挥',就可以增产10%以上。""从实际出发,实事求是,这是我们的行为准则。今后不管谁管农业,符合我们的实际情况的就执行,不符合的就不能听。只要各自能顶得住,他们错误的东西就贯彻不下去。"①

万里指示在安徽蹲点的新华社记者说:"既然《人民日报》领导说我们也可以写文章。他们不点名批评我们,我们也可以不点名批评他们,各说各的,摆事实讲道理,以理服人。"②

记者们写了一篇回应性的文章,题目是《落实党的政策,必须清除极"左"思想障碍——安徽省滁县地区落实农村政策的一条重要经验》。新华社于7月4日发了通稿,7月5日该通告刊登于《人民日报》。

文章说,滁县地区是落实党的农村经济政策较好的一个地区,普遍加强了生产管理,建立、健全了生产责任制,劳动生产率大大提高。滁县地区之所有能够在半年的时间内取得这样大的成就,一条重要的经验,就是要落实好党的农村经济政策,非狠批"四人帮"的假左真右不可,只有在路线上分清了是非,才能统一广大干部、社员的政策思想,步调一致。具体来说,滁县地区做了以下5个方面的工作:一是实行各尽所能、按劳分配的原则,会不会出现两极分化?事实证明,各尽所能、按劳分配的原则没有导致两极分化,而是走向了共同富裕。这就有力地驳斥了"大寨工"的平均主

① 张广友:《改革风云中的万里》,人民出版社,1995年,第206页。
② 同①,第206页。

义"一拉平"的分配原则。二是关心群众的物质利益,会不会妨碍贯彻"三兼顾"的原则?滁县的事实证明,国家、集体、社员的根本利益是一致的。挫伤群众利益,就是伤害国家和集体利益。三是尊重生产队的自主权,会不会破坏国家计划?事实证明生产队自主权与国家计划是一致的,生产队有了自主权,才能更好地完成国家计划。四是允许社员经营正当家庭副业和允许农村集市贸易,会不会助长资本主义倾向?滁县允许社员经营正当的家庭副业和允许农村集市贸易,没有产生资本主义,而是壮大了集体经济,提前完成了国家的农副食品的收购任务。五是坚持自愿互利、等价交换的原则,会不会影响大干?滁县地区的农田水利建设是否坚持自愿互利、等价交换的原则?正反两方面的事实说明,落实好自愿互利、等价交换的原则,才能更充分调动社员群众大干社会主义的积极性。

通篇文章没有点大寨的名,只说批判纠正"四人帮"在安徽的代理人,落实党的农村经济政策,但实际上回应了大寨的不点名批评。

蹲点安徽的记者张广友等还写了《抓点的学问——当涂县委抓点带面促进农业高速度发展》的内参文章。1979 年 1 月 12 日,《人民日报》将内参摘发。其实这篇文章点到了大寨的实质性问题,即充当全国农业典型的问题,只是文章没有直接说大寨,而是说安徽当涂县抓典型社队时的教训。这比当时的农业部副部长杨显东揭大寨这个典型的盖子还要早一些。①

1978 年 10 月,万里在听取滁县地委书记汇报农村工作时,又说起大寨,他说:"你大寨那套我们学不了。""你走你的阳关道,我走我的独木桥……你们不要强加于我们,我们也不强加于你们。谁是谁非,实践会作出公证(正)结论的。""你说你是大寨经验,我说你是极'左'样板。""我们学不了他们,也不想学他们。"②

1978 年底,十一届三中全会的召开标志着中国社会的重大转折,同时也是大寨十多年辉煌命运的转折。大寨的盖子被揭开了,神话破灭了。1978年,农业专家、农业部副部长杨显东率领一批专家到大寨参观,考察后大失所

① 吴象:《大寨的盖子是如何揭开的》,《质量天地》,1999 年第 1 期。
② 冯东书:《"文盲宰相"陈永贵》,中国文联出版公司,1998 年,第 292 页。

望。1979 年春,杨显东在政协会上尖锐地提出:"动员全国各地学大寨是极大的浪费,是把农业引向歧途,是把农民推入贫困的峡谷!"这一发言得到多数政协委员的支持。盖子一经揭开,就再也捂不住了。① 随后,揭发、批评大寨的报道陆续见报,夏秋以后,更是一发不可收拾。山西省委不得不于 1980 年 8 月 24 日写出关于农业学大寨运动中经验教训的检查报告,中央于 11 月 23 日转发了这个报告。中央在批语中说:"山西省委总结了大寨大队从农业战线的先进典型变成执行'左'倾路线的典型的经验教训,批判了省委过去在这个问题上的错误。""'文化大革命'以来,在山西省内推行大寨经验的错误以及由此造成的严重后果,山西省委已经承担了责任。就全国范围来说,主要的责任,在当时的党中央。"②至此,"左"的大寨退出了历史舞台。

二、来自全国各地方的阻力

1979 年初,安徽省委在肥西县山南公社进行包产到户试点,全省其他地方偷偷摸摸实行包产到户。联产计酬责任制和大包干到组也遍地开花,甚至大包干到户也暗流涌动。3 月 7 日,《人民日报》发表了新华社记者张广友采写的《农业劳动报酬联系产量计算的调查》,肯定了安徽的联产计酬责任制。文章认为,产量责任制是调动农民集体生产积极性的有效措施,是敢于冲破极"左"路线禁区的实践。更重要的是,联产计酬责任制的性质不是分田到户,也不是单干或变相单干,是为了巩固和发展集体经济,而不是倒退,更不会产生资本主义。③

然而,3 月 15 日,风云突变。《人民日报》头版头条显著位置以黑体大字标题刊登了一封张浩的《"三级所有,队为基础"应该稳定》的读者来信,并加了长达 600 多字的编者按。张浩在信中说,他最近去河南洛阳出差,听说洛阳地区不少县社实行了包干到组,即将土地、农具、大牲畜分到各

---

① 吴象:《大寨的盖子是如何揭开的》,《质量天地》,1999 年第 1 期。

② 《中共中央转发山西省委关于农业学大寨运动中经验教训的检查报告的批语》,黄道霞《建国以来农业合作化史料汇编》,中共党史出版社,1992 年,第 883 页。

③ 张广友:《农业劳动报酬联系产量计算的调查》,《人民日报》,1979 年 3 月 7 日。

组,包种、包产,有的社队还把生产队的库存粮食也按组分光了,下一步还要分田到户,包产到户。而当地干部认为:现阶段人民公社的"三级所有,队为基础"制度已经实行20来年了,实践证明这一制度是符合农村实际情况的,群众也都习惯了。分田到组、包产到组肯定会削弱和动摇"队为基础"。他们还担心分田到组、包产到户以后,生产队的管理、生产计划、劳动调配,现金、实物的分配均会出现问题,引起混乱,不利于搞农业机械化、现代化。因此,张浩认为:"现在实行的'三级所有,队为基础',符合当前农村的实际情况,应充分稳定,不能随便变更。""轻易地从'队为基础'退回去,搞分田到组、包产到组,也是脱离群众、不得人心的。同样会搞乱'三级所有,队为基础'的体制,搞乱干部、群众的思想,挫伤积极性,给生产造成危害,对搞农业机械化也是不利的。"①

编者按肯定了张浩信中的观点,认为:田间管理上的包工到组同"分田到组"、"包产到组"完全是两回事;人民公社要继续稳定地实行"三级所有,队为基础"的制度,不能退回去搞"分田到组"、"包产到组"。此外,还明确表示:"张浩同志的意见是正确的。"编者按最后强调:"已经出现'分田到组'、'包产到组'的地方……坚决纠正错误做法。"② 这显然是不容置疑的强制态度。当时任《人民日报》农村部主任的李克林后来说,这段按语"显然是中央文件的口气,来头颇不寻常"。③

《人民日报》作为中共中央的机关报,是党的喉舌,即使是一篇读者来信也有深刻的背景。而张浩来信正是这样。据李克林回忆,张浩的信是中央农口的负责人给《人民日报》社总编辑室的,该负责人还亲自写了一封信。总编辑室收到农口负责人的信及张浩的信,并没有转给报社农村部,而是决定发表,并将农口领导的指示信改为编者按同时刊出。④

十一届三中全会后,为了加强对农业的领导,1979年2月成立了国家农业委员会(简称国家农委)。农委作为国务院指导农业建设的职能机构,同

---

① 张浩:《"三级所有,队为基础"应该稳定》,《人民日报》,1979年3月15日。
② 同①。
③ 李克林:《几乎中断"包产到户"的张浩事件》,《炎黄春秋》,1995年第6期。
④ 同③。

时兼理党中央委托的农业工作任务,并指导各省、市、自治区农业委员会和中央相关部门的工作。中央任命王任重为农委主任,杜润生等任副主任。

1979年3月12日,国家农委在北京召开7省农村工作部门和3县负责人参加的农村工作问题座谈会。座谈会纪要中明确规定:"不论实行哪种办法,除特殊情况经县委批准者以外,都不许包产到户,不许划小核算单位,一律不许分田单干。"① 在这样的背景下,张浩来信代表的是国家农委的观点,信也是农委主要负责人批给《人民日报》的,编者按也是农委主要负责人写的。②

张浩来信的发表,在全国各地引起了极大的混乱。

据李克林回忆:一时间,大批来信涌向编辑部,质问的、责备的、愤怒的、要求立即答复的……也有少数是拥护的,说报纸抓住了苗头,制止了农村的混乱。

张浩来信给安徽省的"大包干"和"包产到户"试验造成了极大的冲击。

当时,一些地方正在召开动员春耕生产的三级干部会议,听到这条广播后,纷纷猜测有什么来头,顿时思想混乱了。已经实行包产到组或包产到户的社队干部,立刻紧张起来,有的等待纠正,有的准备挨整;一些正在搞或准备搞的社队,则放慢步伐,看看风向再说。许多地方的农民停犁搁耙,有的找队干部报撒在地里的化肥账,有的声称饿死也不回到归大堆的老路。③

来安县这时包产到户的生产队已有40%,是县委书记王业美顶着巨大的风险,以个人的名义允许农民包产到户的,王业美也因此被称为"单干书记"。张浩来信使他承受了空前的压力,人们纷纷传言"王业美这次肯定要倒霉,重则判刑,轻则开除公职!"县委常委开会,一片纠错之声,但王业美还是坚持"搞过的稳定不动,没搞的不再扩大"。④

滁县地区是安徽实行包产到组较早的地方。据地委书记王郁昭说:"3月15日那天我在嘉山县,早晨吃饭时听到广播正在播张浩的来信和编者按,

① 《中共中央批转国家农委党组报送的〈关于农村工作问题座谈会纪要〉的通知》,黄道霞:《建国以来农业合作化史料汇编》,中共党史出版社,1992年,第919页。
② 陈大斌:《中国农村改革纪事》,四川人民出版社,2008年,第176-177页。
③ 张广友:《改革风云中的万里》,人民出版社,1995年,第209页。
④ 窦永记:《起点:安徽农村改革发端纪实》,安徽教育出版社,1997年,第161-162页。

我当即感觉事情不好。吃过饭就立即往回赶。路过黄泥公社，公社书记说，老百姓听了广播后议论很多，情绪不安，说我们又要翻烧饼，又要受批判了。"

害怕在全区引起更大混乱，王郁昭回到地委，让地委秘书长陆子修起草一份电话通知。通知的主要意思是现在正是春耕大忙的季节，各种形式的生产责任制一律稳定下来，不要变来变去。各种形式的生产责任制都是地委同意的，是符合十一届三中全会精神的，如果有什么问题，一切责任地委负责。实践是检验真理的唯一标准，究竟哪种形式好，秋后看实践结果再定。① 各县接到通知后，纷纷向地委表态，表示坚决执行地委的通知精神。凤阳县委书记陈庭元在电话中说："我是王小二开猪圈，一心门朝南，坚决不改变。"嘉山县委书记贾长志说："就是刀压脖子上，我也坚决不动摇。"②

万里预料到《人民日报》的读者来信和编者按会在安徽各地引起混乱，3月16日至19日，他到滁县地区的全椒县、滁县、来安、天长、嘉山、定远等县调查，稳定由于张浩来信而引起的混乱，做干部群众的安抚工作。万里在调查中说："作为报纸，发表各种不同的意见都是可以的，别人写读者来信，你们也可以写读者来信。究竟什么意见符合人民的根本利益和长远利益，靠实践来检验，决不能读了一封读者来信和编者按就打退堂鼓。"③

万里肯定了滁县地委及时电话通知各县、已经实行的各种责任制一律不动的做法，还鼓励他们包产到组的生产责任制"明年可以干，后年还可以干，可以一直干下去"。他对肥西的包产到户也同样给予肯定："去年肥西实际上有的公社包产到户了，我说不动，干一年再说。实践是检验真理的唯一标准嘛！"

万里强调，经营管理方法应当因地制宜。责任到人，什么时候都要有，就是全盘机械化了，也要分组，也要责任到人。公共汽车也要分组，责任到人，驾驶员总不能今天开这个车，明天又开那个车。

---

① 王郁昭：《包产到户、包干到户的前前后后》，中共安徽省委党史研究室《安徽农村改革》，中共党史出版社，2008年，第332页。

② 柏晶伟：《为农业大包干报户口的人——王郁昭》，中国发展出版社，2007年，第184页。

③ 万里：《让农民、集体、国家都增加收入就是好办法》（1979年3月17—19日），《万里论农村改革与发展》，中国民主法制出版社，1996年，第50页。

万里说农民要求包产到组、包产到户,是因为能增产,是对"左"的政策的抵制。接着,万里批评了20世纪50年代中期以来"左"倾路线对农村生产力的破坏,20年来生产力基本停滞。①

3月19日万里回到省里后,以省委"代电"的名义发了一个通知。通知的主要精神是:"春耕大忙已经开始,不论实行什么形式的责任制,都要坚决稳定下来,不要变动,要不误农时,集中力量搞好春耕生产。"②

张浩来信广播以后,给已经包干到户的凤阳县小岗村带来了巨大的震动。3月17日,凤阳县委召开常委会,讨论如何处理张浩来信带来的混乱。县委书记陈庭元在常委会上说:《人民日报》发表了关于生产责任制的人民来信和编者按后,反映不小。"大包干"还搞不搞? 有几种情况,王光宇昨天来凤阳叫不动了。昨天晚上万里书记说,实践来检验,要能增产明年还要搞。有的常委说,《人民日报》发表的"来信"造成一定混乱,但省、地委都给答复了,目前不能动了。分组"大包干"就这样干了。县委常委们大多数主张继续大包干,不管报纸怎么讲,干到秋再说。如果效果好,明年再干。小组也是集体,小一点,要防止小组再分。有的常委说,生产责任制问题,要解决思想问题。农民不怕,怕的上面再改掉。③

5月1日,县委下发了《关于认真搞好联系产量责任制的意见》,向全县农村干部群众说明"大包干"仍是集体,不是单干,是符合中央关于生产责任制的形式可以多种多样、不搞一刀切的指示精神的。

6月5日,万里到凤阳检查工作,陈庭元汇报说,群众对"大包干"很感兴趣,万里说:"那就让他们干三五年。只要把凤阳花鼓(指外流讨饭)解决掉,我批准他们干……单干也没有什么了不起。"④

5月21日,万里到山南公社考察,山南公社党委书记王立恒负责接

① 万里:《让农民、集体、国家都增加收入就是好办法》(1979年3月17—19日),《万里论农村改革与发展》,中国民主法制出版社,1996年,第50-51页。
② 柏晶伟:《为农业大包干报户口的人——王郁昭》,中国发展出版社,2007年,第192页。
③ 中共凤阳县委:《1979年3月17日常委会议记录》,王耕今,等:《乡村三十年:凤阳农村社会经济发展实录(1949—1983年)》(下册),农村读物出版社,1989年,第392-393页。
④ 陈庭元:《凤阳大包干》,中共安徽省委党史研究室:《安徽农村改革》,中共党史出版社,2008年,第375-376页。

待。万里与王立恒有如下一段谈话。

万:这样干,你们怕不怕?

王:不怕。

万:到底怕不怕?

王:怎么能不有点怕。

万:怕什么?

王:怕人说离开看三级所有、队为基础。

万:还怕什么?

王:怕统一核算、统一分配搞不起来。

万:这个问题不要怕,我也来了嘛! 你们这里搞的试点,省委知道,是我表态点头的,到秋天再总结。①

万里和王立恒还就生产力、生产资料、农具、运输工具、收成、管理等问题谈了约 3 个小时。下午,万里到馆西大队小井生产队,向群众了解情况。

万里说:"这样干,你们有什么想法和意见,随便提,随便问,我是来听你们意见来的。"

"万书记,上边(中央)可允许包产到户?"

"大胆地干吧,省委支持你们!"

"我们有点怕!"

"怕什么?"

"怕变。"

"不会变!"

"包产到户比'大呼隆'好,多干几年就有吃的了!"

"那你们就多干几年嘛!"

"万书记,你能不能给我们个准话,到底能干几年?"

"不放心?"

"你们就这样干,包产到户想干多少年就干多少年! 不过仓库、牛棚等所有的公共设施,公共财产要保护好,不能破坏集体经济! 包产到户的目

---

① 《万里论农村改革与发展》,中国民主法制出版社,1996 年,第 45 页。

的是为了增产,让群众吃饱吃好!"①

5月25日,万里在安徽省委扩大会议上讲话中再次肯定包产到户。他说:"过去的规定都要兑现,即使错了也不要埋怨。""我已向中央请示过了,包到户的先干一年,秋后再说。说了话要算数,只有算数才会得到群众信任。""问题是农民为什么要包产到户,这是发展生产力的需要,也是对极'左'错误的反抗。""前两天我到包产到户早、受非议最多的肥西县去,找群众、队长、组长谈,有人说活了五六十岁,从来没看到过这样好的麦子。大家积极性很高。""主要看主流,主流就是群众的积极性起来了。主流对了,缺点会逐步克服。"②

由于万里的支持,山南区的包产到户坚持下来了,从而稳定了农村的局势,夏季获得了大丰收,仅大小麦产量全区达2 010万斤,比1978年同期增长了2倍多,交售国家粮食1 000万斤,比上年同期增长1倍。③

正当山南区的农民为从没有过的丰收而欢欣鼓舞时,不料风云突变,7月16日,肥西县委下发了要求坚决纠正包产到户的46号文件。文件产生的背景是,虽然肥西县山南区是省委批准的包产到户的试点,虽然万里亲临山南和在省委扩大会上讲话,表示支持包产到户,但肥西县委有的领导面对《人民日报》的压力,特别是来自六安军分区和安徽省军区领导的强大压力④,再加上包产到户过程中出现的争水、打架等问题,县委对包产到户忧心忡忡,害怕这样搞下去会捅娄子,虽然有省委的口头支持,但是,省委没有下发红头文件,更没有中央的红头文件。因此,县委于1979年7月

---

① 张广友:《改革风云中的万里》,人民出版社,1995年,第184-185页。

② 《政策上再也不能失信于民》,《万里论农村改革与发展》,中国民主法制出版社,1996年,第54-56页。

③ 中共肥西县委党史研究室:《中国农村改革发端——安徽肥西山南小井庄》(内部资料),第55页。

④ 1979年,六安军分区一位副司令员到山南,对区委书记汤茂林下命令:"立即把分掉的田地统统收回来,不然的话,就把你抓起来,坐班房。"安徽省军区的一位副司令员专程到山南,指着山南公社书记王立恒的鼻子斥责说:"毛主席带领我们打江山,现在毛主席不在了,你们就把江山统统丢掉,家产都败掉了,你就是败家子!"省军区的这位副司令员又到肥西县委,强令县委书记下文件把包产到户改正过来。(中共肥西县委党史研究室:《中国农村改革发端——安徽肥西山南小井庄》(内部资料),第66页。)

16 日下发了一个纠正包产到户的 46 号文件。

文件认为,至 1979 年 5 月底的统计,肥西县共出现三种形式的责任制:一是坚持以队生产,平时按时记工加评议,农忙临时分组,实行小段包工,按定额记工;二是生产队对作业组实行三定一奖责任制;三是包产到组,责任到人。在实行责任制的过程中,出现了诸如任意缩小核算单位、大田划小田、争水争肥以及对社会主义集体经济动摇的思潮,所以县委决定:"不许划小核算单位,不许分田单干,不许包产到户。已经搞了包产到户的生产队,要积极引导农民重新组织起来,在秋种前搭好作业组的架子,并把麦、菜、绿肥的计划茬口,落实到队、组,搞好'三定'。"[1]

肥西县委 46 号文件下发后,执行中遇到了很大的阻力。县委决定从 7 月 20 日开始,在山南区党员、干部中办"学习班","转弯子"。县委还列举了包产到户的 12 条罪状:群众生分了(指矛盾纠纷);人心散了;班子瘫了;大块田分小了;科学种田停掉了;耕牛累死了;农具毁掉了;机器卖掉了;公房扒掉了;公活没人干了;教育质量下降了;贫富差距拉大了。县委号召包产到户的农民交出包产田,但大部分党员、干部对此思想不通,阻力很大。有的还质问县委:"听不听省委的? 山南包产到户试点是省里同意了的,你县委为什么要纠正? 你县委不听省委的,我们就不听你县委的。"县委领导对此非常恼火,进行了严厉批评:"这是方向道路问题";"中央文件上明确令规定不准包产到户,不准分田单干";"不管是谁,都得服从中央的,走资本主义道路是绝对不允许的!"社队基层干部和群众抵制情绪更大,形成和县委顶牛的状态。[2] 正在僵持不下时,《安徽日报》社记者汪言海、安徽省政府参事室副主任郭崇毅先后到肥西山南进行调查,写了反映包产到户的好处和农民如何拥护的书面材料,上报省委和国务院领导。[3]

---

① 中共肥西县委党史研究室:《中国农村改革发端——安徽肥西山南小井庄》(内部资料),第 206-210 页。

② 张广友:《改革风云中的万里》,人民出版社,1995 年,第 185-186 页。

③ 汪言海:《肥西县实行包产到户的回忆》,中共肥西县委党史研究室《中国农村改革发端——安徽肥西山南小井庄》(内部资料),第 191-193 页;郭崇毅:《我是怎样参与农村经济体制改革的》,中共肥西县委党史研究室《中国农村改革发端——安徽肥西山南小井庄》(内部资料),第 189-190 页。

8月3日,万里在安徽省委常委会上指出:"山南包产到户试点是省委决定的,如果有什么错误由省委领导,首先是我来承担;肥西县委强制收回包产田是错误的。"省委常委讨论决定,要求已经包产到户的地方,不要强制收回包产田,并于8月5日派分管农业的省委书记王光宇和政策研究室主任周曰礼到肥西,传达省委指示,这才保住山南的包产到户。12月13日,万里来到山南,了解到肥西县全年粮食产量比1978年增产13.6%,向国家交售量增加2倍。①

由于安徽省、地、县各级领导及时做疏导、稳定的工作,更由于生产责任制是符合实际、顺应人心的做法,所以,"张浩来信"虽然引起了巨大的震动,但没有造成严重的后果。只有极少数地方出现反复,由联产责任制退到不联产。大别山区的霍邱县,全县7 866个生产队中实行联系产量责任制的有6 325个队,占生产总数的80%以上。由于"张浩来信"的影响,在很短时间内,刚刚实行起来的联产责任制的生产队退回去1 748个,占实行这种办法生产队总数的27.6%。由于联产责任制摇摆不定,1979年全县粮食总产73 500万斤,比1978年减产16 000多万斤。②

面对"张浩来信"给农村造成的冲击,安徽省除了做好本省的稳定政策、安抚民心的工作外,还组织写文章在《人民日报》上作针锋相对的反驳。省农委的辛生、卢家丰写了《正确看待联系产量的责任制》的读者来信给《人民日报》。《人民日报》于3月30日发表。来信说,《人民日报》3月15日的"张浩来信"和编者按在安徽造成了混乱,而安徽实行的包工到组、联系产量的生产责任制是落实中央关于农业问题的两个文件的结果,是党的政策允许的。就安徽实行责任制的情况来看,效果是好的,充分发挥了社员的劳动积极性,并没有再划分生产队核算单位,也没有分田单干。所以,信中质问道:"它(包工到组,联系产量计算报酬,实行超产奖励)既不改变所有制性质,也不改变生产队基本核算单位,又不违背党的政策原则,为什么现在却把它当做'错误做法',要'坚决纠正'呢?为什么一提起

---

① 张广友:《改革风云中的万里》,人民出版社,1995年,第186-189页。
② 周曰礼:《围绕包产到户展开的大争论》,屠筱武、陈文书《农村改革风云实录:亲历亲见亲闻》,中国文史出版社,1998年,第187页。

'包'字就担心害怕呢?……好象(像)'包'就是资本主义,一'包'就改变所有制性质,集体经济马上就要瓦解了,这种看法实在是站不住脚的。"信中还提出了自己的观点说:"我们认为,凡是已经实行了包工到组、联系产量责任制的,应当先稳定下来,以后总结经验。不管哪种办法,不要变来变去,引起不必要的波动。"①

1978 年至 1979 年间,全国农村很多地方都在或明或暗地实行不同形式的生产责任制,都不同程度地受到"张浩来信"的冲击。

在"张浩来信"所反映的河南洛阳地区,产生了极大混乱。洛阳县有 12 000 多个生产队划分了作业组,占生产队总数的 50% 以上,群众生产热情高涨。"张浩来信"后,有人说地委犯了错误,《人民日报》点了洛阳地委的名了!许多干部打电话给地委,问地委前段工作是不是搞错了。

四川是紧随安徽之后实行农村改革的省份,对"张浩来信"反应强烈。许多基层干部议论纷纷,要求县、地委作出明确解释。省委于 3 月 15 日当天接到好几个地委书记的询问电话。也有些农村基层干部认为《人民日报》刊登的信大有来头,到处打听"中央是不是又有新精神"。有的说:"劳动计酬上的平均主义还没有完全纠正过来,党的三中全会的一些决定还未真正落实,又在纠偏了。有些落实按劳计酬政策、建立责任制较好的社队,发生了动摇;还没有搞的社队,犹豫不定。②

"张浩来信"在山东造成的乱子很大,山东省正在发展的联产到组责任制几乎被完全吹垮,给农业生产带来的损失难以估计。③

---

① 辛生、卢家丰:《正确看待联系产量的责任制》,《人民日报》,1979 年 3 月 30 日。
② 陈大斌:《中国农村改革纪事》,四川人民出版社,2008 年,第 174-175 页。
③ 同②,第 180 页。

第九章

『大包干』在全国的推广

第一节 "大包干"引起的全国大争论

1979 年是安徽实行包产到户和"大包干"的关键一年,是大发展的一年,同时也是受挫折的一年。由于中央、省、地、县一些领导的"左"倾保守思想,安徽的包产到户和"大包干"受到冲击,全国的农业生产责任制也受到冲击,但广大农民对生产责任制的强烈要求并没有减弱,因此形成了各级部分领导与农民群众的对立的局面。在这种情况下,难能可贵的是,安徽省委书记万里始终坚决支持农民的包产到户和"大包干",坚持从实际出发,实事求是,以农民的利益为原则,尊重农民的选择。

1979 年,安徽农业获得了大丰收,全省午季粮食总产量达到 80 亿斤,比 1978 年增产三成多。实践是检验真理的唯一标准,安徽粮食增产的事实有力地回击了一些人对"大包干"和包产到户诸如"错了"、"右了"、"方向道路上有问题"的责难,甚至说是"复辟"、"倒退"的攻击。

虽然安徽的事实说明了一切,但以万里为代表的安徽省委知道,关于"大包干"和"包产到户"的斗争并没有因为安徽的增产事实而停止。所以,万里仍然还要为此而呼号。

1979 年 12 月 1 日,万里在中共安徽省军区第六次代表大会上的讲话中以安徽实行联系产量的责任制取得的成绩为依据,驳斥了一些人的责难,他说:"凡是实行联系产量责任制的地方,生产都有明显的大幅度的增长。难道这是复辟、倒退? ……联系产量责任制是中央的既定政策,包产到组是联系产量计算报酬的一种形式……我们衡量各种劳动组织形式、计酬方法好坏,只能有一个标准,就是看它是否促进了生产的发展,而不是看它规模大小或公有化程度高低。"对于"包产到户"是资本主义还是社会主义的问题,万里指出,包产到户是一种责任到户的生产责任制,是搞社会主义,不是搞资本主义。实行包产到户,并不存在两极分化的危险,削弱集体经济的现象只是工作上的问题,而不是包产到组或包产到户本身的问题。①

12月25日,万里在安徽省人代会上关于农业问题的讲话中说,从一年多来的实践看,各种形式的责任制都大大调动了群众的积极性。联系产量的责任制不是削弱了社会主义集体经济,而是更加显示了社会主义优越性。责任到户同分田单干有原则区别。我们应该从实际出发,允许和支持各种不同形式的责任制。万里批评一些干部的错误观点说:"有些干部看到社员收入多了一点,就担心'资本主义抬头',会'削弱集体经济',会'两极分化',等等。有的看到作业组划小了,就担心滑到资本主义道路上去。这是不对的。是不是资本主义,不能按收入的多少来划分,也不能按劳动组织的大小来划分……不能用损害农民利益的办法,来强制他们走'社会主义道路'"。②

1980年1月3日至11日,安徽省委召开农业会议,万里在开幕词和总结中,为农业生产责任制呼吁,并在安徽省范围内为之"报户口",即使之合法化。

"三级所有,队为基础"是农村人民公社"六十条"的规定,也是一些人攻击包干到组和包产到户的一个政策根据。对此,万里说:"'三级所有,队为基础',队为基本核算单位就不能突破吗?我曾说过,组为什么不能核算?每个社员家庭都应当核算。"

万里认为,政策多变,不能取信于民,是农业的一个大问题。"朝令夕改,怎能取信于民?要坚决吸取这个教训,可不能随便变来变去。"

万里在会议总结中,把责任制作为一个重要问题来谈。他说:责任制的核心是调动农民的积极性,这就必须使劳动好坏、生产好坏与农民的个人利益密切联系起来。各种形式的责任制,按劳分配的形式,只要农民增加收入,集体增加积累,对国家增加贡献,就是好办法。从两年多来的实践看,两种责任制,联系产量的,不联系产量的,联系产量的责任

---

① 万里:《包产到户是一种社会主义的生产责任制》(1979年12月1日),《万里论农村改革与发展》,中国民主法制出版社,1996年,第60—63页。

② 万里:《在安徽省人代会上关于农业问题的讲话》(1979年12月25日),《万里论农村改革与发展》,中国民主法制出版社,1996年,第67—69页。

制比较优越。包就是承担责任，做任何工作都得有个责任嘛，为什么怕这个"包"字？

万里虽然对联系产量的责任制和包产到户表示肯定和支持，但一直是口头上的。这次会上，万里代表省委，给包产到户报了户口，即承认其在安徽全省范围的合法化。"包产到户不是我们提出来的，问题是已经有了，孩子已经生下了，他妈妈挺高兴，哎呀，可解决大问题了，你不给他报户口，行吗？那天王郁昭同志说了，孩子挺好的，给报个户口吧，承认它也是责任制的一种形式，许多干部去看过，都热乎乎的，但回来以后又凉了半截。为什么呢？不合法呀，要批判呀，说它是资本主义。那根本不是资本主义。包产到户不是分田单干，分田单干也不等于资本主义，没有什么可怕。不是我们提倡，我们的态度是不能打击群众的积极性，群众已经认可了，苦苦哀求：'让我们干两年好不好呀？'那就只能同意，批准！为什么不可以，为什么责难那么多？我是不同意这种态度的，不同意责难那么多。"①

安徽农业会议之后，包产到户公开化、合法化了，但这仅限于在安徽省范围内。在全国范围内合法地位的取得，还要经历一番争论和曲折。

就在1980年1月11日，安徽农业会议闭幕的当天，国家农委在北京召开了全国农村人民公社经营管理会议，会议的主要内容是讲集体经济的优越性。分组讨论时，安徽代表的发言引发了会议对"包产到户"姓"资"姓"社"问题的激烈争论，安徽省代表的发言成了被围攻的靶子。

安徽省农委副主任周曰礼和滁县地委办公室主任陆子修出席了这次会议。因为安徽省农业会议刚刚结束，联系产量的生产责任制得到肯定，包产到户也在安徽取得了合法身份，所以，周曰礼、陆子修于1月14日代表安徽省作了题为《联系产量责任制的强大生命力》的长篇发言。发言首先列举了1979年安徽农业的巨大丰收。然后，以实行不实行联产生产责任制，以及实行哪种类型的生产责任制为标准，分类介绍了不同地区的生

---

① 万里：《在实践中探索农业发展的新路子》(1980年1月3日、11日)，《万里论农业改革与发展》，中国民主法制出版社，1996年，第74—82页。

产增产情况;其中联系产量的责任制增产幅度远远超过没有联系产量的责任制,包产到户比包产到组效果更为显著。

接着,发言介绍了安徽省包产到户的情况:在一些后进地区,干部群众迫切要求实行包产到户。安徽全省生产长期上不去的后进队约有 25%,人口 1 000 万,其中生活极其困难的约有 200 万人。这些地方突出的矛盾是穷,生产队家底空,连简单再生产也维持不了。在这些穷队中,如果还清了国家的贷款和投资,生产队则成了一无所有的空壳,甚至有 30% 的队,即使把全部资产,包括耕牛、土地、房屋全部变卖,也还不清国家的债。有人说,搞包产到户,会削弱集体经济。实际上,在这些穷队中有什么值得削弱的呢? 相反,在这些地方搞了包产到户,国家不需要投资一分钱,不要派一个人,群众积极性很快就起来了,生产很快就上去了。过去,各级党委对这些穷队采用了很多办法,花费了很大的精力和财力物力,都没有改变面貌。但是,实行了包产到户办法,仅仅经过了一年的时间,就出现了一大批一季翻身、一年翻身的单位,这有什么不好呢? 在生产队统一领导下的包产到户,应当看成是一种责任制的形式。因为它没有改变所有制性质和按劳分配原则,不能同分田单干混为一谈,可以允许群众在特殊情况下,采用特殊办法。一般在后进的地方,群众没有亲身体会到社会主义的优越性,他们看到的只是极"左"路线给他们带来的苦难。在党中央提出要加快发展农业的号召时,这些地方的群众对生产队集体生产没有信心,希望用包产到户的办法,多收粮食,为四化多作贡献,这本身就是社会主义积极性高涨的表现,也是生产责任心加强的反映。这种包产到户形式的出现,也是极"左"路线逼出来的,是对极"左"路线的反动。对于群众的这种积极性,我们应当给予满腔热情的支持,积极去加强领导,切实搞好。①

从安徽实行包产到户的情况看,包产到户不仅没有削弱,没有瓦解集体经济,相反,还壮大了集体经济,对国家、集体、个人都有利;包产到户是一种社会主义的生产责任制,属于社会主义性质的范畴;包产到户调动了广大农民的生产积极性,这种积极性不是走资本主义道路的积极性,而是

---

① 周曰礼:《农村改革理论与实践》,中共党史出版社,1998 年,第 124-125 页。

建设社会主义的积极性。

周曰礼、陆子修在发言中还提到了一些深刻而敏感的问题。一是如何看待农民的问题。他们认为,要充分尊重农民的意愿,尊重农民经营土地的自主权,不要过多地去限制农民。二是什么是社会主义。长期以来对社会主义形成了一种僵化的、极"左"的概念,仍然认为"大"而"公"才是社会主义,不管是所有制形式还是经营管理规模上,都是追求大而公,至少也是"三级所有,队为基础"不能突破。他们对此提出了质疑:"人民公社为什么要实行三级所有、队为基础,有什么科学根据? 三级所有是社会主义的,两级所有或四级所有是不是社会主义的? ……我们认为,生产资料公有制和按劳分配原则,是社会主义的根本标志,坚持了这两条,就是坚持了社会主义的方向和道路,就同资本主义和一切剥削制度有了根本的区别。至于社队规模、劳动组织形式、经营管理方法则是第二位的,对社会性质是不能起决定作用的。"三是要澄清农业上的重大历史问题,也就是要求为新中国成立以来农业上的"包产到户"正名。

以上三个问题已经相当敏感了,在发言的最后,他们还提出了两个更加严重的问题,即"以粮为纲、全面发展"的口号和"学大寨"不提为好。[①]

会议的主题是强调集体经济的优越性,维护的是"三级所有,队为基础"的管理体制,安徽代表的发言是讲包干到组和包产到户的巨大好处,质疑"三级所有,队为基础",要求给包产到户,包括历史上的包产到户平反。这显然是两种完全相反的调子。

安徽代表的发言引起了强烈的反响。据当时任国家农委副主任的杜润生20多年后的回忆:"大会分组讨论时,争论极为激烈。在华东小组几乎等于围攻安徽,让我很为难。周曰礼对我说:安徽包产到户,是万里书记主张试验的,问我怎么办? 我说:要沉住气,不能不让人家讲话;你们试验结果有利生产,就继续试。其他小组也争论激烈……轮到我仕人会讲话,我讲了对包产到户要允许地方试验。"[②]

---

① 周曰礼:《农村改革理论与实践》,中共党史出版社,1998年,第125–128页。
② 《杜润生自述:中国农村体制变革重大决策纪实》,人民出版社,2005年,第107页。

与会者争论的焦点是,包产到户是姓"社"还是姓"资",符不符合中央政策规定?持反对意见者认为,包产到户是分田单干,与社会主义沾不上边,是资本主义性质的。如果不坚决制止,放任自流,沿着这条路滑下去,人心一散,农村的社会主义阵地就丢了。他们说,我们搞了20多年的合作化,已经有了一定的公共财产,如果一下子毁掉,太可惜了,太可怕了。有些队虽然穷,毕竟是少数,而且治穷的办法多得很,何必非要包产到户不可。他们还武断地认为,包产到户调动的是农民的个体生产积极性,不符合社会主义方向,更何况,中央文件明确规定"不许分田单干"、"也不要包产到户"、"三级所有,队为基础"是写进《宪法》的,搞包产到户既违反了中央文件规定,也违反了《宪法》规定。

这次会议,除了少数省的代表和一些新闻单位、经济研究部门的代表表示支持安徽外,大部分人持反对意见,一时形成了对安徽及其同情者围攻的局面。当时国家农委的领导绝大部分表示要按现行中央文件规定办,即"不许分田单干","也不要包产到户"。①

杜润生是支持包产到户的,面对这种情况,他确实很为难。杜润生知道,反对包产到户的不仅是国家农委的主要领导和各省代表,关键还有中央领导人。据杜润生回忆说,他的讲话稿在他不知情的情况下把"准许地方试验"的话删掉了,加进了"几千年来都是小农经济,已经试验过了还要试验什么?"的内容,"我的讲话修改稿,未经校正,被一位同志拿走,发表在《农村工作通讯》上,造成一些不好的影响,我应该负责任"。②

1月31日,会议向中央政治局汇报情况,听取汇报的有华国锋、邓小平、李先念、胡耀邦、余秋里、王任重、姚依林等,各省、市、自治区、直辖市农委负责人也参加了汇报会。华国锋讲话中强调,"责任制和包产到户单干不要混同起来","包产到户老的弱的也分了一份,生产上有困难,至于已经搞了的,要认真总结经验,提高觉悟,逐步引导他们组织起来"。③ 邓小平最后讲了话,他说:对于包产到户这样的大问题,事先没有通气,思想毫

---

① 张广友:《改革风云中的万里》,人民出版社,1995年,第222页。
② 《杜润生自述:中国农村体制变革重大决策纪实》,人民出版社,2005年,第108页。
③ 同①,第223页。

无准备,不好回答。他讲了一个大决策:就是本世纪末实现温饱,下世纪初实现小康,分两步走,要确定目标。他说:"这是个战略思想,定出这个目标是不容易的。我们要按照一千美元这个目标,考虑我国经济发展的速度,考虑农村经济的发展。现在不定出规划,不确定目标,四个现代化是没有希望的。"①

国家农委、中央主要领导人的反对态度,邓小平未置可否的表态,使包产到户处于非常不利的地位。随后,国家农委所属的《农村工作通讯》掀起了对包产到户的批判。

《农村工作通讯》1980年第2期"大家谈"专栏里,刊登了题为《分田单干必须纠正》的文章。文章的编者按说,专栏是为了探讨建立和健全生产队生产责任制过程中发生的某些有争议的问题:包产到户算不算集体经济的一种责任制? 全盘包产到户,调动的是个体积极性,对农业基本建设、农业机械化和农业技术改革,有些什么妨碍,也是很值得研究的。为什么会出现这样的情况,如何正确对待,也是值得探讨,望大家踊跃参加讨论。

编者按虽然说是为了探讨,而实际上态度已经非常明确,也认为分田单干、包产到户是错误的,必须纠正,开启了对包产到户批判。文章在介绍了各地不同形式的所谓"分田单干"之后,认为分田单干的做法有以下几个问题:(1) 不符合党的现行政策。党的四中全会正式通过的《中共中央关于加快农业发展若干问题的决定》明确规定:"不许分田单干。""……也不要包产到户。"要全面贯彻落实中央的决定,对分田单干不能放任自流。现在有的基层领导同志没有一个鲜明的态度,这是很不应该的。(2) 不能如实反映劳动成果。"分田单干否定了生产队的统一核算和分配……这样下去将会造成生产队一级的集体经济成为'空壳','队为基础'被瓦解。"(3) 不利于贯彻按劳分配、多劳多得的社会主义分配原则。这一条主要是说各家各户的人口数与劳力数多少不同的矛盾,导致收入减少。(4) 不符合党和人民的根本利益。分田单干影响机械化和水利建设。(5) 两极分化不可避免。

---

① 转引自《杜润生自述:中国农村体制变革重大决策纪实》,人民出版社,2005年,第108页。

最后,文章明确提出自己的观点:"(实行党的政策允许的各种形式的生产责任制)一定要坚持'三级所有,队为基础'的制度,坚持生产资料集体所有,坚持按劳分配的原则,加强党的领导和政治思想工作,坚决反对和防止分田单干和包产到户的错误做法。对于少数已分田单干的要做过细的工作,积极引导农民组织起来。不论哪种责任制形式,都要坚持生产队统一经营、统一核算、统一分配的前提下,搞好三包一奖,签订组队合同,严防滑向分田单干。"①

紧接着,《农村工作通讯》第3期又刊登了题为《包产到户是否坚持了公有制和按劳分配》的批判包产到户的文章。文章驳斥了包产到户坚持了公有制和按劳分配、是生产责任制的一种形式的说法。

文章认为,包产到户以后,劳力、种子、肥料、农药、水费等都由用户自己筹划;几户分一头牛,轮流饲养使用,或各户出钱请一户饲养使用。这样,集体经济实际上变成了个体经营。包产到户以后,在分配上实际上是自负盈亏,不是按劳分配。按劳分配是和各尽所能联系的。没有统一经营,没有分工协作,就没有各尽所能,而是各奔前程,自食其力。

因此,文章得出结论:包产到户是对社会主义集体经济丧失信心,否定了统一经营,没有坚持公有制,也没有坚持按劳分配,实质上是退到了单干。②

这篇批判文章具有极强的针对性,针对的是安徽代表在全国人民公社经营管理会议上的发言。

3月6日,国家农委印发了《全国农村人民公社经营管理会议纪要》。《纪要》的基本调子是"稳定三级所有,队为基础,坚定地走人民公社集体化道路,巩固集体经济"。对于小段包工,要有利于生产,有利于巩固集体经济;包产到组,要保持全队统一经营;对包产到户,应当按照中共中央《关于加快农业发展若干问题的决定》,"除某些副业生产的特殊需要和边远山区交通不便的单家独户外,不要包产到户"。至于极少数集体经济长期

① 印存栋:《分田单干必须纠正》,《农村工作通讯》,1980年第2期。
② 刘必坚:《包产到户是否坚持了公有制和按劳分配》,《农村工作通讯》,1980年第3期。

办得很不好、群众生活很困难,自发包产到户的,应当热情帮助搞好生产,积极引导他们努力保持并且逐渐增加统一经营的因素;不要硬性扭转,与群众对立,搞得既没有社会主义积极性,也没有个体积极性,生产反而下降;更不可搞批判。①

而事实是,批判不仅早在2月份已经开始,而且仍在继续。

3月20日,山东的《大众日报》刊登了题为《包产到户不是生产责任制》的文章。文章认为,包产到户不是一种生产责任制。人民公社的生产责任制有三条原则,即一是坚持了生产资料公有制,稳定了"三级所有,队为基础"的体制;二是坚持了按劳分配;三是坚持了劳力的统一调配。而包产到户违背了这三条原则。包产到户只是激发了个体积极性而增产的,这种增产是不能长久的。因为包产到户存在诸多缺陷:不能合理地组织劳动力,做到人尽其才;不利于农业机械化的发展和先进的农业科学技术的应用;不便于进行农业基本建设,无法发展社队企业及农、工、商综合经营,不能够扩大再生产,难于举办集体福利事业。因此,包产到户不是治穷的根本办法。真正的出路是依靠集体,走共同富裕的道路。对于已经搞包产到户的,要引导他们回到集体的轨道上来。②

1980年3月,万里调离安徽,回北京任国务院副总理兼国家农委主任。面对《农村工作通讯》连续发表文章批判包产到户,万里决定反驳,指示新华社记者张广友、吴象写了一篇7 000多字的题为《联系产量责任制好处很多》的长文,发表于4月9日的《人民日报》上。文章从4个方面论述联系产量责任制的好处。一是建立责任制的重要性和必要性。从历史上说,合作化时期的"三包一奖"就是一种联系产量的责任制,而中央关于农业问题的两个文件、关于建立健全各种责任制是对合作化以来经营管理经验的继承和发展。各地贯彻执行中央关于发展农业两个文件中实行的联系产量的责任制比不联系产量的责任制更有利于提高出勤率,提高劳动效率,提高农活质量,增产效果更为显著。二是实行联系产量的责任制更

---

① 《国家农委印发〈全国农村人民公社经营管理会议纪要〉的通知》,黄道霞:《建国以来农业合作化史料汇编》,中共党史出版社,1992年,第923页。

② 严正农:《包产到户不是生产责任制》,《大众日报》,1980年3月20日。

利于增产。联系产量责任制比不联系产量的责任制增产效果更为显著,是人民公社集体经济改进经营管理的一项带根本性的有效措施。三是实行联系产量责任制绝不是"倒退"。联系产量的责任制不同于分田单干,单干是以个体私有为基础的,而各种形式的包产制都是以生产队为主体的,其前提是"三级所有,队为基础"。至于两极分化的担忧也是多余的。实行责任制后,各户的人口多少,尤其是劳力强弱会影响家庭收入,但生产总量增加了,生产队可以通过提取公益金,增加对困难户的照顾,社员之间的收入不会差别太大,又能体现多劳多得,同时也壮大了集体经济。四是采取积极态度解决实行责任制发生的问题。实行联系产量的责任制中会出现各种各样的问题,这并不是责任制本身的问题,只要加强领导,这些问题是可以解决的。①

这篇文章引起了广泛的关注,给包产到户等形式的联产责任制以巨大的支持。然而,对包产到户的讨伐并没有停止,争论还在继续。

5月份,农业部搜集整理了一些地方关于包产到户的负面情况。广东、湖南反映包产到户影响了农业生产;广西反映包产到户破坏了集体财产;广东还反映包产到户致使公益事业无人问津,民办教师的工资无着,严重影响学校教育;山西、河南反映包产到户使工人、军人不能安心。②

还有一些省极力反对包产到户。与安徽邻近的江苏、浙江、湖北等省就是如此。江苏省在安徽边界地区用大喇叭广播,竖起大标语:坚决反对分田单干风。湖北宣称:紧紧扎起社会主义篱笆,绝不让安徽资本主义毒液蔓延。浙江不仅不让搞包产到户,连包产到组也不让搞。③

在领导干部中,对包产到户的争论也极为激烈,各种指责上纲上线。"糟得很"、"好得很",两种声音响彻东西南北各地。有的说,要保卫社会主义阵线,不能让"包产到户"毁掉社会主义江山! 有的说,不能"辛辛苦

① 吴象、张广友:《联系产量责任制好处很多》,《人民日报》,1980年4月9日。
② 《广东等省一些干部群众对包产到户、分田单干的反映》,黄道霞:《建国以来农业合作化史料汇编》,中共党史出版社,1982年,第970-971页。
③ 杨继绳:《邓小平时代——中国改革开放二十年纪实》(上卷),中央编译出版社,1998年,第181页。

苦几十年,一步退到解放前"。还有人说:包产到户的关键是分而不是包,是分田单干,不仅退到了资本主义,而且退到了封建主义,倒退了几千年;有的认为,如果包产到户,"人心一散,各奔前程,集体经营没有了,基本建设也搞不成了,科学种田也搞不起来了,农村的社会主义阵地就被破坏了","包产到户是看产量喜人,看方向愁人";还有些干部说:"农村人民公社是毛主席倡导的,现在有人破坏人民公社,我们要站出来,坚决地和这些人作斗争。"①

万里调离安徽后,任国务院副总理兼国家农委主任,主管全国农村工作,多次向邓小平汇报安徽农村的包产到户、包干到户和全国的争论情况,寻求邓小平的支持。

4月2日,中央召开编制长期规划会议,国务院副总理、国家计委主任姚依林主持会议。在讨论粮食问题时,杜润生建议,在贫困地区搞包产到户,让农民自己包生产、包肚子,两头有利。姚依林当场表示赞成。随后,姚依林向邓小平汇报会议情况时说:农委的同志建议如甘肃、内蒙古、贵州、云南等省,中央调给他们粮食很多,是国家很大的负担。可不可以考虑对这些地区在政策上放得宽一点。地广人稀、经济落后、生活穷困的地区,索性实行包产到户之类的办法。让他们自己多想办法,减少国家的负担。邓小平说:"我赞成依林同志刚才讲的意见。在农村地广人稀、经济落后、生活穷困的地区,像西北、贵州、云南等省,有的地方可以实行包产到户之类的办法。"邓小平、姚依林的谈话当时不登报,也不上文件,知道的人不多。② 但这表明中央领导人对包产到户的态度已经有了很大的松动。

1980年3月,张劲夫接任安徽省委第一书记,安徽形势出现了反复。关于包产到户的争论也很激烈,反对包产到户的声音一时甚嚣尘上。

4月上中旬,安徽省委在蚌埠召开北四区会议。新省委主要领导在讲话中给包产到户扣上了"经济主义"、"工团主义"、"机会主义"的大帽子。

---

① 陈大斌:《中国农村改革纪事》,人民出版社,2008年,第206-207页。
② 《杜润生自述:中国农村体制变革重大决策纪实》,人民出版社,2005年,第114-115页。

他说,列宁在同第二国际机会主义斗争时,曾批判伯恩斯坦、考茨基等机会主义者只顾眼前利益,主张运动就是一切,主义是微不足道的,为了一个"戈比"而斗争。因此,当前搞包产到户虽然能增产,但这不是我们的方向。对我们县以上的干部来说,我们要保持清醒的头脑,不能只顾眼前利益,犯机会主义的错误。

省委主要领导的讲话,使人觉得安徽省在农业方面的政策有变,当新华社记者到安徽时,有人问中央对安徽省委农业会议的看法,还有人传说,万里调离安徽就是因为包产到户犯了错误,有人想从北京来的记者那儿来求证。①

4月23至26日,安徽省委在芜湖召开南三区(芜湖、徽州、贵池)地委书记碰头会。据参加这次会议的张广友说:会上,省委主要领导指责《人民日报》4月9日的《联系产量责任制好处很多》的文章说:"我们的一些农村干部很有经验,他们虽然讲不出多少道道来,但他们的嗅觉很灵敏,用鼻子一闻,就闻出这篇文章的目的和倾向性。春耕生产大忙期间发这么大块文章,啥意思!"②

张广友说,对包产到户的批判成了芜湖会议的主题。

有人批评说:中央两个农业文件是十一届三中全会讨论通过的。"三级所有,队为基础"是文件的核心,不能怀疑,不能动摇。对党的路线和方针、政策,有不同意见可以保留,但必须执行,这是纪律。

省委主要领导还对包产到户发表了长篇批评性的讲话,讲话使芜湖会议形成一边倒局面,反对者和迟疑者议论纷纷:包产到户的关键是分而不是包,是分田单干,不仅退到了资本主义,还退到了封建主义;宁愿迟发财,也不能摔跤子。有的县委主要领导声称:谁搞包产到户,就以破坏生产论处,逮捕他。有的公社、大队干部斥责群众:要搞包产到户,可以搬到别的地方去搞,也可以到台湾去搞,我们这里不能搞。这就给包产到户定了性:包产到户姓"资"不姓"社",不符合中央精神,不能再搞了。一些有不同观

---

① 张广友:《改革风云中的万里》,人民出版社,1995年,第231-232页。
② 同①,第229页。

点的人也不敢在会上讲话了,只能在私下里议论。

这一时期,包产到户不仅在全国,而且在安徽全省都受到围剿。这是万里调离安徽,任职国家农委主任面临的局面。当万里得知他顶着压力在安徽开创的农村改革的形势就要被毁灭时,他指示熟悉安徽包产到户情况的记者张广友、吴象,将安徽的实情写出来,让中央领导了解,以取得支持。于是,张广友、吴象写出了系列内部报道——《安徽省江淮地区农村见闻》(共8篇)从5月27日至30日连续刊出,送给政治局委员、国家农委和农业部党组。

第二节 "大包干"的推广

1980年春夏之际,全国上下围绕包产到户展开了激烈的争论。在这关键时刻,邓小平发表了支持包产到户的讲话。

5月31日,邓小平在同中央负责工作人员谈话时说:"农村政策放宽以后,一些适宜搞包产到户的地方搞了包产到户,效果很好,变化很快……有的同志担心,这样搞会不会影响集体经济。我看这种担心是不必要的。我们总的方向是发展集体经济。实行包产到户的地方,经济的主体现在也还是生产队。这些地方将来会怎么样呢?可以肯定,只要生产发展了,农村的社会分工和商品经济发展了,低水平的集体化就会发展到高水平的集体化,集体经济不巩固的也会巩固起来。关键是发展生产力,要在这方面为集体化的进一步发展创造条件……总的来说,现在农村工作中的主要问题还是思想不够解放。除表现在集体化的组织形式这方面外,还有因地制宜发展生产的问题……从当地具体条件和群众意愿出发,这一点很重要。"①

邓小平支持包产到户的讲话,为受困的包产到户打开了一个突破口,

---

① 《关于农村政策问题》,《邓小平文选》第2卷,人民出版社,1994年,第315-316页。

之后,中央其他领导人的态度也在逐渐发生变化,这成为包产到户在全国的合法化及普遍推广的一个转折点。正如万里所说:"中国农村改革,没有邓小平的支持是搞不成的,1980年春夏之交的斗争,没有邓小平的那番谈话,安徽燃起的包产到户之火,还可能被扑灭。光我们给包产到户上了户口管什么用,没有邓小平的支持,上了户口还很有可能被'注销'的。"①

随后,中央其他领导人也表示支持包产到户。6月19日,赵紫阳在给万里和胡耀邦的一封关于农村政策问题的信中,对包产到户问题放宽了许多。赵紫阳在信中说:"目前正当夏种夏收的大忙季节,部分县社在所有制、责任制上仍在变动。如在包产到户问题上,有的还在继续扩大,有的又布置立即纠正,致使这些地方人心不定,这对当前农业生产是很不利的。""我认为当前对生产责任制的各种形式,应当稳定下来为好。"对于包产到户问题,赵紫阳提出了三点自己的看法:"第一,在那些困难、落后的地方,可以包产到户;第二,在那些生产比较正常、集体经济搞得比较好的地方,原则上不搞包产到户;第三,现在有些集体经济搞得比较好的地方也搞了包产到户的,允许进行试验,经过一段实践看看结果如何。"②

赵紫阳在信中明确了不仅允许落后地区可以搞,同时经济好的地区也允许试验。这是对包产到户限制的进一步放宽,开放的口子在加大。

王任重、李先念等人的思想在1980年的争论中也有所变化。杜润生说,3月份王任重调离国家农委前夕,二人恳谈了两个小时,最后,王任重表示:作为过渡形式,他同意包产到户,前提还是应该坚持集体化。

李先念通过和杜润生的谈话,也被说服了。李先念问:"包产到户真的增产那么多吗?"杜润生说:"确实。包产到户是农户家庭经营,农民就靠种几亩地养家糊口,不能偷懒;加上环境变了,政府随着国家工业化,能为农民提供化肥、农药,信用社给贷款,苛捐杂税减少,又是和平环境,劳力富余,多产多留,政府实行价格保护,增产不奇怪;光水利建设,国家出了多少钱,还能白费?"李先念:"你把我说服了,我的老观念,只记得'小农经济跳

---

① 转引自张广友:《改革风云中的万里》,人民出版社,1995年,第251页。
② 赵紫阳:《关于当前农村政策问题的一封信》(1980年6月19日),黄道霞《建国以来农业合作化史料汇编》,中共党史出版社,1992年,第934—935页。

不了三尺高'。"①

陈云在 20 世纪 60 年代就支持包产到户,这时也持同样的态度。1980年春,陈云曾对万里合掌抱拳,说:"万里同志,我完全赞成你在农村政策方面的那些做法。胡耀邦也是一直积极支持农村改革的。""要吃米,找万里",就是胡耀邦的表态。②

中央主要领导人的态度基本取得一致,为了统一地方省级干部的思想,1980 年 9 月 14 至 22 日,中央召开各省、市、自治区党委第一书记座谈会,专门讨论农业生产责任制问题。杜润生起草的会议文件草稿,其中有"不论任何地方都要有责任制,责任制形式则要因地制宜多样化。要遵从群众意愿,不禁止自愿选择家庭承包"的内容,遭到大部分与会农委委员的反对,他们还是主张划一个界限,即贫困区可以,其他地区则明确不准包产到户。会议就包产到户问题发生了激烈的争论,甚至出现了贵州省第一委书记和黑龙江省委第一书记杨易辰当场顶撞的场面。③ 绝大部分人反对包产到户,只有贵州的池必卿、内蒙古的周惠、辽宁的任仲夷表示支持。因意见不一,会议很难开下去。会议闭幕之前,杜润生、胡耀邦、万里商量,两次修改文件,最终形成了一个妥协的、双方都能接受的《关于进一步加强和完善农业生产责任制的几个问题》的会议纪要,即1980 年 75 号文件。④

纪要虽然仍然坚持集体经济是我国农业向现代化前进的不可动摇的基础,它具有个体经济所不能比拟的优越性,但也写进了:"各地应当根据群众自愿,加以引导,因地制宜地逐步推广以上各类形式(的责任制)。同时,帮助完善各项制度,解决发展中可能出现的问题。"

纪要的第六条专门谈包产到户(包括包干到户)的问题:对于包产到

① 《杜润生自述:中国农村体制变革重大决策纪实》,人民出版社,2005 年,第 110-111 页。
② 张广友:《改革风云中的万里》,人民出版社,1995 年,第 251 页。
③ 据杜润生回忆,会上黑龙江省委第一书记杨易辰讲话反对包产到户时,贵州省委第一书记池必卿插话:"你走你的阳关道,我走我的独木桥。我们贫困区就是独木桥也得过。"新华社记者吴象以《阳关道与独木桥》为题写了一篇反映当时争论情况的文章,发表在《人民日报》上。(《杜润生自述:中国农村体制变革重大决策纪实》,人民出版社,2005 年,第 119 页。)
④ 同①,第 117-118 页。

户应当区别不同地区、不同社队采取不同的方针。对边远山区和贫困落后地区,长期"吃粮靠返销,生产靠贷款,生活靠救济"的生产队,群众对集体丧失信心,因而要求包产到户的,应当支持群众的要求,可以包产到户,也可以包干到户,并在一个较长的时间内保持稳定。对于集体经济较好的地区,主要是巩固和发展集体经济,不要搞包产到户;已经实行包产到户的,如果群众不要求改变,应允许继续实行,然后根据情况的发展和群众的要求,因势利导,运用各种过渡形式进一步组织起来。这对于非边远地区的包产到户,尽管还有种种限制,但已经是相当宽松,开了一个很大的口子了。

至于包产到户的会不会脱离社会主义轨道,是不是资本主义复辟这一问题,纪要也作了明确规定:"就全国而论,在社会主义工业、社会主义商业和集体农业占绝对优势的情况下,在生产队领导下实行的包产到户是依存于社会主义经济,而不会脱离社会主义轨道的,没有什么复辟资本主义的危险,因而并不可怕。"[1]

20多年后,杜润生说,75号文件是个妥协的文件,是大家争论的结果,是一份承前启后的文件。它实际上把十一届三中全会决议中关于生产责任制的规定推进了一步。它肯定包产到户是一种为解决温饱问题的必要措施,应承认群众自由选择的权利,不能自上而下用一个模式强迫群众。[2]

75号文件对包产到户的规定已经从"不许"、"不要"改成在边远、落后地区"允许实行"和其他地区已经实行的"继续实行"。这其中有很大的弹性,经过20多年的折腾,集体经济真正搞得好的地区很少,在不是边远地区的地方,也可以以落后地区的名义实行包产到户。这就给各地操作留下了很大的余地。[3] 所以说,75号文件给包产到户上了全国户口,基本合法

① 《中共中央关于印发进一步加强和完善农业生产责任制的几个问题的通知》(1980年9月27日),黄道霞《建国以来农业合作化史料汇编》,中共党史出版社,1992年,第926—927页。

② 《杜润生自述:中国农村体制变革重大决策纪实》,人民出版社,2005年,第119页。

③ 有的省就在中央75号文件的大框架之下,制定了适合本省的生产责任制的办法。如江西、广西、吉林、贵州、河南、上海、山西等省、自治区。(参见黄道霞:《建国以来农业合作化史料汇编》,中共党史出版社,1992年,第935—968页。)

化了。这是家庭承包制发展的关键一步。

75 号文件下发以后，各地的包产到户更快地发展起来。到 1980 年底，安徽全省实行联产承包责任制的生产队有 78%，其中实行包产到户和包干到户的生产队分别占 44.8% 和 21.08%。到 1982 年 6 月，全省实行包干到户的生产队有 95%。至此，以包干到户为主要形式的家庭联产承包责任制在安徽农村全面推广。

由于贵州省省委第一书记池必卿坚持包产到户，甚至敢于突破中央文件的限制，①到 1980 年底，贵州全省实行包产到户的社队已接近 80%。

内蒙古自治区第一书记周惠本来就支持包产到户，75 号文件又允许边远落后地区实行包产到户，所以，1980 年底，全区农区就有 40% 左右的生产队实行了包产到户，而后，牧区也实行了羊群草地承包制。

到 1981 年底，四川全省有 84% 的生产队实行了户营为主的责任制。

到 1981 年 8 月，山东省有 60% 左右的社队实行了包产到户。

广东省的湛江、惠州等地，包产到户很早就出现了。75 号文件下发之前，全省已有 10% 左右的地方实行了包产到户或分田单干。有的地方划小小队，分成"父子队"、"兄弟队"或类似的"组"。75 号文件下发以后，包产到户纷纷化暗为明，在三四个月的时间里，有了大幅度的增加。到 1981 年初，广东全省水稻等大田实行包产到户的生产队已达到 40%，远远超出了文件允许的范围。②

广西壮族自治区在 1981 年 3 月底的不完全统计表明，搞专业承包联产计酬（包括部分联产计酬）的生产队占 20% 左右，搞"双包"（包产到户、包干到户）的生产队占 30% 左右，其余 50% 左右的生产队实行的是其他形式的责任制。以县来说，情况很不一样，有的县搞"双包"的生产队占 90%

---

① 在贵州，有的领导对大范围内搞包产到户有顾虑，怕超出文件规定。省委第一书记池必卿说："既然中央派你在贵州做领导，就要敢于从贵州的实际出发，实事求是做出决定，要结合贵州实际贯彻执行中央路线、方针、政策；要不然，什么都等中央文件说了才办，还要我们这些人干啥！那不如找一个识字的中学生，在贵阳市大十字街口摆张桌子，天天念中央文件就行了。"（《杜润生自述：中国农村体制变革重大决策纪实》，人民出版社，2005 年，第 128 页。）

② 《杜润生自述：中国农村体制变革重大决策纪实》，人民出版社，2005 年，第 128-130 页。

以上,有的县搞专业承包联产计酬的生产队占70%以上。①

河南是个农业大省,全省普遍贫困,75号文件下达以后,"双包"很快推广开来。

20世纪80年代以后,大寨也走上了农村改革的道路。1980年大寨大队分成3个生产队,实行小段包工,定额计酬和计时加评议相结合的劳动管理方法,调动了社员的积极性。1981年初,又制订了新的联产计酬的计划和办法。②

75号文件下达以后,全国各地,不论是符合文件规定的边远、落后地区,还是不符合文件规定的地区,都纷纷实行各种形式的责任制。据统计,到1981年10月,当时全国人民公社基本核算单位为601万个,实行各种形式的生产责任制的占94.1%。其中,包干到户的占38%,包产到户的占7.1%,联产到劳的占15.8%,联产到组的占10.8%,定额包工的占16.5%。③ 到1981年底,全国实行包产到户的社队已近一半。

1980年11月23日,中共中央转发了《山西省委关于农业学大寨运动中经验教训的检查报告》,并加了长篇批语,揭开了大寨的盖子,对大寨这个在农业上被树了近20年的典型,进行了重新总结和评价,指出了在学大寨问题上的"左"倾错误。1981年3月9日,中共中央办公厅转发了国家农委党组《关于为邓子恢同志平反问题的请示报告》。《请示报告》对邓子恢在1962年提倡包产到户、包干到户给予了正确的评价:"实际上邓子恢同志并不是提倡包产到户和鼓吹单干,而是想找到一种将集体经济利益和个人经济利益联系起来的责任制形式。其实,回顾当时实际情况,在一些经济极端困难的地区,允许包产到户、包干到户也是必要的,也不算什么错误。"④

---

① 乔晓光:《健全和完善农业生产责任制》(1981年5月2日),黄道霞:《建国以来农业合作化史料汇编》,中共党史出版社,1992年,第936页。

② 孙启泰、熊志勇:《大寨红旗的升起与坠落》,河南人民出版社,1994年,第345页。

③ 陈大斌:《中国农村改革纪事》,四川人民出版社,2008年,第229-230页。

④ 《中共中央办公厅转发国家农委党组〈关于为邓子恢同志平反问题的请示报告〉的通知》(1981年3月9日),黄道霞:《建国以来农业合作化史料汇编》,中共党史出版社,1992年,第891页。

中共中央肃清大寨的"左"倾影响和给邓子恢平反，对进一步解放思想、推进农村改革起了重要作用。

但主管全国农业的农业部对建立生产责任制还有很大的抵触情绪。1981年3月，万里在农业部党组会上发表讲话，严厉批评了一些人的"左"倾保守思想："前不久，部里有人还在下面说，中央的决策是'反大寨'的路线，现在仍有这样的人。一个自主权，一个责任制，一个物质利益原则，一个权、责、利相结合的原则，对工农业，对所有的经济工作都适用，具体做法要从实际出发。社会主义口号再多，你的办法不同群众利益联系，各尽所能、按劳分配就是一句空话。如今还是有人思想不通，这是'左'的思想影响。'左'的思想在我们同志的头脑里程度不同地存在着，这里不是有无之分，而是多少之分。农业部是国务院的一个部，不能自己另搞一套。不解决这个问题，就无法工作。过去全国学大寨，现在大寨都在变，'大概工'也改了，搞专业承包了，老百姓也不吃那么多苦了。但是有的领导对大寨问题的认识仍未很好转变。我们搞了30年，农民连吃饱肚子的问题也解决不了，现在刚刚有希望解决，却想不通，忧心忡忡。他们脑子里只有抽象的农民，哪怕农民饿肚子也不理。"

万里还回顾了农业合作化以来党的农村"左"倾政策的危害。最后，万里建议农业部的领导深入农村搞调查，在实践中改变思想认识。①

万里讲话以后，国家农委统一组织国家农委和农业部、农垦部、社会科学院农业经济研究所等部门，组成了17个调查组，分赴15个省、区，选择各种不同类型的地区进行调查。通过两个月深入农村的实际调查，他们看到生产责任制给农村带来的重大变化，一些反对包产到户的人思想也发生了转变。6月下旬，国家农委连续召开了3次会议，听取调查汇报。新华社记者张广友参加了汇报会，写了一篇题为《实践使他们提高了认识——国家农委和农口各部门领导干部农村调查汇报会侧记》的长篇报道，发表在8月4日的《人民日报》上。

---

① 万里：《清除"左"的影响，做农村改革的促进派》（1981年3月11日），《万里论农村改革与发展》，中国民主法制出版社，1996年，第113—116页。

从大家所谈的情况看,这次调查的一个很大的收获是:实践使大家统一了对包产到户、"大包干"的认识。国家农委委员朱则民说,这次调查之前,他也和许多同志一样,认为包产到户、"大包干"是贫困落后地区农民治穷的办法,是权宜之计。这次调查他从农民群众和基层干部中受到了教益,使自己认识到包产到户、"大包干"不仅是治穷的办法,而且是发展生产的积极办法,是深受广大群众欢迎的一种责任制。事实说明,无论是包产到户还是"大包干",都没有从根本上改变集体所有制生产关系,因此都是经营管理的一种形式,是联产计酬生产责任制的一种形式。朱则民说,他自己在同一些农民谈话中得到了一个启示:要搞好农业生产不仅要充分调动农民群众的生产积极性,而且更重要的还必须解决他们的责任心问题。他感到积极性和责任心,不是或不完全是一回事。用政治鼓励,用工分刺激,都可以调动起群众的积极性,但不一定能解决责任心的问题。只有积极性,没有责任心或责任心不强是不可能搞好生产的。"大包干"、包产到户、包产到劳、到组,"包"就是解决责任心问题,就是责任制问题。农业部副部长赵修说,他对联产计酬责任制,特别是包产到户、"大包干"是有个认识过程的,早在60年代初期就有人提出过包产到户的问题,但是那时不仅不能搞,而且还要挨批判。粉碎"四人帮"之后,有一次,他到内蒙古农村调查,遇到这样一件事情:有一个大队社员自留地里的庄稼,普遍比集体地里的长的好,产量高。自留地亩产过千斤,集体地里只有一百多斤。这个大队想了办法,把社员自留地收回,把一些盐碱地分给社员当自留地。可是,自留地的庄稼不仅保住了苗,而且产量仍然比集体地高出很多,盐碱化也很快改变了,被收回去的社员自留地产量又掉下来了。这个事实向人们提出了许多引人深思的问题:为什么社员自留地普遍比集体地庄稼长得好,产量相差那么悬殊?为什么社员能把盐碱化了的自留地种成不盐碱化了呢?记者感到这是个责任心问题。农业生产的联产计酬责任制的中心问题是个"包"字,作为责任制来说,越具体、越明确,效果就越好。这就是许多地方农民欢迎包产到户、"大包干"的原因所在。什么是统一分配?就是包产以内的由生产队统一分配。保证国家的,留足集体的,剩下是农民自己的,正确处理国家、集体、社员群众三者关系,这就是统一分配。

从这次汇报会上大家汇报的情况来看,对包产到户、"大包干"的看法上是比较一致了,即使过去反对最坚决的,也改变了看法。①

领导层对于包产到户为主要形式的生产责任制基本取得了共识,加上全国包产到户汹涌澎湃的发展态势,75 号文件模糊处理的一些问题,如包产到户的姓"资"姓"社"的问题、一些集体经济搞的好的地区搞了包产到户是否合法的问题,等等,此时不可再模糊回避了,需要给予明确规定。于是,中共中央于 1981 年 12 月召开了全国农村工作会议,讨论了农业生产责任制问题,形成了《全国农村工作会议纪要》(简称《纪要》)。1982 年 1 月 1 日,中共中央以 1 号文件的形式批转了《全国农村工作会议纪要》。1982 年到 1986 年,中共中央连续 5 年以 1 号文件的形式谈农业问题。

《纪要》的第一部分即是谈的农业生产责任制问题。当时全国有 90% 以上的生产队建立了不同形式的农业生产责任制;大规模的变动已经过去,现在已经转入了总结、完善、稳定阶段。

《纪要》强调了两个长期不变,一是土地等基本生产资料公有制长期不变,二是集体经济建立生产责任制也长期不变。

《纪要》明确了各种责任制的社会主义性质以及是否变动要尊重群众自己的选择。"目前实行的各种责任制,包括小段包工定额计酬,专业承包联产计酬,联产到劳,包产到户、到组,全国包干到户、到组,等等,都是社会主义集体经济的生产责任制。不论采取什么形式,只要群众不要求改变,就不要变动。"这是正式给包产到户、包干到户贴上了社会主义的标签,给予了其合法的身份,使几十年的争论和斗争划了个句号。

《纪要》还对于责任制中较敏感的包干到户为什么也是社会主义性质给出了解释:"前一个时期,有些人认为,责任制只是包干到户一种形式,包干到户就是'土地还家'、平分集体财产、分田单干。这完全是一种误解。包干到户这种形式,在一些生产队实行以后,经营方式起了变化,基本上变为分户经营、自负盈亏;但是,它是建立在土地公有基础上的,农户和集体

---

① 张广友:《实践使他们提高了认识——国家农委和农口各部门领导干部农村调查汇报会侧记》,《人民日报》,1981 年 8 月 4 日。

保持承包关系,由集体统一管理和使用土地、大型农机具和水利设施,接受国家的计划指导,有一定的公共提留,统一安排烈军属、五保户、困难户的生活,有的还在统一规划下进行农业基本建设。所以它不同于合作化以前的小私有的个体经济,而是社会主义农业经济的组成部分;随着生产力的发展,它将会逐步发展成更为完善的集体经济。"①

第一个 1 号文件下达后,以包产到户、全国包干到户为主要形式的家庭联产承包责任制在农村迅速普遍推广。在一些经济条件较好、反对包产到户较坚决的地方,情况也有转变。如在江苏省与安徽接界的地区,尽管农民们特别羡慕安徽的包产到户,但干部却对安徽的包产到户坚决抵制。1 号文件下达后,包产到户像决堤的河水一样,不可阻挡。到 1982 年夏,江苏全省实行联产承包责任制的生产队发展到 80%,主要集中在苏北和苏中。下半年,生产发展水平更好的苏南地区,也纷纷仿效,江苏省最发达的长江三角洲地带,全面推行了家庭联产承包责任制。到年底,江苏全省有 99% 的生产队实行了包干分配或包干到户,超过了全国的平均发展水平。

广东的佛山等发达地区的联产承包责任制也是在第一个 1 号文件下达之后,迅速发展起来的。1980 年,佛山地区只有个别县的个别社队试点搞包产到户,1981 年,全区实行"双包"的队只占 12.7%。经过 1982 年一年的发展,至 1983 年初,发展到 95.8%。

黑龙江省由于地广人稀,机械化程度较高,省委第一书记反对联产承包制态度也最坚决,一度在公开场合与坚决要求实行联产承包制的贵州省委第一书记发生激烈争吵。1982 年 1 号文件下达后,省委领导转变了态度,"开闸放水"了。到 1983 年底,80% 的生产队实行了家庭联产承包责任制。

到 1982 年 4 月,各种联产承包责任制加速发展,尤其是"包产到户"和"包干到户"这两种形式发展最为迅速,包干到户的已占 65.2%,包产到户

① 《中共中央批转〈全国农村工作会议纪要〉》(1982 年 1 月 1 日),黄道霞:《建国以来农业合作化史料汇编》,中共党史出版社,1992 年,第 991-992 页。

的占 5.4%,合起来占 70.6%。联产到劳的占 14.5%,联产到组的占 2.6%,专业承包的占 3.5%,定额包工占 5.9%。1982 年底,全国包干到户的占 80.9%,包产到户的占 8.8%,这两项总和已占全国的 89.7%,联产到劳、联产到组、定额包工共 9%。[1] 可以说以"双包"为主要形式的家庭承包责任制已在全国农村居于主导地位。

家庭联产承包责任制的迅速发展,冲击着"一大二公"政社合一的人民公社体制,推动着改革进一步深入。

1982 年 11 月间,中共中央召开了全国农村工作会议,国务院主要负责人在与各省、市、自治区负责人座谈时明确指出:"当前突出的是,在多种形式的生产责任制中,家庭联产承包责任制越来越成为主要的形式。这种责任制的主要特点是,以农民家庭或小组为承包单位,生产和经营上有自主权,分配上克服了平均主义。这些特点,已经渗透到各种生产责任制中去。""看来,联产承包制这种形式还要发展,将从部分地区扩展到几乎所有的地区。究竟什么样的地方不能实行这种办法,我看可能会有,但不会很多,甚至可以说很少很少。各个地区要有一点精神准备,不要再堵它,不要再筑墙了。"[2] 会议形成了《当前农村经济政策的若干问题》(简称《若干问题》),12 月 31 日中央政治局讨论通过,1983 年 1 月 2 日,中共中央以 1 号文件的形式印发。

《若干问题》给联产承包制以前所未有的评价,称之为"农民的伟大创造"、"马克思主义农业合作化理论在我国实践中的新发展"。党的十一届三中全会以来,我国农村发生了许多重大变化,其中,影响最深远的是,普遍实行了多种形式的农业生产责任制,而联产承包制又越来越成为主要形式。联产承包制采取了统一经营与分散经营相结合的原则,使集体优越性和个人积极性同时得到发挥。这一制度的进一步完善和发展,必将使农业社会主义合作化的具体道路更加符合我国的实际。这是在党的领导下我国农民的伟大创造,是马克思主义农业合作化理论在我国实践中的新发展。

---

① 杜润生:《当代中国的农业合作制》(下册),当代中国出版社,2003 年,第50-51 页。
② 转引自陈大斌:《中国农村改革纪事》,四川人民出版社,2008 年,第 244 页。

《若干问题》论述了联产承包责任制的优点:"联产承包责任制和各项农村政策的推行,打破了我国农业生产长期停滞不前的局面,促进农业从自给半自给经济向着较大规模的商品生产转化,从传统农业向着现代农业转化。这种趋势,预示着我国农村经济的振兴将更快到来。""(家庭联产承包责任制)以农户或小组为承包单位,扩大了农民的自主权,发挥了小规模经营的长处,克服了管理过分集中、劳动'大呼隆'和平均主义的弊病,又继承了以往合作化的积极成果,坚持了土地等基本生产资料的公有制和某些统一经营的职能,使多年来新形成的生产力更好地发挥作用。这种分散经营和统一经营相结合的经营方式具有广泛的适应性,既可适应当前手工劳动为主的状况和农业生产的特点,又能适应农业现代化进程中生产力发展的需要。"

《若干问题》中还谈到人民公社体制的改革问题。人民公社体制的改革,分两方面:一是实行生产责任制,特别是联产承包制;二是实行政社分设。在人民公社体制改革的这两个方面中,联产承包制已经在农村普及,下一步要做的是政社分设。"政社合一的体制要有准备、有步骤地改为政社分设,准备好一批改变一批。"①

1983年,全国农村双包到户的比重已占到95%以上。显然,家庭联产承包责任制的生产管理模式已经确立,政社合一的人民公社体制已经不能适应,1983年10月12日,中共中央国务院发出《关于实行政社分开建立乡政府的通知》。到1985年6月,全国农村建乡工作全部结束。这标志着"一大二公"的人民公社体制的终结。

1984年1月1日,中央发出关于农村政策的第三个1号文件,即《中共中央关于1984年农村工作的通知》。《通知》强调要稳定和完善生产责任制,规定土地承包期一般应在15年以上。承包期限内需要调整的,只做个别调整,即"大稳定,小调整"的原则,经过充分商量,由集体统一调整。②

---

① 《中共中央关于印发〈当前农村经济政策的若干问题〉的通知》(1983年1月2日),黄道霞:《建国以来农业合作化史料汇编》,中共党史出版社,1992年,第997—998页。

② 《中共中央关于1984年农村工作的通知》,黄道霞:《建国以来农业合作化史料汇编》,中共党史出版社,1992年,第1103页。

土地承包期延长到 15 年的规定,农民们称是吃了"定心丸"。家庭联产承包制在农村稳定了下来。

第三节 家庭联产承包责任制给农村带来的巨大效益

以双包制为主体的家庭联产承包责任制之所以能够由个别地方偷偷摸摸搞,经过压制、反压制,最后呈现燎原之势,被承认其合法地位,并完善稳定下来,其根本原因是这种责任制能够带来巨大的经济效益,农民能够得到实惠。实践是检验真理的唯一标准,粮食增产的事实是农民强烈要求实行的巨大动力,同时也是一些起初的反对者转向支持的原因。

为了了解家庭联产承包生产责任制实施的效果,国家农委分别于1982 年 2 月和 1983 年 2 月先后两次组织 750 多名家在农村的大学生,利用寒假进行调查。据调查报告显示,近二三年增产或显著增产的村达76%(双包户地区达 85%),农民生活改善或显著改善的村达 95%(双包到户地区达 96%)。按人口比重也大体如此。这种增产增收的幅度与广度,确是新中国成立以来少有的。[①] 农民的纯收入也大幅度增加。在调查的 20.4 万户农民中,1982 年平均纯收入在百元以下的已不足 20%(过去 50 元以下的即占 20%),近三分之一的农户人均收入超过300 元。[②]

比较早实行包产到户的地区一般都是贫穷落后的地区,如前文提到的安徽凤阳县小岗村,是在集体经济条件下几乎无法存活的时候偷偷搞起包产到户的,其他各省的情况大致相同,从最贫穷、落后的地区开始,由于增产效果明显,被不那么落后的地区直至经济条件较好地区仿效,最后成为

[①] 国家农委政研室:《1982 年"百村调查"综合报告》(1982 年 3 月),黄道霞:《建国以来农业合作化史料汇编》,中共党史出版社,1992 年,第 1008 页。

[②] 中国农村发展研究中心联络室:《1983 年"百村调查"综合报告》(1983 年 3 月),黄道霞:《建国以来农业合作化史料汇编》,中共党史出版社,1992 年,第 1016 页。

席卷全国的不可抗拒的改革大潮。

据安徽省1980年8月的调查显示,最初实行包产到户试验的安徽省肥西县山南区是个生产条件比较差的后进区。1978年秋种时,因为大旱,麦子种不下去。当时全区有77.3%的生产队采用包产到户办法,不仅种麦速度快,种得多,面积扩大1倍,而且质量好。1979年夏粮获得大增产,年底,全区全部生产队都实行了包产到户。1979年粮食总产量达11 530万斤,比1978年增产2 753万斤。人均收入110元,比最高水平的1976年增加了37.6元。交售粮食4 170万斤,比1976年增加1 252万斤。银行存款13.9万元,比上年增加2.3万元。全部归还国家贷款67.7万元,比还贷款最多的1976年还多30万元,生产队欠的外债明显减少。1979年,肥西全县97%的生产队实行了包产到户,粮食比1978年增产13.6%;油料增产1.1%,向国家交售的粮食扣除回销数有25 383万斤,比1978年增长近3倍,超过历史上最多的1976年36.9%。1980年夏粮总产比1979年增长14.7%,油菜子总产增长1.33倍,一季油料交售量超过全年油料统购任务的5.9倍。

凤阳县梨园公社小岗生产队,1979年搞包产到户,粮食产量增加了三四倍,第一次向国家交售粮食3万斤,油料2.5万斤,35头猪,第一次还贷款800元。

1979年秋种时,无为县的两个穷社有98%的生产队搞包产到户,1980年夏收获得大增产,两个公社不少生产队二三户社员生产的夏粮就等于过去一个生产队的总量,一户生产的油菜子等于过去一个队的总产量。

包产到户在肥西和小岗这样落后的地区取得了巨大效益,在经济条件比较好的地区增产的效果同样明显。芜湖县地处江南,是有名的鱼米之乡。1979年底,全县90%的农户实行了包产到户,1980年的油菜子总量达到1 442万斤,比1979年增长1倍;小麦总产量2 730万斤,比历史最高产量增加10%。油菜子交售超过国家征购任务的3倍,小麦交售超过12倍。全县社员午季人均收入60元,是合作化以来收入最多的一个午季。

安徽实施包产到户,不仅使粮食产量大幅度增加,而且还促进了家庭副业的发展,改善了干部作风和集体经济管理的革新。随着农村经济逐步繁荣,集市贸易活跃起来。①

就安徽全省来说,由于实行了联系产量的生产责任制,1978 年遇到大旱,粮食产量接近正常年景,1979 年比上年增产 8%。1980 年有些地方的生产责任制没有落实,全年减产 9.6%。而在实施包产到户责任制最早的滁县地区 7 个县中,县县增产,全年粮食总产比历史最高水平的 1979 年增产 13.6%。② 到 1982 年,安徽全省实行"大包干"的生产队占总队数的 98.8%(其中包产到户占 3.8%),成为安徽省农业生产责任制的主要形式。1981 年,粮食总产 363 亿斤,比 1977 年增加 63 亿斤,平均每年递增 5.25%;棉花总产 312 万担,比 1977 年增加 59 万担,平均年增长 5.8%;油料总产量 1 986 万担,比 1977 年增加 1 512 万担,年增长 80.4%。其他如茶叶、烤烟、麻类、水果的产量和大牲畜、长毛兔、家禽、蜜蜂的饲养量,都大大超过历史最高水平。

农业生产的发展,使农产品的商品率有很大的提高。1981 年全省交售粮食 94 亿斤,比 1977 年增加 36 亿斤,商品率由 1977 年 19.3% 提高到 26%。全省 70 个县,1981 年有 41 个县交售粮食超过 1 亿斤,其中怀远、寿县、六安、肥西、霍邱、天长 6 个县超过 3 亿斤。上调中央的粮食年年超额完成。③

其他省的贫困地区实行包产到户,效果同样显著。如河南兰考、山东东明等县,多年来吃返销粮,年年逃荒。搞包产到户一年半就翻了身。菏泽地区多年每人分配只有四五十元,1980 年分了 95 元。兰考县多年逃荒的很多,1979 年每人分 40 多元,1981 年分了 96 元。兰考粮食总产量近十几年在 2 亿斤上下徘徊,1980 年达到 3.1 亿斤;全县 1978 年还吃返销粮 800 万斤,1979 年转缺为余,1980 年交售 3 200 万斤;棉花、花生等经济作

---

① 中共安徽省委政研室:《关于包产到户情况的调查报告》(1980 年 8 月),黄道霞:《建国以来农业合作化史料汇编》,中共党史出版社,1992 年,第 975—977 页。
② 周曰礼:《农村改革理论与实践》,中共党史出版社,1998 年,第 175 页。
③ 同②,第 220—223 页。

物也大幅度增长。①

江苏省的苏北是相对落后的地区,苏中、苏南发展比较好。苏北实行包产到户后,大量增产的事实促使苏中、苏南紧随其后。太湖之滨的吴江县是有名的富裕县,人均收入达到 173 元,1981 年有 183 个生产队实行了联产责任制。全县粮食产量提高 12.3%,其中实行联产责任制的 183 个生产队增产 18.5%。

广东的佛山地区地处珠江三角洲,是广东有名的发达地区。1981 年只有 12.7%的队实行了"双包"。1979 年、1980 年、1981 年 3 年中,全区每年交售的农副产品的总值达 8.04 亿元,比前 3 年增长 84.7%。1982 年,是全区全面推行家庭联产承包责任制的一年,这一年在 3 年持续大发展的基础上出现更大的发展。农业总产值比 1981 年增加 5 亿元,增长 16.7%,稻谷在插栽面积减少的情况下,增产 10 亿斤,达 54.3 亿斤,亩产近 1 200 斤,创历史最高水平。财政收入达 7.15 亿元,比上年增长 12.7%;全区社员人均收入达 463 元,比上年增加 112 元。

黑龙江省是实行联产承包责任制较晚的省份,1983 年 1 号文件下发后,才走出观望,当年就实现了农业的大增产。全省农业总产值达到 116.5 亿元,比历史最好年份产量增加 21.7%;粮食总产量超过 300 亿斤,比上年增产 30 亿斤,农村人均收入 300 元,实现了黑龙江省委提出的,奋斗了 10 年没有实现的全省农业三大目标。②

以家庭联产承包责任制的实施为发端的农村改革,促进了农业生产增长、农村经济发展和整个农村经济体制的变革,取得了举世瞩目的成就。1984 年全国农业产值达 2 815.6 亿元,比 1978 年的 1 739.4 亿元(均按 1980 年不变价格计算)增长 61.9%,年均增长 8.4%;全国粮食总产量达 40 730 万吨,比 1978 年的 30 475 万吨增长 33.7%,年均增长 5%;全国农民家庭平均每人收入 355.33 元,比 1978 年的 133.57 元增长 1.66 倍,年均增长 17.7%。③

① 陈大斌:《中国农村改革纪事》,四川人民出版社,2008 年,第 226-227 页。

② 同①,第 242-245 页。

③ 杜润生:《当代中国的农业合作制》(下册),当代中国出版社,2003 年,第 61-62 页。

　　以"双包"为核心的家庭承包责任制使中国的农村经济走出了 20 多年的挣扎、徘徊,实现了大的发展,促进了人民公社体制、农村商品流通体制的变革,进而导致国家的统购统销制度最终瓦解,使中国结束了 20 多年的票证经济(短缺经济),为乡镇企业的兴起和农村人口的流动打下了基础。

结　语

2000 多年来,农民渴望拥有一块土地的愿望,终于在 20 世纪 50 年代初的土地改革后变成了现实。这激发了广大农民极大的劳动热情。然而,正当农民要在属于自己的土地上大有作为时,农业集体化随即展开。按照马克思列宁主义的理论,集体化是无产阶级夺取政权后的一个重要步骤,但中国的集体化在某种程度上违背了马列理论中的群众自愿和不剥夺私产的原则。强迫命令普遍发生,剥夺私产的彻底程度令人惊奇,以致出现"一铺一盖,一碗一筷,其他都是祸害"的极端状况。然而,在集体化的潮流之下,"包产到户"等形式的所谓"分田单干"的暗流和集体化相始终,并最终由暗转明,成为席卷全国的不可阻挡的汹涌潮流,成为农村经济改革的先锋和中国经济体制改革的发端。

农业生产管理上的"包工包产"和"大包干到户",在新中国经历了一个曲折发展的过程:从初级农业生产合作社时期的兴起、受挫,到高级农业社成立之后的重现、再次被打压;从"大跃进"运动中调整人民公社化体制时又一次萌发和庐山会议后的再次严重受挫,到饥荒时期各地无奈的选择和在安徽的蔓延而导致全国性的围剿。"文革"的血雨腥风之后,农村破坏惨重,农业状况严峻。为了活下去,农民坚定地冒着生命危险再次选择了包产到户和"大包干"到户。农民的这次选择最终得到承认,引发了中国农村的经济体制改革,使农村走出了 30 年的倒退和徘徊,农村经济获得了长足发展。

30 年来,新中国农村包工包产和"大包干"历经了被批评、围剿,仍然能够在重重挫折中顽强发展。而"大呼隆"式的大锅饭的平均主义集体经济经营管理模式虽然被政权力量不断强化,但因为与生产力发展水平不相适应,与人们的思想管理水平不相适应,在实践中屡遭失败而最终被农民所抛弃,被各级官员所抛弃,被整个社会所抛弃。农村经济经营管理模式回归到适合现阶段生产力发展水平,能够增产增收的以家庭联产承包制为中心的责任制。这是实践不可阻挡的强大力量所致,也是政府对农村问题理性认识的回归:尊重客观规律,尊重农民群众自己的意愿和选择;在农业生产问题上,承认农民是最有发言权的。只有这样的回归,才能调动农民的生产积极性,改变农村长期以来的贫穷落后面貌,为城市改革提供经验,为工业化奠定基础。农村生产力水平的提高、农村经济的发展,进一步将大批的劳动力解放出来,为城市工业的发展提供了劳动力;同时,也促进了现代化大农业的发展、农业机械化水平的提高。

现代化大农业是农业的发展目标,这是被世界其他国家农业发展实践所证明了的。但农业发展目标的实现,属于经济领域的范围,不是依靠强大的政治力量、以强迫命令的方式能够完成的。如果企图那样做,迟早要受到经济规律的惩罚,超越生产力发展水平的经营管理模式终究是要被抛弃的。新中国成立以来的包工包产和"大包干"到户的发展轨迹,正是体现了这种经济发展不可逾越生产力水平的规律。

尊重经济规律,事半功倍;反之,则事倍功半。

附录一

凤阳县关于农业生产包干
到户的管理办法(初稿)
(1980 年 9 月 1 日)

第一章　生产资料

实行包干到户责任制后,经济主体仍然是生产队,生产队范围内的土地和生产队的牲畜、农具、物资、机械等生产资料,都是属于生产队集体所有,其性质不得改变。

第一条,生产队的土地原则上应按人劳比例划到户耕种(已经按人口承包土地的目前不再变动),尽量注意连片,方便生产管理,有利机械作业。土地承包到户以后,要保持相对稳定,生、死、嫁、娶不增不减。必须调整土地时,要经生产队同意,报公社党委批准。社员户只能在承包的土地上从事耕种,不许随便盖房、埋坟,更不许买卖和转让。国家需要征用土地时,社员户要服从生产队的安排。劳改劳教和长期外流回归的人员,生产队应给土地耕种。

第二条,生产队的牲畜、农具、物资等生产资料,应作价到户使用或几户合用,并要入账存档,保持价值不变,增值归己,减值赔偿。牲畜只许从弱调强,不断发展,不准以强调弱,从中取利。增添的生产资料,谁添属于谁,不准平调。

固定给几户合用的牲畜,应确定专人喂养专人使用,不准轮流喂养,轮流使用。

第三条,生产队的公房、塘坝和一切设备,由队里统一管理,不要划分到户。需要维修时,由队筹办。

第四条,生产队的各种机械,应由生产队确定专人管理使用,实行单机核算,四定(定产值、利润、消耗、报酬)到人,超奖减赔的办法。

少数地方将机械变卖的,卖得的钱不准均分,应作为公积金全部交信用社存储。

第二章　包干合同

实行合同制是生产管理的一大改革,也是落实包干任务的有效措施。生产队和农户双方应承担的责任与义务,要通过签订包干合同确定下来。

第五条,生产队每年年初都要将当年的生产计划,下达到每个农户。并要及时分配好上级拨给的贷款、投资和化肥、农药、良种等物资,组织调节好用水,为社员户完成当年任务,尽量提供便利条件。

第六条,每个农户在正常年景下都保证完成当年的生产计划,完成农副产品交售任务,完成公共积累各项提留(包括水费),确定农户上交数字时一定要根据生产队实际需要,不要过高或过低,也不要一刀切。

第七条,生产队提留的公积金、公益金、储备粮基金,要交信用社存储。提取的储备粮,要交粮站代销。动用粮款时,要经过社员大会讨论,公社党委批准。

第八条,合同一经签订,要保证兑现。队户双方都要按合同办事,违背合同造成损失要承担经济责任。包干合同执行的有争执的地方,应由大队、公社监证仲裁。

第三章　集体企、事业

第九条,生产队原已经营的林、牧、副、渔业生产,在包干到户以后,仍然坚持由队管理,集体经营,继续办好,可以包干到专业组或专业工经营,实行五定一奖赔的办法,即定人员、定产值、定利润、定费用、定报酬,超产奖励,减产赔偿。

第十条,集体事业的用工,社员要服从生产队的指派。分担公差的办法,可以按工付酬,也可以按承包土地均摊。

第十一条,各户用水应由生产队长负责支配。按当地正常水路,上满下流,任何人不得私自开缺放水,对偷水者,除批评教育外,应予罚款。生产队长管水应给适当的报酬。

第四章　队、户关系

第十二条,生产队责任是:(1)把党的路线、方针、政策及时贯彻到群众中去,做好政治思想工作,宣传好人好事,处理坏人坏事;(2)做好行政工作,积极完成征兵、公差、计划生育和国家分配的各项农副产品交售任务,调处好民事纠纷,搞好社会抚恤及其他福利事业;(3)抓好农业经济管理,安排好生产计划,处理好三者关系,保护好集体财产;(4)办好队办企业,管好农业机械,充分利用自然资源,积极组织工副业生产。

第十三条,社员户责任和权力(应为"利",但原文是"力"——笔者注)是:(1)在接受生产队计划的指导下,因地制宜地安排生产,确定增产措施,搞好科学种田,完成农业生产任务;(2)在完成税收、贷款、农副产品交售任务,上交各项提留、积累、留足种子、饲料、生产费用的基础上,有权自行支配本户的农副产品和经济收入;(3)在不违反国家法令、政策的前提下,有权自由选择开展多种经营和工副业生产,走劳动致富的道路。

第五章　干　部

第十四条,大队、生产队干部要加强集体领导,搞好分工协作,既要抓好行政管理,又要抓好经营管理,要建立岗位责任制,规定干部的职责,明确干部应承担的经济责任。

第十五条,干部补助不宜过高。大队固定补贴干部每人每年补贴150个劳动日到200个劳动日,劳动日值一般以1元到1.5元计算。其他副职干部可参照固定补助干部的标准,实行误工记工。生产队队长、会计可采取固定补助加评议的办法,每月补助3至5个工,工值按本队社员平均水平计算,大队统筹解决,保证落实。补助分午秋两季进行。所有干部的补助,原则上只补钱不补粮,不准另立名目筹粮派款,额外增加社员负担。

第十六条,对于干部要联系其职责范围内的经济效果,给予奖惩。奖励条件各公社可自己决定,资金来源可从当年的产品收入中提取。对工作不力,完不成任务或给生产造成损失的,除批评教育外,要给予经济处罚,情节严重的,还要给予纪律处分。[①]

---

① 王耕今:《乡村三十年:凤阳农村社会经济发展实录(1949—1983年)》(下册),第410-412页。

附录二

关于包干到户的管理办法

（1982 年修订稿）

第一章　生产资料

第一条　生产队土地属集体所有，社员只有承包使用权；无权转让、出租、典当、弃置和破坏。包干到户，生产队将土地原则上按人劳比例，或按人口划分到户。尽量注意连片，方便生产管理，有利机械作业。土地承包到户以后，要保持相对稳定，没有进行调整土地之前，生、死、嫁、娶不增不减。必须调整土地时，要经生产队社员讨论同意，报公社批准。国家和集体事业需要征用土地时，承包户要服从生产队统一安排。现役军人（不包括干部）、民办教师、社队企业人员、外流人员以及劳改、劳教归队人员，应一律分给土地。水利设施、公路、水库、塘坝、集体茶林，属于国家和集体所有，不准在公共设施、公路、水库、塘坝、渠道边开垦种植，不准毁林开荒、毁茶种地。

第二条　生产队的牲畜、农具等生产资料和其他物资折价分配到户，分年收回保值金。

第三条　生产队的各种机械可以作价到户，也可以由生产队确定专人管理使用，实行四定（定产值、定利润、定消耗、定报酬）到人，超奖减赔的办法。

第二章　包干合同

第四条　生产队在每年年初根据国家指令性计划和指导性计划的有关规定和要求，把生产、交售、提留、奖售、物资供应、计划生育列入包干合同,落实到每个农户。每年秋季检查合同兑现情况。

第五条　在正常年景下都应完成合同规定的任务。如遇灾年,要由公社核定灾情,统一减免。

第六条　集体提留是合同的重要内容。坚持搞好"队筹社管,粮站代收",采取先算账后提取的办法。收入高的地方多提一点,收入低的地方少提一点。人均收入200至300元的,每人提留10至15元为宜。人均收入100至200元的,在保证提够补助费用的前提下,公积金可以少提或者不提。提留项目应严格按照合同规定,不得扩大范围,巧立名目,增加群众负担。

第七条　合同一经签订,就具有法律效力。国家、集体、个人都要严格按照合同办事。

第三章　集体企、事业

第八条　生产队原来经营的林、牧、副、渔各业,适宜集体经营的仍由集体经营;不适宜集体经营的可以包到户、包到人。公路、沟渠旁的荒地应采取就近方便的原则,划分到户到人,栽树种木,收益分成或谁栽谁有。

第九条　集体事业用工,由生产队统一指派。可以按工付酬,从集体提留中支付,也可以按人或按承包土地均摊。

第十条　各户用水应由生产队长或民主推选的管水员统一支配。按当地正常水路,上满下流,任何人不得私自开缺放水。要尽量把管水和养鱼统一起来。对大中小型水电站(包括水库、大型塘坝)按照受益范围,必须统一提取水电费,保证用水及时不误农时。管水员应给适当报酬。

第十一条　积极支持、扶植兼业户、专业户和自愿互利的经济联合体。

第四章　队、户关系

第十二条　生产队职权是:

(1)把党的路线、方针、政策及时贯彻到群众中去,做好政治思想工作。

（2）做好行政管理工作，组织完成公差和国家分配的各项任务；调处好民事纠纷；搞好社会抚恤和其他福利事业。

（3）安排落实各项计划。

（4）保护好集体财产、土地等自然资源。

（5）督促包干合同的兑现。

第十三条　社员户职权是：

（1）接受生产队按照上级规定分配的生产计划和农副产品交售计划。

（2）在完成国家、集体规定的各项任务后，有权支配本户农副产品和经济收入。

（3）在国家政策允许下，有权选择各种经营和生产活动，走劳动发家致富的道路。

第五章　组织领导

第十四条　生产队将原来队委会领导改为队长、会计负责制。

第十五条　干部首先要具有全心全意为人民服务的思想和品德。干部补助的面不宜过大，不宜过高，村固定补贴干部 3 人为宜。每人每年固定补贴不得超过 200 元，奖励不得超过 100 元，合计不得超过 300 元。其他副职干部，实行误工补助。每误工一日，补助 1 至 1.5 元为宜。生产队长、会计可采取固定补助加奖励的办法，每人每年补贴 70 至 80 元，由大队统筹解决。补助分午、秋两季支取。所有干部的补助一律补钱，不补粮。

第十六条　干部工作好坏，给予奖惩。奖惩条件由各区乡自行决定。奖金来源可以从社队企业利润中提取。对工作不力，完不成任务或给生产造成损失的，轻者批评教育，情节严重的，要给以纪律处分。

第六章　烈军属五保户和困难户的照顾

第十七条　五保户根据本人自愿，可以同社员一样承包土地，也可以少包或不包地。对于不承包土地的五保户生活标准不少于:口粮 700 斤,食油 6 斤,烧草 2 000 斤,零用钱 40 元,衣被钱 30 元,医药费 30 元。

第十八条 烈军属在保证其生活水平不低于当地中等以上社员户的前提下,从生产队集体提留中给以适当补助(一般户不得超过 200 元)。补助可以分午、秋两季支取,也可以年终一次支取。

第十九条 因劳力弱或因天灾人祸造成人均口粮少于 600 斤,人均收入少于 50 元的困难户,国家、集体应将他们列为扶贫对象,给予适当的照顾和补助。扶贫的要旨是扶志扶本。根据不同对象给以不同支持,如发放贷款、减免农业税,分配优质肥料以及科学技术的帮助和发动群众劳动互助等。

第七章 财务管理

第二十条 生产队原有的耕牛、农具、机械、公房等固定资产已折价到户,要通过清理,注册登记。分别由使用农户签章认领,入档存案,分年收回保值金。

第二十一条 生产队原有的公共积累、旧贷、定金、社员往来、队外往来和暂收付款,都要进行清理,明确债权债务。该回收的回收,该付出的付出。

第二十二条 生产队的各项提取都要有账有据。每年清理一次,欠交的要交齐,挪用的要归还,贪污的要严肃处理,提取的公积金,要交信用社专户存储,一般不准动用。需要动用的必须经过社员讨论,报请村审查,乡政府批准。否则,信用社有权拒付。①

---

① 中共凤阳县委办公室:《"大包干"四年》(1983 年 3 月),王耕今《乡村三十年:凤阳农村社会经济发展实录(1949—1983 年)》(下册),第 415—417 页。

参 考 文 献

[1] 中国农村的社会主义高潮. 北京:人民出版社,1956.

[2] 建国以来毛泽东文稿. 北京:中央文献出版社,1996.

[3] 建国以来重要文献选编. 北京:中央文献出版社,1992.

[4] 黄道霞. 建国以来农业合作化史料汇编. 北京:中共党史出版社,1992.

[5] 农业集体化重要文件汇编. 北京:中共中央党校出版社,1981.

[6] 史敬棠,张凛,等. 中国农业合作运动史料. 北京:生活·读书·新知三联书店,1959.

[7] 中华人民共和国经济档案资料选编(1953—1957):农业卷. 北京:中国物价出版社,1998.

[8] 余习广. 大跃进·苦日子上书集. 香港:香港时代潮流出版有限公司,2005.

[9] 安徽省志. 合肥:安徽人民出版社,1995.

[10] 王耕今,等. 乡村三十年——凤阳农村社会经济发展实录(1949—1983). 北京:农村读物出版社,1989.

[11] 1961 年推行"责任田"纪实. 北京:中国文史出版社,1990.

[12] 中共安徽省委办公厅,中共安徽省委党史研究室,安徽省档案局. 中共安徽省委文件选编(1958—1962).

[13] 冯志来. 1962 年的呼喊:半社会主义论及其评述. 上海:百家出版社,2003.

[14] 邓小平文选:第 2 卷. 北京:人民出版社,1994.

[15] 万里论农村改革与发展. 北京:中国民主法制出版社,1996.

[16] 杜润生自述:中国农村体制变革重大决策纪实.北京:人民出版社,2005.

[17] 刘少奇年谱.北京:中央文献出版社,1996.

[18] 周恩来年谱.北京:中央文献出版社,1997.

[19] 朱佳木.陈云年谱.北京:中央文献出版社,2000.

[20] 邓子恢文集.北京:人民出版社,1996.

[21] 毛泽东文集:第8卷.北京:人民出版社,1999.

[22] 万里文选.北京:人民出版社,1995.

[23] 姚锦.姚依林百夕谈.北京:中国商业出版社,1998.

[24] 逄先知,金冲及.毛泽东传(1949—1976).北京:中央文献出版社,2003.

[25] 金冲及,陈群.陈云传.北京:中央文献出版社,2005.

[26] 邓子恢传.北京:人民出版社,1996.

[27] 张广友.改革风云中的万里.北京:人民出版社,1995.

[28] 曾希圣传.北京:中共党史出版社,2004.

[29] 冯东书.文盲"宰相"陈永贵.北京:中国文联出版公司,1998.

[30] 柏晶伟.为农业"大包干"报户口的人——王郁昭.北京:中国发展出版社,2007.

[31] 贾文平.真理与命运——胡开明传略.北京:人民出版社,1995.

[32] 彭德怀自述.北京:人民出版社,1981.

[33] 黄克诚自述.北京:人民出版社,1994.

[34] 七十年征程——江渭清回忆录.南京:江苏人民出版社,1996.

[35] 陶鲁笳.毛主席教我们当省委书记.北京:中央文献出版社,2003.

[36] 董边,等.毛泽东和他的秘书田家英.北京:中央文献出版社,1989.

[37] 薄一波.若干重大决策与事件的回顾.北京:中共党史出版社,2008.

[38] 柳随年,吴群敢.大跃进和调整时期的国民经济(1958—1965).哈尔滨:黑龙江人民出版社,1984.

[39] 丛进.曲折发展的岁月.郑州:河南人民出版社,1989.

[40] 孙启泰,熊志勇.大寨红旗的升起与坠落.郑州:河南人民出版社,1990.

[41] 当代中国的农业.北京:当代中国出版社,1992.

[42] 周天孝.史林一叶.北京:当代中国出版社,1994.

[43] 中国农村改革的源头——浙江永嘉县包产到户的实践.北京:当代中国出版社,1994.

[44] 屠筱武,陈文书.农村改革风云实录.北京:中国文史出版社,1998.

[45] 徐勇.包产到户沉浮录.珠海:珠海出版社,1998.

[46] 杨继绳.邓小平时代——中国改革开放二十年纪实.北京:中央编译出版社,1998.

[47] 陈怀仁,夏玉润.起源——凤阳"大包干"实录.合肥:黄山书社,1998.

[48] 周曰礼.农村改革理论与实践.北京:中共党史出版社,1998.

[49] 高化民.农业合作化运动始末.北京:中国青年出版社,1999.

[50] 戴浩天.燎原火种——1956年永嘉包产到户始末.北京:新华出版社,2002.

[51] 杜润生.当代中国的农业合作制.北京:当代中国出版社,2002.

[52] 罗平汉.农村人民公社史.福州:福建人民出版社,2003.

[53] 蒋伯英.邓子恢与中国农村变革.福州:福建人民出版社,2004.

[54] 宋连生.农业学大寨始末.武汉:湖北人民出版社,2005.

[55] 安徽农村改革.北京:中共党史出版社,2006.

[56] 叶扬兵.中国农业合作化运动研究.北京:知识产权出版社,2006.

[57] 陈大斌.大寨寓言——"农业学大寨"的历史警示.北京:新华出版社,2008.

[58] 陈大斌.中国农村改革纪事.成都:四川人民出版社,2008.

[59] 李克林.几乎中断"包产到户"的张浩事件.炎黄春秋,1995(6).

[60] 吴象.大寨的盖子是如何揭开的.质量天地,1999(1).

[61] 陈大斌."穷过渡"的最后挣扎——1977年11月"普及大寨县工作座谈会"的一段史实.炎黄春秋,1999(10).

[62] 消寒."大寨工"对全国农村的恶劣影响.炎黄春秋,2005(3).

[63] 淮北子."学大寨运动"的回光返照——十一届三中全会前后农村报道琐记.炎黄春秋,2004(5).

[64] 蒋伯英. 对农村人民公社"左"倾错误的严肃批评——论邓子恢 1962 年夏天的六场报告. 福建党史月刊,2006(8).

[65] 聂皖辉. 邓小平与安徽农村改革. 党史纵览,2007(2).

[66] 肖守库. 20 世纪 60 年代初张家口地区农村生产责任制探研. 河北北方学院学报,2006(1).

后 记

农村长大的我,对农村问题有切身感受。但真正算得上研究,应该是从博士论文开始的。5 年前完成的博士论文是对"大跃进"时期的一个农村人民公社的个案研究,这不仅使我对农村问题更加了解,也积累了一些有关农村问题的材料。去年 8 月,本套丛书的主编李良玉先生打电话来邀我撰写本书,并讨论了写作计划。随后,我便开始扩大资料搜集和整理,进而拟订提纲,开始写作。

虽然当代中国的现代化事业有了长足的发展,但农村问题、粮食问题依然是有待解决的重大问题。就当代农村经济的历史而言,所有制和生产管理体制是核心。新中国成立 60 年来,农业生产责任制几经曲折反复,最终于 20 世纪 80 年代初取得了合法地位并在全国推广,从而带来了农村翻天覆地的变化,也推动了全国全面改革的进程。这是一个值得研究的大问题。

写作过程中,李良玉先生不仅数次修改提纲,还不时督促和点拨,尤其是先生还从南京寄来我在合肥难以找到的资料,甚至托人从杭州、上海寄来资料。初稿完成后,先生又逐字审阅,提出修改意见。

香港大学的周逊女士、肥西县党史办的彭均生先生、中国人民大学党史系研究生朱金玲也为笔者提供了资料上的帮助,本人谨对他们表示衷心的感谢。

贾艳敏

2009 年 7 月于合肥